사르트르의 『존재와 무』 입문

사르트르의 『존재와 무』 입문

세바스찬 가드너 지음 | 강경덕 옮김

서광사

이 책은 Sebastian Gardner의 *Sartre's 'Being and Nothingness'* (Bloomsbury Publishing Plc., 2009)를 완역한 것이다.

사르트르의 『존재와 무』 입문

세바스찬 가드너 지음
강경덕 옮김

펴낸이 | 김신혁, 이숙
펴낸곳 | 도서출판 서광사
출판등록일 | 1977. 6. 30.
출판등록번호 | 제 406-2006-000010호

(10881) 경기도 파주시 회동길 77-12 (문발동)
Tel: (031) 955-4331 | Fax: (031) 955-4336
E-mail: phil6161@chol.com
http://www.seokwangsa.co.kr | http://www.seokwangsa.kr

제1판 제1쇄 펴낸날 · 2019년 11월 30일

ISBN 978-89-306-1219-7 93160

마크 삭스(Mark Sacks)를 추억하며

❖ 일러두기 ❖

1. 본문에 나오는 [ ] 안의 내용은 원서에는 없지만 이해를 돕고자 옮긴이가 보충한 내용이다. 또는 국문 번역본의 내용을 수정하여 사용할 때도 [ ] 기호를 사용하였다.

2. 본문의 『존재와 무』 참고 쪽수 표기는 영문 번역판/프랑스어 원문/삼성출판사판(손우성 옮김, 삼성출판사, 1990) 국문 번역/동서문화사판(정소성 옮김, 동서문화사, 2011) 국문 번역 순으로 제시되어 있다. 영문판과 프랑스어판의 쪽수는 저자 가드너가 제시한 것이고 국문 번역본 쪽수는 역자가 첨가했다. 삼성 번역본의 (2) 표시는 2권을 지칭한다. 따로 표시가 없는 경우는 1권을 의미한다.

3. 참고문헌 및 추가 독서 목록 제언에서의 표기 방식은 원서를 그대로 따랐다.

4. 본문의 굵은 글씨는 원문에서 이탤릭체로 강조한 부분이다.

5. 역자주의 경우에는 '역자주' 라고 표시하였다. 그 외의 것은 원저자의 주이다.

차례

서문

이 짧은 책의 목표는 사르트르의 독자들이 그의 저작에 대해 보다 편안함을 느끼도록 도울 수 있는 해설을 제시하고, 그와 동시에 『존재와 무』를 전통적인 방식의 형이상학적 체계로 제시하는 것이다. 이 두 목표들은 서로 연관되어 있다. 사르트르의 문학적 재능을 바탕으로 인간 경험을 자유롭게 표현하고 있는 『존재와 무』에서 현상적인 울림이 있는 구절 혹은 심리학적인 연관이 있거나 자주 인용되는 구절들을 골라 사람들의 관심을 끄는 것도 가능하겠지만, 그러한 접근법은 독자들에게 사르트르의 개념들에 대한 직관적인 이해 이상의 것을 남기지 못할 것이다. 텍스트 그 자체의 의미 또한 여전히 불투명한 채로 남아 있게 될 것이다. 사르트르가 독특한 세계관(Weltanschauung)을 가졌다는 것은 두말할 나위가 없다. 다른 많은 철학적 체계와 달리 그의 세계관을 인간 조건에 대한 확실하고 매우 강력한 그림으로 해석하는 것도 충분히 가능할 것이다. 그러나 이러한 특징은 그의 희곡, 소설, 자전적 연구 그리고 문학이나 예술 비평을 읽을 때 더욱 직접적이고 효과적으로 드러난다. 『존재와 무』 전체를 읽거나 그 일부를 읽는 데 시간과 정성을 쏟는 것은 오직 그 목표가 사르트르가 왜 자신의 관점이 엄격한 의미의 철학적 진리를 지닌다고 생각했는지 이해하려고 하는 것일 때에만 의미를 지닐 것이다. 인간의 곤경에 대해 체계적인 철학적 정식을 부여하며 깊고 만족스러운 이해를 하는 것이 가능한 것인지 의문을 갖는 이가 있을 것이다. 그러나 『존재와 무』를 저자의 의도대로 이해하려고 한다면 그와 같은 문제들은 전혀 중요하지 않다. 그리고 나는 사르트르가 제시하는 형이상학 체계가 (적어도) 일관적이며 설득력 있고, 명확한 철학적 동기를 지니고 있다는 것을 보이기 위해, 그리고 이 저작의 숨 막힐 듯한 심오함과 섬세함, 풍요로움을 미약하나마 전달하기 위해 노력했다.

사르트르가 『존재와 무』에 부여한 구조가 결코 임의적이진 않다. 하지만 이 텍스트가 다양한 수준과 토픽들 사이를 이리저리 오가며 독자들을 사로잡지만 바로 그러한 특징 때문에 독자들이 텍스트의 전반적 주장을 파악하는 데 어려움을 겪는다는 점 또한 부정할 수는 없을 것이다. 사르트르가 나눈 『존재와 무』의 장(章)과 절(節)의 구분이 이 책에 제시된 주장의 체계와 항상 말끔히 맞아떨어지지 않는다는 점 또한 사실이다. 나는 『존재와 무』의 논증 전개 방식을 보다 명확히 하고 이 책이 제시하는 체계적인 입장을 쉽게 이해할 수 있도록 하기 위해 해설을 짧게 나누어 이 저작의 중심 개념, 원리, 주장 등을 강조했다. 그리고 가끔 사르트르 텍스트의 체계에서 벗어나기도 했다. 나는 사르트르의 텍스트가 할애한 분량에 맞춰 각 해설의 양을 조절하지 않았다. 사르트르가 자세히 다룬 것들을 간단히 요약만 하고 넘어가기도 하고, 사르트르가 간단히 다루고 지나갔지만 내가 매우 중요하다고 판단한 몇몇 토픽들은 상대적으로 더 자세히 다루었다. 안타깝게도 지면의 제약으로 인해 텍스트에서 자세히 다룬 부분에 대해 거의 언급하지 못하고 넘어간 경우도 있었다. 특히 시간성, 신체와 타자의 구체적 관계를 다루는 장에서 그러했다. 그 이유는 이에 대한 설명이 어느 정도 필요하긴 하지만 『존재와 무』의 핵심 주장에 초점을 맞추기만 한다면 적합하게 이해할 수 있는 내용이기 때문이다. 나는 『존재와 무』의 내용을 스케치하

는 것뿐만 아니라 사르트르의 철학에 동조하기 어렵게 만드는 최대의
장애물들에 대한 주석과 비판을 제시하기 위해 지면을 할애하고 어떻
게 이 문제들에 접근할 수 있는지 제시하였다. 어떤 부분에선 『존재와
무』 일반과 관련한 주제와 이슈를 논하기 위해 텍스트의 해설에서 벗
어나기도 했다. 사르트르의 텍스트 목차를 벗어나는 곳은 주로 『존재
와 무』의 1부, 2부, 3부인데, 이들에 대한 해설은 이 책의 3부 '(D) 자
유, 동기 그리고 윤리'에서 논의된다. 『존재와 무』를 원 목차에 따라 순
차적으로 읽고자 하는 독자들은 책에 제시된 부제를 통해 원저의 순서
에 적합한 해설을 찾아 읽을 수 있을 것이다.

주(註)는 주로 인용정보를 제시하거나 역사적 사료 및 1, 2, 4장에서
다루게 될 『존재와 무』 전후의 사르트르 저작과 관련된 심화 자료를 제
시하기 위해 사용되었다. 사르트르에 대한 2차 문헌은(철학 일반과 『존
재와 무』의 개별적 토픽들에 대한 2차 문헌) 참고문헌 목록에 제시된다.

* * *

본문의 참고문헌 표기는 다음과 같은 형태로 제시된다. 예) '252/
310'. 첫 번째[쪽 번호]는 반즈(Hazel E. Barnes)의 영문 번역본 『존재
와 무: 현상학적 존재론에 대한 시론』(초판-런던: Methuen & Co,
1958, 현재 Routledge 1995으로 판매 중)을 가리키고, 두 번째는 프랑
스어 원판(L' Être et le néant: Essai d' ontologie phénoménologique, 파
리: Galimard, 1943)을 가리킨다(프랑스어 원판은 훗날 출간된 갈리
마르 'Tel' 판본과 다른 쪽수를 가지고 있음을 주의하시오). 반즈의 해
석은 일반적으로 사르트르의 정확하고 명료한 철학적 산문을 무난히
옮기고 있지만 몇 가지 오류도 포함하고 있는데, 이곳에 실린 인용문들

은 그의 해석을 약간 수정한 것이다.

주에서 언급된 사르트르의 모든 저작에 대한 자세한 정보가 참고문헌 목록에 제시되었다. 사르트르에 대한 저작의 정보가 해당 주에 제시되어 있지 않다면 그 정보를 참고문헌 목록에서 찾을 수 있을 것이다.

사르트르의 철학 용어들은 다른 철학자들의 용어들처럼 이해하기 어렵지 않다. 나는 사르트르의 책에 핵심 용어들이 등장할 때마다 그에 대한 설명을 제시하려 했다. 축약본이기는 하지만 적합한 [개념] 색인이 반즈의 『존재와 무』 번역본에 제시되어 있다.

* * *

나는 오래전 『존재와 무』를 나에게 소개해 주고 사르트르의 사상의 힘과 깊이를 느낄 수 있도록 도와 준 짐 워런(Jim Warren)에게 감사의 빚을 지고 있다. 또한 최근 몇 년 동안 영감을 주고 유익한 정보를 교환해 준 동료 새러 리치몬드(Sarah Richmond)에게도 깊은 감사의 인사를 전한다. 무[아무것도 아닌 것]에 대한 책에 대한 책을 쓰며 무용한 정열에 몰두할 수 있는 시간을 갖도록 허락해 준 나의 가족에게도 감사를 전해야 할 것이다.

$\mathit{1}$ 장
맥락

1924년, 19살의 사르트르가 철학을 공부하기 위해 명망 높은 파리고등 사범학교에 도착하는 순간 접하게 된 당시의 철학계는 매우 경직되어 있었다.[1] 대략 19세기 말에서 1930년대까지 두 개의 철학적 경향이 프 랑스 철학을 지배하고 있었는데, 주로 레옹 브륑슈비크(Léon Brunsch- vicg)와 관련된 신칸트주의와 앙리 베르그송(Henri Bergson)의 반합 리주의가 그것이다. 전자의 철학은 철학적 탐구의 의제를 과학 지식의 '형식적 조건들'을 명료화 문제로 축소하며 희석된 칸트철학을 제시했 고, 프랑스 전역의 철학과 교육과정을 장악하면서 견고한 제도적 우위 를 지켜 나갔다. 브륑슈비크의 신칸트주의는 정치권력의 암묵적인 비 호를 받으며 제3공화국의 실질적인 국가 공식 철학의 지위를 누렸다.

---

1 이 책에 기술된 프랑스 철학의 시기 구분과 발전은 클라인버그『실존주의 세대 (*Generation Existential*)』머리말과 1-3장, 거팅『20세기 프랑스 철학(*French Philosophy in the Twentieth Century*)』1부, 자니코『프랑스의 하이데거(*Heidegger en France*)』1 권, 1-2장, 포스터『전후 프랑스의 실존주의적 마르크스주의(*Existential Marxism in Postwar France*)』1장, 켈리『프랑스에서의 헤겔 수용(*Hegel in France*)』5-6장, 록모 어『하이데거와 프랑스 철학(*Heidegger and French Philosophy*)』1-4장, 1924년부터 『존재와 무』가 출간된 1943년에 이르는 기간에 대한 전기적 정보는 리크『사르트르 (*Sartre*)』의 pp.20-59를 보라. 이에 대한 매우 자세한 기술은 코엔솔랄『사르트르 (*Sartre*)』의 I-II부와 헤이먼『저항의 저작(*Writing Against*)』4-14장을 참조. 사르트 르는 그에게 영향을 끼친 철학들에 대해 '사르트르와의 대담(An Interview with Jean-Paul Sartre)(1975)'에서 설명한 바 있다. 이 점에서 대해서는 또한 레비『사르 트르(*Sartre*)』1부 4장과 르노『마지막 철학(*le Dernier Philosophe*)』1부를 보라.

사르트르 또한 그의 동시대 사람들과 마찬가지로 브렁슈비크의 합리주의적·실증주의적 인식론에 기반을 둔 칸트 해석에 커다란 영향을 받았다.[2] 이에 반해 베르그송은 신칸트주의에 대한 정신주의적 대안을 제공했다. 즉 자유의지 개념과 종교적 경험, 그리고 신칸트주의적 인식론에 의해 그 타당성이 지지되거나 합리화될 수 없는 다른 요소들에 대해 철학적 근거지를 제공했다. 그러나 1920년대에 이르러 베르그송주의는 철학적 명성을 거의 잃게 되는데, 베르그송의 목적론적 인간발전론에 피력된 낙관적 전망이 1차 대전 이후 증발해 버린 것이 그 주된 원인이었다. 그런데도 베르그송은 브렁슈비크와 유사하게 『존재와 무』에서 사르트르의 지역적 준거점이 된다. 실제로 그는 이름 이상의 준거점으로 작용한다.

꽁꽁 얼어붙었다고는 할 수 없지만 이같이 안정적인 상황에서 1930년대 프랑스 철학의 풍경은 외국 지식인들과 함께 독일 철학이 유입되면서 급격한 변화를 겪게 된다. 후설의 현상학, 하이데거가 『존재와 시간』에서 제시한 실존적 인간학, 헤겔의 『정신현상학』에 제시된 역사 발전 개념 등 모든 것들이 새롭고 풍부한 주제와 방법론적 소재를 제공했다. 이는 새로운 세대가 보기에 철학에 다시 활력을 불어넣기에 충분한 것이었다. 후설은 파리를 직접 방문해 두 번의 강의를 했는데, 1929년 2월의 강의는[3] 초월적 현상학을 소개하기 위한 것이었다. 독일 지향적 철학 활동의 새로운 물결은 에마뉘엘 레비나스(Emmanuel Levinas)의 영향력 있는 저작 『후설의 현상학에서의 직관이론』과 1931년 러시아

---

2   동시에 사르트르는 브렁슈비크의 인간 상황에 대한 묘사를 현실에 안주한다는 이유로 거부하였다. 『자아의 초월(Transcendence of Ego)』 pp.50-51 참조.
3   『파리 강의(The Paris Lectures)』(1929). 이 강의는 수정 및 확장되어 1931년 『데카르트적 성찰(Méditations cartésiennes)』이라는 저작으로 재출간되었다. 이는 후설의 주요 후기 저작 가운데 하나이다.

이민자인 알렉상드르 코이레(Alexandre Koyré)에 의해 창간된 현상학 학회지, 『철학연구』로 이어졌다. 이 흐름은 소르본의 교원 가운데 유일하게 신칸트주의에 반대했던 장 발(Jean Wahl)로부터 뜨거운 격려를 받았다. 그는 철학이 '구체적인 것'에 관심을 돌려야 한다고 촉구하였고, 키르케고르의 비종교적 계승자로서 하이데거를 지지하였다. 그러나 모든 새로운 발전은 역시 코이레가 개설하고 1933년에서 1939년까지 또 다른 러시아 추방자인 알렉상드르 코제브(Alexandre Kojève)가[4] 이끌었던 헤겔 세미나 시리즈를 중심으로 이루어졌다. 코제브는 『존재와 시간』과 『정신현상학』을 통합하는 독법을 제시했는데, 그 내용은 인간의 역사적 자기실현에 있어 중심적인 순간이 헤겔이 『정신현상학』 4장에서 묘사한 '인정투쟁'이라는 것이다. 코제브는 『정신현상학』이 후설적 의미의 현상학적인 저작이라고 주장한다.[5] 코제브의 헤겔 세미나가 그 당시 세대에게 가졌던 중요성은 아무리 강조해도 지나치지 않다. 이 세미나에 참석했던 이들 중에 메를로퐁티(Maurice Merleau-Ponty), 자크 라캉(Jacques Lacan), 레이몽 아롱(Raymond Aron), 조르쥬 바타이유(Georges Bataille), 앙드레 브루통(André Breton) 등이 속해 있다.

사르트르는 기회가 닿았다면 1930년대 프랑스에서 이미 다른 이들이 수용하기 시작했던 헤겔-후설-하이데거라는 새로운 삼중의 자원을 흡수하기 위한 노력을 아끼지 않았을 것이다. 그러나 사르트르와 새로운 철학 흐름과의 만남은 묘하게 지연되었다.[6] 학창 시절부터 그가 애

---

4 코이레와 코제브, 그리고 이 세미나의 역사에 대한 논의는 클라인버그(Kleinberg)의 『실존적 세대(Generation Existential)』, pp.58ff. 참조.
5 코제브, 『헤겔 독해 입문(Introduction to the Reading of Hegel)』 참조.
6 사르트르는 코제브의 헤겔 세미나에 참여하지 않았다(물론 1930년대에 어쩔 수 없이 파리에 머무를 수 없어서 이 세미나에 참여하지 못했다고 볼 수도 있다). 1939년

착을 보인 최초의 철학적 대상은 베르그송이었다. 그는 베르그송의 철
학에서 정신화된[영적인] 세계관이 아닌 내부의 심리적 삶을 이해하고
확장시킬 수 있는 그 자신만의 수단을 발견한다. 사르트르에게 베르그
송은 프루스트(Proust)의 철학적 대응물로 다가왔다. 그는 고등사범에
도착하자마자 이와 같은 애착을 떨쳐 버렸다. 그러나 그 애착이 다른
철학자나 철학적 운동을 향한 유사하고 분명한 열정으로 바뀐 것은 아
니었다. 이러한 경향은 한동안 지속되었는데, 고등사범에서 사르트르
의 철학사 연구는 광범위했다. 특히 플라톤, 칸트, 데카르트가 중요했
다.[7] 고등사범 시기에 사르트르가 병리심리학 수업을 듣고 친구인 폴
니장(Paul Nizan)과 함께 칼 야스퍼스(Karl Jaspers)의 『일반 정신병리
학(Allgemeine Psychopathologie)』의 번역 작업을 했다는 것은 눈여겨
볼 만한 사실이다. 이 저작은 정신 및 심리철학에서 정신 질환의 중요
성을 강조했을 뿐만 아니라[8] 사르트르에게 심리학적 설명의 핵심이 의
미의 비인과적 연관성을 발견하는 것이라는 반자연주의적 입장의 정교
한 정식화를 접할 수 있는 기회를 주었다. 고등사범에서 사르트르의 학

에 프랑스어로 번역된 하이데거의 『형이상학이란 무엇인가?(What is Metaphysics?)』
는 사르트르도 읽었는데, 매우 뒤늦게나마 관심을 끌기 시작한다. 사르트르 자신에 의
한 사르트르의 후설과 하이데거 수용 과정에 대한 자서전적 설명은 『전쟁일기(War
Diaries)』 pp.182-7을 보라.
7 '사르트르와의 대담(An Interview with Jean-Paul Sartre)', p.8을 보라. 헤이먼
의 『저항의 저작(Writing Against)』 (pp.53-5)은 스피노자, 루소, 쇼펜하우어, 니체가
사르트르에게 주요한 사상가들이었다는 점과 사르트르가 초현실주의자들에게도 관심
이 있었다는 사실을 보여 준다.
8 헤이먼, 『저항의 저작(Writing Against)』, pp.53, 61, 67. 사르트르는 1935년 [환각
물질인] 메스칼린을 가지고 실험한다. (『사르트르에 의한 사르트르(Sartre by Him-
self)』, pp.37-8에 실린 대담을 보라.) 정신분석학적 비정상에 대한 그의 관심에 대해
서는 『감정이론을 위한 소묘(Sketch for a Theory of the Emotions)』와 『상상계(The
Imaginary)』 pp.148-59를 보라. 비정상적인 정신상태는 그 철학적 의미를 논하기 위
해 『존재와 무』에서 빈번히 언급된다.

문적 성공은 주목할 만한 것이었다. 1928년 독창성으로 사람들을 놀라게 하려다가 교수자격시험에 낙제한 후 이듬해 다시 치른 시험에서 사르트르는 1등을 차지한다(일생에 걸쳐 사르트르와 관계를 지속해 나갈 보부아르가 2등이었다).

고등사범을 떠난 지 약 10년 동안 사르트르는 어렸을 때부터 품어 왔던 꿈인 작가가 되기 위해 애썼지만 이렇다 할 성공을 거두진 못했다. 사르트르는 군 복무(1929~1931)를 마치고 시골에서 철학을 가르치며 보냈던 의무 기간 동안 (주로 아브르(Havre)에서 보낸 1931년에서 1936년까지) 이미 충분했던 독서량을 더 넓힐 수 있는 기회를 갖게 된다. 그러나 문학적인 글, 문학-철학을 섞어 놓은 에세이들을 포함한 그의 초기작들의 경우, 문체는 특이했지만 [내용이] 산만했다. 그중 몇 작품은 출판으로 이어지기도 했지만 커다란 각광을 받지 못했다.[9]

고등사범을 졸업하고 난 후 몇 년간, 미학적 의식과 우연이라는 (사르트르의 미학주의에 대한 매혹과 그에 대한 관심은 어린 시절부터 이어온 것이고,[10] 우연은 교수 자격시험에서 쓴 두 논문의 주제 가운데 하나였다) 서로 관련된 쌍둥이 주제가 사르트르의 성찰을 사로잡고 있었지만, 그에게 어떤 명확한 철학적 방향성이 있었던 것은 아니다. 그러던 중 1932년, 파리의 한 카페에서 전환점을 맞이한다(이는 사르트르적 신화이기도 하지만 역사적으로 증언된 사건이기도 하다). 아롱이 음료수 잔을 현상학적 분석을 위한 대상으로 사용하는 바로 그 순간, 이는 갑자기 사르트르로 하여금 구체적 생활세계로 돌아가자는 후설의

---

9   예를 들어, 어떻게 진실의 가치가 형성되는지에 대한 사변적이고 니체적인 설명인 사르트르의 '진리의 전설(The legend of truth)'을 보라.

10   예를 들어 '영화예술(Motion picture art)'을 보라(1931). 『구토』의 결론은 예술을 통한 삶의 정당화라는 니체적인 사고를 향유한다(pp.246-53). 그러나 사르트르의 주장을 뒷받침할 만한 논의가 제시되지 않아 그 논의가 불확실하고 맥락에서 벗어난다.

기획에 눈을 뜨게 해 주었다. 레비나스의 책이 후설 사상과의 진지한 만남을 주선해 주었다면, 아롱과의 만남은 사르트르가 베를린의 프랑스 연구기관(Institut Français)에서 후설 연구에 몰두하며 연구자로서 학문적 시기를 보내는 계기가 되었다. 1936년과 1940년 사이에 출간된 철학저작들은 주로 후설의 현상적인 관점에서 심리철학의 주제들을 다루고 있는데, 사르트르는 이 저작들을 통해 독일 철학에 뿌리를 둔 새로운 프랑스 철학의 전개라는 흐름에 동참했다. 다른 한편, 오랫동안 사르트르를 사로잡았던 주제인 우연이 마침내 『구토(La Nausée)』(1938)에서 문학적으로 표현되었다. 이 저작들은 매우 신선하고 독창적이었으며, 폐부를 찌르는 뛰어남을 지니고 있었다. 특히 그의 소설은 철학적 사상을 문학적 표현으로 실현할 수 있는 새로운 가능성을 증명해 보이며 [철학과 문학의] 경계를 허물었고, 1939년 출간된 단편소설 모음집과 함께 특유의 실존주의적 감성으로 즉각적인 문학적 성공을 거둔다. 우호적 평론과 『신프랑스 평론(Nouvelle revue française)』과 같은 저명한 문학지들의 원고 청탁이 뒤따랐다.

그러나 사르트르의 상승 궤도는 곧 전쟁의 발발과 함께 멈추게 된다. 사르트르는 1939년 11월 징집되어 알사스의 기상 부대에 배정되어 근무했고, 1940년 포로가 되어 1941년 3월까지 트리에(Trier)의 포로수용소에서 머무르다가 건강을 이유로 석방된다(시각 장애가 이유였지만 어느 정도는 꾀병을 부린 것이었다고 한다). 이후 사르트르는 교직으로 돌아가 메를로퐁티와 함께 비시와 나치에 대항할 목적으로 지식인 모임, '사회주의와 자유(Socialisme et Liberté)'를 조직한다. 조직원 수가 늘었지만, 저명인사들의 지원 부족과 게슈타포의 억압적인 소탕 작전 때문에 결국 조직은 그 해에 해산하고 만다.

나치 점령 아래 파리에 살면서 사르트르는 철학 저술의 집필을 다시 시작한다.[11] 1940년, 사르트르는『존재와 무(*L'Être et le néant*)』라는 제목의 책을 쓰기 시작했고,[12] 최종 원고가 1941년 12월과 1942년 10월 사이에 완성되었다. 이 책의 출간(1943년)은 사르트르가 그 어떤 동시대 철학자들보다도 독일 철학에 몰두해 있음을 보여 주었다. 1930년대 후설의 영향을 받아 작품을 저술한 이래 사르트르는 하이데거의 철학을 흡수해 왔지만, 단지 그것에 그친 것이 아니었다.[13]『존재와 무』는

---

11 사르트르가 왜 능동적인 저항에서 (단순한) 철학으로 전환하겠는가? 이 주요한 시기에 대한 논의는 레비(Lévy)의『자유로 향하는 길 위의 모험』, pp. 231-8,『사르트르』, pp.289-94를 보라. 이 저작들은 잘못된 정보를 바로잡는다.

12 사르트르는 보부아르에게 보내는 편지(1940년 7월)에서『존재와 무』에 대한 작업을 언급하고 있다. 그리고 1974년에는 그가 개전 휴전 시기와 수용소에서『존재와 무』를 구상하고 쓰기 시작했다고 언급하고 있다('사르트르와의 대화', pp.156-7).

13 이와 같은 하이데거 독해 또는 재독해와 지지는 1938년과 1940년 사이에 나타난다.『전쟁일기』pp.183-6 참조. 이 일기에서 사르트르는 후설에게서 (관념론적이고 유아론적인) '곤란'을 발견하고 나서 곧 '하이데거에게로 돌아섰다'라고 말한다(p.184). 지면의 제약으로 인해 나는 이곳에서 사르트르가 하이데거로부터 받은 영향에 대한 논평을 체계적으로 제시하지는 않았다. 그러나 하이데거의 글,『형이상학이란 무엇인가』를 보면 알 수 있듯이 사르트르가 하이데거에게 지고 있는 [이론적] 부채는 상당하다. 나는『존재와 무』에서 이루어진 하이데거 비판이 함의하는 바에 대한 논의를 벗어나는 사르트르와 하이데거의 철학적 차이도 다루지 않았다. 아주 간단히 말하자면 사르트르의 철학이 상당 부분 하이데거의 주제를 복제하고 있지만, [사르트르에게] '하이데거적인 주제'의 의미는 항상 변화하고 종종 그 의미가 전도되기도 한다. 하이데거의 입장과 비교할 때 사르트르의 철학적 노력이 지닌 상대적 명확성은 근본적으로 형이상학적 차이 때문에 발생한다. 하이데거의 [이론적] 지향이 전통적인 철학 개념에 대해 해체적이라면 사르트르는 그에 대해 이의를 제기하지 않는다. 따라서 하이데거의 현존재 설명에서『존재와 무』의 체계에 통합할 수 있을 것이라고 생각하는 구조를 마주칠 때마다 사르트르는 그것이 의식의 관점에서 어떻게 나타나야 하는지 묻고, 그에 따라 그 구조를 재사고한다. 하이데거의 현존재 분석이 후설의 문제틀, 더 나아가서는 근대철학의 문제틀을 침식하고자 고안된 것이라는 점을 감안할 때, 하이데거의 분석에 대한 평가는 (사르트르의 성공을 평가하는 기준에 따라) 비일관적인 데카르트주의 또는 혁명적으로 혁신되거나 재구성된 데카르트주의로 나뉘게 된다. 사르트르의 관점에서 볼 때, 하이데거의 통찰은 부분적으로만 통합될 수 있고, 하이데거의 주장은 의식과 주체성의 관점으로 재표현될 때까지 명료하고 진정한 의미를 결여

코제브가 작업한 것과 같이 창조적으로 주석을 붙이는 데 그치지 않고
여러 독일 철학에 대한 채무를 인정하는 동시에 그것을 넘어서는 철학
적 입장을 정식화했다. 후설과 하이데거의 저작은 모두 깊은 통찰력을
보이긴 했지만 실수와 잘못된 논의 전개로 비판받았다. 『존재와 무』는
고차적인 수준의 합리성을 향한 역사적 돌파구라는 헤겔적 테제를 강
력히 비판했다.

  『존재와 무』의 철학과 사르트르의 철학이 같은 것은 아니다. 『존재와
무』는 후설과 하이데거 그리고 현상학적 기획에 몰두하던 시기의 정점
을 대표하는 저작으로 사르트르의 이론적 발전 과정에서 단지 한 순간
에 불과할 뿐이다. 전후 사르트르의 결과물에는 『존재와 무』의 입장을
재기술하고 방어하는 짧은 글들과 그것의 실천철학적 함의를 발전시키
려는 다수의 미출판 저술들이 포함된다. 그리고 마침내 1960년 『변증
법적 이성비판』 제1권을 출간하는데, 새로운 철학적 범주들을 가지고
마르크스주의의 재구성을 시도한 이 기념비적 저작은 『존재와 무』를
읽었던 독자들이 결코 예상할 수 없는 철학적 입장을 담고 있었다. 사
르트르의 학문적·철학적 저작과 문학적·문화적·정치적 저작의 상호
관계는 복잡하다. 그의 후기 철학이 『존재와 무』와 연속선상에 있는지
아니면 단절하는지 여부도 논쟁의 대상이다. 1950년대 사르트르의 강
렬하고 다양한 정치 개입이 그가 집합적 행동의 조건에 대한 이론을 정
식화하는 데 자극이 되었다 하더라도 『존재와 무』가 『변증법적 이성비

한다. 하이데거의 관점에서 보면, 사르트르의 관점은 주체성이 문제의 일부분이며, 극
복되어야만 하는 존재의 의미의 문제에 대한 맹목성 속에서만 인정될 수 있다는 점을
파악하는 데 실패한다. 무(無)라는 주제와 관련하여 1939년의 『전쟁일기』(pp.131-4)
가 예시하듯이, 사르트르에 의한 하이데거의 주관화의 결과는 키르케고르의 복원이라
고 할 수 있다. (좋건 나쁘건) 사르트르가 심각하게 하이데거를 오독했다고 비판받는
이유에 대해서는 4장을 참조하라.

판』에 담긴 역사철학과 집합적 행동 이론을 엄격하게 주장하지는 않았지만 그러한 철학과 이론을 위한 공간을 [이미] 지니고 있었다고 주장하는 것은 가능할 것이다. 즉, 철학자로서 사르트르의 관심은 『존재와 무』에 의해 고갈되지 않는다. [그러나] 사르트르의 저작에서 『존재와 무』가 차지하는 독특함과 중심성에는 의심의 여지가 없을 것이다.

* * *

실존주의라는 용어는 그 누구보다도 사르트르와 밀접하게 관련되어 있다. 사르트르는 적어도 1945년에 이를 그의 철학에 적용하고 있다. 용어가 사용되는 일반적 맥락에서 살펴보면, 실존주의는 기존의 가치 및 그와 관련된 세계의 모습들을 급진적이고 회의적으로 재평가하려는 사상운동을 지칭한다. 이에 따르면, 최후의 보루로서 자기 자신에게 던져진 개인은 벌거벗은 자의식으로부터 규범적 지향점을 추론해 내며 허무주의로부터 벗어나려 한다. 여기서 실존주의가 다다른 곳이 정확히 어디이며, 그것이 어떻게 칸트주의적 도덕 이론 및 현대의 도덕 체계와 다른지, 철학적 범주로서 진정한 효용성을 가지고 있는지, 주로 문화적이고 예술적인 중요성을 지닌 후기 모더니즘의 분위기나 정신을 지칭하고 있는 것은 아닌지와 같은 질문들을 다루지는 않을 것이다. 『존재와 무』를 이해하는 과정에서 주목하면 도움이 될 만한 요소는 후기 근대철학의 전통 또는 그 안에서 반복되는 주제인데, 이 전통은 존재(being)와 실존(existence) 개념이 제기하는 매우 추상적인 철학적 문제들과 개인에 대한 실천적이고 가치론적인 관심[이라는 문제]이 강하고 직접적으로 연관되어 있다고 주장한다.

칸트와 동시대인으로 그의 철학을 비판했던 인물이자 독일관념론의

주요인물인 프리드리히 하인리히 야코비(Friedrich Heinrich Jacobi)
는 존재나 실존이 어떻게 이해되어야 하는가라는 문제는 선(善)에 대
해 확실하고 실증적인 관계를 성취하기 위한 개인의 시도라는 관점에
서 의미를 가진다고 그 누구보다 먼저 제안한 바 있다.[14] 야코비는 칸트
의 철학은 일찍이 스피노자의 거대한 체계가 소중히 다루었던 개인의
자유 및 현실성의 삭제, 지식 또는 가치의 가능성의 삭제를 비록 다른
방식이기는 하나, 단순하게 반복할 뿐이라고 주장했다.[15] 야코비는 이
같이 거대한 지적 파괴 운동을 지칭하기 위해 '허무주의'라는 용어를
도입했다. 야코비에 의하면, 스피노자와 칸트의 결함은 개념적 활동에
적합한 정당화 체계를 결여한 채 그들의 철학을 발전시킨 데 있는 것이
아니라, 일관적으로 철학적 탐구의 논리를 추구해 적합하지만 재앙에
가까운 결론을 끌어냈다는 데 있다. 따라서 야코비는 (흄이 평가한 것
처럼—이 또한 야코비의 해석이다) 이들의 시도로부터 적어도 철학적
정당성을 아주 협소하게 제한하는 철학적 이성을 멀리해야만 한다는
교훈을 얻을 수 있다고 주장한다. 철학적 성찰의 포괄적 권위에 대한
이 같은 거부를 정당화하는 궁극적인 [근거]는, 그것이 신에 관한 것이
든 또는 선이나 외부 세계에 관한 것이든, 인지에 대한 우리의 모든 주
장이 **독자적이고**(*sui generis*) 환원 불가능한 비개념적 토대에, 다시 말
해, **존재**에 대한 **느낌** 또는 존재에 대해 직접적으로 느끼는 직관에 의
존하고 있다는 인식(recognition)이다(야코비도 인정하듯이 우리는 이
점에 대해 칸트에게 감사해야 한다). 그 어떤 것도 존재의 현실성을 입

---

14   야코비의 주요 저작은 『주요 철학 저술 및 소설(*The Main Philosophical Writings
and the Novel*)』에서 찾아볼 수 있다.
15   역자주—야코비는 스피노자의 철학을 기계적 숙명론, 허무주의로 비판한다. 그는
또한 칸트의 물자체 개념이 지닌 이론적 난점(객관적 실재성의 문제)에 주목하며 칸
트의 초월적 관념론이 유아론적이며 허무주의적이라고 비판한다.

증할 수 없고 입증할 필요도 없다. 그러나 존재의 현실성(reality)이 없다면 우리는 무로 남게 된다. 그리고 존재의 현실성이 있다면, 우리에게 기독교적 신학이 부여한 특징을 지닌 의미 있는 세계가 복원된다. 그 안에서 개인은 모든 현실성과 의지의 자유, 목적을 즐긴다.

야코비는 위대한 철학자의 대열에 합류하지 못했다. 그러나 그의 철학 저술들은 의제를 설정하고 훗날 후기 칸트주의 철학자들이 꼭 해결해야 할 문제라고 받아들인 주제와 쟁점들을 식별해 내면서 다른 방식의 성공을 거두었다. 독일관념론자들의 철학은 야코비에 반해 철학의 기획이 필연적으로 향하고 있는 허무주의라는 저주를 피하는 것에 그치지 않고 허무주의를 부정할 수 있는 철학 체계를 구성할 수 있어야 한다고 생각했다. 하지만 그들은 그만큼 야코비의 관심사로부터 커다란 영향을 받았던 것이다. 이곳에서 독일관념론자들이 이 프로젝트를 수행하는 다양한 방식들을 논할 수는 없다.[16] 그러나 훗날 독일관념론의 발전과 수용 과정에 나타난 몇몇 특이 사항들은 『존재와 무』에 나타난 사르트르 철학의 깊은 역사적 뿌리와 철학적 의미에 대해 알려 주는 바가 있기 때문에 언급할 필요가 있다.

독일관념론 내부의 논쟁과 분열에서, 피히테와 헤겔에 맞선 셸링의 주장은 사르트르와의 관련성 때문에 특히 눈에 띤다. 피히테가 지식학(*Wissenschaftslehre*)(체계적 지식의 원리)이라고 부른 철학의 제1진술은 벌거벗은 '나'라는 개인의 자기의식을 바탕으로 종합적인 현실 체계를 가공하려는 고도로 복잡한 시도와 관련이 있다. 따라서 이는 철학적 체계성(systematicity)이 어떻게 개인의 현실성과 의도를 확언할 수

---

16 야코비와 포스트칸트주의 관념론에 대한 포괄적인 설명은 폴 프랭크 『전부 또는 전무(*All or Nothing: Systematicity, Transcendental Arguments and Skepticism in German Idealism*)』(Cambridge, Mass.: Harvard University Press, 2005)를 보라.

있는지 보이려는 야코비의 도전을 이어받는다. 구조적으로 유사한 방식으로 헤겔은 '논리학'이라고 일컫는 부분에 제시된 체계를 (또는 '철학적 학문의 백과사전'을) 통해 존재의 벌거벗은 개념에서 (그 변증법적 대립물인 무의 개념을 거쳐) 현실에 대한 완벽하게 이성적인 이해로 움직여 나갈 수 있다고 주장한다. 셸링은 야코비적 관점에서 이 둘 모두에게 이의를 제기한다. 피히테에 반대하며 셸링은 '나'에 대한 피히테의 설명이 우리에게 후험적으로/경험적으로(a posteriori) 주어진 자연의 존재에서 출발하는 '자연철학'에 의해 보충되어야 한다고 말한다. 그리고 헤겔에 반해 그는 헤겔의 **논리학**에 담긴 오로지 '부정적'이기만 한 철학은 자율적이며 오직 개념적인 구조로 고안되었고, 그렇기 때문에 현실의 존재를 파악하는 데 완전히 실패하고 만다고 지적한다. 즉 헤겔의 논리학은 개념의 체계 속에서 기획되고 예상된 오로지 가설적인 존재에 대립하는 현실의 존재를 설명하지 못한다.

자아와 개념(conceptuality)이 자율성을 가지고 있다는 (그리고 상호 연관되어 있다는[17]) 추정에 대한 셸링의 공격은 19세기 철학에 영향을 끼치는데, (사르트르도 알고 있었고, 『존재와 무』에도 반향되고 있는 예를 하나 들자면) 외부의 적대적인 현실에 반한 의식적 반성(reflective) 주체라는 쇼펜하우어의 개념의 기저에서도 그 영향을 찾아볼 수 있다. 그러나 『존재와 무』를 이해하는 데 가장 중요한 예는 키르케고르가 『비과학적 후기를 끝맺으며』(1846)에서 재론한 셸링의 반(反)헤겔주의이다. 키르케고르는 이 책의 도입부에서 명시적으로 야코비를 언급하며, 야코비처럼 독자들에게 종교적 의식(意識)을 심어 주는 것이 이 책의 궁극적인 목표라고 말한다. 그러나 그 의식은 야코비가 우리가

---

17   역자주-자아의 자율성과 개념(성)의 자율성의 연관성을 지칭한다.

돌아가야 할 곳이라고 믿었던 전통기독교보다 더 문제가 많고 불안에 시달리는 그러한 의식이었다. 이 목표를 실현하기 위해 키르케고르가 채택한 철학적 전략은 그가 '주관성'이라고 부른 것에 호소하는 것이었다. 즉, 키르케고르가 새로운 체계를 제시하지 않고 야코비와 유사하게 숨 막힐 듯한 철학적 체계화의 감옥에서 벗어나도록 도울 수 있는 방법을 찾으려 한다는 점을 이해하는 것이 중요하다. 키르케고르는 '주관성의 진리'를 헤겔주의의 '객관성'(이는 우리에게 인간의 역사 속에서의 이성의 진보에 대한 사색에 만족하라고 가르친다)에 대한 동시대인들의 반발이라며 부정적인 방식으로 정의 내리는 한편, 강렬하고 정열적인 내적([內省], inwardness) 조건 속에서 자신의 실존을 영원한 진리에 연관시켜야 하는 개인의 임무라는 긍정적 정의도 함께 제시한다. 즉 키르케고르가 실존 개념을 인간 개인에게 적용하는 과정에서 그 개념의 의미가 바뀌어 새로운 종류의 철학적 범주로 재탄생했다. 우리가 올바르게 이해했다면, 실존은 무한한 활동과 노력 속에서 주관적으로 자신을 드러내고 표현하는 지시행위(designating)를 의미한다.[18]

　사르트르가 철학사에 대해 얼마나 많이 알고 있었는지, 그리고 직·간접적으로 얼마나 잘 알고 있었는지 정확히 알 수는 없다.[19] 그럼에도 한 가지 분명한 점은, 앞으로의 논의에서도 잘 드러나겠지만, 사르트르의 철학이 체계적인 관점에서 방금 스케치한 논쟁과 입장들의 행렬 속에

18　이에 대한 간단한 설명은 『비과학적 후기를 끝마치며』 pp.84-6 참조. 키르케고르가 제시한 '나'의 실천적이고 임무-형성적 성격의 원류는 피히테까지 거슬러 올라간다.
19　1939년 『전쟁일기』에서 사르트르가 키르케고르의 『불안의 개념』과 장 발의 키르케고르 연구를 기록하고 있다는 점을 볼 때, 적어도 사르트르가 키르케고르를 알고 있었다는 점은 분명하다. '키르케고르와 개별적 보편성(Kierkegaard and the singular universal)'은 1966년에 쓰인 것이지만, 어떻게 『존재와 무』를 키르케고르 철학의 재론으로 여길 수 있는지 명료하게 보이고 있다.

공고히 위치하고 있다는 점이다.[20] 이미 위에서도 언급한 것처럼, 사르
트르는 대상을 향한 의식의 의도적 지향성의 기저를 이루는 구조 및 의
식이 어떠한 방식으로 객관적 세계에 존재하는 대상을 향하는지 보여
주기 위해 의식에 대한 내재적 설명을 꾀하는 후설의 기획에서부터 [그
의 작업을] 시작한다. 그러나 다음 장에서 보게 될 것처럼, 사르트르의
철학은 1930년경 후설의 이론틀에서 벗어나 『존재와 무』에 이르러서는
야코비의 형이상학적 주제에 몰두하게 된다. 독자들도 예상할 수 있듯
이, 사르트르에게서 찾을 수 있는 것은 철학사에 이미 존재했던 어떤
기존 철학의 재생산이 아니라 매력적이고 독창적인 그 무엇일 것이다.
그것은 존재의 우위를 주장하는 야코비-셸링의 테제를 복잡하게 수정
하고 재기술하는 철학이며, 철학은 주관성의 진리를 접합해야 한다는
키르케고르의 반헤겔주의적 요구를 통합하는 것이다. 그러나 사르트르
는 야코비와 키르케고르와는 다르게 완전히 체계적이고 철학적인 형식
으로 그의 입장을 정리하는데, 그것은 피히테의 '나'를 바탕으로 한 지
식학(*Wissenschaftslehre*)[21] 개념과 매우 강한 유사성을 띤다. 사르트르

---

20   사르트르의 철학적 선조를 그린 위의 설명에서는 빠졌지만 사르트르와 함께 연상
되는 중요한 역사적 인물이 바로 니체이다. 사르트르와 니체는 이론적 기반을 공유한
다. 신의 죽음의 중요성과 자기-책임의 무게 등에 대한 그들의 생각은 유사성을 지닌
다. 그리고 절대적 자유에 대한 사르트르의 관념과 영원회귀의 삶-긍정적 관념은 서
로 수렴하게 된다(§35를 보라). 그러나 그들의 입장은 자연주의에 대한 그들의 독자
적인 태도, 철학적 이성의 범위, 체계적 철학의 가능성의 문제에서 갈라선다(그의 생
각이 진정 어떠했던 간에). 니체철학의 특징으로 보통 간주되는 도덕적 주관주의와
자기 창조[생성]의 접합을 우리의 사르트르 이해 안으로 수입하지 않는 것이 특히 중
요하다(§44 참조). 사르트르와 니체의 관계에 대한 정당한 평가는 레비, 『사르트르』
pp.127-33을 보라.
21   피히테와 사르트르의 관계에 대한 훌륭한 연구는 Daniel Breazeale 『관념론에서
실존주의까지: 피히테/사르트르(*Vom Idealismus zum Existenzialismus Direttissima:
Fichte/Sartre*)』, 『피히테 연구(*Fichte-Studien*)』 22, 2003, 171-92 참조.

의 철학에 종교적인 의식의 메아리가 크고 분명하게 울리고 있지만
(그와 함께 포로수용소에 감금되었던 한 신부는 그를 '그 누구와도 같
지 않은 존재, 마치 예언자와 같은 존재'[22]라고 묘사했다), 그것의 신학
적 차원은 매우 분명하게 부정적이다. 사르트르에 따르면 무신론은 인
간이 자신의 적합한 목표를 달성하는 데 필요한 조건이다.

22　코엔소랄, 『사르트르』에서 재인용. p.154.

2 장
주제들의 개관

시간의 구조, 무엇인가 존재한다는 사실[의 의미], 타자의 마음에 대한 지식, 인간 성생활의 동력, 인간성격 개념 등 다양한 범주의 다양한 주제들이 약 800페이지 분량에 걸쳐『존재와 무』에 등장한다. 그럼에도 『존재와 무』는 (윤리의 문제를 예외로 하고−사르트르는 이를 다음에 다루겠다고 했다) 철학에 관한 모든 질문에 대해 체계적인 답변을 추구하는 하나의 전체를 구성하려고 한다. 이미 잘 알려져 있는 것처럼, 『존재와 무』의 체계에 통일성을 부여하는 주제는 바로 인간의 자유이다(이는 저작의 핵심 교점으로서, 이를 바탕으로 하거나 준거점으로 하여 시간에 대한 이론, 자기의식, 성 등의 문제가 논의된다). 이 책의 구성을 보면, '자유란 정확히 무엇인가'라는 질문은 한참 뒤에 다루어진다. 그러나『존재와 무』의 독해를 시작하기 전에 사르트르가 어떠한 방식으로 이 문제를 다루는지 둘러보는 것은 큰 도움이 될 것이다. 인간의 자유에 대한 문제는 반드시 철학적으로 다루어져야 한다는 것이 사르트르의 생각이었다. 나는 이 장에서『존재와 무』의 전략이 무엇이었는지 세 가지 다른 시각에서 접근해 보려고 한다.

1. **사르트르 초기작의 주제들** 철학적 전기라는 관점에서 앞에서 이미 언급하였듯이, 사르트르는 자유의 문제로 [그의 작업을] 시작하지 않는다. 그러나 초기에 출간된 철학 저술들을 보면, 왜 그리고 어떻게 자

유의 문제가 중심적 위치를 차지하는지 그리고 왜 내가 이 문제들에 대한 토론과 함께 이 책을 시작하는지 이해할 수 있을 것이다. 『존재와 무』는 사르트르의 이전 철학 저술에 대한 이해를 전제하지 않으며, 이전 저작들에서 제시된 몇몇 주요 사상들이 수정 없이 그대로 『존재와 무』에서 반복되기도 한다. 그러나 사르트르의 이전 저술들을 읽으면 『존재와 무』의 철학적 전망을 이해하는 데 도움이 될 것이다. 이러한 접근법을 추천할 만한 이유는 이전 저작이 (자아, 감정, 상상력과 같은) 철학적 주제들을 상대적으로 간결하고 친숙하게 정의하려고 노력하고 있기 때문이다. 따라서 이 초기 저작들은 철학적 단순함을 지니고 있다. 또한 사르트르의 철학적 관심에 대한 사적인 소개서로 그가 1939년과 1940년 사이에 쓴 수고를 꼽을 수 있는데, 이는 『존재와 무』를 쓰기 바로 전에 쓴 것으로 『전쟁일기』라는 유고작으로 출간되었다.

『존재와 무』의 이해라는 관점에서 볼 때, 사르트르의 초기 텍스트들 중에서 가장 중요한 저작은 의심의 여지없이 『자아의 초월』이다. 이 에세이는 후설의 초월적 현상학의 입장에서 보면 기술(技術)적인 것으로 비춰질 문제를 논박하면서 시작한다. 후설의 프로그램 안에서 작업하는 이들에게나 관심이 있을 문제이지만, 사르트르는 이를 바탕으로 매우 흥미롭고 근본적이고 독창적인 인간주체의 형이상학을 전개한다. 그리고 이 형이상학은 우리가 일상적으로 이해하는 개인 정체성 개념과 대조적인 입장을 취하고 있다.

사르트르가 겨냥한 것은 대상에 대한 우리의 지향적 관계의 근원이자 토대로서 '초월적 자아'를 가정하는 후설의 주장이었다. 정통 초월론의 관점에서 이 같은 후설의 주장은 무해하고 또 칸트가 명시적으로 승인한 바를 향유[수용]하고 있는 것처럼 보인다. 즉 후설은 (내가) 나의 모든 의식 상태를 나의 것이라고 여길 수 있어야 하기 때문에 후설적 환원을 통해 도달하는 의식의 장(場)을 비경험적인 주체, 즉 초월적인 주체에 의해 '소유'되는 것으로 간주해야 한다고 주장하는 것처럼 보인다.

사르트르를 자극했던 것은 '나는 생각한다'(초월적 통각(apperception)의 통일성)에 관한 칸트의 테제가 현상학으로 변환되면 초월적 주체의 지위가 의미심장하게 변화한다는 관찰이었다. 사르트르의 독해에 따르면, 경험과 지식의 '가능 조건'에 대한 칸트의 테제는 실존주의적 주장과 관련이 없다. 이 조건은 순전히 형식적 특성만을 가질 뿐, 실질적 특성을 지니고 있지 않다.[1] 그러나 후설의 **현상학적** 칸트 해석은 '초월적 주체'를 현실성을 가진 것으로 간주한다. 하지만 사르트르는 이를 받아들일 수 없다고 주장한다.

현상학은 기술(記述)적 학문이고, 현상학이 기술하는 것은 (순수한) 의식에 주어지는 모든 것이다. 따라서 문제는 초월적 자아가 이 조건을 충족하는지 여부이다. 반박의 여지없이, 경험적이고 심리적인 실체로서 나의 실존은 나에게 주어진다. 그리고 또한 나의 의식의 상태에 대해 반성[생각]할 때, 그 상태들을 나의 것이라고 생각하는 상황도 함께

---

1 『자아의 초월』pp.2-3. 사르트르는 그가 칸트에 반대하는 것이 아니라는 것을 보이기 위해 애쓴다. 심지어 그는 "구성적 의식의 존재를 기꺼이 수용한다"고 선언한다. 그런데 여기서 마치 사르트르가 초월적 관념론에 가담하고 있는 듯 보이기도 하기 때문에 오해가 생길 수 있다. 그러나 (앞으로 다루겠지만) 사르트르는 주체에 의해 대상 일반이 구성된다는 생각을 부정한다. 즉 그는 잠정적으로 그리고 논의의 전개를 위해 칸트주의적인 관념론을 인정하고 있을 뿐이다. 사르트르는 관념론적 전통과 완전히 분리되는 '초월적' 개념에 대한 이해를 제시하는 반면 '전-세계성(pre-mundanity)' 개념을 보유한다. 이 문제는 『존재와 무』와 관련해서도 발생하기 때문에 그리고 단순히 용어법상의 문제가 아니기 때문에 언급해 둘 필요가 있다. '초월적인 것'은 구체적인 현실[실재] 세계 속의 몰입 또는 개입 이전의 (세계에 독립적이거나 또는 그로부터 추상된) 주체성과 관련되는 것이다. 다시 말해, 초월적인 것은 순수하게 형식적인 주체성의 차원이다. 나는 이 문제로 곧 돌아올 것이다.

주어진다. (칸트가 주장한 것처럼, 경험적인 지식이 가능하려면, 이러
한 상태는 형식인 관점에서 필수적이다.) 그러나 이 두 정보는 초월적
자아를 수반하지 않는다. 첫 번째 정보가 [초월적 자아를 설명하기에
충분하지 못한] 이유는 경험적 자아는 당연히 초월적 자아와 뚜렷이 다
른 것이고 초월적 자아가 되기에 충분하지 않기 때문이다. 사르트르에
따르면, 두 번째 정보가 충분하지 않은 이유는 이것이 답하고 있는 것
에 대해 굳이 설명할 필요가 없기 때문이다. 더 결정적인 이유는 이것
이 사실 자기의식을 더 이해하기 어려운 것으로 만들기 때문이다.

초월적 주체를 지지하며 후설이 기댄 칸트주의의 표준적 고찰[2]은 무
엇인가가 종합적 행위의 주체항(subject-term)으로서 나타나야 할 것
을 요구한다. 그리고 이 종합적 행위가 다시 의식의 통일성을 위해 필
요하다.[3] 사르트르는 다음과 같은 이유를 들어 이러한 주장을 거부했
다. (1) 의식의 통일성은 대상의 통일성에서 유도되는 것으로 이해되어
야 한다. 예를 들어, 이 펜의 통일성은 내가 이 펜에 대한 나의 다양한
지각 경험이라고 여기는 것에 대한 통일성을 제공한다. 현상학이 의식

---

2   역자주-칸트는 종합적 행위주체로서 초월적 자아를 제시한다. 칸트에 의하면 '나
는 생각한다' 라는 인식은 나의 모든 표상에 수반되어야 하며, 이러한 인식은 일종의
근원적 통각이자 순수통각으로 경험적인 통각과 구분되는 것이다. 이러한 인식은 모
든 인식에 동일하며, 다른 통각으로부터 도출될 수 없고 또 다른 통각에 속할 수도 없
다. 나는 직관을 통해 내게 주어진 표상의 다양함 속에서 동일한 자기를 의식한다.
"어떤 직관 속에 주어지는 다양한 표상들이 어떤 의식(자각)에 포함되지 않는다면 그
표상들은 모두 나의 표상이라고 할 수 없다." 따라서 칸트는 "나는 내게 주어진 다양
한 표상들을 통틀어서 하나의 직관을 구성하는 나의 표상들로 인식"한다고 말한다(종
합으로서 자아 또는 인식). 즉 나는 내게 주어진 표상의 다양함 속에서 동일한 자기를
인식하는데, 칸트는 이를 '표상의 필연적인 종합에 대한 선험적인 의식' 이라고 칭한
다. (『순수이성비판』, 15-16절 참조, London: Penguin Books, 121-6, 정명오 옮김,
서울: 동서문화사, 2015, 117-8 참조)
3   역자주-칸트와 후설의 유사성에 대해서는 조셉 J. 코켈만스, 『후설의 현상학』, 임
헌규 옮김, 서울: 청계, 53참조.

을 지향성 및 대상을 향한 초월과 관련된 지향성이라고 선언하고 있는
만큼, 초월적 자아가 아닌 의식의 대상이 설명의 재료로서 이용되어야
한다.[4] (2) (후설이 내부의 시간 의식에 대한 저작에서 보여 주었던 것
처럼) 근본적으로 의식을 순간적인 구조가 아니라 시간적으로 확장된
것으로 이해한다면, 시간을 초월한 의식의 통일성(의식의 지속)에 대한
설명이 필요하지 않다.[5] 따라서 초월적 '나'는 [필요 없는] 잉여물이다.

더욱이 초월적 '나'는 자기의식과 **양립할 수 없다.** "만일 초월적 자
아가 존재한다면 그것은 폭력적으로 자기의식을 그 자신으로부터 분리
시킨다. 이는 불투명한 면도날처럼 각각의 의식을 가르며 분할한다. 초
월적 '나'는 의식의 죽음이다."[6] 사르트르의 주장은, '내[자아]'가 차
지할 공간이란 없기 때문에, 우리는 (현상학적 사실의 문제로서) 책상
위에 있는 펜에 대한 '일차적 의식'이나 **'비반성적**(前反省的)**'** 의식과
마주치지 않을뿐더러 그렇게 할 수도 없다는 것이다.[7] 여기서 핵심은
후설의 설명이 적합하게 작동하기 위해서 다음의 두 가지 조건이 충족

---

4   역자주-테브나즈는 후설의 현상학적 환원이 세계의 테두리 바깥에서 세계를 의미
하면서 세계를 구성하는 초월적 자아를 찾으려 한다면, 사르트르의 경우는 선험적 나
라는 존재를 불필요한 잉여로 파악한다는 점에서 이 두 이론가는 근본적인 차이를 보
인다고 주장한다. 사르트르에 따르면, 나 역시 다른 대상들과 마찬가지로 의식의 대상
이기 때문에, 의식을 이해하기 위해서는 자아 역시 근본적인 환원에 부쳐져야 한다. 이
러한 맥락에서 테브나즈는 사르트르가 자아를 깨부순다고 주장한다. 피에르 테브나즈,
『현상학이란 무엇인가?』, 심민화 옮김, 서울: 문학과지성사, 1992, pp.59-60 참조.
5   『자아의 초월』, pp.6-7.
6   『자아의 초월』, p.7.
7   사르트르는 또한 그러한 의식이 **자기 자신도 의식한다**는 생각(이는 앞서 『상상』
(p.115)에서 진술된 바 있다)을 도입한다. 『자아의 초월』, pp.7-8. 그러나 그는 논증
을 제시하지 않는데, 이 논증은 훗날 『존재와 무』에 제시된다. (§3을 보라.) '나'에 대
한 준거는 어떤 것이라도 반성과 관련되고 또 우리에게 '나'를 드러내게 될 것이기 때
문에, 경험은 대상에 대한 전반성적 의식이 '나'를 필요로 하지 않는다는 주장을 입증
할 수 없다는 반대에 대응하기 위한 pp.11-13의 논증도 참조하라.

되어야 한다는 것이다. (a) '나'는 의식의 **대상**이 될 수 없다. 대상이
된다면 그것은 의식이 **외재적**임을 의미하기 때문이다. 그렇지만 (b)
'나'는 **의식을 향한** 무엇이어야 한다.[8] (그러나 이는 단지 의식의 '성질
(quality)'은 아니다.) 따라서 '내'가 의식에 **내재적**이기 위해서는 의식
안에 **거주**해야 한다. 그러나 이는 필연적으로 의식의 지향성 관계가 지
니는 비칠 정도로 반투명한 특징에 부합하지 않는다. 따라서 '나'를 춥
고 어두운 의식으로 표현하는 사르트르의 묘사는 의식의 자발성을 파
괴하며, 의식을 불투명하고 **'숙고할 만한** 것(ponderable)'으로 만든
다.[9] 훗날 사르트르는 다음과 같이 덧붙인다. 만일 '내'가 비(非)반성적
차원에 현존한다면, 그 '나'와 반성적 의식으로서의 '나'와의 동일성
또는 교통을 이해할 수 없게 된다. '나'는 인지 가능한 연결 고리 없이
증식할 뿐이다.[10]

　그러나 만일 초월적 '내'가 존재하지 않는다면, 사르트르는 어떻게
두 번째 정보의 관점에서[35-6쪽 참조] 자기의식의 현실적 존재를 설
명할 수 있는가? 즉, 내가 내 의식의 상태를 반성할 때마다 나타나는
현실적이고 필연적인 '나'의 현존을 어떻게 설명할 수 있는가? 더욱

8　역자주-사르트르는 '모든 의식의 상태는 의식 이외의 것을 대표한다'고 적는다.
9　같은 곳, pp.8-9. 이는 몇몇 드문 경우에 사르트르로 하여금 '주체'라는 개념을
완전히 거부하도록 한다(예 p.51). 이뿐만 아니라 사르트르는 주체와 주체성을 의식
으로 이해하고 이를 더욱 많이 언급한다. "칸트의 용어에 따르면 이는 더 이상 주체가
아니다. 이는 주체성 그 자체이다."(『존재와 무』 xxxiii/24/73/27) "주체성은 의식 속
에 있지 않다. 그것은 의식**이다**."('사르트르와의 대담', 1975, p.11)
10　『자아의 초월』, p.15. 후설의 초월적 '나'가 내가 나 자신을 동시에 대상과 주체로
서 받아들일 가능성에 대한 설명으로 제시되는 한 이 추가 논증은 이전의 논증에 대해
독립적이다. 그리고 후설이 초월적 '나' 개념을 이러한 역할로 쓰려고 했다고 보기는
어렵다. 그러나 사르트르는 주체와 객체로의 이중 위장 속에 나타나는 자아의 동일성
이 후설의 모델에 의해 발생한 것이긴 하지만 후설의 모델이 명확히 설명하지 않는 주
제라고 적절하게 지적한다.

걱정스러운 것은 사르트르의 주장의 정도가 지나쳐 보인다는 점이다. 만일 자기의식이 자아에 대한 의식이라면, 그리고 자아가 의식의 대상도 아니고 내 의식 속에 머무르는 것도 아니라면, 자기의식이란 불가능할 것이다. 즉 이와 같은 경우에 '나는 생각한다'라는 생각은 불가능한 것처럼 보인다. 그러나 분명 사실은 그렇지 않다.['나는 생각한다'라는 생각은 가능하다.]

사르트르의 대답은 물론 반성과 '나' 사이에 필연적인 관계가 존재하고, 이 [관계에 대한] 정보(data)가 다음과 같은 두 가정에 의해 설명된다는 것이었다. (1) 반성의 행위는 '나'를 **창조**하고 비(非)반성적인 장(場) 속에 **삽입**하거나 내삽(內揷, interpolate)한다(후설 자신이 반성은 그것이 향하고 있는 의식을 재구성한다고 주장했기 때문에, 후설은 이 주장을 거부할 수 없는 입장에 있다).(2) '나'는 '구체적이고 심리-신체적인 '나'에 대해 한 점이 세 개의 차원과 맺고 있는 것과 같은 관계를 맺고 있는 것'으로 분석되어야 한다. '이는 불확정적으로 축소된 **나이다.**'[11] 이 논의의 두 번째 부분은 초월적 자아에 의지하지 않으면서 왜 '나'는 실존론적인 방법 없이 사고될 수 없는지, '그렇지만 왜 이것이 어떤 대상을 구체적이고 심리-신체적인 실체의 특징**으로** 간주하는 것과 같은 것은 아닌지'에 대해[12] 설명한다. 이러한 해석을 뒷받침하는 또 다른 논증은 우리가 '나'라는 개념을 매개로 사고하는 **것[대상]**과 '내'가 사고되어지는 **토대** 사이에 불일치가 존재한다는 관찰에서 도출된다. '나'에 대한 관념은 현재 나에게 여흥을 제공하는[13] 의식을 넘어

---

11 같은 책, p.8.

12 역자주-이는 왜 대상의 특징을 의식의 특징으로 환원될 수 없는 것인지에 대해 설명한다.

13 역자주-'어떤 대상을 향하고 있는 의식'을 의미한다. 따라서 전체 문장은 어떤 대상을 향하고 있는 의식을 넘어서는 것, 즉 서로 다른 대상들을 가로질러서 일관적으

선 영원성, 그리고 실제로는 '모든 의식'을 넘어선 영원성을 지닌 어떤 것에 대한 것이다. 사르트르가 설명하는 바에 따르면, '나'에 대한 관념은 (소여[所與]되지 않아 '펼쳐져야 할' 내용을 가진) 소멸 불가능한 어떤 것에 관한 관념이기 때문에, 그 '존재 유형'은 '의식이라는 관념보다는 영원한 진리라는 관념에 훨씬 더 가깝다.'[14] '나'의 형이상학과 인식론이 이처럼 명백하게 분리된다면, 우리는 '나'의 본성에 대해 확실성을 주장할 수 없게 되고, 결국 우리는 '나'라는 개념을 문제가 많은 개념으로 간주하고 그에 대해 철학적인 의심을 던져 보아야 할 것이다.[15]

『자아의 초월』에는 사르트르의 이야기의 중요한 부분들이 아직 발전되지 않은 채로 남아 있다. 그 예로 '나'는 구체적 실체를 지칭하지만 구체적 실체로서 지칭하는 것은 아니라는 관념을 들 수 있는데, 이는 매력적인 만큼 당혹스러운 개념이다. 그렇다면 '나'를 구성하는 특정한 전개(presentation) 방식은 어디서 오는가? 그리고 반성의 순간에 실제로 '내'가 출현해야 할 이유는 무엇인가? 『존재와 무』는 이러한 약점을 보완할 것이다. 그러나 『자아의 초월』이 그 자체로 기여한 부분도 꽤 많다. 『자아의 초월』에서 사르트르는 초월적 의식의 장(場)이 **'나' 없이 존재할 수 있고**, 또 '나'를 가능하게 만드는 것일 수 있다는 가능성을 표명하고, 여러 면에서 이 형이상학이 후설의 형이상학보다 우월하다는 점을 보인다.

그러나 『자아의 초월』이 취한 입장은 두 가지 커다란 문제를 안고 있

로 존재하는 '나'를 함의한다.

14 같은 책, pp.14-15.

15 같은 책, p.15. 이러한 사르트르의 주장 이면의 논증은 칸트의 『순수이성비판』의 '순수이성의 배리'에 내포되어 있다.

었다. 첫 번째 문제는 우리를 후설의 입장으로 되돌릴 수 있는 위협을
지닌 것으로 비인격적(impersonal) 의식의 장(場)의 개인화(individu-
ation)와 관련된 문제이다. 사르트르가 초월적 '나'로는 무엇이 의식의
장에 동일성을 부여하는지 설명할 수 없다는 점을 보였고 또 자기의식을
설명하는 데 나름 자신의 모델이 지닌 우수성을 증명해 보였다고 말할
수도 있을 것이다. 그러나 그의 모델은 여전히 의식의 **특정한** 장(場)에
대한 개념을 가정하고 있다. 이 개인화의 토대가 인격적인 것은 아닐지
라도 (사르트르는 이것[개인화]이 '나'의 성격을 지니고 있는 것으로
받아들이는 것을 주저하는 이유를 제시했다) 그와 같은 토대가 필요한
것처럼 보인다. 사르트르는『자아의 초월』에서 그것이 무엇인지에 대
해 말하지 않았다. 그는 의식이 '종합적이고, 개인적인 총체성'을 구성
한다는 점을 인정했지만, 의식의 개인성(individuality)은 의식 자체의
특성에서 비롯된다고 말하며, 그것이 제기하는 문제는 기각했다.[16]

　두 번째 문제도 첫 번째 문제와 관련이 있다. 우리가 반성(reflec-
tion)이 동일성에 대한 일상적 판단이라는 관점에서 이해될 수 없는 것
이라는 사르트르의 주장에 동의할지라도 이 주장이 반영성(reflexivity)
요소를 어느 정도 포함하고 있다는 점에 유의해야 한다. 그리고 사르트
르는 이 점을 미처 파악하지 못한 것처럼 보인다. 사르트르는 "내가 코
기토를 수행할 때, 반성하는 나의 의식은 그 자신을 대상으로 삼지 않
는다"고 말했다. 그리고 그는 그것[반성하는 의식]이 긍정하는 것은
"반성된 의식(reflected consciousness)과 관련되어 있다"고 말했다.[17]
그러나 이것은 실제로 관련된 것의 일부분에 불과한 것처럼 보인다. 반
성이 **분명히** (사르트르는 '조정적[措定的]으로(thetically)'라는 언어를

16　『자아의 초월』, p.7.
17　『자아의 초월』, p.10.

사용하고 있다) 긍정하고 있는 것은 오로지 반성되어진 의식과 관련이 있을 뿐이다. 그러나 반성은 또한 **함축적으로** 그 자신과 관련된 무엇인 가를 긍정하고 있다. 다시 말해, 반성과 반성된 의식은 **동일한 주체에 속해 있다.** 만일 반성이 그 자신을 반성된 의식과 '동일한 주체로' 파악 하지 않는다면, 의식에 대한 반성에 의해 나에게 주어지는 정신의 흐름 은 외부 세계와 마찬가지로 무차별적이고 외재적인 성격을 띠게 될 것 이다.[18] 반성적 행위에 함축된 이와 같은 이해는 적어도 반영성(reflex-ivity)이 **부분적으로** 실현된 것이라고 할 수 있다. 그리고 아마도 사르 트르가 『자아의 초월』에서 취한 최소주의적(minimalist) 설명 방법 때 문에 이러한 특징이 간과되었다고 말할 수 있을 것이다.

사르트르는 『존재와 무』에서 『자아의 초월』에 제시된 설명을 수정하 는데, 그는 이 수정을 통해 위의 한계를 극복하는 동시에 후설을 인정 하게 된다. 특이하게도 사르트르는 『자아의 초월』에서 후설을 비판하 면서 후설이 초월적 '나'를 기획했던 의도에 대해 거의 관심을 기울이 지 않았고, 분명 그의 의도를 잘못 해석했다. 즉, 사르트르는 단지 초월 적 '내'가 **협소한** 현상학적 토대 위에서 정당화될 수 없다는 점을 보였 을 뿐, 초월적 자아가 폭넓은 초월론적 토대를 근거로 할 때조차 단순 한 형식적인 실체가 아닌 실질적인 실체로서 자신의 자리를 얻을 수 없 다는 점을 증명해 보인 것은 아니다. 후설의 초월적 '나'와 사르트르의 입장에는 여전히 차이가 있지만, 『존재와 무』에서 사르트르는 후설의 입장과 매우 유사한 이론적 구조를 도입한다.

사르트르가 후설에 대해 오독을 하긴 했지만 운이 좋게도 후설에 대 한 사르트르의 주석의 한계는 『자아의 초월』의 진정한 철학적 목적과

---

18 사르트르는 관련된 자료(자아는 '친숙한 것으로서 주어진다'라는 사실, 『자아의 초월』, p.37)를 참조하지만, 설명은 하지 않은 채로 남겨 둔다.

는 별 관련이 없었다. 그 이유는 이 에세이에서 사르트르가 집중적으로
다룬 문제가 **자연적** 의식에 필수적인 자아(self) 개념이었기 때문이
다.[19] 사르트르가 후설의 초월적 '나'를 삭제하려 한 것은 우리가 자연
스럽게 갖게 되는 유신론적 자아 개념에 반해서 무신론적 의식 개념을
구축하기 위한 것이었다는 점에서 의의가 있다.[20] 사르트르는 우리의
의식을 **넘어선** 곳에 우리의 의식을 **지탱하는** 실체적인 무엇(우리의 정
신적 삶의 흐름이 머무르고, 또 정신적 삶이 흘러나오는 곳)인가가 존
재한다는 생각, 우리가 우리 자신에 대해 갖는 뿌리 깊은 생각을 뒤흔
들고 싶어 했다. 사르트르가 후설의 것이라고 생각했던 자아(self) 개념
은 이와 같은 인격적 현실에 대한 상식적인 확신을 철학적으로 잘 표현
할 수 있다는 점에서 중요하다. 이것이 바로 『자아의 초월』의 핵심 주
장인데, 이 주장은 만일 의식이 초월적으로 비인격적(impersonal)인
것이라면 우리가 보통 사용하는 (그리고 프랑스의 도덕주의자 라 로슈
푸코(La Rochefoucauld)가 확장시킨) 절대적으로 기본적이고 '자연적
인' 수준에서의 자기-관여적이고 이기적인 (인간심리학적) 동기라는
관념은 포기해야만 할 것[21]이라고 설명하는 대목에서 가장 강렬하게 드
러난다. 인간의 인격적 정체성의 전체 구조는 이제 재고되어야 한다.
　상식적인 심리학적 설명은 보통 다음과 같은 유형을 제시한다. 반성
의 과정에서 우리는 일정한 특징과 내용을 지닌, 연속되는 비반성적인
의식의 에피소드들을 바탕으로 (예를 들어, 특정한 사람을 향한 어떤

19　따라서 사르트르는 스트로슨(P. E. Strawson), 『개인: 기술적 형이상학에 대한 에
세이(*Individuals: An Essay in Descriptive Metaphysics*)』에서의 널리 알려지고 영향력
있는 관점과 같이 인격(persons)에 대한 다양하고 친숙한 개념들을 표적으로 삼는다.
20　사르트르는 '나'에 대한 신념과 신에 대한 신념의 평행성을 언급한다. 『자아의 초
월』, p.37.
21　같은 곳, pp.17-20.

특정한 성질(quality)의 느낌) 심리적 요소가 우리 자신에게 주어진 것
처럼 생각한다. 사랑 또는 증오의 감정이 그 예인데, 우리는 이 감정들
이 물리적인 힘과 유사한 방식으로 의식적인 에피소드의 기저를 이루
고, 또 의식적인 에피소드를 통해 표현된다고 생각한다. 사르트르는 이
러한 요소들을 '상태'라고 부르고, 이것이 우리의 즉각적인 의식과 동
일한 것은 아니지만 어떻게 우리의 즉각적 **의식 안에서**(in), 즉각적 **의
식에 의해**(by) 주어지는지, 그리고 어떻게 일정한 영속성을 지니며 즉
각적 의식을 넘어서 확장되는지 보인다. 이는 나로 하여금 오늘 내가
느끼는 사랑의 감정이 내가 어제 느낀 감정과 **동일한** 것이라고 생각하
게끔 한다. 이는 마치 경험적으로 어떤 물리적 대상을 다시 대하는 것
과 같다.[22] 상식적인 심리학에 의하면, 신념(belief)과 욕망도 또한 이러
한 방식을 따른다. 상태는 다시 사르트르가 '성질(質, qualities)'이라
고 부른 것에 의해 (단지 선택적으로) 보충된다. 성질은 기저의 기질로
서 이것이 작동하게 되면 상태와 행위를 일으킨다.

　이 모델의 강점은 우리가 보통 사람의 성격을 구성한다고 여기고 또
(경외, 혐오와 같은) 우리의 반응태도가 향해 있는 성질의 기층(sub-
stratum of qualities)으로부터 출발하는 낯익은 인과적 이야기의 형태
로 심리적 설명을 시도하는 데 있다. 그러나 반성([반영], reflection)
속의 '내'가 의식의 후배지에 있는 그 어떤 것도 지칭하지 않는다면,
우리의 상태와 성질을 소유할 그 어떤 것도 존재할 수 없고, 또한 우리
와 상태와 성질에 내재성의 주체를 부여할 수 있는 그 어떤 것도 존재
할 수 없다. 그러므로 이로부터 우리의 상태와 성질은 의식의 초월적
생산물로 간주되어야만 한다는 결론이 도출된다(이 결론은 사르트르가

22　같은 곳, pp.21-6.

반성 속의 '나' 에 대해 말한 이야기에 조응한다. 혹은 그 이야기의 연장이라고도 할 수 있다). 상태와 성질들이 구성하는 '나' 또는 자아 또는 인격은 내 의식의 안이나 뒤가 아니라 **세계 속에서** 나의 의식에 노출된다.

사르트르의 완전한 구상에 따르면, 이 실체의 구성은 다음과 같다. 자아나 인격은, 성질들에 의해 매개되며 행위와 상태의 종합적 통일로 구성되는, 반성적 의식의 초월적 대상이다. 이 심적(psychic) 대상(이는 심리-물리적 대상이라기보다 심적 대상이라고 할 수 있다)은 두 '얼굴' 을 가지고 있다. 이는 한편으로 (주격의 경우에) 능동으로서의 '나(I, *je*)' 로서 나타나고, 다른 한편으로 (목적격의 경우에) 수동으로서 또는 영향을 받을 수 있는 '나(me, *moi*)' 로서 나타난다.[23]

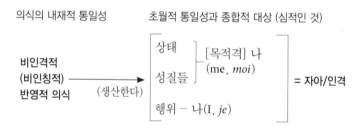

심리학의 상식과 기본 규율은 이 화살표의 방향을 완전히 잘못 독해하고 있다. 그들은 이 화살표가 단지 인식 관계를 표현하고 있다고 생각한다. 즉 내가 나의 상태와 성질을 **알게** 되는 것은 바로 의식을 **통해서인** 것이다. 따라서 **생산** 관계가 반대 방향, 즉 오른쪽에서 왼쪽으로 진행된다. 상식적인 선에서 말하자면, 나의 의식이 나의 의식인 이유는 바로 나의 상태와 성질 **때문이다.** 나의 사랑과 증오는 내가 느끼는 대

---

23 같은 곳, pp.20-8.

로 느끼게 하는 것이다. 다음 구절에서 사르트르는 새로운 자아(self)의 형이상학의 도입과 형이상학적 환상을 상식으로 귀속시키는 것에 대해 분명한 입장을 밝히고 있다.

> [자아]는 통일성의 실질적 장소이다. 그리고 의식은 실질적 생산과정의 순서와는 **완전히 정반대의 방향으로** 움직이면서 자아를 구성한다. **실제로** 우선하는 것은 의식이고, 의식을 통해 상태가 구성된다. 그리고 상태를 통해 자아가 구성된다. 그러나 순서가 거꾸로 되었기 때문에 […] 의식은 상태로부터 발생하는 것처럼 주어진다. 그리고 상태는 자아에 의해 생산되는 것처럼 주어진다. 그 결과, 의식은 자아에 창조적 힘을 부여하기 위해 자신의 자생성을 대상인 자아에 투영한다. 따라서 의식이 자신의 거짓 표상[재현]으로서 자아를 구성하는 것처럼 보인다. 즉 마치 의식이 자신이 구성한 자아 앞에서 자기 자신에 최면을 걸고 자아에 매몰되는 것처럼, 또 자아를 자신의 보호자이자 법으로 만드는 것처럼 보인다.[24]

따라서 화살표의 방향을 거꾸로 하는 실수는 우연한 사고가 아니었다. 의식이 자아를 구성할 때, 자아는 자신이 의식의 근원이라는 거짓된 의미를 갖게 되는데, 이는 자아가 지닌 본성의 일부라고 할 수 있다.[25] 사르트르가 『자아의 초월』의 끝부분에서 사변적인 제안을 하긴 했지만, 이 이야기가 (왜 의식이 그들[자아와 의식]의 관계에 대해 잘못된 표상을 만드는 대상을 구성해야만 하는가) 완성되기 위해서는 『존재와 무』

---

24   같은 곳, pp.34-5, 48.
25   『상상』 pp.4-5를 보라. 여기서 상상에 대한 그릇된 형이상학('소박한(naive) 존재론'과 이미지에 대한 '사물적(thing-ish) 관점')은 '거리 위 사람의 형이상학'으로 일컬어진다.

를 기다려야 한다. 의식은 자신의 '괴물 같은 자생성', '가능성의 현기
증', 그리고 '아찔한 자유'[26]로부터 달아나는 동시에 그것을 숨기려 한
다. 자아에 대해 우리가 지닌 믿음(belief)에 대한 이 같은 동기적 설명
은 자아를 단지 잘못된 이론적 가정으로 취급할 가능성을 방지한다.[27]

사르트르는 자신이 제기한 인간성격(personality)의 존재론의 혁명
적 재구성을 입증하기 위해[28] 의식과 상태 사이의 인식론적 차이를 강
조한다. 주어진 의식이 내게 어떤 상태에 의미를 부여하도록 합리적으
로(rationally) **강제하는** 것이 절대로 아니다(내 감정에 어떤 의미를 부
여할지 결정하는 것은 나다). 비반성적 의식의 정보(data)를 넘어 반성
적 의식을 향해 내딛는 모든 발걸음은 이 [비반성적] 정보로부터 충분
한 동기를 얻지 못한다.[29] 『존재와 무』는 헌신(commitment)을 통해 의
식을 상태로부터 분리하는 틈을 가로지를 수 있다고 주장할 것이다. 또
한 자기귀속(self-attribution) 및 자기인식(self-knowledge)에 대한
요구가 미래의 내 의식과 행동이 상환해야 할 (또는 상환하지 못하는)
존재론적 대출을 얻어 내는 다양한 방법들이 논의될 것이다.

『자아의 초월』에서 사르트르의 논증은 우리의 의식이 (초월적 '나'
나 실체적 인격성(personhood)에 근거해 있지 않다면) 비인격적이고
(non-personal) **비의식적인** 사건의 상태(states of affairs)에 (그중에
서도 특히 신경학적인 상태에) 근거해 있을 가능성을 배제하지 않는
다. 이는 『자아의 초월』에서 관찰할 수 있는 궁극적 논점인데, 이를 통
해 『존재와 무』에서 다룰 내용이 무엇인지 짐작할 수 있다.

---

26   『자아의 초월』, pp.46-8.
27   실체화에 의한 설명을 성취하지 못하기 때문에 전혀 이치에 맞지 않는 해석.
28   레비, 『사르트르』, pp.186-90. 이 책은 『자아의 초월』이 함의하는 전복의 의미를
이해할 수 있는 방법을 제시한다.
29   『자아의 초월』, pp.23-4.

아직까지 자아(self)와 관련해 『자아의 초월』이 취한 입장이 어떻게 인간 자유의 이론을 발전시키는 데 도움이 될 것인지 명확히 제시되지 않았다. 만일 초월적 '내'가 존재하지 않는다면, 만일 인간존재의 인격성(personality)이 의식의 근거가 아니라 의식의 효과라면, 우리가 우리 자신에 대해 갖는 일상적인 생각, 즉 행위의 저자[주체]라는 생각은 손상을 입게 된다.[30] 실제로 만일 의식의 장이 초월적으로 비인격적(impersonal)인 것이라면, 외관상 스피노자의 정당성이 입증된 것처럼 보인다. 사람들은 비인격적인 실체의 변용(modifications)일 뿐이고, 따라서 우리가 우리 자신을 자립적인 존재로 생각하는 것은 단지 환상일 뿐이다.[31] 그러나 사르트르는 그가 스피노자주의에 문을 활짝 열어준 것이 아니라고 확신하며 그 이유를 제시한다. 『자아의 초월』 내내, 이 저작의 주장에는 부수적이지만 『존재와 무』를 예상하게 하는 진술들이 등장하는데, 그것은 의식이 "비실체적(non-substantial) 절대성"이자 '자율적'이며, "채워질 필요가 없는 총체성"이자 스피노자의 실체와 유사하게 자기-제한적이며, "자기 자신을 존재하도록 결정하는" 자신의 원인이자 "순수한 자생성"의 절대적 실존의 영역, 즉 '무로부터의 창조자'라는 진술들이다.[32] 사르트르는 이러한 주장들을 설명하거나 입증하지는 않는데, 그는 이 주장들을 이미 후설에 의해 공고해진 현상학의 기본 원리로 여기는 것처럼 보인다. 이것이 정확한 해석이든 그렇지 않든 간에, 분명한 것은 사르트르가 자신의 형이상학을 명확히 하기

---

30   사르트르가 "순수한 반성은 '나'라는 생각을 제거하는 것과 관련이 있을 것"이라고 제안할 때 이러한 함의가 출현한다(같은 곳, pp.41-2). 그렇다면 그러한 의식이 여전히 행위를 지원할 수 있느냐가 문제이다. 만일 그렇지 못하다면 의식은 그 자유를 상실할 것이기 때문이다.
31   사르트르는 '비인격적 의식'의 호소를 인정한다. 같은 곳, p.46.
32   같은 곳. pp.7, 8, 19, 35, 45, 46.

위해 다시 한번 현상학이라는 플랫폼을 사용하고 있다는 것이다. 『존재와 무』에서 사르트르는 의식이 자율적인 총체성이라는 자신의 주장을 명확하고 정교하며 타당한 것으로 만들려고 한다.

『자아의 초월』의 수정 작업은 더 심화되고 1939년 출간된 『감정이론에 대한 소묘』에서 사르트르의 입장은 보다 분명하게 도덕론적인 방향성을 띠게 된다(『감정이론에 대한 소묘』는 1937년과 38년 사이에 쓰인 푸시케라는 제목을 지닌 장문의 수고의 일부이다. 사르트르는 이 기획을 포기하였고 원고는 분실되었다[33]).

『존재와 무』의 관점에서 보면, 사르트르가 왜 감정이라는 주제에 관심을 갖게 되었는지 쉽게 이해할 수 있다. 상식적인 관점에서, 감정은 (a) 의식에 머무르고, 의식에 색을 입히고, 의식을 모호하게 만들 능력을 지닌 힘과 유사한 상태이다. 감정은 (b) 시련을 당하거나 수동적으로 영향을 받는다. 감정은 전형적으로 (c) 신체적, 생리적 조건과 인간의 동물성과 관련되어 있다. 감정은 (d) 그 성격상 판단과 행위의 비합리성을 조장하는 경향성을 지니고 있다. 감정은 (e) (마치 치정 사건에 대한 법적 개념과 마찬가지로) 잠재적으로 자유와 책임이 귀속되는 곳이다. (서로 밀접하게 관련된) 이 모든 관점들에서 감정의 존재는 『존재와 무』가 방어하고자 했던 완전히 자유로운 인간주체라는 개념에 반해 말하고 있는 것처럼 보인다. 『감정이론에 대한 소묘』는 『존재와 무』가 제기하고 있는 문제에 도전하기 위한 예비연구라고 할 수 있다.

사르트르는 감정이 생리학적 발생의 의식적 효과나 상관물 또는 어떤 행동메커니즘이 아니라 대상에 대한 의식의 특정한 양식[양태](mode)이라고 주장한다. 이 양식 속에서 개인이나 세계, 또는 세계의

---

33 『전쟁일기』 pp.184, 209를 보라.

일부는 특정한 종류의 성질(qualities)을 갖는 것으로 이해된다. 이러한
성질들은 우리가 일상적이고 비감정적인 실천적 개입(practical en-
gagements)을 하는 과정에서 대상들이 드러내 보이는 성질들과 연속
성을 띤다.[34] 도움이 필요한 사람, 타야 할 전차, 켜져야 할 불 등등.[35]
사르트르는 감정적 특질들을 특정하게 구분 짓는 기준으로 일종의 목
적성(purposiveness)을 제시한다. 이 목적성은 (i) 상상이 [감정적 특
질에] 기여하는 바와 [감정에서 나타나는] (ii) 실천적인 관점의 유인화
된 유예(猶豫)나 포기를 드러낸다. 각 유형의 감정은 감정이 대상에 부
여하는 특질들의 특정한 집합으로 정의된다. 그리고 사르트르는 기쁨,
우울(멜랑콜리), 공포, 당황함과 같은 감정들이 세계를 특정하게 조직
화하는 방식(organization)과 의미하는 방식(signification)에 대한 분
석을 제시한다. 이러한 조직화와 의미화는 세계를 실천적인 요구(주체
에게 일종의 난관을 제시하는 요구)를 부가하지 **않는 것**으로 재표상
(re-represent)하며, 이러저러한 방식으로 주체에게서 행위의 짐을 덜
어 준다.[36] 감정 속에서 상상은 (예컨대 허구적 맥락 속에서) 자신의 평
범한 기능을 넘어선다. 상상에 동반하는 **믿음**(belief)을 통해, 즉 세계

---

34   역자주-예를 들어, 사르트르는 어떤 의도한 것을 이루는 데 실패하고 그에 대해
실망감이나 짜증을 느낄 때, 그 감정은 세계가 그에게 나타나는 한 방식이라고 설명한
다. 어떤 행위가 실패했을 때, 그것을 대상이나 세계의 탓으로 돌리는 것이 그 한 예이
다. 사르트르는 포도를 따려다가 손이 닿지 않아 포도가 설익었다고 말하는 사례를 제
시한다. 즉 포도를 따려는 과정에서 설익었다는 대상에 대한 이해[전화]가 나타난다.
따라서 사르트르는 감정이 세계를 파악하는 특정한 방식이라고 말한다.
35   『자아의 초월』 pp.13, 41 ; 『감정이론을 위한 소묘』 pp.61-3.
36   사르트르가 제시하는 가장 설득력 있는 예시는 멜랑콜리이다. 사르트르는 "나는
세계를 감정적으로 중립적인 현실로, 즉 감정적으로 완전히 균형을 이룬 체계로 만든
다 […] 다시 말해, 이전에 누렸던 계획들을 실행할 능력과 의지를 결여한 채 나는 마
치 우주가 나에게 아무것도 요구하지 않는 것처럼 행동한다"고 말한다. 『감정이론을
위한 소묘』 p.69.

가 새롭게 갖게 되었다고 상상되는 특질들의 현실성에 대한 믿음을 통
해, 상상은 자신의 평범한 기능을 넘어선다.[37] 그러나 사르트르의 설명
에서, 상상력이 풍부한 의식은 일반적으로 그 자신에 대한 의식이다.
현실적이지 않은 대상에 대한 의식은 그 대상을 현실**에 반해** 정립할 때
만 성취 가능하다.[38] 감정 속에서 의도적으로 '세계를 전화하는 것'은
자신에 대한 인식을 수반하고, 자신에 대한 인식에 의해 보증된다. 따
라서 감정은 자기기만의 실례(instance)는 아닐지라도 자기기만과 매
우 가까워진다.[39]

  여기서 사르트르가 포괄적인 정동(affectivity)이론을 위한 어떤 토대
를 마련했다고 말하기는 어려울 것이다. 아마도 그가 감정(emotion)의
하위이론이나 어떤 특정한 감정이론을 제시했다고 말하거나, 모든 감
정에 내재하지만 항상 현실화될 필요는 없는 어떤 잠재력을 식별했다고
말하는 것이 더 그럴듯할 것이다. 그러나 지금의 논의에서 중요한 점은
『감정이론에 대한 소묘』가 『자아의 초월』과 같은 방식으로 자연적 의

---

37 같은 곳, pp.75-80을 보라. 사르트르가 마술에 대한 믿음이라고 부른 것이 그 배
경에 놓여 있다. (pp.63, 66, 72를 보라) 마술 개념은 사르트르의 저작 전체에 편재해
있으며, 부정적이고 긍정적인 의미를 모두 지니고 있다. 때때로 이번 예처럼 사르트르
는 마술적인 의식의 형태를 비판한다. 그러나 다른 경우에 사르트르는 마술성을 올바
른 설명의 한 요소로 제시한다. 사르트르의 근본적인 관점은 어떤 면에서 마법은 '진
실(true)'이라는 것이다. 만일 [사르트르에게] 마술이 물리적인 인과성의 매개체에 독
립적인 선택에 부합하게 현실을 선택하는 의식의 능력이라고 한다면, 사르트르는 반
자연주의적인 방식으로 마술을 믿고 있는 것이다. 의식이 감정에서 그러하듯이 '그
마술적 힘'을 '남용'할 가능성이 있기 때문에 바로 그러한 것이다.
38 특히 『상상계』 pp.184ff.를 보라.
39 역자주-위에서 언급한 포도를 따려다가 손이 닿지 않아 포도가 설익었다고 말하
는 사례로 설명할 수 있다. 즉 포도를 따려는 과정에서 설익었다는 대상에 대한 이해
가 나타난다. 사르트르에게 이는 일종의 전화이자 믿음[또는 자기기만]이다. 따라서
의지에 의해 대상에 부여된 성질이 현실적인 것으로 간주되고, 의식이 그 자신의 믿음
에 의해 포착된다.

식에 대한 '오류이론(error theory)'적 설명을 제시하고, 또 그와 유사하게 윤리적 방향 전환이 필요하다는 점을 제시했다는 점이다. 의식이 자아의 이미지 앞에서 자신에게 최면을 거는 것과 마찬가지로, 의식은 감정적으로 변모된 세계와의 관계에서 자신을 수동적인 것으로 그릇되게 표상한다(misrepresent). 최초의 오류에 대한 인식이 의식에게 자아를 실체화하는 반성을 자신에게서 정화시켜야 한다는 과제를 부가하는 것처럼,[40] 의식 또한 정동적인 자기-최면/주술화/(self-enchantment)으로부터 자신을 탈출시켜야만 한다. 인간의 자유에 제약이 될 요소들을 제거하기 위해 상식적으로 인정되는 것이나 심리학에서 자연의 냉혹한 사실로 상정하는 것을 의도를 지닌 지향적 구조(purposive intentional structures)로 바꾸어 생각하는 패턴은 『존재와 무』에서도 되풀이되는데, 이러한 방식은 사르트르의 현상학 속에 잔존하는 후설의 '판단중지(epoché)' 개념이나 현상학적 환원의 유산이라고 할 수 있을 것이다.[41]

2. 자유와 인간의 실존 사르트르의 초기작들에 비해 『존재와 무』가 갖는 특징은 철저하게 형이상학적 맥락 속에서 인간 자유의 원리를 명백하게 발전시키고 있다는 점이다. 사르트르의 시각에서 보면, 자유란 심리학적 힘이나 능력이 아니며, 자유를 이해하기 위해 모든 것을 뒤집어서 다시 생각해 보아야 한다. 따라서 1930년대의 사르트르의 텍스트에 나타나는 상대적으로 파편화된 분석과는 대조적으로 이후 체계에서는 완벽한 철학적 체계의 접합이 나타난다.

---

40   『자아의 초월』, pp.23-4, 41-2, 48-9, 51-2를 보라.
41   같은 책, p.49. [역자주-후설에게 어떤 사태를 파악하는 것은 그 사태의 본성을 파악하는 것으로 판단중지란 선입견에서 벗어나 사태 자체(zu den Sachen selbst)로 귀환하는 것을 의미한다. 판단중지를 통해 사태의 본질의 다가서는 작업을 현상학적 환원이라고 부른다.]

인간자유의 문제는 다음과 같은 방법론적 곤란을 야기한다. 인간의 자유를 검토할 때 인간이라는 실체에 대한 선험적인 개념을 경유해서 자유의 문제에 접근하는 것은 어찌 보면 당연한 것이다. 즉, 우리는 도대체 무엇**일까**라는 통념을 바탕으로 인간과 같은 종류의 실체는 **자유를 가지고 있을까**라는 문제를 생각해 볼 수 있다. 그러나 사르트르가 생각하기에 그러한 방법은 자유를 매우 불리한 입장에 놓이게 한다. 만일 자유를 고려하지 않은 채로 '우리가 무엇인가'에 대한 개념을 형성한다면 자유를 외부적이고 우연적인 것, 단지 우리의 본질에 달라붙은 것, 그 이상의 것으로 표상하는 것이 어려워진다. 우리가 자유라는 속성을 지니고 있다고 주장하는 것이 나름 강력한 주장이기는 하지만, 우리가 어떻게 자유와 연결되는지에 대한 퍼즐은 여전히 풀리지 않은 채로 남아 있다. 바로 이러한 문제 때문에 사르트르는 자유의 문제를 해결하려고 하는 이전의 철학적 시도들이 (이로부터 충분히 제외될 자격이 있는 하이데거는 예외로 하고) 근본적으로 결함을 지니고 있다고 생각했다. 그간 자유와 관련이 없는 철학적 가정들과 관심사들이 인간의 본성에 대한 성찰을 결정해 왔다. 데카르트와 스피노자가 제시한 인간에 대한 설명은 범신론적/유신론적 실체(substance)의 형이상학에 의해 이끌려 왔다. 헤겔의 설명은 인간 역사에 대한 합리적이고 낙관론적인 관점에 의해 이끌렸다. 그 결과로 인간의 자유가 부정되거나 잘못 표상되어 왔다.

이는 주체의 동일성이 자유가 결정되기 이전에 철학적으로 고정되어서는 안 된다는 것을 암시하는 듯하다. 그러나 이는 곧 문제에 봉착한다. 이 같은 개념에 따르면, '우리가 무엇인가'에 대한 어떤 개념이 처음부터 미리 자리 잡고 있어야 한다. 자연적인 방법을 거스르고 자유로부터 시작하는 것은 쉽지 않다. 이는 마치 '자유의 특징이 부여되는 대상'으로 개념화될 뿐인 대상을 자유라고 말하는 것과 같기 때문이다.
즉, 주체 항에 대한 독립적인 개념이 없이, 자유를 귀속시키는 것은 이
치에 맞지 않는다. 우리는 마치 쳇바퀴를 돌고 있는 것처럼 보인다.

　자유라는 속성과 인간정체성의 규정(characterization), 이 둘 중에
그 어느 것에도 상대방에 대한 우선권을 부여할 수 없다면, 우리는 이
양자에 대한 개념을 **동시에** 형성하는 방법을 찾아야만 한다. 따라서
'인간은 자유롭다' 또는 '인간은 의지의 자유를 가지고 있다' 라는 판
단은 헤겔이 '사변적' 가정이라고 부른 특이한 종류의 판단이라고 할
수 있다. 이에 따르면, 주어와 술어는 서로 상대방이 없다면 가정될 수
없다. 헤겔은 이와 같은 가정이 엄격한 의미의 철학적 증명을 요구하지
않는다고 말한다. 대신에 철학적 성찰은 각 개념이 상대 개념 속으로
펼쳐지는 모습을 보여야 한다. 이 같은 방식으로 우리는 논의 과정에서
나타나는 피할 수 없는 순환을 잘 이용할 수 있기를 희망한다. 사르트
르가 헤겔의 철학적 어휘를 이용해 그의 방법론을 기술하지는 않지만,
이는 실제로 그가 『존재와 무』에서 취하고 있는 방법이다.

　그러나 자유와 인간의 정체성이 나란히 설명되어야 한다고 말하는
것은 쉽다. 문제는 그렇게 설명할 수 있는 방법을 찾아내는 것이다. 사
르트르는 인간 본성에 대한 전통적인 질문에 대해 완전히 새로운 종류
의 답변을 제시한다. 사르트르는 어떤 속성으로 인해 인간이 다른 종류
의 실체와 구분되는지 묻는 대신에 '인간에게 '존재한다' 는 것은 무엇
인가' 에 대해 완전히 내재적인 이론을 제시한다. 이 이론 속에서 채택
된 실존(existence) 개념은 자유의 가능성을 보이는 과정에서 이 개념
이 수행하는 역할에 핵심적인 논리적 특이성들을 구체화한다.[42] 사르트

42　역자주-자유를 논증하는 데 필요한 요소들을 실존의 정의에 포함시킨다.

르의 개념과 관련된 핵심적 논점들은 다음과 같다. (1) 사르트르의 개념에 따르면, '인간에게 존재하는 것은 무엇인가' 라는 질문은 **1인칭**의 관점에 묶여 있다. (2) 겉모양은 반대로 보여도, '나의 실존' 은 익숙한 의미 또는 일상적인 의미에서의 정보(datum, 所與)나 사실 또는 사건들의 상태가 아니다. '내게 실존이란 무엇인가' 묻는 것은 나의 실존을 **파악하는** 것 (나의 실존을 차지하고 또 나의 실존에 관련되는 것)이 내게 무엇을 의미하는지 묻는 것이다. (3) 내가 어떤 **종류**의 사물(thing)인지에 대한 모든 논의는 나의 존재(**that I am**)를 이해하는 것이 내게 무엇을 의미하는지에 대한 설명을 경유한다.

(1) 『존재와 무』가 질문을 제기하는 관점은 애초부터 **나**의 관점이다. (이 주제가 끝까지 유지되었는지의 문제는 논의가 필요한 부분이다.) 잠정적으로 이러한 접근법은 선입견을 제거해야 할 필요성에 의해 정당화될 수 있다. 오로지 나의 관점에서 사고될 때만 인간은 세계에서 차용된 용어가 아닌, 그 자신의 용어로 그리고 그 자신 속에서 사고될 수 있다. 사르트르의 1인칭 방법론은 그의 실체론적 관점과 논리적으로 밀접하게 연관되어 있는데, 이 관점에 의하면, 나인 존재는 자신을 실존(existing)하는 것으로 파악하는 존재(being)이다.[43] 나의 실존이 일상적인 종류의 사실이라면, 또는 나의 본질이 인간을 다른 종류의 존재와 구별 지어 주는 외부적으로 관찰 가능한 특징들의 집합에 의해 주어지는 것이라면, 질문의 대상을 1인칭 시점으로부터 분리할 수 없다

---

43   역자주- 'exist' 와 'existence' 는 기존의 국역본에서는 주로 '존재하다' 와 '존재' 로 번역한다. 그러나 한 문장에서 '존재하다' 와 '존재' 를 의미하는 'be' 와 'being' 이 이들과 함께 등장하는 경우가 많아 여기서는 큰 의미 차이가 없는 경우라도 'exist' 와 'existence' 는 '실존하다' 와 '실존' 으로 번역한다.

고 생각해야 할 이유도 없을 것이고, 왜 이 1인칭 시점에 방법론적인 특권을 부여해야 하는지도 명확하지 않게 될 것이다.

(2) 전통적인 정식에서 인간의 본성에 대한 질문은 우리 자신을 세계에 거주하는 사물들의 다양한 종 가운데 하나로 간주할 것을 요구한다. 따라서 이 질문은 세상에 존재하는 다양한 실체의 종류에 대한 일반이론을 구성할 것을 요구한다. '실존한다는 것은 무엇인가' 라는 사르트르의 질문은 우리의 관심을 인간주체에 내재적인 과정이나 반성적(reflexive) 활동으로 이동시킨다. 데카르트적 원리는 (그리고 아마도 상식적 입장도) 실존하는 것으로 자신을 이해하는 것이 순간적이고 즉각적인 문제이며 절대적으로 확실한 인식(cognition)을 야기한다고 말한다. 사르트르는 **코기토**(cogitio)가 원초적인 앎의 심급(instance)이라는 생각을 부정하고 (우리가 이미 본 것처럼, 사르트르는 『자아의 초월』에서 반성(reflection) 속의 '나' 를 이상적인 통일성의 투영으로 규정했다) 자신의 실존의 반성(reflection)에 비춰진 '나' 를 형이상학적 빙산의 일각으로 간주한다. 사르트르에 의하면, 나의 실존은 그것이 인간 개인의 삶이 확장되는 것만큼 확장되는 시간적 차원과 그 외의 다양한 차원들을 가로질러 펼쳐지는 것으로 이해될 때만, 그리고 나의 실존을 구성하는 구조와 관계가 인식[지식] 대상이 아닌 다른 것으로 이해될 때만 적합하게 이해될 수 있다. 철학논문으로서 『존재와 무』의 목표는 '내게 있어 내 실존을 이해하는 것이란 무엇인가' 라는 질문과 이로 인해 발생하는 문제에 대한 이론적 지식을 성취하는 것이다. 그러나 자신의 실존을 이해하거나 자신의 실존과 관계를 맺으려 하는 것은 매우 실천적인 문제이다. 자기관계(자기인식은 이것의 한 부분이자 파생심급에 불과할 뿐이다)는 우리가 보통 사람들이 삶을 살아간다고 부르는 것과 실질적으로 동일한 것이다.

(3) 따라서 '나는 **무엇인가**' 라는 질문에 대한 사르트르의 대답은 나는 자신을 실존하는 것으로 파악하는 존재라는 것이다. 그렇다면 이제 사물의 실존과 본질 사이의 전통적인 구분은 인간존재에 적용되지 않는다. 또 우리가 세계에 존재하는 사물을 한편으로 실존하는 것으로 여기고 다른 한편으로 어떤 특정하고 명확한 성격을 가진 것으로 여길 때 적용하던 것과 같은 사물의 존재와 본질 사이의 구분 방식은 더 이상 적용되지 않는다. 이러한 주장을 표현하는 한 방식이 인간주체에게는 본질이 없다고 말하고 것이다. 또는 대안적으로 "실존이 본질에 선행"한다거나[44] 인간주체의 본질은 존재의 가능성들의 "종합적 배치(synthetic order, [l' agencement synthétique])"라고 말하거나 또는 "실존은 본질을 내포한다"라고 말할 수도 있을 것이다(xxxi/22/71/25).

이제 어떻게 사르트르가 자유와 인간의 정체성을 동시에 사고하려고 했는지 점차로 명확해지기 시작한다. 우리의 실존을 사르트르가 제안한 열린 형식의 비확정적인 용어(terms)로 사고한다면, 어떻게 인간주체 개념이 약간의 증폭을 통해 자유 개념으로 '펼쳐질' 수 있는지 이해하는 것은 그리 어렵지 않을 것이다.

이러한 논의가 인간 자유를 증명할 수는 없더라도 효율적으로 인간 자유를 방어해 낼 수 있을까? 이 질문에 답하기 위해 아래 제시된 사르트르의 [논증]절차에 대한 반대 의견을 고려할 필요가 있다. 나는 사르트르가 이전의 철학적 설명들이 그들이 채택한 방법으로 인해 암암리에 그리고 부지불식간에 자유에 반하여 편견을 갖게 되었다고 생각했다고 말한 바 있다. 그러나 사르트르의 방법을 어떤 식으로든 경향적인

---

44 『실존주의와 휴머니즘』, p.26을 보라.

성향을 덜 지니도록 만들 방법은 없는지 물을 수도 있다. 예를 들어, 스피노자의 관점에서 보면 자유가 인간주체가 고정되는 준거점이 되기에 적합한 개념이라는 사르트르의 가정은 사르트르의 관점에서 스피노자의 실체론적 접근을 바라보는 것만큼이나 근거 없는 주장이다. 스피노자주의자는 사르트르의 방식이 인간이 자유롭다는 바람직한 결론에 맞추기 위해 인간 개념을 고안하고 있다고 비판하고, 또 이를 철학적 약점으로 여길 것이다. 우리는 분명 여기서 형이상학적 철학의 뿌리 깊은 일반적 난점과 마주친다. 서로의 입장에서 보면 근거 없고 독단적으로 보이는 토대로부터 움직이기 시작하는 철학적 체계들 사이에 어떻게 합의를 도출할 수 있단 말인가? 이와 같은 문제를 넘어 작업해야 한다고 주장했던 헤겔에게 설득되지 않는 이들에게 헤겔의 주장을 바탕으로 무엇을 한다는 것은 근본적인 한계를 지니기 마련이다. 따라서 철학이 새롭게 출발해야 한다면, 그 출발점은 다른 곳이어야 한다. 나는 지금까지 사르트르의 입장을 임의적이라고 무시하는 것은 정당화될 수 없음을 보이려고 했다. 이제『존재와 무』의 '핵심 주장'이라 할 만한 내용을 요약해 보면, 이 점은 보다 더 명확해질 것이다.

　인간의 자유라는 문제는 위에서 간략히 기술한 바와 같이 특별한 문제점을 야기한다.『존재와 무』는 그 이유를 상세히 설명하고 있다. 이 문제에 대한 성찰은 특징적으로 양 극단 사이에서 혼동한다. 한쪽 끝에는 자유에 대한 주장의 충만함(contentfulness), 필연성, 정의에 대한 양도 불가능한 신념이 있고, 다른 한쪽에서는 인간의 자유를 일관적으로 사고하려는 시도의 붕괴가 너무 완벽하여 자유의 개념이 터무니없을 뿐이라는 결론만 유도될 뿐이다. 인간 실존은 측면에서 이해하는 것보다 정면에서 바라볼 때 이해하기 어려운 특징을 드러내 보인다는 것 또한 사실이다(이는 무시할 수 없는 문제로『존재와 무』는 우리에게 이를 설득시키거나 상기시키려 한다). 우리가 표명한 지엽적 관심의 지평을 넘어서 우리는 우리가 무엇인가에 대한 우리 자신의 개념적 이해를 앞지르는 것처럼 보인다. 사르트르의 전략은, 제3의 개념으로 이 두 문제를 설명하려는 것이 아니라, 마치 연립방정식에서 변수들의 값을 얻기 두 개의 방정식을 함께 푸는 것처럼 이 두 문제 또는 두 개의 설명항을 한데 묶는 것이다. 다시 말해, 『존재와 무』는 우리의 실존과 정체성을 이해하기 위해서는 우리가 실존하는 양식과 세계 속의 대상(wordly objects)이 존재하는 방식이 다르다는 점을 사고할 수 있어야 한다는 점을 보이고자 한다. 그리고 이러한 사고와 나란히 자유 개념에 대한 상식의 수정(이 과정에서 우리는 상식적인 사고가 자유를 매우 피상적인 수준에서 이해한다는 점을 깨닫게 된다)이 나타나는데, 이는 존재의 비세속적 존재양식을 규정하는 것[즉, 우리를 세계 속에 대상과 구별해 주는 것]이 자유라는 점을 드러낸다. 이 점도 『존재와 무』가 보이려 하는 것이다. 사르트르는 이를 끝까지 밀고 나가 자유와 인간의 개인화(individuation)를 이해하려고 한다. 사르트르는 서로(one another)의 관점에서 당신의 '나'와 나의 '나'를 구분한다.

　이처럼 인간 실존과 자유 개념이 서로 상대방을 향해 펼쳐 나가는 것은 다음의 문제에서 그 정점에 다다른다. 인간이 자유롭다고 하는 판단을 '사변적' 명제로 이해하는 것이 필요한 이유는 각 항을 다른 항의 단순한 서술어로 간주하는 것이 불가능하기 때문이다. 헤겔은 이 같은 주어-서술어 구조의 해체가 **모든** 현실의 최종 구조를 드러낼 것이라고 생각했다. 사르트르는 이것이 인간주체의 구조를 드러낼 것이라고 생각했다. 사르트르의 설명에 의하면, 인간주체를 규정하는 존재의 양식은 주어-서술어 형태를 가지고 있지 않다. 최종 분석에서 우리는 그 특질이 서술되는 주어의 형태로 실존하지 않는다. 이로부터 두 가지 쟁점이 도출된다. 첫째, (『자아의 초월』에서 주장되었듯이) 인간 성격에 대한 상식적 개념은 (이는 또한 심리학적 성격 개념이기도 하다) 거부되어야 하고, 이 거부는 인간의 자유를 이해하기 위해 필요하다. 만일 우리의 실존이 주어와 서술어에 대한 판단적 형태(judgmental form)를 띠게 된다면, 우리는 우리 자신을 자유롭다고 여길 수 없게 될 것이다. 둘째, 우리가 위에서 보았던 것처럼, '실존하다(exist)'라는 동사는 그것이 인간에게 적용될 때 문법적으로 특이한(peculiar) 방식으로 작동하는 것으로 이해되어야 한다. 인간주체가 **실존한다**고 말하는 것은 이미 인간주체를 **능동적**인 것으로 이해하는 것이자, 주체의 능동성의 양식과 구조에 대해 말하고 있는 것이다. 인간을 넘어서는 질서와의 관계에서 인간의 실존 그 자체는 **사건**(event) 또는 발생(occurrence)의 성격을 띠고 있다. (사르트르 철학의 핵심 주장이 개념적 불규칙성을 드러내는 또 다른 측면을 예상할 수 있다. 즉, 인간 실존이 주어-서술어 형식에 따르지 않는다는 점으로부터 인간존재에 대한 철학적 해명은 모순적 술어를 허용한다는 (또는 실제로 존재에 대한 철학적 해명이 모순적 술어를 요구한다는) 결론을 끌어낼 수 있다.)

『자아의 초월』을 돌아볼 때, 우리는 그것이 어떻게 이와 같은 핵심적 사상을 준비하고 있는지 알 수 있다. 사르트르는 초월적 '나'에 대한 후설의 설명이 **어떤 것**(something)에 속한 것으로서 술어, 즉 "담지자"이자 "연결의 중심점"으로 X에 속한 것으로서 술어라는 전통적 개념에 의지하고 있다고 지적한다. 따라서 서술어는 "그것과 구분되는" X[45] 없이는 사고될 수 없는 것이다. 그러나 사르트르는 정신상태에 대한 자아 또는 사람(person)의 관계가 이 모델과 일치하지 않는다는 점

---

45   『자아의 초월』, p.29, 사르트르는 후설의 『관념들(*Ideas*)』에서 재인용하고 있다.

을 명확히 한다. 필연적으로 주체 X는 자신의 서술어에 의해 표현되는 특질(properties)에 **무차별적**이다.

> 행위나 상태는 자아에 자격을 부여하기 위해 자아에 등을 돌린다 [⋯] 자아에 의해 생산되는 모든 새로운 상태는 자아가 상태를 생산하는 순간 자아를 윤색하고 자아에 미묘한 어감(nuance)을 부여한다. 라스콜리니코프의 자아에 통합되는 것은 그가 저지른 범죄가 아니다. 보다 정확히 말하자면, 그의 자아에 통합되는 것은 응축된 형태, 멍의 형태로 존재하는 범죄**이다**.[46]

상태와 행위는 근원에 부착되듯이 자아에 붙어 있다. 그리고 이것들은 "자아 내에 미리 이전부터 주어져 있지는 않다." "자아가 자신이 생산하는 것**이자** 자신이 생산하는 것 이외의 다른 것이 아니지만, 자아는 항상 그것이 생산하는 것에 의해 초월된다."[47] 자아는 "지속적이고 진정한 창조를 통해 자신의 성질(qualities)을 유지한다." "이러한 성질을 지워 버린다면 아무것도 남지 않을 것이고, 자아는 사라져 버릴 것이다."[48] 이렇게 역설적인 패턴을 고려하며 (이 패턴은 자아와 그 상태, 성질, 움직임을 발현이나 현동화로 이해하는 것을 금지하는 대신에 자아와 시적 창조의 비교[49]를 제시한다), 사르트르는 그 안에 분명히 어떤 X도 존재하지 않는 멜로디가 인간주체의 통일성에 대한 보다 나은 모델을 제공한다고 주장한다.[50]

　사람([인격], person)과 그의 정신상태의 관계의 논리는 인간 세계 바

46　같은 책, pp.35-6.
47　『자아의 초월』, pp.32-4.
48　같은 책, pp.32-3.
49　같은 책, p.32.
50　같은 책, pp.29-30.

깥에서 발견되는 모든 것들과 완전히 다르다. 즉 더 풍부하고 더 복잡하
다. [사람과 정신상태의 관계의] 극단적인 개념적 특이성에 대한 사르
트르의 설명은 반성(reflection)의 허구화 작업을 통해 사람(person)에
대한 상식적 개념이 파생되고, 그 결과 상식적 개념은 현실성을 결여하
게 된다는 것이다(이 개념은 강등된 형태로 자생성을 포함하는데, 이는
일종의 '유사-자생성'으로 의식의 자생성에 대한 기억이 이 안에 보유
된다[51]). 사람에 대한 상식적 개념은 전통적 실체의 구조가 의식의 비
(非)주어-서술어 구조와 비일관적으로 합성(superimposition)될 때
형성된다. 따라서 이 개념의 궁극적인 '비합리성'이 나타난다.[52]

자유와 존재양식의 문제를 가로지르며 세 번째 논쟁적인 주장이 나
타나는데, 이는 궁극적으로 사르트르 체계의 실천적 차원, 그리고 광범
위한 윤리적인 차원과 관련이 있다. 사르트르의 견해에 따르면, 인간
실존에 대한 철학적 오해는 1인칭과 3인칭적 관점에서 모두 결함이 있
는 것으로 경험되는 삶에 대한 자세 및 태도와 같은 종류의 문제이자,
그러한 자세 및 태도를 강화하고 보증한다.[53] 사르트르는 인간 실존에
대한 진정한 모습을 표현하려 하고, 그것이 우리의 근본적인 방향성을
수정하는 데 기여할 것이라고 생각한다. 철학은 인간 삶의 결점을 지워
버릴 수 없다. 오히려 『존재와 무』는 인간의 삶은 "결여 현상(phenom-
enon of lack)이다"라고 결론짓는다. 그러나 철학은 형이상학적으로

---

51   같은 책, pp.33, 35.
52   사르트르는 사고가 객관적[대상]으로 경험되고, 그 결과 사고가 생경한 것으로 느
껴지는, 비정상적인 사고 체험에 대해 특별한 관심을 가지고 있다. '진실의 전설(The
legend of truth)', pp.40ff.를 보라. 『현기증』, pp.144-5, 『상상계』, pp.155-6. 이러
한 저술에서 사르트르가 묘사하는 생각하는 사람과 생각 사이의 병리학적 관계는 주
어-서술어 모델이 함의하는 현상학을 표현한다.
53   그 이유는 의식이 내(me) 안에서 자신을 흡수하고자 하는 "자연적 태도" 속에서
행하는 노력이 "결코 완전하게 보상받지 못하기" 때문이다(『자아의 초월』, p.49).

필연적인 것과 그와는 다른 치료 가능한 결함들을 구분하는 데 도움이 되고, 이와 같은 치료적 공헌은 철학적 진리를 측정하는 척도로 수용될 수 있다. 따라서『존재와 무』에 제시된 자유에 대한 논변은 그 형이상학의 체계적 일관성에 대한 증명이자, 다른 방식으로는 다루기 힘든 근본적 성격의 철학적 문제들을 해결하기 위한 능력을 보이기 위한 것이다.

　『존재와 무』가 이 문제들에 대해 다른 해결책들이 없다는 점을 보일 정도로 엄격한 증명을 제시하는 것은 아니다. 그러나 사르트르는 적어도 그에 대한 자신의 논의를 설득력 있게 구성한다. 이는 스피노자주의자들이나 인간 자유의 현실에 대한 기초적 직관을 공유할 수 없다고 주장하는 이들의 자신감을 흔들기엔 충분하지 않을지도 모른다. 그러나『존재와 무』에서 사르트르가 형이상학적 현상으로서 인간 삶에 대한 통합적이고 종합적인 이론을 (자기의식, 시간성, 다른 이들의 정신에 대한 지식, 섹슈얼리티, 감정 등과 같은 잡다한 현상들을 이해할 수 있게 서로 연결하고, 치료와 함께 실천적인 방향을 재설정하는 이론) 구축하는 데 성공한다면, 이는 책이 주장하는 것처럼 우리의 관심을 끌기에 충분할 것이다. 우리가 이미 살펴본 것처럼, 인간주체에게 실존한다는 것은 무엇을 의미하는가에 대한 질문을 제기할 때,『존재와 무』는 매우 추상적인 형이상학의 언어를 사용할 뿐만 아니라, 다양한 철학적 논리의 논제들에 대해 두드러지게 정통적인 분석의 입장에서 논의를 시작한다. 사르트르는 다양한 존재양식들을 구분하고, 즉 '실존하다'의 의미가 단일한 의미를 지니고 있다는 것을 부정하고, 다양한 종류의 존재자들(existents)[54]이 서로 다른 정도의 현실성을 가지고 있다고 생각하며, 자기정체성을 결여하고 모순적 서술어를 지니고 있다는 것을

---

54   역자주-현존재들이라고 번역하기도 한다.

존재자(existent)의 한 종인 인간주체의 특징으로 여긴다. 이 모든 사례
들에서 사르트르의 입장에 역사적 전례가 없지 않다는 점을 언급할 필
요가 있다. 존재의 일의성(univocity)은 중세철학의 기나긴 논쟁 대상
이었다. 플라톤에서 칸트에 이르기까지 다양한 근거에 입각해 서로 다
른 현실성의 구분이 가정되었고, 잘 알려져 있다시피 현실 속에 모순이
내재한다는 생각과 함께 비자아적 정체성(identity)의 개념적 형상이
헤겔에 의해 발견되었다. 그러나 철학적 선례가 그 자체로 사르트르의
실천을 설명할 수 없고 또 그에 대한 변명이 되지도 않는다. 그리고 즉
시 사르트르의 주장이 복잡하게 되는 사정을 고려하기만 해도 이러한
[전통적] 개념 형태들이 곤란을 야기해 왔다는 점을 부정하는 것은 어
리석은 일이라는 것을 알 수 있다. 그렇다면 우리는 이 개념 형태들에
대해 어떤 태도를 취해야 하는가?

　많은 영어권 논평자들의 반응은 논리적으로 문제가 있는 사르트르의
개념적 형태들을 은유(metaphor) 이상의 것으로 간주하지 않는 것이
다. 혹은 더 일반적으로 『존재와 무』에 제시된 사르트르의 형이상학을
(이 둘을 분리하는 것이 불가능하기 때문에) 다른 철학적 관용구로 해
석해야 할 필요가 있다고 생각한다. 예를 들어, 그들은 현대 분석철학
의 입장에서 사르트르의 형이상학을 해석해야 할 필요가 있다고 생각
한다. 이러한 방식으로 사르트르에 접근해도 얻을 것이 있긴 하겠지만,
이것이 궁극적으로 불만족스러운 선택이라고 생각되는 데는 이유가 있
다. 일관이고 흥미로우며 독창적이고 독특한 사르트르적 철학 전망
을 낳는 단순한 해석 방법은 존재하지 않는다. 그리고 전형적인 결말은
사르트르의 중심 사상을 충분히 동기가 부여되지 않은 것처럼 보이도록
만들거나 주장을 잘 방어하지 못하여 평범하고 길들여진 진리의 단순한
과장처럼 보이게 만든다(이는 해석적 방법을 취하고 있는 사람들도 인

정하고 있는 바이다. 이들은 자신들의 작업을 사르트르의 철학에서 구출할 가치가 있는 요소들을 부분적으로 재구성하는 것으로 묘사한다).

사르트르의 형이상학을 액면 그대로 받아들이기를 꺼려하는 것은 철학적 체계 구축의 가능성 및 효용과 관련하여 자연주의에 공감하고 형이상학과 회의주의에 반감을 표하는 경향들을 포함하여 철학적 논리의 복잡함을 회피하려는 것과는 다른 동기에서 비롯된 것임을 깨닫는 것이 중요하다. 또한 중요한 것은 사르트르의 실체적인 요구(특히 인간의 자유에 관련한)가 너무 강해 용인하기 어렵다는 점이다. 이는 『존재와 무』에 대한 '형이상학적' 독해와 '비형이상학적' 독해 사이의 선택에서 문제가 되는 것이 무엇인지 더 명확히 드러낸다. 후자(전형적으로, 철학적 신뢰성의 척도로서 전(前)-철학적이거나 일상적인, 또는 '자연적' 의식에 대해 신념을 갖는 것)의 기저에는 사르트르가 거부하는 철학적 교리를 고수하려는 입장이 자리하고 있다. 사르트르의 철학이 상식에 도전하고 상식을 수정하기 위한 매우 야심차고 급진적인 기획이며, 사르트르의 형이상학이 이 도전을 실행하는 데 필수적이기 때문에, (이들은 일상적 생각의 이면에 도달할 수 있는 수단을 제공한다) 『존재와 무』를 길들이고 우리가 일상적으로 생각하는 바에 일치시키려하는 비형이상학적 독해는 사르트르의 의도와 모순된다. 상식에 대한 사르트르의 도전이 성공적이든 아니든 간에, 명백한 사실은 사르트르의 주장과 그 주장의 생소함 이면의 정확한 의도를 파악하기 전에는 아직 그 도전과 직접 맞닿을 수 없다는 것이다.

3. 사르트르와 칸트 이전 장에서 나는 실존 개념에 실천적이고 가치론적인 의미를 부여하는 전통 속에 칸트를 배치했다. 그리고 방금 우리는 아주 일반적인 관점에서 사르트르가 어떻게 자유를 매개로 존재론을

가치의 문제와 연결된 것으로 파악하는지 살펴보았다. 사르트르와 그
의 철학적 선배인 칸트를 비교해 보면, 사르트르가 『존재와 무』에서 말
하려는 것이 무엇인지 알려 줄 보다 완벽한 그림을 얻을 수 있을 것이
다. 『존재와 무』에서 사르트르는 칸트의 철학적 과제 개념을 거의 대부
분 재수용한다.

  사르트르는 자신이 1930년대 말, 후설의 관념론이라는 막다른 길에
서 빠져나오기 위해 하이데거의 실재론(realism)을[55, 56] 받아들였다고
말한다. 그리고 그는 자주 『존재와 무』가 드러내려고 하는 철학적 직관
을 현실주의적 진리에 대한 신념으로 묘사한다. 그런데 사르트르가 주
장하는 실재론은 두 가지 구성요소를 가지고 있다. 그중 하나는 보통
이 용어의 의미와 관련된 것이다. 즉 경험 대상의 실재성[현실성] 테제
와 관련이 있다. 다른 하나는 이 문제와 관련이 없다. 사르트르는 1969
년의 대담에서 사르트르는 『존재와 무』의 목표가 "실재론의 철학적 토
대를 제시하는 것이다 […] 달리 말해, 기계적 유물론에 빠지지 않고
관념론을 피하며 인간에게 자율성과 동시에 실재 대상들 사이에 존재
하는 실재성을 부여하는 것이다"라고 선언했다.[57] 따라서 사르트르가
수립하려고 하는 실재론은, 그가 이해하는 바에 따르면, 자연주의에 반
하는 것이다. 그 이유는 실재론이 사르트르가 유물론과 모순되는 것으
로 파악하는 인간**자율성**의 실재성을 그 두 번째 구성요소로 내포하고
있기 때문이다.[58] 사르트르가 인간의 자유라는 주제의 개념화에 집중하

---

55   『전쟁일기』 p.184를 보라.
56   역자주 - 'realism'은 '현실주의'라고 해석하는 것이 적합하다고 생각하지만 사르
트르의 논의 및 철학 일반의 영역에서 일반적으로 소통되는 '실재론'으로 번역하였
다. 문맥에 따라 다르지만 'reality'도 주로 실재성으로 번역하였다.
57   '사상의 여정(The itinerary of a thought)' (1969), pp.36-7.
58   이는 여하튼 '기계적' 유물론의 일종이다. 사르트르가 유일하게 인정하는 다른 종

고 자유를 개념화하는 것이 철학의 주제라고 생각했다는 점을 고려할
때, 그는 곧바로 칸트의 직계 후손으로서 반자연주의적 초월주의적 전
통 속에 피히테와 셸링과 나란히 놓이게 된다. 자연과 자유의 대립이라
는 칸트의 거대한 주제를 다루는 사르트르의 관점(이 대립이 이르는
곳이 어디인가 그리고 인간자유 문제를 어떻게 해결할 것인가의 문제
를 다루는 사르트르의 관점)은 분명 매우 독특하다.

　인간의 자유 문제에 대한 칸트의 해결책은 두 가지 조건 위에 서 있
다. 첫째, 초월적 관념론의 원리를 수용해야 한다. 즉 (보편적 결정론
을 충족하는 경험적 인과관계만이 발견되는 경험세계인) 자연은 자격
을 충족시킬 정도의 실재성만을 가지고 있을 뿐이다. 둘째, 우리의 임
무를 결정하는 원칙으로서 도덕법칙이 이미 자유를 가정하고 있으며,
우리가 이 법(자유가 지배하는 직접적인 측면)을 어떤 방법으로든 진
정으로 자유를 가져다줄 것이라는 확신으로 인식한다는 칸트의 설명을
수용해야 한다. 이 두 조건은 경험적 대상들은 단지 외관('현상적' 실
체)에 불과할 뿐이지만, 자유를 부여받은 도덕적 행위자(agents)로서
우리의 지위는 물자체의 지위('노에마'적 실체)를 갖게 된다는 칸트의
테제 속에 융합되어 있다. 따라서 칸트의 전략은 일종의 흥정과 같은
것이었다. 우리가 보통 순진하게 받아들이는 경험세계가 완전한 실재

류의 유물론은 유물변증법이다. 사르트르는 그것의 '자연변증법'('인간을 물리적 법
칙의 집합으로 생산하고 해소하는 자연 과정') 역시 부정한다(같은 곳, p.37). 자연주
의에 대한 무조건적인 부정은 『전쟁일기』에 명확하게 표현되어 있다(pp.21, 25ff). 사
르트르는 '종'으로서 인간 개념을 '인간 본성의 실추', 인간 조건의 '저하'로 묘사한
다(후설에서 하이데거로의 이동이 가치-지향을 지니고 있었던 것처럼). 사르트르의
이의(異議)가 이론적 철학의 문제가 아니라 가치의 문제와 관련이 있다는 점에 주목
할 필요가 있다(『전쟁일기』 p.185를 보라. 그는 1938년 당시 "성찰에 그치는 것이 아
닌, 지혜, 영웅주의, 신성함이 될 수 있는 철학", 내가 버틸 수 있도록 해 주는 그 어떤
것[으로서 철학]을 추구했었다고 말한 바 있다).

성('초월적 실재성')을 가지고 있다는 상식적 가정을 포기하는 대신,
우리 의지를 도덕성이라는 요구 조건에 결속시키는 조건 아래 우리는
우리 자신을 (선행하는 경험적 조건들에 의해 필연적으로 구속되지 않
으면서, 세계 속에서 새롭게 사건을 시작할 수 있는) 힘을 소유한 존재
로 간주할 자격을 얻게 된다.[59] 이러한 힘은 우리를 우리 행위의 진정한
주체로 만들어 주는 것이며, 이 힘을 단순한 자연적 존재에 부가하는
것은 이해할 수 없는 일이다.

   일반적으로 칸트의 전략은 양 측면에서 비판받는다. 무엇보다도 그
의 초월적 관념론은 경험세계를 실재성이 결여된 것으로 만든다.[60] 또
한 그의 도덕적 주장은 인간의 자유에 대한 매우 취약한 경험적 증거만
을 남겨 둘 뿐이다. 사르트르는 이 두 비판을 지지하고 칸트의 정식화
가 중요한 근본적 측면에서 오류가 있음을 인정하지만 칸트의 해결책
에서 한 가지 핵심적인 요소를 수용한다. 물론 사르트르가 칸트에게서
받아들인 것은 우리와 자연 대상이 존재론적으로 다르다는 통념이었
다. 그가 거부한 것은 우리가 애초부터 경험적 인과성의 망 속에 사로

---

59   역자주-정언명령과 실천이성이 바로 그 예이다. 정언명령과 실천이성이 바로 그
예이다. 들뢰즈는 실천이성이 "물자체에 대해, 물자체로서 자유로운 존재에 대해, 그
런 존재의 가상체적(noumenal)이고 예지 가능한 인과성에 대해, 그러한 존재들이 형
성한 초감각적인 세계(suprasensible world)에 대해 입법한다"고 말한다. 예컨대 의지
를 규정할 때, 도덕법칙은 "대상을 이 자유의지에 순응하는 것으로 규정한다." Gilles
Deleuze, *Kant's Critical Philosophy*, London: Athlone Press, 1984, 31, 40 참조.
60   역자주-칸트는 수학이나 과학에서의 인식이 하나의 대상에 그것과 함께 주어져
있는 술어를 할당(기술)하는 분석적 판단이나 대상에게 그것에게 주어져(속해) 있지
않은 술어를 할당하는 종합적 판단으로 설명되지 않는다고 말하며 수학이나 과학의
인식을 종합적이면서 선험적이라고 주장한다. 즉 그는 설명적 판단으로 분석적 판단
과 확장적 판단으로서 확장 판단의 종합을 시도한다. 그의 인식론에 대한 간단한 설명
과 그의 시도가 지닌 관념론적 성격에 대해서는 도미니크 르쿠르, 『유물론, 반영론,
리얼리즘』(이성훈 옮김, 서울: 백의, 1995, pp.67-89) 랄프 루드비히, 『쉽게 읽는 칸
트 순수이성비판』(박중목 옮김, 서울: 이학사, 1999, pp.54-65, 103) 참조.

잡혀 있고, 우리가 이로부터 우리 자신을 탈출[또는 해방]시켜야 하며, 자유에 대한 우리의 관계는 인식론적으로 영원히 간접적인 것을 추구할 수밖에 없다는 칸트의 개념화이다. 이와 달리 사르트르는 우리의 자유를 1차적인(primary) 것으로 여겼다. 사르트르는 자유에 대한 지식을 도덕성(morality)으로 제한하지 않고 그것이 오히려 인지(cognition)나 자기의식의 모든 심급에 내포되어 있다고 가정하였다. 자유를 주장하기 위해 경험적 인과성으로부터 특별사면을 요청해야 한다고 생각하는 것은 불필요한 실수이다.

　이와 같이 이해한다면, 사르트르의 자유주의가 단순한 독단주의를 피할 수 있을지 의문이 들기도 한다. 분명 자유의 실재성은 그렇게 분명하지 않고, 그것을 확보하는 것도 쉽지 않다. 그러나 이 지점에서 사르트르가 사실 자연주의적 결정론의 위험을 무시하거나 단순히 자유의 실재성에 반대하는 주장을 펼치지 않고 자연주의의 진리성(truth)을 어느 정도 인정했다는 점을 지적해 둘 필요가 있다. 즉 자연의 독립적 실재성에 대한 자연주의적 개념이 사르트르의 즉자 개념에 표현되어 있다. 사르트르는 완전하고 진정한 존재를 지닌 실체라는 **패러다임**이 실제로 [그 자체가] 하나의 물질적 대상이라는 의미에서 자연주의가 옳다고 생각한다. 달리 표현하면 물질적 자연의 경계 바깥에 존재하는 그 어떤 것도 (완전하고 진정한) 존재를 지닐 수 없고 따라서 '무'일 수밖에 없다는 의미에서 자연주의가 옳다.

　사르트르의 생각은 몇몇 자연주의자들이 지지하는 제거적 유물론(eliminative materialism)과 특이한 방식으로 평행성을 형성한다. 이에 따르면, 지향성(intentionality)과 현상성(phenomenality)(전통적으로 '정신의 흔적'이라고 부르는 것)은 실재성의 구조에 그 어떤 자리도 가지고 있지 않다. 그러나 사르트르는 한발 더 나아간다. 깨끗하게 청소를 하고 난 후 (우리 자신의 원래[원시적] 모습을 찾을 수 있는 통일된 존재론적 영역, 자연의 질서의 영역이 있을 것이라는 생각을 처분하고 난 후), 우리는 우리 자신의 실존을 재주장하고 우리의 존재론적 성격을 올바르게 이해할 수 있는 위치에 놓이게 된다. 오로지 물질적인 자연만이 완전하고 진정한 존재를 위한 조건을 충족시킬 수 있기 때문에, 그리고 우리는 우리 자신이 **일정한** 방식으로 실존한다고 생각할 수밖에 없기 때문에 (적합한 관점에서 사고한다면, 제거적 유물론이란 말 그대로 상상 불가능한 개념이다), 우리는 우리의 실존이 물질적 존재와 **다른**(어떤 면에서는 상반되는) **존재양식**을 예시하고 있다고 생각할 필요가 있다. 따라서 사르트르는 우리의 존재방식을 '무'와 동일시한다. 요약하자면, 사르트르의 전략은 우선 자연주의의 기저를 이루고 그것에 권위를 부여하는 철학적 직관에 대한 해석을 부여한 후, (테이블을 돌려 자연주의에 반해) 이 직관을 사용하며 **자유를 드러내는** 것이다(이는 데카르트가 지식의 진정한 토대를 드러내기 위해 회의주의를 사용한 것과 느슨하게 유사한 방식이다). 칸트의 전략에 대해 사르트르의 전략이 갖는 이중의 장점은 그것이 외부의 실재성을 건드리지 않은 채로 남겨 둔다는 것과 자유가 그 어떤 조건에도 의지하지 않고 있다는 점이다.

사르트르의 전략은 칸트의 전략이 갖고 있지 못한 한 가지 특징을 지니고 있다. 사르트르는 우리가 실제로 경험적 질서 속에 인과적으로 얽혀 있다는 논쟁적이기는 하지만 (약간의 모호함 속에서) 상식적으로 수용되는 생각을 거부한다. 몇몇 철학적 관점에서 보면, 이는 (재앙에 가까운) 약점임에 틀림없다. 그러나 위에서 제시한 이유를 고려하면, 그리고 사르트르의 입장에서 보자면, 이는 사르트르의 입장이 지닌 강점으로 간주될 수 있다. 그의 입장에 따르면, 우리의 자연성(naturality)을 가정하는 것은 일상적인 의식의 관점에서 매우 심각한 오류이기 때문이다. 어떤 이들은 일관적인 반자연주의가 요구하는 것이 경험적 실재의 재구성이 아니라 유사-윤리적 자기전화(a quasi-ethical self-transformation)가 필연적으로 조응하는 **우리 자신**의 재구성이며 바로 이 점이 『존재와 무』가 드러내 보이고자 하는 것이라고 덧붙이기도 한다.[61]

사르트르가 제안하는 자연주의 해석은 자연과학이나 과학적 방법론의 인식론적 장점에 대한 성찰으로부터 추정[외삽]되지 않고, 어떤 경험 또는 경험의 한 유형으로 거슬러 올라간다. 이 경험은 사르트르가 세계에 대한 우리의 일상적 의식의 전체 영역에 접한 것으로 여겼던 것, 그리고 그가 순수하고, 명백하고, 예리한 형태 속에서 인식 가능한 것으로 간주했던 것이다. 일상적 경험과 예외적 경험 사이의 연속성은 사르트르에게 중요하고, 현상학적 방법론에도 필수적이다. 데카르트의 코기토가 일상적 경험의 초월과 아무런 관련도 없는 것처럼 사르트르가 의지하는 특별한 경험의 에피소드 또한 그 초월과 아무런 관련이 없다. 특별한 경험의 에피소드는 일상적 경험이 지닌 철학적 의미의 차원 **안에** 머무르며 고립을 통해 그 의미를 강화한다. 그리고 바로 이 이유 때문에 '형이상학적 직관'의 자격을 갖추게 된다(혹은 그 자격을 갖추기에 충분한다).[62] 문제가 되는 특별한 경험은 사르트르가 『구토』에서 묘사했던 유명한 경험으로, 소설의 주인공이 나무뿌리가 드러내는 야수 같고 원시적이며 낯선 실존의 특징에 압도당하는 부분에 나타난다.

---

61   레비, 『사르트르』, p.404. 레비는 『존재와 무』의 철학을 '일관적 반-자연주의' 철학이라고 적합하게 묘사한다.

62   사르트르는 이 용어를 『문학이란 무엇인가』(p.230, n.18)에서 사용한다.

그러니까 조금 아까 나는 공원에 있었다. 마로니에의 뿌리가 바로 내가 앉은 벤치 밑의 땅에 박혀 있었다. 그때 이미 그것이 뿌리라는 걸 기억하지 못했다. 어휘가 사라지자 어휘와 함께 사물의 의미나 사용법, 인간이 그 표면에 끼적여 놓은 알량한 표시도 사라졌다. 나는 등을 약간 구부리고 고개를 숙인 채, 원초적인 그 검고 옹이 많은 덩어리, 나를 두렵게 하는 그 덩어리를 혼자 마주하고 앉아 있었다. 그러다가 그 영감을 얻었다.

그 순간 숨이 턱 막혔다. 며칠 전까지만 해도, 나는 '존재한다'는 말의 의미를 전혀 짐작도 못했다 [···] 만약 존재란 무엇이냐고 묻는다면 나는 진심으로 이렇게 대답했을 것이다. 그것은 아무것도 아니며, 고작해야 외부로부터 사물에 부여된 공허한 형식이고, 그것으로 말미암아 사물의 본성이 바뀌는 일은 전혀 없다고. 그런데 갑자기 존재가 거기에 있었다. 그것은 대낮처럼 뚜렷했다. 존재는 갑자기 베일을 벗었다. 존재는 추상적인 범주에 속하는 비공격적이던 모습을 잃었다. 존재는 사물이라는 조형물을 만들기 위한 찰흙 원형 자체였고, 그 나무뿌리는 그런 존재 속에 빚어져 있던 것이다.

[···] '이것은 나무뿌리다.' 하고 되풀이해서 나 자신에게 말해 봐도 헛일이었다. ― 더 이상 그 방법은 효과가 없었다. 흡입펌프 같은 뿌리의 기능에서 '그것'으로, 바다표범처럼 딱딱하고 치밀한 그 피부로, 번들거리고 단단한 그 완고한 모습으로 바뀔 수 없다는 것은 나도 잘 알고 있다. 기능은 아무것도 설명하지 않았다 [···] 그 뿌리의 색깔과 형태, 경직된 움직임 같은 것은 [···] 아무런 설명이 되지 않았다.[63]

여기서 중요한 것은 자아와 대상의 이질성(異質性)이다. 대상은 단순히

---

63 『구토』, pp.182-3, 186. [국역본은 『구토/말』, 이희영 옮김, 동서문화사, 2011. pp. 184-5, 188.]

모든 외부 대상이라는 관점에서 나와 구별되는 것이 아니고, 또 단순히
나와 질적으로 다른 것도 아니다. 그러나 대상은 가장 근본적인 수준인
존재양식이라는 관점에서 나와 다른 것이고, 또 그 경험을 상반성(an-
titheticality)이나 반발(repulsion) 중 하나로 만든다는 점에서 나와 다
른 것이다. 외부의 물리적 실재성에 대한 이해는 (여기서 지각 대상은
그 단순한 실존에 대한 유일하고 불확정한 개념을 통해 이해된다) 사
르트르의 철학적 성찰에서 현상학적인 핵심으로 작용하고, 그 안에
『존재와 무』의 기초 존재론을 포함하고 있는 것으로 간주된다.

　결국 어떤 면에서 사르트르가 **비정상적인** 경험이라고 인정한 것에
승부를 거는 것은 너무 큰 무리를 하는 것이 아닐까? 이 경험이 (어떤
면에서 단순한 심리적 특이성의 함수이거나 또는 문화적 역사의 함수
인지 파악하기 어렵기 때문에) 완전히 임의적일 수만은 없다는 점을
인정하더라도 이로부터 파생되는 철학적 결론이 필수적이고 엄격한 보
편성을 가지고 있다고 확신할 수 있을까? 여기서 사르트르가 단순히
정동적으로 충전된 지각(知覺)상태로부터 어떤 형이상학을 읽어 내는
체하는 것이 아니라는 것을 이해하는 것이 중요하다. 현상학은 경험론
이 아니고, 현상학적 방법의 본질이 단순한 경험적 보증을 제시하는 데
있는 것도 아니다. 『구토』의 경험은 철학적 성찰의 선험적 맥락 속에서
만 잠정적 형이상학의 의미를 드러낸다. 따라서 사르트르는 의식의 구
조에 대한 반성이 『구토』의 경험에 대한 그의 해석을 논증하고 또 그
해석이 우리가 객관적 실재성과 맞선다고 말할 때 그것이 의미하는 바
가 무엇인지 알려 준다고 주장한다. 그리고 사르트르는 이 해석이 인간
자유의 토대에 대한 통찰을 제시한다고 주장한다. 객관성으로부터 주
체성(주관성)의 분리가 명확히 그리고 분명히 이해된다면, 우리는 『자
아의 초월』에서처럼 자아 내의 분리와 소외[타유화]를 이해할 수 있을

것이다. 그리고 사르트르는 우리의 자유가 존재하는 것도 바로 이 틈이
라고 주장한다.

따라서 자연주의에 대한 사르트르의 접근법은 자연과학의 인식론적
권위가 기초적 소여정보(given data, 所與)에 있고, 철학은 이 소여로
부터 나아간다는 칸트의 접근법과 대조를 이룬다. 사르트르는 과학적
인식의 정당화를 철학의 임무 속에 포함시키지 않는다. 대신 사르트르
는 철학적 자연주의의 권위의 근원을 실존적인 것, 즉 일상적 경험의
실재론에 대한 근본적인 경험에서 찾는다. 그리고 그는 이 경험에 인간
주체는 자연과학 영역 바깥에 존재한다는 새롭고, 형이상학적인 해석
을 부여한다.

마지막 예비논점을 사르트르와 칸트의 비교에서 끌어내는 것은 의미
가 있을 것이다. 이 두 사상가는 주체가 세계의 **내용**이 아니라고 생각
하는데, 이는 인간 자유를 이해하는 데 중요한 점이다. 첫째, 칸트에게
이 초세계성(extra-mundanity)은 경험적 지식의 분석을 통해 드러나
는 초월적 주체성 안의 모든 것으로 구성된다. 자연의 경험적 질서가
구성되기 위해 주체의 선험적 공헌이 요구된다는 점에서 주체는 자연
의 경험적 질서에 속하지 않는다. 칸트가 주체가 세계에 속하지 않는다
고 (주체의 노에마적 도덕적 행위자) 말할 때, 그 두 번째 의미는 이 초
월적 정체성(identity)과 연관되어 있고, 또 이를 가정하고 있다.

사르트르적 주체가 세계로부터 후퇴했다고 말할 때, 그 의미는 다른
것이다. 우리가 이미 보았듯이, 사르트르는 관념론을 거부하고, 따라서
층(levels)의 수평적 구분을 인정하지 않는다. 즉 한쪽은 전-일상적이
며 구성적인 쪽이고, 다른 한쪽은 구성되는 쪽이라는 구분을 인정하지
않는다. 대신에 사르트르에게 자아와 세계의 구분은 영역(domains)의
수직적 구분이며, 이들은, 같은 층위(level)에 존재하지만, 서로 다른

존재양식에 조응한다.[64] 정리해 보자면, 결과적으로 칸트의 주체는 그 초월적인 초세계성 안에서 세계를 둘러싸거나 **포함**한다. 반면에 사르트르적 주체는 세계에 포함된 것은 아니지만 그와 동등한 세계와 조우한다.[65] 이와 같은 관점에서 사르트르가 관념론에 의지하지 않고 자유를 확보해야 한다는 더 어려운 과제를 그 자신에게 부가했다고 말할 수 있을 것이다.

우리는 또한 이를 통해 왜 실재론과 관념론의 대립이라는 주제가 거의 모든 주요 논의에서 거론되며 눈에 띄는 『존재와 무』의 구조적 원칙이 되는지 이해할 수 있다. 사르트르의 관점에서 보면, 실재론은 자유를 불가능한 것으로 만들지만, 관념론은 우리가 세계 속에 몰입하는 정도와 그[몰입의] 성질을 이해하는 데 실패하면서 자유를 너무 쉬운 것으로 만들고 자유에 대해 잘못된 설명을 제시한다. 우리를 둘러싸고 우리와 관련된 대상들은, 그리고 우리의 자유를 유지해야 하는 관계 속의 대상들은 우리가 그 대상들에 대해 갖는 인식[지식]으로 환원되지 않고 우리 인식의 기능도 아니다(사르트르는 칸트의 이론에서는 그렇다고 가정한다). 자유의 실재성은 우리가 대상들의 존재를 통해 대상들과 관련되어야 함을 요구한다. 즉 대상들은 우리가 대상들에 대해 갖는

---

64   그렇지만 사르트르의 철학은 진정으로 **초월적인** 것으로 묘사될 자격이 충분히 있다는 점을 인정할 수 있다. 『존재와 무』 pp.175-6을 보라. 사르트르는 그의 연구가 "모든 경험을 가능하게 하는 것"과 "일반적으로 어떻게 대상이 의식에 존재할 수 있는지"를 확립하는 것 또 "모든 경험을 가능하게 하는 것은 ("대자의 근원적인 용솟음"으로서) **선험적**"이라는 점을 확립하는 것과 관련되어 있다고 말한다. 사르트르의 원래 의도는 이러한 초월적 조건들을 **존재론적**인 것으로 지정하는 것이다(사르트르는 이것이 '초월적인 조건들이 **존재한다**' 는 필연성에서 유도되는 것이라고 주장한다. 즉 초월적인 것을 인정하는 것은 곧 초월적인 것이 존재론적이라는 점을 인정하는 것이다).
65   자신의 세계를 포함하는 것으로서 관념론적 주체 개념의 느슨한 등가물을 사르트르에게 찾을 수 있는데, 그것은 이 **세계에 대해 책임지는** 주체라는 사르트르의 관념이다(§35를 보라). 그러나 이 관념은 자유 원리의 조건이 아니라 **결과**로서 등장한다.

인식[지식]들로 환원될 수 없는 것으로 이해되어야 한다. 따라서 사르트르의 설명에 의하면, 실재론과 관념론 사이를, 그리고 이 둘을 넘어서 항해하는 것이 자유의 입증을 위해 필수적이다.

* * *

사르트르가 실재 대상 사이에 존재하는 인간의 '자율성과 실재성'을 보이겠다는 약속을 잘 지켜 나갔는지 여부는 앞으로 알아볼 것이다. 『존재와 무』에 대한 비판에 대해 많은 사람들이 공감을 보인다. 이차문헌들을 잘 살펴보면, 정식화에 어느 정도 차이가 있긴 하지만 다수의 논평자들이 세 개의 주요한 비판을 사르트르에게 가하는 것을 알 수 있다. 그 비판은 다음과 같다. (1) 『존재와 무』의 이원적 존재론(dualistic ontology)이 일관적이지 못하다. (2) 사르트르의 절대적 자유 원칙이 부조리하거나 공허하다. (3) 사르트르가 『존재와 무』에서 윤리적 가치의 토대를 마련했다고 주장할 때, 그는 가치론적 허무주의를 피할 수 없고, 따라서 그의 입장은 자기모순을 낳게 된다.[66] 이와 같은 문제제기의 정확한 내용은 앞으로 다루게 될 것이다.

철학의 역사에서 모든 위대한 사고 구조는 시각적 힘과 예지력을 지니고 있다. 따라서 그러한 사고 구조는 재빠른 이해(reference)를 위한 이미지나 대담한 구호의 모임으로 축소될 수 없다. 『존재와 무』도 예외가 아니다. 『존재와 무』가 수용되고 실존주의가 분산된 문화운동으로

---

66 이에 대해 명확히 반대하고 있는 진술들은 장 발의 인용문을 보라. 장 발(Jean Whal), 『실존주의의 역사(*A Short History of Existentialism*)』, pp.28-30, §11. 자세한 설명은 마르셀(Marcel), '실존과 인간의 자유(Existence and human freedom)'와 메를로퐁티(Merleau-Ponty)의 『보이는 것과 보이지 않는 것』 2장을 참조하라.

수렴되어 가는 과정에서 초기 사르트르의 철학은 속류화는 아니더라도
이례적인 단순화를 겪게 된다. 이에 대해 사르트르도 일정 부분 책임이
있다고 주장하는 것이 가능할 것이다. 사르트르가 자신의 문학적 기질
을 거침없이 발휘했던 『존재와 무』의 화려한 문장들,[67] 그가 학자가 아
닌 일반 독자와 청중을 위해 자신의 입장을 다시 정리했다는 사실, 그
의 문학작품을 통해 철학적 글의 어려운 글을 통하지 않고 그의 사상을
이해할 가능성이 있었다는 것 등이 그 원인이라고 할 수 있을 것이다.
따라서 『존재와 무』를 읽을 때 주요한 과제는 대중화 과정에서 사라져
버린 사르트르 사상의 섬세함과 복잡성을 되살리는 것이다. 그런 후에
야 일반적으로 사르트르에게 가해지는 반대의 힘을 측정하고 사르트르
의 입장에서 그에 응답하기 위한 수단을 찾아볼 수 있을 것이다.

---

[67] 자니코(Janicaud)가 말한 것처럼, 『존재와 무』를 읽는 것은 불가능하지만 동시에
또 너무 쉽다('à la fois illisible et trop lisible', 『프랑스의 하이데거』 1권, p.60).
1975년 대담에서 사르트르는 "엄격히 기술적인 언어를 사용해야 하는 텍스트에서 문학
적인 구절들을 사용한" 자신을 비난한다('70세의 자화상(Self-portrait at seventy)',
p.9).

(A) 기초존재론

사르트르 형이상학의 기초는 『존재와 무』의 서론 '존재의 탐구'(xxi-xliii/11-34/58-87/11-44)와 1부 1장 '부정의 기원'(3-45/37-84/90-147/47-112)에 정리되어 있다. 서문은 밀도 있고 복잡하여, 명확히 이해하기가 아주 어려운 부분 중 하나이다. 사르트르는 '존재(being)', '외양(appearance)', '본질(essence)', '초-현상(trans-phenomenal)'과 같이 고도로 추상적인 단어들을 가지고 작업한다. 이 단어들은 다양한 조합과 순열로 연결되며 독자들을 미로 속에 빠뜨린다. 그러나 사르트르가 『존재와 무』에서 주장하는 거의 모든 주장들에 필수적인 것으로 판단되는 의식과 의식 대상에 대한 강력한 형이상학적 테제들을 제시하는 곳이 바로 이곳이기 때문에 서문에 제시되는 [이론적] 움직임을 파악하는 것이 매우 중요하다고 할 수 있다. 특히 인간의 자유라는 문제와 관련해 볼 때, 『존재와 무』에서 가장 인상적인 주장은 대부분 서문에 제시된 형이상학적 명제들을 강화하거나 직접 발전시킨 것이다.

사르트르의 형이상학적 그림은 그것을 입증하기 위해 제시된 주장들보다 훨씬 덜 복잡하다는 것을 드러내게 된다. 서문에서 사르트르의 의도는 몇몇 문제들을 개념적으로 원시적인 것으로 받아들이면 다양한 철학적 문제와 퍼즐들을 해결할 수 있다는 것을 보이고 인간주체의 해석을 위한 함의를 품은 단순하고 명확한 존재론적 구조를 찾는 것이다.

§1 사르트르의 현상 개념 (서론, I절)

『존재와 무』는 사르트르의 관점에서 철학이 지금까지 성취해 온 것에 대한 입장을 진술하며 시작된다. 여기서 사르트르가 후설과 하이데거의 저작에서 출현한 것으로 여기는 '현상' 개념이 주로 논의된다. 이 개념이 답하고자 하는 질문은 다음과 같다. 사물이 주체에게 주어지고 주체가 이 사물을 **실재적이고 객관적인 실존**을 지니고 주체를 **초월**하는 것으로 파악한다면, 이는 무엇을 의미하는가? 어떤 것이 실재 실존을 가지고 있다는 것과 주체에게 어떤 나타남이 있다는 것은 서로 근본적으로 **독립적**인 두 문제라고 할 수 있다. 이 같은 경우에 우리는 이 두 개념을 한데 잘 엮어 실상이 어떠한지 **알** 수 있다는 우리의 주장을 이치에 맞도록 만들어야 하는 과제를 떠안게 된다. 그리고 이 문제를 다루기 위해 전통적인 인식론 및 형이상학의 다양한 입장들이 나타난다. 현상학이 명료화하고 방어하는 대안적 가정은 객관적 실존을 지닌 사물들을 **개념적으로 원시적인 실재적 실존의 통일성과 '나타남'의 가능성** (conceptually primitive unities of real existence and possibilities of appearance)으로 이해해야 한다는 것이다. 다시 말해, 나타남은 어떤 것이 실재적 실존을 가질 때 그 실존을 구성하는 요소로 가정된다. 존재는 나타남 속에서 자신을 드러낸다. 또는 현상은 "**나타나는 대로 존재한다**[있다](xxvi/16/64/18)."

　더 정확히 말하자면, 실재적이고 객관적인 실존은 당연히 외양의 유한한 합으로서가 아니라 특정한 나타남의 **양식**(the mode of appearing) 속에서 자신을 드러낸다. 이 양식에서 어떤 대상의 개별적 나타남은 (주체에 대한 각 대상의 현시(presentation), 다른 방식이 아니라 그렇게 나타나야만 하는 것처럼 보이는 각 대상의 사례) 일련의 나타남을 임의적이지 않게 만드는 '법칙' 또는 '원리'에 따라, 바로 그 대상이 다른 불특정한 방식들로 나타날 수도 있다는 점을 지시한다. 대상의 무궁무진한 나타남의 가능성을 통일하는 이 법칙 또는 원리는 동시에 대상의 '본질'이다. 즉, 대상을 특정한 성질(qualities)을 가진 특정한 종류의 사물로 만드는 것이다. 따라서 책상 위의 펜에 대한 나의 의식 속에서 (대상의 본성이 지시하는 바에 따라, 이 각도 또는 저 각도에서, 이 계열 또는 다른 계열에서, 보이고 느껴지는 것과 같은) 책상 위의 펜에 대한 무한하고 정연한 지각 경험의 가능성이 주어진다.

여기서 현상에 대한 개념이 자세히 논증되지는 않는다. 사르트르의 입장은 후설과 하이데거 덕분에 이 논의가 이미 확고하게 정립되었다는 것이다. 대신에 그는 이 개념이 전통적으로 철학의 중심에서 관심을 받아 왔던 몇몇 문제들을 어떻게 처분하는가의 문제를 집중적으로 강조한다. 실제로 이 작업은 인식[지식]이론을 가공하는 작업이기도 하다. 결정적으로 이는 나타남[외양]과 실재(reality)의 구분을 폐기하고 (사르트르가 이해하는 바에 따르면) 존재가 '나타남[외양] 뒤에 숨어 있고' 나타남[외양]은 존재에 의해 '지지되거나' 존재에 그 토대를 두고 있다고 가정하는 칸트의 입장을 폐기하는 것이다. 대칭적인 방식으로 사르트르는 특수한 것과 보편적인 것을 연결하는 문제가 완전히 실패하고 만다고 주장한다. 대상의 본질은 대상과 동일하게 외양의 차원에 존재한다. 대상은 자신과 본질을 단번에 드러낸다. 사르트르에 의하면, 이는 대상의 형이상학적 '내부'와 '외부'라는 이원성 및 아리스토텔레스적인 가능태(potentiality)와 현실태(actuality)의 이원성에도 동일하게 적용된다.

그러나 전통적인 이원성과 관련된 문제들을 용해한다는 주장에 의문

을 던지면서, 그 문제들이 대체된 것처럼 보이게 만드는 새로운 현상
개념에 문제가 있다고 사르트르는 주장한다(xxiii-xxiv/13-14/60-1/
14-15). 지금까지의 분석은 "사물의 **실재성**을 현상의 **객관성**으로 대체
해 왔다."(xxiii/13/60/14) 즉 지금까지의 분석은 무한한 나타남의 계
열이라는 가설에 기대어 서서 사물의 실재성을 현상의 객관성으로 대
체해 온 것이다. 그러나 이러한 통념은 문제점을 내포하고 있다. 내가
나의 펜을 지각할 때, 내게 어떤 특별한 나타남이 주어지는 것(어떤 순
간에 펜이 나를 향해 지니고 있는 특별한 지각적 측면)과 같은 방식으
로 무한한 나타남이 주어지는 것이 아니다. 무한한 계열은 그 자체로
나타나지 않고 오히려 현실적으로 주어진 지각적 측면에 의해 지시된
다. 그렇다면 이 '지시'의 관계를 가능하게 만드는 것은 무엇인가? 이
지시 관계는 개별적 지각의 측면이 대상의 다른 외양의 가능성을 향해
그 자신[개별적 지각]을 '초월'하거나, 이 요구 조건이 주관적인 관점
에서 재표현될 때 가능해진다. 즉 주체가 주어진 개별적 지각 측면을
초월하고 "이 개별적 지각이 속한 총체적 계열을 향해" 나아가야 한다
(xxiii/13/60/14)[1] (사르트르가 지적한 것처럼, 나타남이 아무리 무한
한 것일지라도, 적어도 나는 어떤 대상의 나타남들의 총체성이라는 **관
념**을 가질 필요가 있다). 그리고 이로 인해 우리는 오래된 이원론으로
돌아가게 되는 것처럼 보인다. 한편으로 대상은 주어진 지각적 측면에
포함되어 있지만, 또 다른 한편에서 보면 주어진 지각적 측면의 바깥에
존재한다. 대상은 지각적 측면으로 현실화될 수 있는 잠재력을 지닌 것
으로 파악된다. 그리고 대상은 대상을 드러내는 개별적 나타남과는 수
적으로 구별되어야만 하는 본질로 구성된다. 사르트르는 지금까지 우리

---

1   역자주-동서문화사 국역본에서는 '총체적 연쇄의 방향을 향해'로 번역되어 있다.

가 성취했다고 주장할 수 있는 발전이라고 해야 겨우 존재에 '반하는' 나타남[외양]이라는 (칸트적) 개념을 넘어섰을 뿐이라고 결론짓는다.

§2 존재의 현상 (서론, II절)

I절에서 인정했던 (현상과 관련된 초월의 구조 또는 (사르트르가 표현한 대로) 유한성 속의 무한성을 이해하는) 어려움은 『존재와 무』 훨씬 뒷부분에서 다시 다뤄지게 된다. 사르트르는 II절에서 그가 책의 첫 부분에서 다루었던 현상 개념으로 다시 돌아가 이 개념에 관해 새로운 문제를 제기한다. 그리고 이 문제에 대한 논의는 현상 개념의 기초를 다지는 일련의 주요한 결과를 낳는다.

현상이 실재적 실존과 나타남의 구성적 연결과 관련이 되어 있다고 말할 때 이 관계의 본성은 여전히 미정인 채로 남아 있다. 현상학은 나타남이 '그 자신의 **존재**를 가지고 있다'고 확언한다(xxiv). 그러나 나타남이 존재를 '가지고 있다'는 말은 무엇을 의미하는가? '존재'와 '나타남' 개념은 어떻게 조율될 수 있을까? II절에서 사르트르의 목적은 나타남의 존재에 대한 몇몇 오해들을 거부하면서 우리가 여기서 맞서고 있는, 분석 불가능하고 원시적인 통일체[개념]를 보다 명확하게 만드는 것이다.

나타남이 설탕이 **단** 것과 같은 방식으로 **존재를 가지고 있다**고 추정할 수는 없다. 존재는 분명 사물의 성질(quality)이 아니다. 그러나 '아무것도 아닌 것'이 아닌 그 어떤 것으로 파악되어야 하기 때문에, 그리고 모든 나타남이 존재의 현상과 관련되어 있다는 점에서 존재는 **그 자체로** 나타나는 것으로 인식되어야 한다(이는 곧 **탁자**가 내게 나타날 뿐만 아니라 탁자의 **존재**가 내게 나타난다고 말하는 것과 같다). 사르트르는 지루함과 같은 감정[mood]의 증언(이 증언 속에서 우리는 이 증언에 특정한 정동을 표시하면서 '존재하는 모든 것'에 한 태도를 취한다.)이 존재의 현상학적 실재성에 대한 (확증적) 증거로 이용될 수 있음을 지적하면서, '존재의 현상'과 같은 것이 존재한다는 점을 받아들인다. 이는 '축소적(deflationary)' 존재관을 거부하는 사르트르의 특징을 잘 드러낸다. 그와 같은 관점에 따르면, 존재 개념은 특별한 개념적 중요성을 가지고 있지 않으며 단순한 논리적 함수로 분석될 뿐이다. 지금까지 사르트르의 입장은 하이데거의 입장과 일치한다. 이제 그다음 질문은 하이데거가 가정하는 대로 존재의 현상이 나타남의 존재를 구성하는가 또는 그렇지 않은가를 묻는 것이다.

사르트르가 해석하는 바에 따르면, 하이데거는 존재 현상을 특정한 존재자(existent)를 넘어서는 현상학적 장(場) 위의 그 무엇으로 간주하고, 존재와 실체(entities) 사이에 **탈은폐**(disclosure, [entbergen]) 관계를 설정하면서 어떻게 존재와 나타남 개념을 조정해야 하는가라는 질문에 답하려고 한다. 이때 주체는 자신의 존재를 파악하기 위해 실체를 '초월하는 것'으로 이해된다. 그러나 사르트르는 이 같은 입장이 '나타남이 존재를 갖는다'는 것의 의미를 **관계적인 것**(relational)으로 만들고 또 그 같은 개념화를 이해하는 것이 불가능하다는 이유를 들어 [위에서 언급한] 하이데거의 입장 모두를 거부한다. "대상은 존재를 **소유하지** 않는다. 대상의 실존은 존재에 대한 한 관여도 아니며, 다른 어떤 종류의 관계도 아니다. 그것은 '존재한다'고 하는 것은 대상의 존재방식을 규정하는 유일한 방식이다(xxv/15/63/17)." 사르트르는 다음의 논지를 가지고 이 주장을 옹호한다. 만일 존재[있음]가 나타남에 의해 드러나는 것이라면, 이 드러남을 **행하는** 대상에 '대해' 무엇인가를 식별해내는 것이 가능할 것이다. 그러나 대상에 대한 현상학적 이해에서 대상이 주체에게 주어진다면 그 존재 또한 주어지는 것이기 때문에 이 주장은 부조리하고 무용한 것이다. 이는 존재와 존재의 발현(manifesta-tion)가능성의 동시성을 재확인한다. 존재는 그 자체로 즉시 자신을 나타낼(manifest) 준비를 하고 있고 그럴 능력도 가지고 있지만, (사르트르의 표현에 따르면, 모든 존재는 자신을 드러내기 위한 존재(être pour dévoiler)이다) 발현 가능성이 더해져야 하는 그 무엇은 아니다. 따라서 하이데거는 일종의 이중 계산을 한 데 대한 책임이 있다. 축소주의(deflationism)에게는 조금 미안한 일이지만, 존재의 현상이 있다는 것은 사실이다. 그러나 이것이 추가적인 이해를 요구하는 실체에 대한 심화된 사실을 구성한다는 것[존재-존재자의 차이]은 그릇된 것이다. 따라서 존재가 드러나는 데 필요한 보충적이고 매개적인 조건을 명확히 하고자 한 『존재와 시간』의 현존재 논의는 방향을 잘못 잡은 것이다.[2]

철학의 근본 과제에 대한 해명으로서 하이데거의 존재자/실체와 존재의 구분('존재-존재론(ontic-ontological)'의 구분)을 거부하면서 사르트르는 나타남이 존재를 갖는다는 것은 무엇을 의미하는가라는 질문에 대한 하이데거의 설명을 거부한다. 그러나 실제로 '존재의 현상'이 있다는 그의 주장까지 거슬러 올라가지는 않는다. 사르트르는 분명 우리가 그 존재 사실에 집중하기 위해 탁자와 같은 대상을 향해 우리의 관심을 반성적으로 옮겨 갈 수 있을 것이라고 단언한다. 그러나 그와 같은 경우에 우리가 우리 앞에 갖게 되는 것은 새롭고 **다른** 현상이다.

---

2 사르트르가 여기서 드러내 보인 것은 하이데거 입장의 부조리함이 아니라 철학적 문법이라는 관점에서 볼 때 하이데거의 주장이 전통적인 형이상학의 명제들에 대해 갖는 거리라고 나는 생각한다. (위 1장 각주13에서 말한 바와 같이) 사르트르가 상대적으로 전통적인 종류의 철학적 탐구에 전념하고 있기 때문에, 그는 하이데거의 논의에 해석적인 명료함을 부여하는 데 관심을 갖지 않는다. 사르트르는 『전쟁일기』(p.183)에서 하이데거의 저작 속에서 의식, 지식, 실재론과 관념론과 같은 그 어떤 전통적인 문제를 찾을 수 없었기 때문에, 1934년 당시에는 『존재와 시간』에 침투할 수 없었다고 말한다.

그리고 이 현상은 **그 자체로** 탁자의 현상의 존재를 구성하는 어떤 것이 아니다. 따라서 "현상의 존재는 존재의 현상으로 환원될 수 없다(xxx/ 16/64/17-8)."

이같이 중요하고 부정적인 결과는 ('근본적 존재론'으로서 철학이라는 하이데거의 개념, 즉 존재의 의미에 대한 질문이라는 개념은 잘못된 계획이라는 점) 나타남과 존재[의 관계]를 조정하고 '존재의 현상'을 어떻게 이해해야 할지 설명해야 할 과제가 여전히 사르트르에게 남아 있음을 의미한다. 사르트르는 [하이데거 비판으로부터] 다음과 같은 결론을 추출해 낸다.

하이데거의 비판은 나타남의 존재가 존재의 현상이라는 형태로 우리에게 알려지지 않음을 보였다. 사르트르는 이것이 나타남의 존재에 대한 우리의 관계가 **인식[지식]관계일 수 없음**을 보이는 것이라고 주장한다.[3] 사르트르가 이해하는 바에 따르면, 그 이유는 인식이 '개념 속에서 사물을 결정하는 것'과 관련되고, 개념 속에서 우리가 결정하는 것은 무엇이든 현상일 수밖에 없기 때문이다. 이곳에서 채택된 인식의 정의는 상대적으로 협소하고 논쟁의 여지가 있다. 그러나 사르트르가 이 같은 구분을 하는 데는 나름 타당한 이유가 있다. 대상 O에 대한 인식은 내가 O의 존재와 일정한 관계 속에 있을 때에만 가능한 것이다. 그러나 O의 존재[있음]는 내게 인식의 대상으로서 나타나지 않는다. 그 이유는 내가 어떤 대상에 대해 지식을 갖기 위해서는 대상이 존재해야 하기 때문이다. 즉 O의 존재는 인식의 조건이다. O가 존재를 가지고 있

---

3   역자주-아도르노는 존재자와 구별되는 하이데거의 존재가 개념인지 존재자인지 명확하지 않다고 지적한다. 즉 아도르노는 "하이데거의 존재는 존재자일 수도 개념일 수도 없다… 존재와 존재자의 변증법, 즉 어떠한 존재도 존재자 없이는 사유될 수 없으며, 어떠한 존재자도 [개념적] 매개 없이는 사유될 수 없다는 사실을 하이데거는 은폐한다"라고 쓴다. (아도르노, 『부정변증법』, 홍승용 옮김, 파주: 한길사, 1999, pp.186-7.)

다는 것은 단순히 내가 알고 있는 어떤 대상과 **관련된** 것이 아니다. 사
르트르의 주장은 만일 내가 O를 안다면 O가 존재하고 O가 존재하지
않는다면 나는 O에 대해 알지 못한다는 사소한 주장을 하고 있는 것이
아니다. 그는 O의 존재가 나는 O에 대해 무엇인가 알고 있다고 말하는
것과는 다른 방식으로 **나를 향해** 존재하는 그 무엇이어야 한다는 실질
적인 주장을 하고 있는 것이다. 따라서 사르트르가 선호하는 용어로 정
리하자면 외양의 존재에 대한 우리의 관계는 인식론적인 것이 아니라
'존재론적'인 것이다.

  그러나 존재의 현상과 같은 것이 **존재한다**는 것 또한 사실이다. 존재
는 현상이 될 **수** 있다. 존재에 대한 축소주의적 설명(deflationary ac-
count)은 그릇된 것이다. 사르트르는 이 같은 설명이 존재와 나타남의
관계에 대한 또 다른 비(非)하이데거적 해석의 가능성을 배제한다고
주장한다. 다시 말해, 이는 실재적 실존이 나타남의 가능성으로 **환원된
다**는 현상론적 가정 또는 관념론적 가정을 배제한다. 만일 존재가 나타
날 수 있고, 어떤 현상의 형태를 취할 수 있다면, 존재는 현상성(phe-
nomenality) 속에 **있지** 않다. 오로지 단순한 현상의 **가능성**만을 나타내
는 현상은 인지할 수 없다. 따라서 존재는 반드시 '초현상적(trans-
phenomenal)'이어야 한다. '나타남의 존재가 존재의 나타남'[4]이라는
것은 잘못된 것이다(xxvi/16/64/18). 사르트르는 "현상의 존재는 현상
과 같은 폭을 가지고 있지만, 현상적 조건에서 벗어나야 한다"라고 쓰고
있다(xxx/16/64/18).[5] 이는 모든 존재가 자기 자신을 나타낼 수 있다고

---

4 역자주-동서문화사 국역본은 '나타남의 나타남'으로 번역. 프랑스어 원문에 따
르면 이보다는 '존재의 나타남'으로 번역하는 것이 더 적합한 것으로 보인다. 삼성판은
'존재의 나타나기'로 번역하고 있다.
5 달리 말해, 사르트르의 주장은 현상학자들이 존재에 대한 축소적 설명에 전념한다
는 점을 드러내 보인다.

하더라도, 그렇게 할 수 있어서 그것이 존재인 것은 아님을 의미한다.
사르트르는 VI절에서 존재의 현상에 대해 더 많은 것을 말하게 될 것
이다.

§3 의식 (서론, III절)

III절은 관념론 또는 현상론과의 논쟁을 재개하면서 시작한다. 사르트
르는 나타남의 존재가 존재의 나타남이라는 주장의 유래를 버클리나
(경향적으로) 후설에게 돌리고 있다. 관념론은 나타남의 존재가 초-현
상적이라는 II절의 결론이 지닌 강점으로 인해 이미 논박된 것처럼 보
이기도 한다. 하지만 사르트르는 아직 관념론과의 거래가 실제로 끝난
것이 아님을 보인다.

첫째, 사르트르는 존재의 환원 불가능성을 고집하면서 그가 방어한
입장이 위태롭게도 매우 문제가 많다고 생각되는 고전적 실재론의 입
장과 매우 비슷하다는 점을 인정한다. 그는 또한 관념론이 존재와 외양
에 대해 더욱 경제적이고 명료하게 설명한다는 점에서 매우 강력한 매
력을 지니고 있음을 인정한다. 둘째, 인식 이론과 존재론의 관계에 대
한 질문으로 II절을 시작하고 난 후, 이제 사르트르는 존재론의 핵심
주장을 다른 방식으로 정식화하는 관점에서 관념론을 고려하고자 한
다. 그는 존재가 우리가 그것에 대해 가지고 있는 인식으로 **환원될** 수
있거나(xxv/16/64/17) 또는 "존재는 인식[6]에 의해 측정된다"고 주장한
다(xxxiii/24/73/28). 관념론자라면 나타남[외양]에 대한 지식이 초현
상적 존재를 요구한다 하더라도 이 초현상적 존재가 나타남의 편에 서

---

6   역자주-이 책의 원문은 knowledge(지식)이라고 표현하고 있다. 이는 프랑스어 원
    문의 connaissance에 조응하는 단어로 『존재와 무』 국역본은 모두 '인식'으로 번역하
    고 있다.

있을 필요가 없다고 말할 것이기 때문에, 앞에서 제기된 사르트르의 주장이 관념론을 논박한 것이 아니라고 말하며 사르트르에 반대하는 것도 가능할 것이다. **주체**의 초현상적 존재는 이러한 필수적 역할을 수행할 수 있다. 관념론자라도 인지(cognition)나 인지를 주장하는 것이 존재제약(existential commitment)에서 벗어날 수 있게 해 주는 것은 아니라는 점에 동의할 것이다(xxvi/17/63/17). (즉 관념론자도 [존재하는] 것(something)이 '인식의 존재'에 대한 '토대'나 '보증'을 제공한다는 데 동의할 것이다. 이는 앎의 상태(states)로서 인식 그 자체가 [이미] 그 무엇(something)이라는 점에서 그러하다.) 그러나 그는 또한 관념론자는 인식의 주체를 외양[나타남]으로 환원하지 않기 때문에 이 토대나 보증이 관념론 안에서 제공되어져야 한다고 덧붙일 것이다. 후설의 현상학이 바로 이 같은 작업을 수행하는데, 그 이유는 그의 현상학이 인식에 준거해 의식을 설명할 때, 인식의 능력을 지닌 인식아(認識我, knower)를 인식의 대상으로서가 아니라, '**존재로서**' 다루고 있기 때문이라고 사르트르는 말한다(xxvii/17/62/18). 따라서 사르트르 초기의 반관념론적 결론은 아직 확고하지 않다. 다시 시작된 관념론과의 논쟁의 결론은 5장이 돼서야 나타나게 된다. 그러나 III절의 나머지 부분은 사르트르의 주체 이론[7]의 첫 번째 주요 논점을 다지는 데 주력한다.

후설을 따라 그리고 그 자신의 초기작의 가정들을[8] 이어받으면서, 사르트르는 의식에 관한 다음의 테제들을 주장한다.

---

7   사르트르는 내가 피하고자 하는 스콜라주의적인 용어법을 사용한다. **percipere**(능동 부정사)=지각하는 것(to perceive), **percipi**(수동 부정사)=지각되는 것(to be perceived), **percipiens**(현재분사)=지각하는 중(perceiving), **perceptum**(완료분사)=지각되는 것(that which is perceived), 지각의 대상.

8   특히 『초월적 자아』와 '지향성'의 가정들을 이어받는다.

(1) 의식은 필연적으로 무엇에 **대한** 의식이다. 이는 "초월적 대상의 정립(措定, positing)" 또는 "세계에 대한 정립적 의식"이다(xxvii/17-8/66/20). (사르트르의 용어법에 따르면, **정립적** 의식은 대상적 형태(objectual form)를 지닌, [예를 들자면] **O에 대한** 의식이다. **조정적**(措定的, thetic) 의식은 판단 형태 또는 명제 형태를 띤 의식, **정립하는** 의식이다.) 사르트르는 이로부터 '의식은 "내용"을 갖지 않는다' 는 점과 사실과 의식 '속' 의 어떤 것의 존재에 대한 통념은 필연적으로 그릇될 수밖에 없다는 점이 직접 유도된다고 가정한다. [따라서] 철학의 첫 번째 절차는 "의식으로부터 사물을 쫓아내는 것이어야 한다(xxvii/18/66/20)."⁹

[그러나] 의식이 대상을 가지고 있다는 것이 의식이 내용**도** 가지고 있음을 배제하는 것은 아니라는 이유를 들며 누군가가 사르트르의 이 같은 주장을 논박한다면, 사르트르는 의식이 단지 대상을 향한 '지향(intending)' 관계 또는 대상을 이해하기 위해 나아가는 관계와 관련되어 있다고 주장하는 것이 아니라, 의식이 바로 이 관계와 **동일한** 것으로 파악되어야 한다고 주장하는 것이라고 말하며 [그에 반박할 수 있을 것이다]. 따라서 의식이 다른 **종류**의 관계, 즉 무언가를 '포함' 하는 관계 또한 담지할 수 있다고 가정한다면 이는 논의의 주제를 바꾸게 될 것이다. 즉 이는 어떤 관계의 **항**에 대해 말하는 것이지 의식과 동일한 것이라고 할 수 있는 **관계**에 대해 말하는 것이 아니다. (이제 우리는 사르트르가 이해하는 의식이 결코 우리가 상식적으로 부르는 정신(the mind)과 동일하지 않다는 점을 이해하기 시작한다. 물론 사르트르가 자신의 입장이 어떻게 '표상(representation)' 이 세속의 대상에 달라붙

---

9   이러한 축출의 정화적이고 예지적인 성질이 그의 글 '지향성(Intentionality)' 에서 강조된다.

는지 설명해야 할 필요성을 제거해 버린다는 사실을 잘 알고 있었다고 하더라도 의식에서 내용을 몰아내려는 그의 명백한 의도가 '관념의 베일(veils of ideas)' 이라는 전통적 원칙이 만들어 내는 인식론적 문제를 회피하고자 했던 것은 전혀 아니라는 점도 언급해 두어야 할 필요가 있다.[10])

　(2) 의식은 필연적으로 그 **자신에 대한 의식, 전반성적인(pre-reflec-tive) 자기의식**이다. 사르트르는 연관된 '관계'의 특이성을 지칭하기 위해 이것을 **자신에 대한 의식**(conscience (de) soi)이라고 부른다. 사르트르는 이 통념이 혁신적이며, 중요한 면에서 정신의 인식론과 관련된 그 어떤 주장과도 다르다고 설명한다. 내가 어떤 대상 O를 인식할 때, 내가 O를 인식한다는 것을 내가 안다는 것은 흔한 데카르트적인 주장이다. 그러나 이는 의식이 자기의식적이라고 말할 때 사르트르가 주장하고자 하는 바가 아니다. 사르트르는 이 구조를 주체가 자신을 인식하기 위한 **사전적 토대**(prior ground)로 그리고 있다. 이 구조는 자기인식(self-knowledge)을 **가능하게** 하는 토대이다.

　의식의 자기관계(self-relating)가 반드시 가정되어야 한다는 사르트르의 주장은 귀류법(reductio)[11]과 함께 시작된다(xxviii/18-19/66-7/

---

10 '지향성(Intentionality)' pp.4-5를 보라. 여기서 '의식의 내용'과 '내면의 삶'에 대한 ('소화적(消和的)') 철학이 순수한 현상학적 거짓이라는 이유로 거부된다. 그리고 그것이 야기하는 인식론적 문제들은 언급조차 되지 않는다. 사르트르가 『상상』에서 상상의 '사물-이미지' 개념을 공격할 때, 인식론적 고찰은 단지 에둘러서 다루어질 뿐이다. 사르트르는 이 개념이 현상학적으로 실질적인 자발성(spontaneity)과 확실성(certainty)을 설명할 수 없다고 지적한다. 자발성, 확실성과 함께 이미지는 지각과 구분되는데(pp.94-101), 이는 어쩔 수 없이 회의적인 함의를 내포하게 된다(따라서 '심리학적 비판'이라는 부제를 갖는다).

11 역자주-"어떤 인식하는 의식이 그것의 대상'에 관한' 인식이기 위해서 필요하고 충분한 조건은, 이 의식이 자기 자신에 관한 의식임과 동시에 이것의 인식이 되기도 하는 일이다. 이것은 다음의 의미에서 하나의 필요한 조건이다. 만일 나의 의식이 탁

20-2). 자기의식 일반을 자기인식(self-knowledge)과 동일한 것으로 가정해 보자(사르트르는 스피노자가 그랬던 것처럼, 자기인식(self-knowledge)은 '아는 것을 아는 것, 관념에 대한 관념'이라고 가정한다). 그러나 사르트르가 관찰한 바에 따르면, 이 지식 관계는 주체(인식아)와 대상(지식 대상)의 구분을 불러들인다. 그리고 이는 **자기**인식(self-knowledge)과 관련하여 즉시 다음 질문을 발생시킨다. **어떻게** 지식의 주체가 지식과 지식의 대상이 일치하는지 알 수 있는가? 보다 정확히 말하자면, 어떻게 지식의 주체가 분명하고, 틀림없고 즉각적인 방식이라는 필수요건 속에서 이 동일성을 알 수 있는가? 우리는 자신이 고통을 느끼거나 펜을 보고 있다는 사실을 아는 것과 태백성이 샛별과 동일하며 샛별과 동일한 특성을 공유한다는 사실을 아는 것 사이의 명백하고 근본적인 차이를 존중할 필요가 있다. 자신의 자아(one's self)를 **자기 자신**(oneself)으로 인식하는 의식은 일상적 상황에서 어떤 것이 다른 것과 동일하다고 결론 내리는 것과 같은 성격의 것이 결코 아니다.

정신이 자신에게 관심을 돌리는 것을 '반성(reflection, réflexion)행위'로 여기는 전통적 통념이 이러한 질문에 대한 답을 제시해 줄지도 모른다고 생각할 수도 있다. 그러나 사르트르가 지적한 것처럼 **반성**에 호소하는 것은 [답을 제시하는 것이 아니라] 단지 이 퍼즐을 고쳐 말하는 것일 뿐이다. 무엇이 내 반성 속의 '나' 또는 '나'에 대한 나의 의식으로 하여금 그 자신과 반성되고 있는 의식이 (또는 이 의식의 주체가)

자의 의식으로 있는 의식이 아니라면, 나의 의식은 그러니까 이 탁자의 의식이기는 하지만, 이 탁자의 의식으로 있는 의식을 갖지 않는 것이 될 것이다. … 나의 의식은 자기 자신을 모르는 의식, 즉 하나의 무의식적인 의식이 된 것이다. 그것은 부조리하다."『존재와 무』, 삼성출판사, pp.66-67.

동일한 것이라는 것을 알 수 있게 해 주는가? 여기서 이 동일성에 대해 알고 있는 '제3항'을 도입해야 할 필요성이 제기되는 것처럼 보인다. 그렇다면 이 제3항, 초인적-자아(super-I)와 이전의 두 항의 관계에 대해 설명할 필요가 있고, 어떤 무한한 퇴행이 작동하기 시작한다. 자기인식을 근거 없는 것으로 간주하는 그 어떤 설명이라도 초월할 수 없는 어려움을 마주하게 될 것이고, 이를 해결할 수 있는 유일한 해결책은 대상들에 대한 지식의 경우 그 지식이 근거하고 있는 선행적 대상이 존재한다고 생각했던 것처럼 (즉 대상들에 대한 의식을 가정했던 것과 평행적인 방식으로) 자기인식의 전-인식적(pre-epistemic) 토대를 허용하는 것이다.[12] 대상-의식의 원시적 자기관계(self-relatedness) 또는 자기내포(self-inclusiveness)는 우리가 수행할 수 있는 전반성적 세계에 흡수된 의식으로부터 우리 자신에 대한 반성적 의식으로의 이행의 직접성을 설명한다.

사르트르는 또한 반성의 행위가 충분히 자기인식의 가능성을 설명하는 것일지라도 전반성적인 자기의식을 가정하지 않는다면 부조리함이 야기될 것이라고 주장한다(xxix/19-20/67-8/21-2). 만일 전반성적 자기의식이 존재하지 않는다면, 어떤 일상적인 인식(cognitive)의 성취도 이해할 수 없게 될 것이다. 담배 열두 개비를 세고, '12개'라는 답을 말하는 상황을 예로 들어 보자. 담배 한 개비를 셀 때마다, 그에 조응하는 대상-의식(object-consciousness)이 있다(첫 번째 담배의 의식, 두 번째 담배의 의식 등등). 그러나 만일 열 두 개의 대상-의식이 이미 자기-의식적이지 않다면, 나는 '12개'라는 결과에 다다르기 위해 차례차

---

12 『신구조주의란 무엇인가?(*What is Neostructuralism?*)』(Minnesota University Press, 1989, pp.194-5)에서 프랑크(Manfred Frank)는 사르트르를 설명하고, 초기 포스트칸트주의적인 사상가들과 같은 부류로 분류한다.

례 **그것들을** 세어 나가야 한다. 셈하는 의식에 대한 관념을 이해할 수 있다고 하더라도, 이 같은 방식은 양(量)에 대한 인지가 이루어지는 일상적인 방식은 아니다. 그리고 이 같은 방법은 2차 반성적 의식도 세야 하기 때문에 퇴행을 피할 방법이 없다.[13] 다시 한번, 이 논의의 결과는 주체의 통일성을 이해하기 위해서 무엇인가가 정립적 대상-의식과 반성적 인지(awareness) 사이의 관계를 매개해야만 하고, 이 무엇은 그 자체로 정립적 대상-의식이거나 반성의 행위가 될 수 없다는 것이다.

사르트르가 상세히 설명한 것은 아니지만, 전반성적 의식에 대한 그의 테제의 근간을 이루고 그 테제에 동기를 부여하는 보다 광범위한 합리적 근거가 [텍스트 안에] 있다. 이는 자기인식을 이해할 수 있는 것으로 만들어야 할 필요성과 관련해 그가 제기하는 주장과는 독립적인 문제이다. 우리가 어떻게 의식에 대해 생각할 수 있는가? 우리가 의식에 대해 어떤 개념을 형성할 수 있을까? 의식이 지금의 의식이 되기 위해선, 모든 것이 의식을 위한 초월적 대상이 되어야 하고 의식에게 '세계'로 여겨져야 하기 때문에, 의식은 본질적으로 다른 모든 것과 (올바른 방식으로) 구분되어야 한다. 이 차이가 발생하는 토대는 의식 자체에 **외재적**일 수 없다. 만일 의식이 외재적이라면, 의식은 (부조리하게도) 그 자신이 의식이라는 것을 알기 위해서 사건들의 초월적 상태에 의지해야만 한다. 실재의 한 부분과 다른 부분을 구분하면, 이는 세계에 대해 그리고 세계에 맞서 자신을 설정하는 의식의 내재적 기능을 통

---

13   역자주-사르트르는 의식의 구조가 1) 대상에 대한 의식과 2) 의식에 대한 의식, 즉 자기에 관한 의식으로 구성된다고 생각한다. … 예를 들어, 내가 케이스 속에 있는 담배를 헤아릴 때, 담배 케이스가 가진 객관적 성질, 예를 들어, 케이스 안에 담배 열두 개비가 들어있다는 것을 느낀다. 그러나 이 때 나는 담배를 헤아리는 것에 대해 어떤 정립적 의식도 가질 필요가 없다. 그러나 누가 나에게 '당신은 거기서 무엇을 하고 있소?' 라고 물으면 나는 그 자리에서 '헤아리고 있다'고 답할 것이다.

합하지 못하게 되고 결국 의식의 개념화로서 성공할 수 없게 된다. 따라서 의식에 대한 개념은 **자신을** 자신의 대상과 **구분 짓고** [자신이] 그렇게 **행하는 것을 의식하고 있는** 어떤 것에 대한 개념이어야 한다. 다시 말해, 전반성적 자기의식을 가지고 있는 어떤 것에 대한 개념이 바로 의식에 대한 개념인 것이다. 따라서 의식 개념을 사고하고 형성할 수 있는 바로 그 조건이 의식의 반영성[14]을 초래하게 된다.

(3) 의식은 **자율적**이고 **절대적**이지만, **그 자신의 근거는 제시하지 못하는 비실체적** 절대(non-substantial absolute)이다 (xxxi-xxxii/22-3/71-2/25-7). 이 같은 주장의 첫 번째 부분을 우리는 이미 『자아의 초월』에서 보았고, 『존재와 무』에서 사르트르는 "하나의 의식에게 자신 이외의 동기를 부여하는 것은 불가능하다(xxxi/22/71/25)"는 주장과 의식은 "자신에 의한 자신의 결정[한정](xxxi/22/71/26)"이라는 특징을 지니고 있다는 주장을 반복했다. 그러나 사르트르는 어떻게 이러한 주장이 의식에 대한 이전의 테제들로부터 유도되는지 보이면서 그 주장을 입증하려 했다. 의식을 결정하거나 의식에 동기를 부여하는 것이라면 그 어떤 것이든 의식과 일정한 관계를 유지할 수밖에 없다. 그러나 (의식은 지향성(intentionality)이기 때문에) 의식의 대상이 되지 않

14　사르트르가 의식에 대해 언급할 때, 우리가 우리 자신에게 또는 타인에게 **귀속시키는** 어떤 상태**로서** 언급하고 있는 것이 절대 아니라는 점을 언급해 둘 필요가 있다. 사르트르는 전귀속적 의식 현상(pre-ascriptive phenomenon of consciousness), 즉 의식의 판단적 귀속(judgemental imputation)에 대해 독립적이거나 또는 그에 앞선 것으로서 의식을 찾기 위해 애쓴다. 사르트르의 관점에서 볼 때, 정신철학에서 우리가 발견할 수 있는 전-현상적 종류의 철학적 반성은 의식 그 자체의 현상을 파악하는 대신에 대상에 대한 의식이 존재한다고 **생각될** 수 있는 조건, 또는 한 사람이 어떤 대상에 대한 의식을 가진다고 **생각될** 수 있는 조건과 그것이 함의하는 바를 고찰하는 것으로 미끄러져 들어간다. 그 결과로 우리는 제삼자적 성격으로 오염된 우리 자신의 의식에 대한 개념, 즉 사르트르가 '심적인 것(the psychic)'이라고 부른 것을 형성하게 된다. §24를 보라.

고서는 그 어떤 것도 의식과 관계를 맺을 수 없다. 그리고 (의식은 전
반성적인 **자기**의식이기 때문에) 이 관계를 인식하지 못하고서는 그 어
떤 것도 의식과 관계를 맺을 수 없다. 따라서 그 어떤 것도 의식의 자기
결정(자율성)의 대상으로 전환되지 않고서 (타율적으로) 의식의 바깥
에서 의식을 결정할 수 없다.

자율성은 어떤 것이 실존하게 된 후 취하게 되는 형태와 관련된 것이
다. 따라서 자율성은 사물의 조건과 **존재**의 원인을 열린 채로 내버려
둔다. 그러나 사르트르는 의식의 존재는 자기 자신에게서 도출된다
(self-derived)고 말하는 것에 가깝다고 할 수 있다. "**의식은 그 자신에
의해 존재한다**(la conscience existe par soi, xxxi-xxxii/22/71/26)." 의
식은 "**자신에 의한 존재**(existence par soi)"이다. 반즈는 앞의 문장을
"의식의 존재는 의식 그 자체로부터 유래한다"로 해석하고 뒤 구절을
"자기 자신에 의해 활성화되는(self-activated) 존재"로 해석한다. 사르
트르는 의식이 필연적으로 자율적인 이유와 같은 이유에서 이러한 특
징이 유래한다고 암시하고 있다. 그 어떤 것도 의식의 심급이라는 단계
를 거치지 않고 '존재의 원인'으로서 의식에 대한 관계를 유지할 수 없
다. 그러나 사르트르는 그의 이전 주장이 확보한 전제로부터 의식은 근
본적 측면에서 **존재론적으로 기원적**이라는 결론이 뒤따른다는 점을 보
이고 있다. 다시 말해, 의식을 포함하는 상위 개념은 존재하지 않음을
보인다. 의식이 비-의식적 원인에 의해 존재하게 되었다고 생각하는
것은 그 가능성이 의식의 발생에 앞서 사물의 질서 속에 기입되어 있을
때에만 (따라서 그 본질이 그 실존에 앞서 존재할 때에만) 이치에 맞을
것이다. 그러나 사르트르의 설명에 의하면 의식은 어떤 유(類)의 종
(種)이 아니다. 의식이 그 일부인 일반적 '종류의 사물(kind of thing)'
은 존재하지 않는다. 그리고 이는 어떤 질서 안에서 가능태에서 현실태

로 의식의 이행이 발생한다는 통념이 무너짐을 의미한다.

그러나 여기에 매우 중요하게 다루어야 할 문제가 하나 있다.[15] 의식
이 **아무런 조건 없이** 자기 자신을 존재하게 만드는 것이라면, 의식은 자
기원인(self cause, ens causa sui)이 될 것이다. 전통적 형이상학의 규
칙에 따르면, 이는 신의 특징을 규정하기에 충분한 조건을 의식에게 부
여하는 것이다(이로 인해 사르트르는 절대적 관념론자들 사이에 놓이
게 된다. 더욱이 이는 의식의 발생에 대해 그가 훗날 제시하는 (완곡
한) 주장과 갈등을 빚는다. 우리는 이 문제를 §9에서 다룰 것이다). 이
같은 함의를 피하기 위해 더 자세한 구분이 요구된다. 사르트르가 의식
에게 허용하는 실존적 자기-활성화(self-activation)[라는 특징]은 실
제로 의식의 자율성과 그 무엇으로부터 발생되거나 파생되지 않는다는
[의식의] **부정적** 특징(property)의 조합일 뿐이다. 그리고 이는 **무조건
적인** 실존적 자기충만함이라는 더 강한 특징(property), 다시 말해, 다
른 것들의 존재 여부와는 상관없이 존재한다는 특징과 구분된다. 사르
트르는 이 후자(완전히 전통적 의미에서 실체성(substantiality) 또는
사르트르가 '자신의 토대'라고 불렀던 것)의 특징을 의식에 귀속시키
지 **않았다.** 그가 주장한 그 어떤 것에서도 그러한 특징을 찾아볼 수는
없다. 그리고 의식이 자신에게 실존을 부여하는 행위로서 자기 자신을
인식하지 못한다는 사실은 이 주장에 반하는 것이다[무조건적 자기충
만함]. (비록 그가 계속 의식이 자신의 원인이라고 말하고 있지만

---

15 여기서 기술된 주장들의 복잡한 조합은 『전쟁일기』에 명확히 제시되어 있다
(p.109). 의식 또는 인간실재[인간존재]는 (i) "그 자신의 근거(foundation)가 되지
않으면서 자신을 동기화할 수 있다 […] 자신의 구조를 동기화하는 의식이 있다." 게
다가 (ii) 의식 또는 인간의 실재성[인간실재]은 아무런 근거도 가지지 않을 수 있다.
"의식의 그 어떤 초월적 토대도 의식을 발생시키는 동시에 자신의 손으로 의식을 죽
일 수 있다." 의식이라는 사실은 "환원 불가능하고 부조리하다."

(xl/32/86/43)) 이러한 이유로 사르트르는 의식을 '자신의 원인'이라고 말할 때 주의가 필요하다고 말했다(xxxi/22/71/26).[16]

존재하는 모든 것에 대해 그 존재에 대한 충분한 이유가 존재한다면, 이 두 가지 특성을 따로 떼어 놓을 수 없을 것이라는 점에 주목하자. 전통적인 가정 아래에서 더 약한 특성이 더 강한 특징을 초래한다. 또는 형이상학적인 사물의 질서에 대한 위반이 있다. 그러나 사르트르는 예리하고 분명하게 충족이유율(充足理由律, the principle of sufficient reason, [어떤 행위나 존재에는 그 이유나 동기가 있다])에 대한 무제한적인 적용에 반대한다. 의식의 실존은 절대적 우연성이다. 의식의 비실체성은 서로 연결된 두 가지 의미를 가지고 있다. 이는 의식이라는 존재의 우연성과 숨어서 뒷받침하는 기체(substratum)가 없는 순수한 나타남 [외양]이라는 특징을 모두 지칭한다.

§4 '존재한다는 것은 지각(知覺)되는 것이다(esse est percipi)'[17] 라는 주장에 반하여 (서론, Ⅳ절)

(의식의 자기인과성(self-causation)과 관련하여 어떤 자격을 덧붙이길 원하든 간에) 사르트르가 Ⅲ절의 끝 무렵에서 절대적인 것으로서 주체라는 관념론적 개념을 방어하고 있는 것처럼 보이기 때문에 마치 관념론의 정당성이 입증된 것처럼 보이기도 한다. 그러나 Ⅳ절은 '우리는

---

16   역자주-[자아의 창조를 하나의 행위로 생각한다면] 그것은 사실 의식을 행위로서의 자기의식으로 이해하는 것인데 … 그런 것은 존재하지 않는다. 그러나 … 자신에 의한 자신의 결정은 하나의 본질적인 특징이다. '자기 원인'이라는 표현을 남용하지 않는 것이 현명할 것이다. 그 이유는 '자기원인'이 … 원인으로서 자기와 결과로서의 자기의 관계를 예상하기 때문이다.

17   역자주-국역 삼성판(64쪽)은 '존재함은 지각됨'으로 해석한다. 사르트르는 후설이 현상학적 환원을 통해 버클리의 '존재한다는 것은 지각되는 것이다'라는 명제를 [노에마의] '존재(esse)'는 '지각되는 것(percipi)'이라는 명제로 변모시킨다고 설명한다.

관념론에서 탈출했다'(xxxiii)라는 선언과 함께 시작된다.

그러나 우리가 탈출한 관념론은 존재 일반을 **인식된** 존재(known being)로 환원하려고 하는 관념론일 뿐이다.[18] 그리고 사르트르는 우리가 아직 그가 후설의 것이라고 생각하고, 충분히 관념론이라고 부를 만한 자격이 있는 관념론적 입장에서 아직 벗어나지 못했다는 점을 분명히 드러낸다. 이 입장에 따르면 초현상적(trans-phenomenal) 존재는 주체의 특권이고 의식의 대상은 나타남[외양]들로 환원된다. IV절과 V절은 이러한 입장을 파괴하는 것을 목표로 한다. V절은 의식의 현상이 지닌 초현상성을 지지하는 실증적(positive) 주장을 제시한다. IV절은 덜 야심적이지만 V절의 주장에 대한 필수적 준비로서 의식의 대상에 대한 버클리의 현상론적-관념론적 공식의 불가해성, 즉 '**존재**한다는 것은 **지각**(知覺)된다는 것이다'라는 주장의 불가해성을 보이려 한다.

사르트르는 대상을 단지 '지각된 것으로서만' 말할 수 있다는 현상학적-관념론적 입장을 승인하면서, 최소한의 절대적 조건으로 (지각된) 의식의 대상과 대상에 대한 인식의 구분 또는 의식 대상과 대상을 드러내는 종합 사이의 구분이 인정되어야 한다고 지적한다. 그렇지 않다면 탁자에 대한 인식은 의식에 **대한** 인식이 될 것이다(그리고 모든 대상-의식은 반성이 되는데, 이는 부조리하다).[19] 이는 탁자의 존재와 관련해 **중요한** 질문이 있다는 점을 확실히 하기에 충분하다. 동일성

18　사르트르가 염두에 두고 있는 관념론은 칸트의 관념론과 같이 사실적인 관점이 아니라 법적인 관점에서 초월적 조건을 사고하는 관념론이다. [역자주-국역 삼성판 (73쪽)은 '인식되는 것'으로 번역하고 있다.]

19　역자주-사르트르는 내가 "어떤 탁자를 수많은 주관적 인상의 종합으로 환원한다고 해도, 그 탁자는 '탁자로 있는 한'에서만 이 종합을 통해서 자신을 드러내 보일 수" 있다고 설명한다. 따라서 이 탁자는 "인식의 바로 앞에 있고 우리가 그것에 대해 갖는 인식과 동일할 수 없다." 탁자는 "이 종합의 초월적 극한이자 이유이고, 목표"인 것이다.

(identity)을 통한 직접적 환원(탁자는 주관적인 인상**이다**. 또는 탁자의 존재는 의식의 존재**이다**)이 배제되었기 때문에 현상학적-관념론적 환원은 탁자의 존재가 지각하는 주체의 존재**에 대해 상대적**이라는 주장으로 표현되어야 한다.

　이 상대성 이외에도, 현상학적-관념론적 입장에 따르면 탁자의 존재는 또한 **수동적**이다. 이른바 지각은, 탁자가 행한 것이 아니라, 필연적으로 탁자**에** 행해진 그 어떤 것이다. 그리고 사르트르는 이 통념이 비일관성을 내포하고 있다고 지적한다. 어떤 대상이 영향을 받고 있다고 여겨질 때에만, 즉 한 대상이 그 대상이 갖는 특성에 의해 규정되는 변양(modifications)을 겪는다고 여겨질 때에만 우리는 '수동적 존재'에 대해 말할 수 있다. 현상학적-관념론적 입장은 변양을 지탱하는 것으로서 대상을 개념화하는 것, 즉 이 같은 변용(affections)의 토대가 되는 존재를 갖는 것으로서 대상을 개념화하는 것을 허용하지 않는다. 사르트르는 독립적인 논의를 덧붙이며 현상학적-관념론자들이 그리는 형이상학적 거래에 의하면 의식은 **대상에 존재를 부여하거나 대상이 존재하도록 만드는** 방식으로 대상에 **작용**하는데, 이는 비일관적인 의식 개념을 내포한다고 주장한다. 자신이 그러한 행위에 참여하고 있다는 것을 알고 있는 주체는 "자신의 주체성[주관성]의 바깥으로 나갈 수 있다는 착각조차 할 수 없기 때문에(xxxiv/25/75/30)", 현상학적-관념론적 입장은 어떤 면에서 지속적인 대상의 창출을 넘어서야만 한다. [자기 손도] 으스러질 수 있다는 조건 아래에서만 [다른 손을] 으스러뜨릴 수 있는 손처럼, 의식은 자신에게 행위가 가해질 수 있다는 사실을 깨닫는 조건 아래에서만 존재를 나타남[외양]의 통일성에 전달할 수 있다. 상호성이 전제될 때에만 상호작용이 가능할 것이다. 그리고 이렇게 가정하는 것은 곧 의식은 "전적으로 능동성이고 전적으로 자발성이다

(xxxv/26/75/30)"라는 공격 불가능하고 협상 불가능한 통찰을 반박하는 것이다(사르트르는 후설이 바로 이 문제에 대응하기 위해 질료(hylē, **물질/질료**(matter)) 또는 종합(stuff of synthesis)이라는 개념을 도입했지만, 후설의 [이론은] 질료가 의식과 사물 모두의 속성을 드러내야 할 것을 요구하기 때문에 비일관적 효과를 초래했다고 주장한다).[20]

따라서 다음과 같이 결론 내릴 수 있다. "의식의 초-현상적[transphenomenal] 존재는 현상의 초-현상적 존재에 대한 근거(foundation)를 부여할 수 없다(xxxvi/27/76/32)."

§5 사르트르의 '존재론적 증명' (서론, V절)

V절은 데카르트적인 울림 속에서 사르트르가 '존재론적 증명'이라고 부른 논증을 담고 있다. 이 절의 근위(近位)적 목표는 다시 한번 현상론-관념론이다. 이 절은 의식의 대상이라는 존재는 초-현상적이라고 주장한다. 그러나 IV절에서 제시되었던 것과 다른 방식으로 주장이 이루어진다. 지금 사르트르는 **의식**의 존재는 직접 이 점[존재의 초현상성]을 내포한다고 주장한다. 이 절이 겨누고 있는 먼 목표는 외부 세계에 대한 회의주의이다. 만일 사르트르의 주장이 견실하다면, 그 같은 회의주의는 오류라고 할 수 있을 것이다. 사르트르는 그의 주장이 거부할 수 없을 만큼 단순하다는 점을 보이려고 애쓴다.

'반성적 **코기토**'에서가 아니라 '지각하는 자'[=지각하는 것]의 '**전반성적**' 존재에서 끌어내야 하는 '존재론적 증명'이 있다 […] 모든 의식은 무엇인

---

20 사르트르는 처음에는 질료(hylē)의 존재를 인정했었다. 『상상』, pp.132-3을 보라.

가에 관한 의식이다. 이는 초월성이 의식의 구성적 구조라는 것을 의미한다. 다시 말하면 의식은 그 자체가 아닌 존재의 **도움을 받아서** 발생한다는 뜻이다. 우리는 그것을 존재론적 증명이라고 부른다.(xxxvi-xxxvii/27-8/77-8/32-4)[21]

이러한 설명은 단순함과 논쟁적인 힘의 조합을 드러내지만 명확한 뜻이 드러나지 않아 이에 대한 설명이 필요하다.

[따라서] 여기서 존재론적 증명을 이해할 수 있는 한 가지 방법을 제시하고자 한다. 앞에서 우리는 사르트르에게 의식이란 내적으로 그리고 관점주의적으로 지각되어야 하는 것임을 지적한 바 있다. 사르트르는 의식이 **존재**에 인접해 있다는 것이 곧 의식의 관점의 일부라고 주장한다(IV절은 존재가 초현상적이여야 함을 보였다). 사르트르가 주장하는 것처럼 외부 세계의 현실성에 대한 유명한 무어(G. E. Moore)의 '양손 증명'이나 상식에 뿌리를 둔 지각 이론임을 근거로 내세우며 직접적 실재론을 방어하는 시도와 이 주장[존재론적 증명]을 구별 짓는 요인은 이 주장이 **전**-반성적 의식에 호소하고 있다는 점이다. 존재론적 증명과 무어의 주장, 그리고 직접적 실재론은 외부 실재성의 인지에 어떤 추론이 필요한 것은 아니라는 생각을 공유한다. 그러나 존재론적 증명은 반성적 판단('나는 O를 지각한다'는 판단과 이 판단이 바로 최고의 인식적 성질이라는 판단)이 아니라 의식이 (올바르게) **구상될** 수 있는 조건에 초점을 맞춘다는 점에서 차이를 보인다. 사르트르의 입장

---

21 역자주-의식은 그 자체로 존재할 수 있는 독립적인 존재가 아니다. 의식은 일종의 무(無)로서 외부의 사물존재를 통해 자신의 지향성을 충족한다. 의식은 "외부를 향해 자신을 초월하면서 존재로서 자신의 실재성을 확보"한다(변광배, 『존재와 무: 자유를 향한 실존적 탐색』, 살림, 2005, p.136). 본문 인용은 『존재와 무』, 삼성출판사, pp.77-78.

이 지닌 초월적, 관점주의적 특징으로 인해 사르트르의 증명의 핵심을
놓치거나 (이는 아무런 주장도 아닌 것처럼 보일 수 있다) 그 특징을
잘못 규정하기 쉽다(사르트르의 주장은 독단적으로 보일 수 있다. 즉
무어의 제스처의 단순한 반복이거나 외부 세계의 현실성이 경험적으로
주어진다는 뻔하고 근거 없는 주장에 그치는 것처럼 보일 수 있다).

사르트르의 증명의 핵심은 내가 나의 의식에 외부 세계에 대한 '공
백'이나 인지 부족이 있다고 (또는 **있을 수 있다**고) 생각할 때 그러한
생각은 주체-세계 관계에서 내 쪽에 자리한 어떤 항목의 **대상화**를 가
정하게 되고 (그 이유는 그러한 생각이 실재성의 이미지를 담거나 또
는 실재성을 향해 있는 나의 이 **표상**이 (또는 **믿음의 상태**나 **정신적 내
용**, 또는 그 무엇이든지 간에) 그 실재성을 움켜잡는 데 실패했다는 나
의 반성을 포함하기 때문이다), 이는 결국 (사르트르의 용어로 표현하
자면) 스스로 무너진다(indicts onself)는 것이다.[22] 사르트르의 반론은
의식이 그것이 다다른[도착한] 항목[대상]의 관점, 즉 초-현상적 존재
의 관점에서[23], 자신을 전반성적으로 파악한다는 것이다. 따라서 앞에

<hr>

22   역자주-이에 대해 사르트르는 다음과 같이 적는다. "무언가를 의식한다는 것은,
의식이 '아닌' 하나의 구체적이고 충실한 현전과 마주하고 있는 것이다. 물론 어떤 부
재에 대한 의식을 가질 수도 있다. 그러나 이 부재는 필연적으로 현전의 토대[전제조
건]로서 나타난다.··· 만일 사람들이 어떻게 해서라도 현상의 존재를 의식에 의존하도
록 만들고자 한다면, 대상은 그 대상의 '현전'에 의해서가 아니라 그것의 '부재'에 의해
서 의식과 구분되어야 한다. 다시 말해 대상의 충만함이 아니라 대상의 무에 의해서 의
식과 대상은 구분된다. 만일 존재가 의식에 속한다면, 대상은 그것이 의식과 다른 존재
인 한에서가 아니라 그것이 비존재인 한에서, 의식이 아닌 것이 된다."(lx/27/77/32)
23   역자주-"의식은 무엇인가에 대한 의식이다. 이는 초월성이 의식의 구성적 구조라
는 것을 의미한다. ··· 의식은 그 존재에 있어 비의식적이고 초월적인 존재를 내포하고
있다. 주체성이 객관성을 내포한다거나 주체성이 객관적인 것을 구성하면서 스스로를
구성한다고 답해 봐야 소용없다. 우리는 이미 주체성이 객관성을 구성하는 데 무력하
다는 것을 보았다. 달리 말해, 의식이 무엇인가에 대한 의식이라고 말하는 것은 존재의
'드러내 보임-드러내 보여짐'으로 [즉 존재를 드러내고 또 존재가 드러나는 과정(a

서 제시된 이유로 인해, 의식이 인식론적 표적에 도착하는 데 실패할 가능성이 있다는 생각은 허용될 수 없다. 의식의 관점이 회의적 반성의 관점을 역전시킨다.

그러나 몇몇 특정한 경우에 "나의 의식이 다다른 곳"이 **외부** 세계에 해당하는지 어떻게 **보장**할 수 있는지 물을 수 있을 것이다. 꿈과 환상과 같은 경우, 즉 의식의 지향적 대상이 외부 현실이 아닌 상태는 어떠한가? 의식의 관점에서 사물들을 바라보는 사르트르의 관점이 옳다고 할지라도 (데카르트의 제1성찰에서 찾을 수 있는 종류의) 성찰이 이러한 관점을 구제하는 데 도움이 되지 못한다면, 사르트르의 관점은 단지 우리가 인식론적 갈등, 따라서 회의주의를 위한 근거를 갖게 된다는 것을 의미하는 데 그치는 것이 아닐까? 왜 사르트르는 전반성적 의식의 관점이 이 같은 성찰의 결과들을 무시하고 침묵시킬 수 있을 것이라고 생각했을까?

사르트르의 존재론적 증명을 완벽하게 재구성하기 위해서는 다음과 같은 필수 논점들이 제기되어야 한다. 첫째, 사르트르의 설명에서, 자아와 비자아의 구분이 이미 의식과 대상의 전반성적 구분에 접합되어 있는 한, O를 외부 세계에 속한 것으로 결정하기 위해서 그 어떤 것도 O에 대한 의식에 **덧붙일** 필요가 없다는 점을 기억해야 한다. 둘째, (이미 앞에서 언급한 것처럼) 사르트르의 관점은 비실재적인 것에 대한 의식이 실재성에 대한 의식에서 파생하고, 또 실재성에 대한 의식에 의존하고 있다는 것이다. 사르트르는 상상의 이론을 위한 독립적인 일련의 주장을 제기하는데, 그로부터 이와 같은 입장이 유도된다.

셋째, 사르트르는 어떤 대상의 지각적 외관의 잠재적 무한성이 그 대

révélation/révélée of a being)으로] 의식이 생성되어야 한다고 말하는 것이다.(lxii/ 27-8/79/35)"

상의 객관적 존재를 나타내는 표시라는 초기의 후설적 테제로 복귀하면서 존재론적 증명을 확장한다. 사르트르는 후설의 '무한에의 호소'가 의식이 객관적 존재를 지닌 대상을 갖는다는 것이 무엇을 의미하는지 잘 포착한다는 생각에 동의하고, 이를 지지한다. '무한에의 호소'는 [의식이 객관적 존재를 지니는] 사건들의 상태에 대한 현상학적 실현을 포착한다(이것은 인식론적 **기준**이라는 역할보다 더 심오한 역할을 수행한다는 점에 주목하자). 외양의 잠재적 무한성은 우리의 의식이 실제적인(veridical) 것인지 **구별**할 수 있는 준거점이 아니다. 사르트르가 볼 때, 우리에게 '말할 방법'이 필요하다고 생각하는 것은 이미 실수를 저지르는 것이다. 사르트르가 후설에게 촉구하는 것은 무엇이 이 구조를 **가능하게** 만드는가에 대한 설명이다. 후설이 의지하고 있는 외양의 무한성은 물론 현실적인 주관적 인상으로 주어지지 않고, **부재하는** 것으로 주어진다. 이로부터 "의식은 대상의 존재를 구성한다(xxx-vi/27/77/32)"는 관념론적 원리를 매개로 하여 O가 나의 주관성 안에서 **어떤 결핍**(lack)**으로** 존재할 때, 이 O는 객관적인 존재를 갖게 된다는 설명이 이어진다. 그런데 이는 (ii) O를 '부재가 아닌 **현존**'으로서 획득하기 위해, O에 대한 나의 의식이 어떻게 (i) '주관적인 것'으로부터 벗어나게 되는지의 문제를 설명하지 않은 채로 남겨 둔다(xxxvii/28/78/34).[24] (더욱이 이는 형이상학적 패러독스를 발생시킨다. "어떻

---

24   역자주-"객관적인 것은 결코 주관적인 것에서 나오지 않고 초월적인 것은 내재성에서 나오지 않는다. 존재 또한 비존재에서 나오지 않을 것이다. 그러나 사람들은 후설이 … 의식을 하나의 초월성으로 정의한다고 말할 것이다. 그가 그렇게 제안했다는 것은 사실이다. 이 제안은 그의 본질적 발견인 것이다. 그러나 그가 노에마를 비현실적인 것이자 '노에시스'와 상관적인 것으로 만들고, 그것의 '존재(esse)'를 '지각되는 것(percipi)'으로 보는 순간부터 그는 전적으로 자신의 원리에 충실하지 않게 되는 것이다."(xxxvii/28/78/34)

게 비존재가 존재의 근거가 될 수 있는가(xxxvii/28/78/34)?") 의식이 의식의 현존 속에서 대상을 향해 자신을 초월해 가는 구조를 이해할 수 있도록 만들 수 있는 것은 대상의 **초-현상적** 존재뿐이다. (적어도 가장 원시적인 수준에서 그의 주관성에서 탈출할 수 있다는 것조차 부정하는 회의주의자는, 그가 암묵적으로 사물을 단지 정신적 이미지**로서**만 인지할 수 있다고 인정하고 있기 때문에, 자신의 주장의 근거를 잃는다. 그리고 우리가 이를 어떻게 이해하든, 우리는 더 이상 그와 어떤 조건, 우리가 논하고 있는 올바른 인식론적 해석을 공유하지 않는다.)[25]

마지막으로 의식이 원초적이고 반성은 이차적이라는 점에서, 전반성적 관점이 반성적 회의주의를 앞지른다는 점이 논의되어야 한다. 대상을 향한 일차 의식이 없다면 반성은 존재하지 않는다. 전반성적 의식의 관점을 되찾고 나면, 우리는 회의적 성찰이 오류에 근거하고 있음을 이해할 수 있다. 데카르트가 그랬던 것처럼, 어떤 인식론적 비일관성도 알아차리지 못한 채 항상 나의 반성적·회의적 판단이 나의 전반성적 의식이 결여하고 있는 권위를 가지고 있다고 **생각**할 수 있다는 것은 엄연한 사실이다. 그러나 이점이 바로 존재론적 증명이 예상할 수 있게 해 주는 것이다. 그 이유는 반성적인 지평에는 실재 외부 대상에 대한 관계로 여길 만한 증거가 **존재할 수 없다**는 점을 존재론적 증명이 보이고 있기 때문이다. 따라서 존재론적 증명이 설명되고 나면, 어떻게 우

---

25 사르트르는 자신의 존재론적 증명과 『순수이성비판』에서 칸트가 행한 관념론 논박 사이에도 차이가 있다고 지적한다. 후자는 인식론적 요구를 식별하고, 그것이 충족되는 상황을 제시하지 않으며, 단지 법적인 초월적 조건들을 규정할 뿐이다.(xxxvii/28-9/78-9/34-5) 사르트르의 증명은 초월적인 것의 사실적 지위, 그것의 존재론적 현동성(actuality)을 보인다. 칸트적인 규범적 요소를 의식의 존재론적 직물로 구축하는 것이 사르트르의 초월적인 것의 재개념화의 특징이자, 흥미로운 점이다. §14, '의무'로서 의식을 참조하라.

리가 외부 의식의 심급이 실재하는지 알 수 있냐고 계속 질문하는 회의
주의자에 응해 답할 만한 것이 더 이상이 남지 않게 된다. 그러나 우리
는, 더 이상 아무런 말도 할 수 없는 우리의 무능력이 실은 회의주의자
의 질문의 근본전제를 충족시키는 것이 불가능했기 때문에 발생하는
것이라고 말할 수 있을 것이다. 즉 반성이 물질을 결정해야 한다는 그
의 요구를 (그러나 실제로 물질을 결정하는 것은 반성의 역할이 아니
다) 충족하는 것이 애초에 불가능했기 때문에 발생하는 것이라며 그의
요구를 탓할 수도 있을 것이다(회의주의자는 마치 반성이 실재 대상을
생산해야 한다고 주장하고 있는 것처럼 보인다).

§6 즉자 존재와 대자 존재 (서론, VI절)

공식적으로 실재론과 관념론을 모두 다루고 난 후, 사르트르는 II절에
서 논의했던 '존재의 현상'으로 복귀하며 이제는 이 문제를 정확하게
이해할 수 있다고 주장한다. 이 현상으로부터 유도할 수 있는 존재에
대한 모든 정보가 (그리고 현상의 존재**와 관련된 모든 것**이) 놀랄 정도
로 단순한 명제들에 포함되어 있다[그 명제들은 다음과 같다]. (1) 그
것은 있다[존재한다]. (2) 그것은 "그 자체로 있다[존재한다](est en
soi)." 그리고 (3) 그것은 "그것이 있는 바 그대로의 것(est ce qu'il
est)이다(xlii/34/83/40)." 이 이상한 공식들의 핵심은 존재에 대한 정
보를 기술하는 것도 아니고, 그에 대한 분석적 진리를 주장하는 것도
아니다. 그 핵심은 우리에게 존재와 개념과 판단 사이의 관계의 특별하
고 비범하며 **부정적인** 특징을 알려 주는 것이다. 이 ['있다'라는] 계사
는 이 현상들의 존재에 적용될 때 단지 지표나 표현 기호의 역할을 수
행할 뿐이다. 이 계사는 존재의 지표가 되거나 의식이 존재와 대면한다
는 사실을 표현한다. 그리고 이러한 사르트르의 명제들은 (i) 계사의

사용이 존재와 관련한 사고의 기능을 샅샅이 드러내 보인다는 점과
(ii) 계사의 사용이 존재를 철저히 드러내 보이기 때문에 존재와 관련
된 사고의 기능을 드러내 보인다는 점을 입증하기 위해 고안된 것이다.
여기서 사고는 그 한계에 다다라 있다. 그러나 이 한계는 **또한 존재**의
한계이다(주어-서술어 형태가 주체-대상의 관계의 **주관적** 축으로부터
누락된 것처럼, 이는 또한 그 반대인 **객관적** 축에서도 (다른 반대의 이
유 및 역관계의 의미에서) 부재한다.)

   사르트르의 세 개의 명제가 의미하는 바는 현상의 존재가 이유나 정
당화 없이 존재한다는 것이다. 신이나 자연적 법칙, 그 어떤 것도 이를
설명할 수 없다. 단순히 그것이 '존재'하고 있기 때문에, 우리는 그것
을 '창조되지 않았다'고 기술할 수도 없고, 또한 '자기 창조적'이라고
기술할 수도 없다. 이는 절대적 풍요로움이고, 자기-동일적이며, 의식
없이 완벽하다. 능동성과 수동성, 부정과 미분화, 가능성과 필연성과
같은 기초적 개념 범주들은 이에 적용되지 않는다. 이는 생성(becom-
ing)을 넘어서며, 시간성에 종속되지 않는다(xlii/33-34/84-5/40).
('A는 A이다'로 표현될 수 있는) 이것[현상의 존재]의 완전히 동일적
인 존재는 이것이 무한한 밀도를 지닌 무한한 압축의 형태로 존재함을
의미한다. 이것의 통일성이 "사라져 동일성의 일부가 되기" 때문에, 이
것은 종합적 통일을 필요로 하지 않는다(74/116/185/156). 사르트르
는 반영성('그 자신(itself)')에 대한 암시가 엄격히 잘못된 것이라고
주장하며, 이[현상의 존재]를 '존재 자체' [즉자존재]로 지정한다(76/
118/188/159). 그 어떤 것에 의해서도 정당화되거나, 필요하거나 가능
한 것으로 간주될 수 없다는 의미에서 이성과 양태성(modality)을 넘
어서기 때문에 즉자존재는 **우연적이다**(이는 특별하고 **절대적인** 관점에
서 우연성에 대한 일상적이고, 상대적인 판단과 대조된다). (이러한 이

유 때문에 즉자존재는 '물질'이 **될 수 없다**는 점에 주목하자).

사르트르는 즉자존재에 대한 설명이 어려운 이유[즉자의 불투명성]는 우리의 인지능력 때문에 그러한 것이 아니라고 강조한다. 즉자는 "즉자에 대한 우리의 정립(위치, position)과는 아무런 관련도 없다. 즉자는 우리가 밖에 있기 때문에 [그것을 알기 위해서] 그것을 배우고 관찰해야만 하는 그런 것이 아니다 […] 즉자는 비밀을 갖지 않는다."(xlii/33/84/40)

따라서 현상의 초현상적 존재가 곧 **즉자존재**인 것이다(xxxxix/31/81/37). 모든 측면에서 이는 우리가 의식 속에서 발견한 초현상적 존재, 그리고 사르트르가 대자존재라고 이름 붙인 초현상적 존재의 정반대의 입장에 서 있다. 대자존재의 형이상학적 특징은 즉자존재의 형이상학적 특징의 정반대이다. 『존재와 무』 2부가 설명할 것처럼, 대자존재는 "현재가 아닌 것 그리고 현재의 것이 아닌 것"이자, "**되어야 할** 것으로 존재"로 정의된다(a à être ce qu'il est, xli/33/84/40).

사르트르는 즉자존재에 대한 자신의 설명이 어떻게 하이데거를 반박하는지 보여 준다. 하이데거는 존재에 대한 우리의 관계가 이 존재의 의미나 감각(sense, Sinn)에 대한 질문을 촉발한다고 생각한다. 사르트르는 즉자존재를 '넘어' '그 의미를' 향해 나아가는 것이 필요하거나 또는 가능하다는 점을 부정한다(xxxxix/30/80/36). 사르트르가 하이데거의 존재의 대한 질문을 봉쇄하는 데는 깊은 의도가 숨어 있다. 하이데거의 현존재와 존재 관계의 개념화는 어떤 면에서 존재는 인간을 **필요**로 한다는 것을 함의한다. 그리고 해체 불가능하고 분석 불가능하며, 융해된 '세계 속의 현존재'의 전체(성)을 주장할 때 하이데거는 현존재의 소외[타유화]의 일정한 한계를 보장한다. 현존재가 실수와 과오를 범하더라도 현존재가 존재에 속하는 것처럼 존재는 항상 적합하게 현존재에 **속한다**. 그리고 현존재가 존재 안에서 안락함을 느낄 가능성이 매우 희박하다고 할지라도, 그러한 가능성은 여전히 원칙적으로 잔존한다. 이는 일종의 형이상학적 낙천주의인데, 사르트르는 이러한 낙천주의를 배제한다. 만일 즉자존재가 사르트르의 세 테제 속에서 자신을 소진시키고 아무런 비밀도 지니고 있지 않다면, 존재로서 세계는 무조건적으로 인간의 관심에 무차별적이다.

§7 전체로서 존재 (서론, VI절, xlii-xliii/34/85-6/41-2)

서론은 일련의 질문들로 끝을 맺는데, 사르트르는 이 질문들과 더불어 『존재와 무』에서 이어질 질문에 정식으로 착수한다.

> 이 두 가지 존재 형태가 지닌 심오한 '의미'는 무엇일까? 어떤 이유로 이 두 가지 존재 형태는 **존재** 일반에 속하는 것일까? 존재가 자기 안에 이처럼 근본적으로 단절된 존재의 영역을 품고 있을 때, 그 존재의 의미는 무엇인가? 이론상으로는 교통이 불가능한 이 영역들을 결합하는 관계들을 관념론으로도 실재론으로도 설명할 수 없다면, 다른 어떤 해결책을 내놓을 수 있을까? [그리고 어떻게 현상의 존재는 초현상적일 수 있는가?](xliii/34/85-6/42)

또는 잠시 후 무(無)에 대한 장의 초반부에서 이 논제를 다시 다룰 때 사르트르가 설명하는 것처럼 [다음과 같이 물을 수 있다.] "우리가 '세계 속의 존재'라고 부르는 종합적 관계란 무엇인가?"(3-4/37-8/90-1/47-8) "인간과 세계의 관계가 성립되기 위해서 이 둘의 관계는 어떻게 이루어져야만 하는가?"(4/38/91/48) 이 질문들이 명료하게 드러내고 있는 것처럼, 단순한 지향적 의식의 영역을 넘어서는 존재의 두 영역 사이의 관계가 발견되었기 때문에, 즉 "세계 속에 있는" 우리("세계 속의 인간으로서 총체성", 4/38/91/48)를 발견하였으므로, 존재가 철학이 그 의미를 밝혀 줄 것이라고 기대하는 이해가능한 전체를 형성한다는 통념은 전적으로 합리적이다.

대자존재와 즉자존재 관계의 특이성, '세계 속에 있는 우리'에 대한 사르트르의 이해와 하이데거의 이해 사이의 차이점, 그리고 존재가 '전체'를 형성한다고 하는 통념에 대해 이러한 질문이 제기하는 난점들은 강조할 필요가 있다.

사르트르는 대자의 용솟음(upsurge, jaillissement, surgissement)에 대해 말한다. 그는 대자의 용솟음이 "절대적 사건", 즉자에게 발생하는 (happens to, arrive à) 무엇, "즉자에게 가능한 유일한 모험"이라고 말한다(216-17/268-9/376-7/216-7). 이러한 은유와 구문적 형식은 사르트르에게 근본적으로 중요한 문제를 표현한다. 우리의 일상적 세계관은 지속적인 실체나 일련의 변화와 사건을 둘러싼 구조에 대한 개념이고, 그러한 변화와 사건 가운데 하나가 인간존재의 나타남이라고 할 수 있다. [그러나] 사르트르는 대자가 존재 범주 이외의 그 어떤 선행적 형이상학적 범주 속에서도 나타날 수 있음을 부정하며, 우리의 존재됨이 세계 역사의 한 사건이라는 통념을 거부한다. 즉자에 의해 제시되는 그 어떤 형이상학적 범주도 대자를 품기에 적합하지 않다. 즉자는 대자를 예상하는 개념을 내포하고 있지 않다. 따라서 사르트르는 대자를 새로운 형이상학 범주, **사건** 범주와 동일시하는데, 대자존재는 **사건성**(eventhood)이 **실체성**(substantiality)과 관계되는 방식과 유사하게 즉자존재와 관계한다. (유비를 사용하자면, 대자는 공간적 **방향성**이 **관성적 물체**와 관계되는 것과 유사하게 즉자와 관련한다. 방향성은 신체에서 오는 것이 아니다. 이 방향성은 물체에서 오는 것이 아니다. 이는 물체에 영향을 끼치지도 않고 물체에 의해 영향을 받지도 않지만, 물체 없이 사고될 수 없다.) 존재론적으로 이질적인 두 유형의 존재가 형이 상학적으로 비스듬히 각을 이루고 있다는 사르트르의 주장은 물론 그의 반-자연주의를 되풀이하는 것이지만, 이는 또한 하이데거와의 견해 차이도 반영하고 있다. 확실히 하이데거에게 그러한 것처럼 사르트르에게도 인간주체는 필연적으로 '세계 속에' 있다. 그러나 그가 **속한** 세계는 대자인 용솟음의 상관물이다(§12에서 이 문제를 다룰 것이다). 따라서 사르트르에게 전치사 '-안에'는 우리가 초인간적인 존재론적 질서 속에 **속한다**(belonging)는 하이데거적 함의를 전혀 가지고 있지 않다.

사르트르는 결론(§46)에서 존재가 하나의 전체로 구성된다는 의미에 대한 질문으로 돌아간다. 다음의 요점들에 주목하자. 첫째, 사르트르가 존재의 전체에 대한 질문을 던지고, 이를 『존재와 무』의 논의를 이끄는 문제이자 그 논의의 가장 바깥 틀을 규정하는 문제로 특권화한다는 사실은 사르트르의 관심이 전통적인 형이상학에 얼마나 근접해 있는지, 그리고 어떻게 『존재와 무』가 철학적 인간학 이상의 것을 기획하고 있는지 보여 준다. 존재의 두 가지 유형에 대한 '궁극적인 의미'로 구성되는 것이 인간이라 할지라도, 사르트르는 존재 일반을 **고려하면서** 인간의 형이상학적 탁월함을 **보이려고** 한다. 둘째, 실재론과 관념론이 해결책이 될 수 없다고 거부할 때 사르트르가 이전의 전통적 형이상학 체계가 용인하지 않을 방식으로 실재성이 궁극적으로 하나의 전체로서 일관성을 띠는 데 실패하는 데에는 중요한 의미가 있다고 주장한다는 점이 인상적이다. §46에서 전체로서 존재의 문제를 다룰 때, 사르트르가 이 문제를 어떻게 다루는지 다시 보게 될 것이다.

§8 존재론적 관계와 인식론

사르트르가 II절에서 인식 관계에 대립하여 도입하고 V절의 존재론적 증명에서 이용하는 존재론적 관계에 대한 통념은, 사르트르가 『존재와 무』에서 채택한 인식론에 대한 일반적 입장과 마찬가지로 그에 대한 논평을 요한다. 존재론적 증명에 대한 논의에서 이미 본 것처럼, 사르트르의 저작은 인식 이론을 지지하는 독창적 주장을 제시하는 것으로 읽을 여지도 있고 또는 어떤 인식론적 문제의 존재도 부정하는 '해체'의 입장을 제시하는 것으로 읽을 여지도 있다.[26]

사르트르는 존재론적 관계를 인지 관계보다 더 원시적인 유형의 관계, 그러나 인지가 전제하고 그 위에서 인지가 발생하는 관계로 여긴다. 존재론적 관계가 허용하는 인지의 관점에서 보자면, 그 관계가 낳은 인지(이 관계가 용이하게 하는 전자의 후자에 대한 인식론적 접근)가 각 항목(item)의 순전한 **존재** 그 이상도 이하도 아닌 것에서 기인할 때, 이를 곧 존재론적 관계라고 할 수 있다. 존재론적 관계가 확실성과 명백성을 지닌 인식론적 상태와 **상호 관련**되어 있을지라도 정당화라는 통념은 존재론적 관계 그 자체에는 적용될 수 없다(존재론적 관계 개념이 곧 하나의 특권적인 인식론적 관계 개념**이라고** 생각한다면, 이는 실수이다. 존재론적 관계에 대해 말할 때 그 핵심은 어떻게 그러한 인식론적 관계가 가능한 것인지 **설명하는** 것이기 때문이다). 더욱이 직접적으로 존재론적 관계 위에서 발생하는 인지의 형태는 대상에 대한 복잡한 판단 형태가 아니라 대상에 대한 원시적 지향의 관계이다. 다시 말해 인지 형태는 조정적(措定的, thetic)인 의식 형태가 아니라 정립적(positional)인 의식 형태이다.

26　인식론과 현상학의 모호한 관계에 대해서는 3장 각주10을 보라.

사르트르의 존재론적 관계 개념은 하이데거의 후설 비판에 비추어 볼 때 더 잘 이해할 수 있다. 하이데거는 가장 기초적인 지향성의 형태가 인지적 특성을 가질 수 없고, **따라서** 의식의 성격도 가질 수 없다며 후설의 주장에 반대한다. 사르트르는 기초적 지향성이 비인지적이라는 하이데거의 의견에 동조하지만, 지향성과 의식을 동일시하는 후설의 입장을 지지한다. 따라서 그는 기초적인 지향성의 형태가 실용적(pragmatic)[27]이라는 하이데거의 테제를 거부한다. (사르트르는 의식의 차원을 '억압'하는 하이데거에 대해 비판적으로 논평한다. 73/115-16/184-5/155-6, 85/128/199/172).

우리는 이 모든 것을 통해 인식론적 문제에 대한 사르트르의 모호한 태도가 사르트르의 입장의 비일관성을 감추지 못한다는 점과 왜 그것이 모호성에서 벗어나지 못하는지 알 수 있다. 사르트르가 존재론에 관심을 보일 때, 그것은 하이데거의 경우에서처럼 근거가 없다거나(ill-informed) **무의미하다**는 이유를 들며 인식론에 등을 돌리는 것이 아니다. 그것은 또한 전통적인 철학을 비판하는 한 방법으로서 인식론에 등을 돌리는 것도 아니다. 인식론적 동기는 사르트르의 의제 속에 있다. 그리고 그는 다른 철학적 설명이 인식론적 문제를 해결하지 못하고 있다는 무능력을 자신의 존재론을 지지하기 위한 논증으로 사용하고 있다. 그러나 사르트르는 의식과 함께 머무르며 후설보다 한 발 더 멀리 전통적인 인식론에서 멀어져 간다. 사르트르가 주장하길, 그가 자신의 존재론

---

27   사르트르는 '지향성(Intentionality)'에서 타자를 해석할 때 양자의 용어를 모두 사용하며, 그가 어떻게 정확히 후설과 하이데거 사이에 존재하는지, 그리고 어떻게 그들을 넘어서는지 설명한다. 우리의 존재는 '세계 속의 존재'로서 존재이다. 그러나 이 '~속의 존재'는 '운동(movement)'으로 이해되어야 한다. 의식이 '자신으로부터 도망가는 운동'이기 때문에, 특히 '~속의 존재'는 의식인 운동으로 이해되어야 한다. '자아의 의식(Consciousness of self)', p.132를 보라.

의 토대를 마련하기 위해 사용하는 초월적 의식의 관점은 인식론적 이론이 덮으려는 틈을 처분해 버린다.[28] 이로부터 방금 묘사했던 (사르트르에 의해 이론화된) 존재론적 관계와 인식론적 관계(사르트르는 인식론적 관계에 대해 어떤 실증적 이론도 제시하지 않는다. 하지만 그는 그러한 이론이 필요하지 않다고 생각한다)에 대한 이중화가 나타난다.

존재론적 관계의 우위성을 이용하는 전략은 (그리고 논적들의 입장을 '인식[지식]의 우위성'을 가정하는 방법론적 오류를 범하고 있다고 비판하는 전략은)『존재와 무』의 주요한 시점에서, 특히 타자의 마음에 대한 부분에서 다시 채택될 것이다. 그리고 그가 지식[인식]의 특징에 대한 설명을 제시하는 초월에 대한 장에서 존재론적 관계로서 인식 개념에 대한 설명이 더해진다(§19).『존재와 무』의 주요 관심사인 존재론적 관계(이 관계는 대자의 구조 또는 대자와 즉자의 관계와 관련되며, 인식론적 관계와 함께 배가된다.)는 **부정적**(negative)이고 **내적**(internal)이다. 내적 부정(internal negation, négation interne)은 두 존재 사이의 관계로, 이는 "한편의 존재(대자)에 의해서 부정되는 다른 편의 존재(즉자)가 그 부재(不在)를 통해 그 본질의 핵심 속에서 다른 편의 존재(대자)에 성질을 부여하는 그러한 관계이다. 이러한 부정은 본질적인 '존재의 유대'가 된다. 그 이유는 부정의 대상이 되는 존재 가운데 적어도 한편(즉자)의 존재는 다른 편의 존재(대자)를 지시하며 [또 다른 편의 존재를 부재로서 핵심에 간직하기] 때문이다(175/223/325/314 또한 86/129/200-201/173-4도 참조하라)."

부정의 존재론적 관계가 한 존재가 다른 존재를 부정적으로 판단하

---

28 이러한 이유로 메를로퐁티는 "사르트르는 이원론적인 존재론을 수단으로 사물에 대한 원초적인 접근을 설명하려 한다"고 말할 때, 한편으로 옳지만 다른 한편으로는 오해를 불러일으킨다(『보이는 것과 보이지 않는 것』, p.52).

는 관계와 동등한 것은 아니라는 점에 주목하자(하지만 이 부정의 존재론적 관계는 이 같은 부정적 판단 관계를 **지탱**한다. 부정적 존재론적 관계의 부정적 **판단** 관계로의 환원[동등화]은 인식의 우위성을 재주장하게 될 것이다). 더욱이 내적 부정은 존재론적 관계의 한 항의 대리인이, 인과적 중재자의 도움 없이 또는 어떤 것이 다른 것을 대표해야 할 필요 없이, 다른 쪽의 존재를 수정하는 **동적**(dynamic) 특징을 보인다. 내적 부정은 종합적, 능동적 연결[이고], "두 항의 종합적, 능동적 연결을 의미하며, 이 연결에서 각 항은 자신을 타자로부터 부정[구분]하면서 구성된다(252/310/427/430)." 관계가 관계된 항의 존재에 영향을 끼치지 않는 **외적** 부정은 (예를 들어, 신문은 신문이 놓여 있는 탁자가 아니다) 객관적 경험적 진리에 속한다(이제 이 분류학을 끝맺기 전에 한 가지 덧붙이고자 한다. '소유' 관계에 대해 §41에서 볼 수 있는 것처럼 내적 존재론적 관계는 배타적으로 부정적이지 않다).

§9 무의 형이상학 (1부 1장, 3-24/37-60/90-116/47-77)

우리가 지금까지 살펴본 즉자존재와 대자존재의 기초존재론은 사르트르가 무의 형이상학을 덧붙이기 전까지는 완성된 것이 아니다. 이러한 내용은 1부 1장의 전반부(3-24/37-60/90-116/47-76)에 실려 있다. 무의 형이상학이 자유 이론으로 발전되는 과정을 다룬 1장 나머지 부분(24-45/60-84/116-47/76-112)과 1부 2장은 §32와 §37에서 다룰 것이다.

사르트르의 핵심 주장은 무가 실재의 직물[기본 구조]에 속한다는 것, 그리고 실재적인 무의 가능성이 의식과 무의 동일성에 의해 설명된다는 것이다. 이 이론에 대한 사르트르의 논증은 4단계로 진행된다. (1) 부정(negation)은 인지의 환원 불가능하고 필수적인 요소이자 조건이다. 그러나 부정은 판단 기능으로 환원될 수 없다. (2) 부정은 존재론적으로 실재한다. 우리가 무를 구체적인 경험 대상으로 발견한다는 점에서 부정의 실재성은 현상학적으로 입증된다. (3) 무의 실재성은 의식의 부정하는 힘에서 도출되는 것으로 간주되어야 한다. (4) 무에 대한 다른 이론들을 (즉, 헤겔과 하이데거의 이론을) 따른다면, 우리는 의식이 무**이기** 때문에 부정할 힘을 가진다고 결론 내릴 수 있다. 마지막으로 이론에 대한 후기로서 사르트르는 대자의 기원에 대한 사변적 제안을 제시한다.

(1) 부정은 (처음에 우리는 부정을 단순히 '아닌(not)'과 관련된 항으로 사물을 사고하는 것을 뜻하는 중립적인 의미로 이해한다) 우리의 세계에 대한 인지 속에 편재하고, 또한 세계에 대한 인지에 필수적이라는 것이 사르트르의 논증의 출발점이다. 처음에 사르트르는 **질문**(question) 개념을 참조하며 이 점을 드러내 보인다. 질문이란 무지, 알지 못함 등을 포함해 질문자에 대한 부정과 부정적인 반응의 가능성을 전제한다. 사고될 수 있는 모든 것이 잠재적으로 질문의 주제이거나 질문에 대한 답이 될 수 있기 때문에, 사고 가능한 모든 것은 논리적으로 현실적 부정 또는 가능성 있는 부정과 연관된다. 더욱이 사르트르는 무엇인가를 다루는 모든 것이 탐문(interrogation)의 구조를 지니고 있다는 이유를 들어 '탐문적 태도'라는 제목 아래 인지적 질문뿐만 아니라 모든 실천적인 일[기획, undertaking]들도 포함시킨다. 기화기를 살펴보며 차를 수리하려고 할 때처럼 내가 시도하는 일에 세계는 '아니오(no)'라고 답할 수 있다(7/42/96-7/54).

질문의 문제를 잘 살펴보면 우리는 부정의 편재성과 삭제 불가능성을 증명하는 사례들을 관찰할 수 있다. 우선, 실패, 파괴, 연약함과 같이 어쩔 수 없이 부정적인 요소들을 지닌 세계를 완전하게 기술하는 데 필요한 특정한 개념들을 찾아볼 수 있다. 실패하는 것은 성공하지 못하는 것이다. 무엇인가를 파괴하는 것은 어떤 것이 더 이상 존재하지 않도록 만드는 것이다. 연약한 것은 일정한 조건 속에서 더 이상 존재하지 못할 개연성을 나타낸다(8/43/97/54). 이러한 사례들의 경우, 질문의 맥락과 유사하게 인간주체성에 대한 관계가 연루된다고 사르트르는 주장한다. 심지어 연약함의 경우에도, 인간주체가 현 상태의 대상을 기획된/투사된[29](projected) 미래의 상태와 관련시켜야 할 필요가 있다(여기서 즉자를 '부정을 넘어서(beyond negation)'는 것으로 이해했던 초기 설명을 상기하도록 하자). 한 걸음 더 나아가 사르트르는 부정을 인지의 초월적 조건으로 만든다. 사르트르는 모든 사고 개념과 모든 사고행위가 부정과 관련된다고 주장한다. 부정은 대상을 개별화하거나 또는 대상의 무엇인가를 서술할 때처럼 모든 개념의 적용에 전제된다. X를 F라고 판단하는 것은 X가 Y와 구별된다고, 즉 Y와 같지 **않다**고 규정하는 것이다. 예를 들어 공간 거리의 규정은 한계의 규정, 즉 부정과 관련된다(20-1/56-7/111-2/71-2). 따라서 부정은 개별화되고 명확한 특징을 지닌 대상들의 세계에 대한 의식에게 필수적이다. 나는 "존재자를 고립시키고 한정[규정]하기 위해, 다시 말해 그들을 생각해 보기 위해 계속 부정"을 사용한다(21/57/120/81). 부정은 인지의 "통일성을 실현하는 시멘트이다(21/57/112/72)." 진리 개념의 관점에서 이 초월적 요구를 표현해 보자. 만일 어떤 것이 진리라면 (진리라고 판단된다면) 그것은 세계가 "이런 것이고 그 밖의 다른 것이 아니"라는 것이기 때문에 (또는 그렇게 판단되는 것이기 때문에), 진리는 "존재와 달리 비존재를 끌어들인다(5/40/92/50)." 또는 지식의 관점에서 볼

---

29 역자주-국역본은 '투영'으로 번역한다.

때, "나에게 현존적으로 있는 것은 나로서 있지 않는 것"이며, "이러한
"비존재"는 모든 지식에 관한 이론에 선험적으로 함축되어 있다(173/
222/322/311)."

(2) 따라서 부정의 편재성과 필연성을 보이는 것은 상대적으로 용이
하다. 전통적 형이상학의 정식인 '모든 규정은 부정이다(omnis deter-
minatio est negatio)'에 동의하는 이들은 실제로 이를 인정한다. 부정
의 자연적, 기본적 특징이 주관적이라는 점을 감안할 때, 사르트르에게
주어진 더 곤란한 과제는 부정이 사고나 판단 이상의 특징으로 이어지
는 것을 보이는 것이다. 상식[적 관점]은 고유하고 원형적(原形的)인
자연주의의 방식으로 실재성과 존재하는 모든 것을 동일시하며 부정이
사물 자체에 속하는 것이 아니라 우리가 사물에 대해 갖는 **사고**에 속한
다고 암시한다.[30] 이러한 특징은 부정이 인간존재에 의존한다는 주장,
즉 부정이 나타나기 위해선 인간의 행위나 인지 가능성에 대한 관계가
필요하다는 주장에 의해 직접 뒷받침되는 것처럼 보이는데, 이 점은 사
르트르도 인정한 바 있다. 따라서 우리는 판단적 설명의 입장에서 부정
을 "판단의 […] [성]질(質)([une qualité du jugement])"[31](판단이나
사고의 행위 속에서 부정의 범주를 이용하는 것)로 간주할 것이다
(6/40/94/51). 그리고 무 개념은 단지 모든 부정적 판단의 '통일'로 이
해될 것이다(6/40/94/51-2).

심문의 사례에서 잘 드러나듯이 사르트르는 먼저 우리와 부정의 관
계가 판단이 미치는 범위를 넘어선다는 근거를 들어 이와 같은 관점을

---

30 문제를 명확히 하기 위해 부흐달(Gerd Buchdahl), '부정문제(The problem of
negation)', 『철학과 현상학 연구』(*Philosophy and Phenomenological Research*) 22,
1961, pp.163-78를 참조하라.
31 역자주-판단이 지닌 성질(質)들 중 하나(une qualité du jugement).

공격한다. p인지 아닌지 궁금해할 때 나는 내가 p의 진리에 대해 무지하다고 **판단**하지 않는다. 그러나 나의 탐문은 그러한 의식을 전제한다. 사르트르가 설명한 것처럼 우리는 "비-존재에 대한 직접적 양해(8/42/96/54)"를 가지고 있고, 부정에 대한 "판단 이전의 양해(9/44/97/55)"를 가지고 있다. 둘째, 이 문제에 이어 사르트르는 부정이 우리에게 주관적**으로** 주어지지 않는다고 주장한다. 어떤 대상의 파괴 가능성 또는 그것이 파괴되었다고 하는 것은 **세계 속의** "**객관적 사실**"이지 단순한 사고"로서 주어지는 것이 아니다(9/44/97/55). 셋째, 사르트르는 '모든 것이 존재의 충만함이고 긍정성이다.' 라는 가정 아래, 판단적 설명에서 무엇이 부정 범주에 기초적인 이해 가능성을 부여하는지 묻는다. 우리의 정신적 상태를 포함해 만일 현실이 포함하고 있는 모든 것이 실증적(positive) 성격을 띠고 있다면, "판단의 부정적 형태를 생각해 보는 것조차 불가능하지 않았을까(11/46/100/58)?"

이러한 주장들은 매우 강력하지만 판단 이론을 거부하도록 강제할 만큼 충분한 힘을 가지고 있지는 않다. 이 판단 이론을 방어하며 우리가 부정을 선험적 범주로 (또는 본유관념(innate ideas)으로) 다루는 한, 부정이 어떻게 예지 가능성을 획득하는지에 대한 어떤 설명이 필요한 것은 아니라고 말할 수는 있을 것이다. 그리고 파괴와 연약함의 경우, 사건 자체와 사건에 대한 우리의 부정적인(negative) 사고양식 사이에 구분이 이루어져야 한다고 말할 수도 있다. 즉 실제 세계 속에 존재하는 물질의 재구성과 실제 세계 속의 존재가 아닌, 그것에 대한 우리의 사고양식 사이에 구분이 이루어져야 한다.

사르트르는 우리가 판단 이론에 반해 "확실히 결정"할 수 있는 이유는(9/44/97/56) 무(無)가 **구체적 형태를** 띠고 있다는 사실 때문이라고 주장한다. 사르트르가 무가 정립적(positional)인 경험 대상으로 나타난다는 자신의 현상학적 주장을 지지하며 제시한 유명하고 강력한 예가 카페 안에 부재하는 누군가를 만나기 위해 안으로 들어가는 나의 경험에 관한 예시이다(9-10/44-5/98-99/56-8). 나는 카페 손님 전원의 목록이나 피에르가 다른 곳에 있다는 소식으로부터 추론해서 그가 카페에 있지 않다는 사실을 알게 되는 것과는 완전히 다른 방식으로 카페에 피에르가 부재한다는 것을 발견하게 된다. 그의 부재가 카페 안의 어떤 물건이나 카페의 영역이 존재 충실[32][존재의 충만함] 속에서 내게 주어지는 것과 같은 방식으로 내게 주어지는 것도 아니다. 내가 어떤 한 사람이 구석에 앉아 있는 것을 보는 것과 같은 방식으로 카페 안의 어떤 장소나 여러 장소들에서 피에르의 부재를 보게 되는 것도 아니다. 피에르의 부재는 그를 포함하지 않은 종합적 총체성(totality)으로 조직되는 하나의 전체(whole)로서 카페를 거쳐 내게 온다. 피에르의 부재는 "카페를 응고시킨다." 그리고 이는 "카페의 무화작용의 배경 위에 무로서 떠오르는" 피에르의 요구된 형상을 "옮겨 나르고" "현존시킨다(present)(10/45/99/57)." "나의 직관에 제공되는 것은 무의 어른거림"으로 이는 '피에르가 여기 없다'는 판단의 **근거**로 작용한다 (10/45/99/58). 카페에서 피에르의 부재는 카페에 적용 가능한 무한한 수의 단순히 **추상적**이고 부정적인 사실(웰링턴 공이 카페 안에 없다 등등)과는 구분되는 방식으로 나에게 주어진다. 판단 이론은 이러한 추상적 부정을 설명할 수 있지만 구체적인 부정성(negativity)을 설명하지 못한다. "이러한 예는 비존재가 부정적 판단에 의해서 사물들에 도래하는 것이 아니라는 것을 보이기에 충분하다. 반대로 부정적 판단이 비존재에 의해 조건 지어지고 지탱되는 것이다 (11/46/100/58)."

---

32 역자주-국역본 동서문화사판과 삼성판 모두 '존재 충실'로 옮기고 있다.

만일 이러한 논의가 현상학의 통일성(integrity)을 부정하는 것이 아
니라거나 (이 입장에 따르면 우리는 피에르의 부재를 **경험**하지 않고 단
지 그가 부재한다고 **생각**할 뿐이다. 그리고 이와 같은 생각을 카페에
대한 경험과 **혼동**한다) 또는 현상적 부정과 논리적 부정이 동일한 것의
다른 형태라는 점을 부정하는 것이 아니라면 (현상학적 '부정성'은 하
나의 사물이라고 말할 수 있을 것이다. 즉 이 부정성은 단지 경험의 성
질에 불과한 것으로 우연하게 또는 단지 은유적으로 진정한 판단적 부
정과 관련된 사물이라고 말할 수도 있을 것이다), 이에 대해 판단 이론
이 어떠한 대응을 할 수 있을는지 확실하지 않다. 그러나 두 가지 반응
은 모두 억지스럽고 어떤 경우에도 부정에 대한 사르트르의 설명의 강
점을 찾아볼 수 있다.

　(3) 피에르의 부재는 사르트르가 '부정되었다고' (사건이 '부정된'
상태, 부정에 의해 통합되고 구성된 것) 부른 사례이다(21/57/112/72).
부정된 것(négatité, negated)은[33] 기대와 다른 인간의 지향성을 전제한
다. 그러나 이는 정립적(positional) 의식의 초월적 **대상**이다. 이는 경
험이 아니라, 경험**의** 대상인 것이다. 피에르의 부재는 '이 카페에 대한
현실적 사건'이자 '객관적 사실'이다(10/45/99/58).[34] 무(le néant) 개

33　역자주-국역본(112/72)은 négatité를 부정성으로 해석한다. 이 부분에서는 이 책
의 저자의 의도에 따라 '부정된 것'으로 해석한다. 아래 문장에서 드러나듯, 그렇지
않을 경우 '부정된 것의 부정성'을 '부정성의 부정성'으로 번역하게 된다. 『존재와
무』의 영역자는 이 단어에 해당하는 영어 단어가 없다고 밝히고 있다. 사르트르 자신
은 négatité를 "단순히 판단의 대상일 뿐만 아니라, 인간존재가 괴로움을 받고 투쟁하
고 두려워하는 현실, 그 내부 구조 속에, 마치 존재의 필요조건인 것처럼 부정을 품고
있는 현실이 수없이 많다"는 것을 의미한다고 설명하고 있다(21/57/112/72).

34　역자주-사르트르는 "무가 가지고 있는 존재란 존재의 한계 안에서만 만날 수 있
는 것"이라고 주장하며 무를 인식의 차원(규정의 차원)에서 뿐만 아니라 존재론적인
차원에서 사고해야 한다고 말한다. 사르트르에 따르면, 존재가 모두 사라졌다고 해서
비존재가 지배하는 세상이 오는 것은 아닌데, 그 이유는 그렇게 된다면 무도 함께 사

넘은 부정과 구분되며 지금 부정된 것(négatité)의 부정성을 구성하는 것의 존재론적 종류와 지위를 지칭하는 것으로 등장한다. 무는 "실재의 구성요소(5/40/93/51)"이거나 "현실의 구조"이다(7/41/95/52).[35] 분석을 통해 보았던 것처럼, 부정된 것은 존재와 섞이지 않은 순수한 무의 자기충족적 단위가 아니다. 피에르의 부재는 "없는 것(rien)에 대한 직관"이 아니다(9/44/98/56).[36] —모든 부정성은 어떤 존재[있음]에 관한 것이다(카페의 존재, 피에르의 존재). 사르트르는 부정에 의해 존재가 재구성되는 작업을 '무화(néantisation, nihilation)'라고 부른다. 부정된 것(négatité)이 인간의 지향(orientation)을 지칭한다는 점을 고려할 때, 의식이 부정성의 운반체라는 추론은 당연한 것이다(11/46/100/58-9). 즉 의식은 무화(néantir, néantiser)를 할 수 있는 능력을 지닌 것이다.[37]

구체적인 부정성(négatité)의 경우에 무가 부정적 판단을 뒷받침한다는 사실로 미루어 보아 무가 모든 부정적 판단의 존재론적 토대가 된다고 말할 수는 없다. 그리고 사르트르는 ('페가수스가 존재하지 않는다'의 경우와 마찬가지로) "- 이 아니다"는 "단지 사고될 수 있을 뿐"이라고 생각한다(11/45/100/59). 그러나 무의 형이상학적 실재성을 받

라질 것이기 때문이다. 즉 "비존재는 존재의 표면에서만 존재한다(16/52/106-7/66)."
35   역자주-국역본은 '실재의 구성요소', '현실의 구조'라고 번역하고 있다. 여기서 '실재'와 '현실'에 해당하는 원문은 모두 le réel(the real)로 같은 단어이다.
36   역자주- '없는 것(rien)에 대한 직관'은 있을 수 없다(11/46/98/56).
37   역자주-사르트르는 현재 나의 상태가 선행하는 나의 상태의 연장에 불과하다면 부정이 숨어들 수 있는 틈새란 있을 수 없고, 따라서 무화작용의 모든 심적 과정은 앞선 심적 과거와 현재 사이에 틈새가 있다는 점을 드러내 보인다고 설명한다. 즉 직전의 심적 과거와 현재 상태의 틈새가 바로 무인 것이다(27/64/121/82). 같은 맥락에서 사르트르는 의식이라는 존재가 '자기로부터 거리를 두고' 존재하고, 존재가 자신의 존재 속에 지니고 있는 이 아무것도 아닌 거리가 바로 '무'라고 설명한다.

아들인다면, '판단의 부정적 형태를 가능하게 하는 것이 무엇인가' 라
고 묻는 사르트르의 질문에 무와 무화의 힘을 그 답으로 간주할 만한
충분한 근거가 있다. 따라서 우리는 이해와 감각의 통합이론을 갖게 된
다. 부정은 (판단과 개념 적용에 대한) 개념성(conceptuality) 및 지각
(perception)의 단일한 초월적 조건이 된다(부정은 시간과 공간 형식
보다 더 근본적이지만 이들과는 다르지 않은 직관-형태를 제시한다).

 (4) 사르트르는 무에 대한 두 가지 설명 방식으로 관심을 돌린다. 이
입장들은 판단 이론이 거부하는 실재성을 무에 부여하지만, 즉 무를 비
주관적인 것으로 여기지만, 여전히 부적합하고 미완성이다. 그리고 방
금 기술한 무의 형이상학을 한 발 더 멀리 밀고 나갈 때에야 비로소 이
입장들의 결함이 제거될 수 있다.

 헤겔의 『논리학』은 무를 존재의 변증법적 반대물로 묘사한다. 이 두
범주는 완벽한 추상성 속에서 하나의 동일한 총체적인 비결정(indeter-
mination), 즉 공허함을 드러낸다. 따라서 이 두 범주는 내용의 동일성
과 공허함에 의해, 서로의 구분이 무너져 내리며 생성의 범주를 낳는
다. 사르트르의 해석에 의하면(III절: 12-16/47-52/101-7/60-6), 헤
겔의 설명은 존재와 무의 **대칭성**을 주장하고, 이들을 "엄밀하게 동시적
인 두 개념" 및 "그림자와 빛처럼 실재의 [두 가지 상호] 보충적인 개
념"으로 간주한다. 이들은 고립되어 고려될 수 없고 "존재자들의 발생
에 있어 하나로 결합되어 있다(12/47/101/60)."

 사르트르는 헤겔에 대해 여러 가지 이의를 제기하는데, (사르트르가
이해하길) 존재가 곧 본질의 **현현이라는** 헤겔의 관념론적 주장에 대한
반대도 그중 하나이다(13-14/49/103-4/62-3). 그러나 사르트르의 가
장 강력하고 주요한 반대는 헤겔의 셰마가 무를 존재(being)를 따라 실
존하는(existing) 어떤 것으로 (즉 존재**하거나** 존재를 **지니고 있는** 것으

로) 환원하고, 결국 존재와 무 사이의 구분을 삭제하고 만다는 것이다. 이는 정확히 헤겔 자신이 주장하고 있는 바이다: 즉 정립된 구분은 사라져 버린다. 그러나 사르트르 주장의 핵심은 이러한 구분의 붕괴가 존재와 무를 "동일한 평면 위에" 두는 최초의 실수로 인해 발생했다는 것이다(15/51/105/65). 특히, 사르트르는 [헤겔『논리학』의] 초반 논의가 이들 각각의 미분화(未分化)가 다르다는 점을 파악하는 데 실패했다고 주장한다. 추상적 존재는 그 어떤 **규정**(determinations)도 결여한다. 그러나 무는 "**존재를 결여한다**(15/51/105/64)." 따라서, 존재와 무의 진정한 관계는 비대칭적 모순의 관계이다. 즉 대칭적 대립의 관계가 아니다. 부정은 앞서 **존재**했던 것에 **대한** 부정이다. 즉, 무는 "논리적으로 존재보다 뒤에 오는 것이다(15/51/105/64)."[38] 따라서 방법론에서 헤겔의 근본적인 오류(존재를 본질의 현현으로 환원하는 그의 방법에 반영된 오류)는 **존재**를 존재에 대한 **개념**에 동화시켰다는 것이다. 달리 설명하자면, 존재의 개념이 지닌 특이성(uniqueness)을 이해하는 데 실패했다는 것이 그의 오류인 것이다(여기서 서론 §2-§5에서 설명한 관념론에 대한 사르트르의 논증으로 되돌아가자).

  사르트르는 무와 존재의 구분을 일관적으로 사고하기 위해서는 이들을 개념적으로 **비대칭적으로** 것으로 여길 필요가 있다고 주장한다. 그리고 이는 우리에게 다음과 같이 말하도록 요구한다. 존재는 **존재하는** 반면 무는 **존재하지 않는다**(15/51/105/65).[39] 무는 "빌려 온 존재(exis-

---

38 역자주-아더 단토는 다음과 같이 설명한다. "의식의 무는 절대적인 결여, 무조건적인 허무가 아니라 타동적인 무 즉 어떤 주어진 이것 또는 저것에 대해서 이것이 아닌 또는 저것이 아닌 그런 성질의 무이다." (아더 단토, 『사르트르의 철학』, 신오현 옮김, 서울: 민음사, 1985, pp.96-7.)
39 역자주-국역 삼성판은 "존재는 '있다' 는 것, 그리고 무는 '있지 않다' 는 것이다" 로 번역하고 있다.

tence)밖에 가질 수 없다.” “무가 그의 존재(être)를 받아오는 것은 존
재로부터이다(15/51/106/66).” 사르트르의 생각은 만일 ‘존재하다
(être, is)’가 존재의 개념적 지표를 제공한다면, ‘존재하다’는 무를 가
리키기 위해 **다시** 사용될 수 없다는 것이다. 무를 지칭하기 위해서 우
리는 ‘존재하다’의 **부정**을 이용해야만 한다. 이는 ‘존재하는’ 것과 ‘존
재하지 않는’ 것을 모두 포함하는 실재성 개념을 산출한다. 그러나 이
개념 안에서 무는 존재에 **의존**하고 (피에르의 부재에 대한 분석에서처
럼) 존재의 무화를 통해서 나타나게 된다.

　무에 인간실재([인간존재], la réalité humaine, human reality)[40]를
부여하는 하이데거는 헤겔의 설명이 지닌 문제점을 (존재와 무의 대칭
화 그리고 개념적 환원주의) 모면한다(IV절: 16-21/52-8/107-13/
66-73). 세계 속의 존재로 정의되는 현존재는 존재 **속에서** 자신을 발견
하고(sich befinden), ‘존재에 의해서 **둘러싸여**’ 있는 한에서 나타난다.
그러나 세계는 현존재가 초월의 구조를 가지고 있기 때문에 나타난다.
즉 현존재는 자신의 미래를 향해 존재를 초월한다. 그리고 하이데거의
설명에 따르면, 현존재가 존재에 대해 취하는 거리는 무를 ‘세계에 세
계로서의 윤곽을 부여하는 것’의 형태로 도입한다(18/54/109/68).[41]

40　역자주-국역 삼성판은 ‘인간실재’로 번역한다. 2000년대 이후의 국문 해설서를
보면 변광배는 이를 ‘인간적 현실’로 해석하고 조광제는 삼성판을 따라 ‘인간실재’로
해석한다. reality를 실재 또는 실재성으로 번역했다는 점을 감안해 여기서는 ‘인간실
재’를 번역어로 사용한다. 사르트르는 인간실재[인간적 현실]에 대해 다음과 같이 말
한다. “‘인간실재’가 그것이 존재에 의해서 ‘둘러싸여’ 있는 한도에서 출현한다는 것,
그것이 존재 속에 ‘자기를 발견한다(sich befinden)’는 것을 의미함과 동시에, 다른 편
에서는 인간실재를 둘러싸는 이 존재가 세계의 형태를 가지고 인간 실재의 주위에 배
치되어 있게 하는 것은 바로 인간실재가 하는 일이라는 것을 의미한다.” 삼성출판사,
『존재와 무』, p.108.
41　역자주-사르트르는 하이데거에게 무는 세계에 세계로서의 윤곽을 부여하는 역할
을 수행한다고 말한다(18/54/108/68).

사르트르가 하이데거의 설명에서 찾아내는 약점은 헤겔의 경우보다
더 미세하며 하이데거의 설명 순서와 관계가 있다. 사르트르와 하이데
거는 모두 무를 초월적인 것으로 만든다. 그러나 하이데거에게 무의 위
치는 이차적이고 파생적일 뿐이다. 하이데거에게 현존재의 자기-초월
적 초월은 본래적(origniary)이고, 무는 단지 현존재에 의해 **함의되고**,
"초월에 의해 지탱되고 조건 지어진다(17/53/108/67)." 그리고 무는
"초월의 지향적 상관자"이다(19/55/110/70). 사르트르는 현존재의 초
월을 묘사하기 위해 하이데거가 사용하는 실증적 항들(positive terms)
이[42] "안에 내포되어 있는 모든 부정을 덮어서 가리고 있다"는 점을 보
인다면 충분히 하이데거의 관점을 논박할 수 있을 것이라고 생각한다
(18/54/109/69). 세계를 초월하기 위해, 현존재는 자신을 "**그 자체에
있어서 있는 것이 아닌 것**[즉자가 아닌 것]"으로서, 또 "**세계가 아닌 것**"
으로서 정립해야만 한다(18/54/109/69). 사르트르는 하이데거의 설명
이 무를 "존재를 사방에서 에워싸는 것인 동시에 존재로부터 추방당하
는 것"으로 만든다는 견해를 덧붙인다(18/54/108/68). 또한 세계외적
(néant extra-mondain, extra-mundane nothingness) 무(19/55/110/
70)가 "우리가 존재의 핵심[세계의 **너머**가 아니라 세계의 안**에서** 구체
적으로]에서 끊임없이 만나는 비존재의 저 작은 함정"을 설명하지 못한
다는 의견도 덧붙인다(19/55/110/70). (이러한 실수에 대한 사르트르
의 진단은 체계적으로 반복된다. 하이데거는 '손 안의([Zuhandenheit],
ready to hand)'[43] 실체(entities)들의 원초적인(primordially) '도구적
총체성'으로 세계를 개념화하는 것은 즉자의 부정성을 토대로 할 때만
가능한 존재 안으로 끼어들어 가는 것을 전제한다는 점을 깨닫지 못한

---

42   역자주-국역본은 '긍정적인 것들'이라고 번역하고 있다.
43   역자주- 'Zuhandenheit, ready to hand'는 '도구적 존재'로 번역하기도 한다.

다(200/250-1/358/352, §21 참조). 하이데거는 세계외적인 것 또는 '존재론적'인 것과 세계 내적인 것 또는 '존재적인 것'을 연결하지 못하는데, 이는 타자의 정신을 논할 때 반복된다. 우리는 이를 §28에서 보게 될 것이다.)

무에 대한 헤겔과 하이데거의 비-주관적 설명의 한계를 보이고 난 후, 사르트르는 이제 추론을 심화시킬 수 있는 위치에 서게 된다. 사르트르는 의식이 부정할 힘을 가지고 있기 때문에 실재가 부정을 내포한다고 주장한다. 사르트르는 의식이 **무이기** 때문에 그러한 [부정의] 힘을 갖는다고 주장한다. "**무를 세계에 오도록 하는 이 존재는 그 존재 자신의 무가 되어야만 한다(23/59/114/75).**" 하이데거가 주장하는 것처럼, 존재론적 동일화(이는 의식이 부정성의 운반자라는 주장을 넘어서는데, 무가 "우리 안에 부단히 현전(11/47/101/60)"한다는 주장과 양립 가능하다)는 어떻게 현존재가 무를 현실(reality) 속에 끌어들이는지 설명하는 데 필요하다(대안들을 하나씩 삭제하면서 진행하는 사르트르의 논증은 22-3/58-9/113-4/73-4에 자세하게 제시되어 있다).

마지막으로, 사르트르는 즉자존재와 대자존재가 어떻게 서로 연결되는지의 문제(§7)로 돌아오면서 대자존재의 발생과 관련해 한 가지 생각을 제시한다. 이는 아마 사르트르의 '탈-창조 신화'라고 부를 수도 있을 것이다. 그는 대자가 **무화를 겪은 즉자**라고 제안한다. 자신이 무화된 존재만이 무화할 힘을 가지고 있다고 사르트르는 주장한다. 따라서 사르트르는 즉자존재의 부정된 형태, 어떤 타락(fallen)을 함의한다.[44] 이는 마치 한때는 사물이었으나 형이상학적 파괴를 겪고

---

44 역자주-사르트르는 이 존재가 '에 대한 존재'이지만 '즉자 속에 응고된 의식'이자 대자라고 말한다. "따라서 이는 세계에 대한 의식이자 세계 속의 의식이다(202/

난 후, 존재를 빼앗기고 유령이나 그림자와 같은 종류의 의식 형태로 지상 위에 존재하는 것과 같다. 그리하여 이는 존재 전체(being as a whole)의 두 영역 사이의 '종합적 관계'의 한 요소이다. 즉, 대자존재는 무화의 과정을 거치며 즉자로부터 창조된다는 의미에서 즉자와 엮여 있다.

사르트르는 자신의 특유한 방식으로 즉자의 소멸이 도덕적이고 신학적인 이유로 인해 발생했다는 생각을 권장한다. 이는 마치 (인간의 추락이라는 내러티브[45]처럼) 우리가 과오를 범했거나 (프로메테우스 이야기와 같이) 우리에게 어떤 과오가 범해진 것과 유사하다. 그러나 사르트르는 이 제안을 밀고 나가지 않는다. 그의 기초존재론이 무엇인가 또는 누군가가 우리 존재를 소멸하게 했다는 식의 설명 방식을 배제한다는 것 또한 매우 명확하다. 따라서 대자의 기원에 대한 사르트르의 인류-발생론적 제안은 『존재와 무』에서 매우 불확실한 지위를 차지하고 있다. 한편으로 이는 단순한 '마치-처럼'의 논의로 받아들여져야 할 것처럼 보인다. 즉 인간 경험의 감정적 성질을 성찰하기 위해 고안된 논의로 받아들여져야 할 것처럼 보이기도 한다. 텍스트의 초반부를 보면 사실 그 이상의 논의가 아닌 것처럼 보이기도 한다. 그러나 후반부(2부)에 들어서게 되면 자기의식에 대한 설명, 대자의 구조로서 '결여'에 대한 설명(86ff./129ff./200-1ff./173-74ff.) 그리고 이를 기초로 해서 구축된 인간 동기의 형이상학에 대한 설명이 모두 즉자로서 우리의 소멸에 대한 설명을 전제하고 있다는 점을 발견하게 된다(79/121/191/163, §14 참조). 또한 이[즉자로서 우리의 소멸]는 완전히 비허구적인 방식으로, 대자의 구조 중 하나에 대한, 즉 우리의 '사실성'(84/

243/361/355)".

45   이러한 발견은 『윤리학 노트(Notebooks for an Ethics)』, p.11에 명확히 드러난다.

127/200-1/173-4)에 대한, 직접적이고 형이상학적인 설명으로서 배치된다. 우리는 곧 이 소멸 이야기가 얼마나 큰 무게를 지탱하고 있는지의 문제로 돌아와 사르트르가 그의 이원론으로 하여금 대자의 기원에 대한 모든 사변을 거부하도록 만든 것이 과연 옳은 것이었는지 마지막 장(§48)에서 물을 것이다.

§10 무로서의 의식

사르트르의 무(無)이론에 의해 명백한 기초적 문제 하나가 생성된다. 사르트르는 말한다. 무는 '존재하지 않는다.' 즉 무는 존재를 가지고 있지 않다. 그리고 만일 어떤 것이 존재를 가지고 있지 않다면, 그것은 존재하지 않는 것이다. 따라서 의식이 무라면(is), 그것은 존재를 가지고 있지 않고, 따라서 그것은 실존하지 않는다. 그러나 분명 사르트르는 의식이 있다(there is, il y a)고 단언한다. 사르트르[의 입장]이 제거적 유물론(eliminative materialism)과 친화성을 가지고 있기도 하지만, 그는 '의식이 실존한다'라는 것이 하나의 진리를 표현한다는 것을 부정하려고 하지 않는다.

　의심의 여지없이 사르트르는 의식이 무라고 하는 그의 주장의 곁에 패러독스의 여운이 계속 머물러 있기를 바란다. 즉 그는 패러독스의 여운이 우리의 존재론적 특이성(peculiarity)을 지속적으로 상기시키기를 원한다. 그러나 사르트르가 실존이 다수의 양식(modes)을 가지고 있다는 원칙을 고수했다는 점을 떠올리고 그의 무 개념이 존재양식의 개념이며 '존재하지 않는다(is not)'라는 개념이 ('무'의 부속물로서) 이 존재양식을 표현한다는 점을 깨닫는다면, 그가 취한 입장의 의미를 패러독스 없이도 이해할 수 있을 것이다. 사르트르가 이해하는 바에 따르면 무(無)개념은 판단의 형태로부터 근원적인(original) 철학적 의미를

획득하기 때문에, 의식과 무를 동일화하는 것과 의식이 실존하지 않는
다고 주장하는 것은 서로 동등한 것이 아니다. 실재성, 존재자들의 총
체성은 존재양식[46](실존하다^{존재하다}) 속에 실존하는 사물들과 **무의 양
식**[47](실존하다^{존재하지 않는다}) 속에 실존하는 사물들을 모두 포함한다.

[따라서] 사르트르가 의식이 소유하는 특정한(particular) 존재양식
과 무를 동일화할 때, 그 동일화는 모순에서 벗어난다. 이는 또한 매우
강력한 지적 동기를 가지고 있다. 이는 §9에 기술된 무의 기원에 대한
유전적 추론과 독립적이며 또 그보다 매우 직접적이다.

서론에서 사르트르는 의식이 특정한 (지향적이고 반성적인) 방식에
따라 존재론적으로 의식의 대상에 의존한다고 주장했다. 지금 의식에
대한 우리의 개념은 이 의존을 반영해야만 한다(그 의미가 현상학적인
한에서, 그리고 앞에서 제시했던 이유로 인해, 사르트르는 의식 개념이
현상학적 의미**만**을 갖는 개념이라고 생각한다). 따라서 현상학적으로
형성된 의식 개념은 반드시 자신을 자신의 대상이 **아닌**(not be) 것[자
신의 대상과는 다른 것]으로 등기해야 한다. 즉 원초적인(primordial)
'대상과의 차이' 그리고 대상과의 '구분'으로서 의식이 등기되어야 한
다. 그리고 이제 의식의 대상은 즉자의 지위를 갖는다. 그리고 이것이
존재 그 자체나 존재 일반이 아니라 단지 하나의 존재양식일 뿐임을 우
리는 알고 있다. 이로 인해 우리는 왜 의식이 '즉자-외적인 것(other
than being-in-itself)'[48]이라는 사실로부터 의식이 존재-외적인 것이
며 비존재자들(non-existents)이라는 내용이 도출되지 않는지 이해할

---

46   역자주-mode d'être(mode of being) (174/214/324/312)
47   역자주-mode of nothingness
48   역자주-682/618/450(2)/1000 (autre que l'être, other than being, 동서판은
'존재에 대해서 타(他)'로 번역한다.)

수 있다. 그러나 즉자존재와 존재의 다른 양식들 사이의 이러한 구분은
단지 뒤늦게 형성될 수 있을 뿐이다. 우리는 단지 철학적 성찰을 통해서
만 의식이 대상이 되는 존재들이 단지 존재의 **한** 양식일 뿐이라고 말할
수 있다. 이와는 대조적으로 초월적으로 원시적인 기획에서 가능한 **유**
일한 존재 개념은(의식이 자신을 자신의 대상과 구분한다는 의미에서
의식에게 가능한 유일한 존재 개념) 의식의 대상에 대한 개념뿐이다.

따라서 의식을 무로 지정하는 사르트르에게 정당성을 부여할 수 있
다. 원초적으로 의식은 자신에게 존재하는 것이 무엇인지 예시해 주는
것에 대한 **부정적인 관계** 속에서 자신을 경험해야만 한다. 따라서 의식
은 자신을 **무**로서 경험해야만 한다. 사르트르가 철학적 사고에 부여하
는 주체성-존중 제약(subjectivity-honouring constraint) 때문에 이
개념화는 초월될 수 없다.『존재와 무』는 다양한 기저구조를 밝히기 위
해 나아간다. 그리고 이 구조에 비하면 '벌거벗은 대상-의식'은 상대
적으로 피상적으로 보이기도 하지만 사르트르의 무로서 의식이라는 개
념은 철회되지 않고 기저구조 개념들과 함께 정교화된다. 의식이 자신
을 무로서 느끼며 자신에 대해 갖는 근원적인 경험은 더 복잡한 우리의
주체성 구조를 파악하기 위해 사용된다. 그리고 이러한 구조들은 무의
형식, 무로서 존재하는 방식에 의해서만 인지할 수 있다고 주장된다.

방금 소묘한 생각의 고리는 후반부 초월에 대한 장에서 더욱 명확해
지는데(§§20-21을 보라), 그 장은 대자의 구조[49]를 고려하며 의식을
재해석한다(특히 173-4/222-3/323-4/311-2, 180-3/229-32/332-6/

---

49 역자주-사르트르는 자기를 사물로 있지 않은 것으로서 구성하는 것을 대자의 구
조라고 말한다. 이는 대상을 반영하지만 대상을 개념화·보편화해서 이해하는 과정에
서 나타나는 인식 과정의 구조를 설명하는 것으로 볼 수 있다. 대자로서 의식은 개별
자가 아닌 보편자의 형식으로 대상을 사고(반영)하는 한에서 사물로 있지 않는다
(174/222-3/324/312).

321-6을 참조하시오). 물론 사르트르는 지식 대상을 '의식이 **아닌 것**(not being consciousness)'으로 간주할 수 있을 것이라는 점에 주목한다. 즉 우리는 부정성을 의식이 아닌 대상에 적용할 수 있다. 그러나 이러한 판단은 '대자가 이미 하나의 완성된 실체일 때만' **일차적**(primary)일 수 있다. **근원적**(original) 부정은 대자가 "사물로 **있지 않은 것**으로서 자기를 구성"하는 부정을 의미한다(174/222/324/312). (자신을 개체화하는) 대자는 "자신이 **개별적인** 존재라는 것을 구체적으로" 부정한다(180/229/332/321). 다시 말해, 대자는 **이** 존재, 의식이 향해 있는 대상을 부정한다. 지시적 특성, 즉 대상의 "있음(thisness)"[50]을 지칭하는 것이 대자의 일이다. 의식은 실물 지시적 정의 행위(ostension)이다. 그러나 의식은 사물을 가리키는 일상적인 행위와 구별되는데, 이는 **반성적**이고 **부정적**이다. 의식은 이른바 **자신**에 대해 '말한다.' 그리고 의식은 사물로 존재**하지 않는다**[의식은 사물이 아니다].

사르트르의 무 개념이 정확히 어떤 것이든 간에, 그것이 일상적으로 사고하는 무 개념과 같지 않다는 점은 명확하다. 이는 『존재와 무』가 광범위하게 발전시키고 있는 분명한 철학적 개념으로, 이 책의 끝에 가서야 그 의미를 이해할 수 있다(우리는 §14에서 어떻게 사르트르의 자아 이론이 무의 형이상학을 미세하게 정교화하는지 살펴볼 것이다. 이는 사르트르의 책의 78-9/120-1/190-1/162-3쪽에 해당한다). 『존재와 무』의 철학이 단일한 원칙에 근거한 형식 체계로 구성되어 있다면, 아마 그 원칙은 인간존재와 무의 동일화라는 원칙일 것이다. 의식의 존재양식과 대자를 무로 지정하는 사르트르의 논의를 책의 초반부에서부터 확고히 하는 것은 불가능하고, 그럴 필요도 없을 것이다. 『존

---

50   역자주-thisness 305/352/13(2)/514 - 국역본은 이를 '그것으로 있는 그대로의 것'으로 옮기고 있다(불어 원문은 cécité이다).

재와 무』가 탐구하는 모든 맥락에서 **부정성**이 어떻게 작동하는지에 대한 논의가 이루어지기 전까지 그 논의를 평가하는 것 또한 불가능할 것이다. 예를 들어, 그리고 특별히 우리는 §14에서 사르트르가 **자기**의식을 무와 대자의 동일화를 위한 토대로 사용하는 것을 볼 수 있다. 만일 무를 대신해 다른 존재론적 개념이 대안으로 제시되어 무가 했던 역할과 같이 광범위한 분석과 통합의 역할을 할 수 있다 해도, 사르트르가 잃을 것은 거의 없을 것이다. 그러나 그 자리를 대신할 개념을 찾는 것은 쉽지 않다. 그러한 만큼 사르트르의 무의 형이상학은 견실한 동기를 가지고 있다.

§11 사르트르의 존재론에 대한 일반적 비판

앞에서도 언급했듯이 사르트르에 대한 비판들은 나름의 튼튼한 논리를 가지고 있다. 1949년, 사르트르의 존재론에 대해 장 발(Jean Wahl)은 '사르트르가 후설로 인해' 그가 하이데거에게서 차용하는 "요소들과 완벽히 어울리지 않는 일종의 관념론에 이끌리게 되었다"고 말했다.[51] 문제는 다음과 같다.

> 무엇이 더 일차적(primary)인가? 즉자인가? 아니면 대자인가? 이것이 사르트르의 철학이 해결해야 할 문제 중 가장 어려운 문제 중 하나이다. 그가 '즉자'가 일차적이라고 말할 때, 그는 자신을 실재론자로 분류한다. '대자'를 강조할 때 그는 자신을 관념론자로 분류한다 […] 존재의 이 두 형태가 모든 면에서 절대적으로 상호 대립적이라는 점을 고려할 때, 우리는 이 둘을 모두 존재라고 부르는 것이 적합하기는 한 것인지 묻고 싶어진

---

51   '실존주의의 뿌리(The roots of existentialism)', p.24.

다. 존재론이 독특한(unique) 존재에 관한 과학이라면, 그러한 존재론적 이론이 가능하기는 한 것일까?

둘째, 사르트르가 '즉자'라고 정의한 것이 현실에서 정말 존재하는 것일까 물을 수도 있을 것이다 […] 의심의 여지없이 '즉자'에 대한 사르트르의 확언(긍정, affirmation)은 그의 입장에서 인식론적 관심에 대답하기 위한 것이다. 그리고 이 확언은 사고와 독립적인 현실(reality)을 긍정하기 위한 필요성에 답한다. 그러나 우리가 이러한 확언으로부터 이 현실(reality)이 실재의 모습(what it is)이라는 통념으로, 이 현실이 독특하게(uniquely) 그러하다는 통념으로 옮겨갈 권리를 가지고 있는가? 실제로 현실은 거대하고 안정적인가?[52]

따라서 서로 연관되어 있는 사르트르에 대한 불평들은 (a) 사르트르의 형이상학이 실재론과 관념론을 혼동하고 있고, (b) 사르트르의 첨예한 이원론이 일관성을 결여하고 있으며, (c) 사르트르의 즉자존재 개념의 근거가 부족하다는 것이다.

장 발은 이와 같은 곤란에서 벗어날 수 있는 방법을 제안한다.

사르트르 철학의 이원론은 아마도 그 철학의 내재적 특징 중 하나로 보이는데, 이를 쉽게 무시해서는 안 될 것이다. 정당화를 위한 탐색과 정당화의 불가능성이 사르트르 철학에 반복적으로 등장하는 **모티프**이다. 그의 철학은 실용주의의 화신(化身, incarnation)이자 현대 사상의 모호성의 화신이다(현대인들에게 인간은 모호한 것처럼 보인다).

---

52 같은 곳, p.24. 장 발은 사르트르의 실재론-관념론 교착 문제가 "어느 일정한 지점에 이르면 하이데거의 구상에서 멀어져 다시 헤겔과 후설의 구상으로 돌아가게 된다고 (심지어는 되튀어간다고) 덧붙여 말한다.

이는 모호성을 물리치기 위한 사르트르의 노고가 권고할 만한 일이 아
니라거나 있을 수 없는 일이라고 말하는 것이 아니다 […] [언젠가] 사르
트르와 같은 이가 모호성을 넘어서는 것도 가능할 것이다.[53]

장 발은 모호성이 실존주의를 규정하는 한 부분이라고 생각한다. 실존
주의는 개인의 체험된 경험에 대한 충실 또는 헌신을 매개로 고전적 철
학에서 멀어진다.[54] 그러나 사르트르는 장 발이 주장한 모호성을 물리
치려하거나 그것에서 벗어나려고 시도하지 않는다. 사르트르의 동시대
비판가 중 한 명은 장 발이 제안한 단지 주관적이기만 한 방식으로 사
르트르의 사고를 승인하려고 한다면, 그것은 '형이상학적 축'[55]을 잃게
되는 대가를 치르게 될 것이라고 지적한다. 형이상학적 축이 없는 형이
상학 또는 정당화 없는 철학은 기이한 허구(fiction)가 될 것이다. 그리
고 사르트르가 그러한 방식에 관심을 가졌을 것이라고 생각할 만한 근
거가 없다. 따라서 사르트르의 존재론이 비일관성의 혐의로부터 구제
될 수 있을 것인지 알아보려는 시도에는 다른 대안이 없다. 그리고 이
미 §7에서 보았듯이, 사르트르는 장 발이 제기한 문제를 결코 망각하
지 않았다.

§12 실재론, 관념론, 그리고 예지(叡智) 가능하도록 구별된 대상의 세계
그렇지만 왜 사르트르가 실재론과 관념론과의 관계에서 곤경에 처한
것처럼 보이는지 그 이유는 분명하다.[56] 다음과 같은 기저의 난점들이

---

53 같은 곳, p.25.
54 같은 곳, p. 4, 26.
55 Marcel, '실존주의와 인간의 자유(Existentialism and human freedom)', p.62.
56 『존재와 무』에 나타나는 실재론/관념론의 모호성에 대해서는 나탄슨(Natanson),
『장 폴 사르트르의 존재론 비판(A Critique of Jean-Paul Sartre's Ontology)』, 9장을

드러난다. 사르트르는 현상의 존재가 즉자존재라고 단언한다. 즉자존
재는 능동적인 존재도 수동적인 존재도 아닌 것으로 묘사된다. 즉자존
재는 "부정을 넘어서"고 "생성을 넘어서"며 "시간성에 종속되지 않고",
"자신에게 꼭 달라붙은" "견고한(massif)"것이자 "무차별성(undiffer-
entiation)"을 보이는 존재이다(xl–xlii/32–3/83–5/39–41). 이는 분명
즉자존재와 경험적 실재의 동일화를 배제한다. 즉 이는 즉자존재와 구
별된 대상들의 세계를 구성하는 현상들의 여러 측면의 동일화를 배제
한다. 그렇다면 이 대상의 세계는 어디에서 오는 것인가?

　유일하게 가능한 대답은 아마 다음과 같을 것이다. 즉자존재를 긍정
함으로써 사르트르는 그의 존재론이 관념론적이라는 의견을 부정하는
데 필요한 실재론을 얻을 수 있다. 그러나 경험적 실재에 대해 철저히
관념론적인 설명을 제시하면서 이제 그는 자신이 말한 것을 철회해야
할 것처럼 보인다. 즉 어떻게 해서든 대자는 즉자 안에 예지(叡智) 가능
하도록 구별된 대상들의 세계를 '도입'해야만 한다.

　이러한 논의가 [사르트르의 이론에] 직접적인 재앙을 초래하는 것은
아니다. [그러나] 분명히 이는 실재론과 관념론을 엄격히 **넘어서겠다**는
사르트르의 주장을 방해한다. 그러나 사르트르는 여전히 각 입장에 내
재하는 진리를 구출하고, 실재론과 관념론의 **결합**을 끌어내면서, 각 이
론의 일방성에서 '벗어나' 두 입장이 함께 만들어 낸 이율배반을 넘어
설 수 있다고 주장할 수도 있다. 게다가 이것이 정확히 사르트르가 염
두에 두고 있었던 것임을 알 수 있다. §9에서 보았듯이, 그는 자신이
주체성의 **선험적** 공헌을 전제하는 것으로 경험적 실재를 구상했다고
말하며, 무가 심지어 공간적 선(spatial line) 개념의 형성과 적용에도

보라.

필요한 개념이라고 주장한다. 가능성(§18)과 시간성(§22)에 대해서도 유사한 설명이 더해진다. 실재론을 피하는 것에 대해 그리고 실재론의 비일관성에 대해 말할 때 사르트르가 염두에 두고 있던 것이 (**우리가 대상을 존재로 인지하는 것처럼**) 대상을 의식에 독립적으로 존재하는 것으로 이해하는 입장이자 또한 우리가 대상들을 인지할 수 있는 것이 대상들이 (그들의 내재적 본성에 우연적인) **인과성**을 행사했기 때문에 가능했다고 이해하는 입장이라는 것은 사르트르를 관념론자로 파악할 수 있는 추가적 근거가 된다(151/197/289/273, 223/277/391/388, 588/677/408-9(2)/951-2)의 실재론에 대한 정의를 참조하라).[57] 이러한 관점은 칸트가 말했던 경험 대상들을 '물(物)자체'로 다루는 입장 또는 그가 '초월적 실재론'이라고 불렀던 입장에 조응한다. 따라서 사르트르가 초월적 실재론을 거부하고(물론 버클리의 경험적 관념론도 거부하고) **초월적** 관념론과 **경험적** 실재론의 결합을 긍정했다고 해석하는 것도 충분히 근거가 있는 것처럼 보인다. 그런데 이는 사실 친숙한 칸트의 패턴이다.

이러한 입장을 사르트르에게 귀속시키는 또 다른 동기는 칸트에게서 필요한 것을 차용해 그의 이론을 보완할 수 있다는 것을 보이기 위해서이다. 사르트르에게 §8에서 논의한 '존재론적 관계'라는 전략을 허용한다고 해도, 여전히 사르트르가 무시한 전통적인 인식론의 질문들에 답할 필요가 있다. §20에서 보게 될 것처럼, 사르트르는 단지 경험 형태(경험의 인과적 형태, 공간적 형태 등등)에 대해 (상대적으로) 매우 희박한 설명을 제공할 뿐이다. 사르트르의 입장을 초월적 관념론으로 해석한다면 전반성적 의식의 차원에 초월적 기능(형태 부여 기능 및

57   '지향성' p.4. "후설은 실재론자가 아니다. 말라붙은 땅 위에 이 나무는 이후 우리와 교통 관계를 맺게 되는 절대적인 것이 아니다."

대상 구성 기능)을 삽입하면서 단번에 이와 같은 문제들을 (만일 그것들이 문제라면) 제거할 수 있을 것이다(동시에 이러한 기능의 작동은 대자의 개체화와 필연적인 연관성을 가지고 있다).

그러나 사르트르에 대한 칸트적 해석은 사르트르가 자신의 입장이 관념론이라는 주장을 거부하고 명확히 반관념론을 진술하며 ("주체성은 객관적인 것을 구성하는 데 무력하다(xxxviii/29/79/35)." 대자는 "존재에 **그 무엇도 더하지 않는다**(209/260/370/366).") 칸트적 지식주체에도 반대한다는 점에서 곤란에 직면한다.

물론 사르트르가 [관념론이라는] 이름표를 거부한다는 점은 무시할 수 있다. 사르트르의 관념론 거부의 의미를 해석할 때, '구성'의 다른 의미들을 구분(초월적 대 경험적 의미)해 볼 수도 있지만, 사르트르의 반칸트주의적 주장이 어찌 되었든 간에 석연치 않은 점을 가지고 있다는 점에서 세 번째 문제에 직면한다. 사르트르가 칸트의 주체의 형이상학을 거부하는 주된 이유는 그것이 초월적 자아와 관련되어 있기 때문이고, 또 그것이 의식 안으로 '범주(categories)'와 '법'(경험 대상의 형태를 특정하는 초월적 개념과 원리)을 끌어들여, 의식의 필연적 공허함과 충돌을 일으키기 때문이다(xxxi/22/79/34–5, 11/46/99–101/58–9). 그러나 칸트의 초월적 주체는 실체(entity)가 아니라 단순한 기능일 뿐이고, 사르트르가 『자아의 초월』에서 공격하는 '인격적(personal)' 자아와 동떨어져 있다는 것은 너무 명백하다. 그리고 칸트가 의식에 부여하는 구조는 B부(Part B)에서 논의되는 사르트르 자신의 **선험적인** '대자의 직접적 구조'와 다른 것이 아니라는 것도 너무 명백하다. 실제로 칸트가 의식에 부여하는 구조는 사르트르의 논의를 보완한다. 사르트르의 칸트 이해에 대한 이와 같은 수정은 아마도 그의 형이상학에서 위협이 될 만할 모순들을 제거하기 위해 치러야 하는 작은

대가라고 할 수 있을 것이다.[58]

그러나 진짜 문제는 사르트르가 구성하는 실재론과 관념론의 특정한 결합이 안정적으로 보이지 않는다는 것, 최소한 매우 혼동스러워 보인다는 것이다. 사르트르는 정언적으로(categorically) 의식의 **대상**을 즉자존재와 동일시하고(§5를 보라), 즉자존재에 대한 우리의 인지가 무차별적인 **것이라고** 주장하기를 원했던 것으로 보인다(§6을 보라). 만일 그렇다면, 어떻게 즉자존재와 구별된 대상들의 세계가 함께 나타날 수 있는 것인지 이해하기 어려워진다. 만일 즉자존재를 형태가 없는 것으로 인지한다면, 그것들은 내용과 형태로 함께 나타날 수 없다(어떤 현상에 대해 **형성된** 내용을 형성되지 않은 것이나 무형의 **것으로** 파악하는 의식은 있을 수 없다). 그것들은 또한 노에마적 토대와 현상적 외양으로 관계하지 않는다. 사르트르는 당연히 즉자존재가 노에마적이라는 것을 부정한다(xxxviii/29/79/34-5). 그 이유는 기초적 형이상학 범주들이 즉자존재에 적용되지 않는다는 그의 이론은 즉자존재가 지적이지 않다는 것을 의미하기 때문이다. 그리고 즉자존재가 대상들의 세계와 구별되는 동시에 이 대상들의 **토대**로 해석된다면, 인식론적 문제가 나타난다. 사르트르는 우리가 알 수 있다고 주장하지만 우리가 어떻게 이 토대가 사르트르가 부여하는 모든 부정적 특징을 가지고 있다는 것을 **알 수 있는가**? 사르트르에 의해 거부된 사변적 가능성(예를 들어, 그가 즉자존재라고 부르는 것의 특징이 정신적이라는 것, 즉 아마도 신성한 정신(Divine Mind)에 가까울 것이라는 사변적 가능성)의 문이

---

58   사르트르는 초월적 관념론에서 찾을 수 있는, 현실의 무게에서 벗어나 세계 위에 군림하는 군주로서 주체 개념에 반대한다. 그러나 이 이미지가 정확한지의 여부, 이 이미지가 그리는 바에 따라 초월적 관념론이 사르트르 자신의 주체 개념과 다른 것인지의 문제에 대해서는 의심을 해 보아야 한다(칸트에 대해 사르트르가 제기했던 불평을 사르트르에게도 똑같이 적용할 수 있다. 메를로퐁티에 대해서는 4장을 보라).

다시 열린다. 사르트르의 그림엔 스피노자적이거나 파르메니데스적 그림이 숨어 있는 듯한데, 이 그림은 가시적이기는 하지만 주마등의 엷은 막에 비쳐진 상을 통해서만 현상적 대상들을 볼 수 있을 뿐이다. 이 그림에서 직접적인 논리적 비일관성이 나타나는 것이 아니지만, 여전히 논리정연하다고 말하기는 어렵다.[59]

몇몇 비평가들은 바로 이곳에서 사르트르의 형이상학이 그 여정을 다한다고 제안한다. 그러나 우리의 여정을 다시 되짚어 보면, 한 가지 대안적 시각이 시야에 들어온다.

지금 우리가 다루고 있는 문제는 애초에 우리가 즉자존재와 구별된 대상들의 세계의 대조에 초점을 맞추고 이 둘의 구분을 마치 서로 다른 두 **대상들**의 집합처럼 다루었기 때문에 발생한 문제이다. 이 구분에 의하면 하나는 불투명하고 형태가 없는 반면, 다른 하나는 예지(叡智)가 능하도록 형성된 대상들인데, 이에 대해 우리는 왜 우리가 전자 대신에 후자를 경험하게 되는지 묻게 된다. 그러나 그럴싸하긴 해도, 이러한 구분은 실수이다. 『존재와 무』의 기초존재론은 『구토』의 나무뿌리 구절에 그 원형이 담겨져 있고, 이 구절이 제시하는 바는 이러한 구분이 **일차적으로** 하나의 동일한 사물에 대한 서로 다른 **두 개의 양해**(apprehension)**양식으로**[60] 이해되어야 한다는 것이다. 사르트르는 개념화되고 규정된 특질(property)을 가진 대상을 가공되지 않고 특질이 없는 기층 또는 벌거벗은 물질과 대조시킨 것이 아니다. 구토를 일으키는

---

59   칸트의 초월적 관념론도 비일관적일 수 있다. 그러나 칸트는 우리가 현상의 물질을 제공하는 감각의 **토대**에 대한 의식을 가지고 있다고 주장하지 않았기 때문에, 그것이 동일한 방식으로 비일관적인 것은 아니다.

60   역자주-불어 원문은 mode de saissement, 영어는 mode of apprehension. mode de saissement n'est pas un phénomène de connaissane, mais c'est la structure de l'être 라고 적고 있다(lvii/24/73/28). 국역본은 '파악하는 방식'으로 번역한다.

나무뿌리, 우연적인 것으로서 나무뿌리는 일차적 성질(qualities)뿐만 아니라 이차적인 성질도 보유하고 있다. 나무뿌리에 대한 일상적인 지각과 구토를 일으키는 철학적 지각을 구별 짓는 것은 **예지 가능성**을 가지고 있는 것과 결여한 것 사이의 미묘한 대조이다. 즉자존재를 파악하는 것은 대상을 인간실재(human reality)에 관여하지 않는 것, 의식에 대해 어떤 의미나 의의도 갖지 않는 것, 우리와 관련이 없는 것 또는 우리를 '향하지' 않은 것으로 파악하는 것이다. 이러한 논의는 즉자존재가 '무차별적'이라는 사르트르의 진술에 부합하는데, 그 이유는 이 진술이 즉자존재로서 사물은 그 사물에 어떤 구별이 이루어지든지 간에 **우리에게 아무것도 아님**을 의미하는 것으로 받아들여질 수 있기 때문이다.

만일 이것이 옳다면, 위의 대조를 설명하기 위한 더 좋은 모델로 관점-지각(aspect-perception)의 전환을 들 수 있다. 더 잘 표현하자면, 어떤 측면의 이해할 수 없는 상태(바위 표면이나 찻잎 위의 모양)와 그것을 이해할 수 있는 상태 사이의 전환이 위의 대조를 잘 설명한다.

그러나 예지 가능한 대상의 구별과 즉자존재는 우리의 주관적 파악 양식일 **뿐만** 아니라 의식 **대상**의 양식(modes of the object of consciousness) 자체이기 때문에, 우리는 여기서 멈춰 설 수 없다. '즉자존재의 측면 아래에서' 어떤 대상을 파악할 때 대체 우리가 이해하고 있는 것은 무엇인가?

즉자존재는 구별된 대상세계를 특징짓는 존재양식이나 존재의 방식으로 이해될 수 있는데, 이 대상세계에서는 존재양식 개념이 단순히 대상세계의 기초적인 개념적 특징들을 가리키는 것이 아니라, 이 특징들의 **토대**(ground)를 지칭한다. 존재가 확정적인 형태를 **갖도록 하는** 것이 있을 때, 그것을 지칭할 개념이 존재론 안에 필요하다는 것이 곧 사

르트르의 통찰이다. 즉 ('설탕은 하얗다' 또는 '펜이 책상 위에 있다'
와 같은) 경험적 실재성에 대한 단순한 판단이 사실임을 밝혀 줄 수 있
는 토대를 지칭할 만한 개념이 존재론 안에 필요한 것이다. 달리 설명
하자면, 즉자존재는 주어부(펜)에 대한 서술부(책상 위)의 고정성의
토대이다. 즉자로서 대상(대상에 대한 즉자존재)은 대상들이 'O는 F이
다'라는 우리의 판단에 조응하는 구조를 소유하고 드러낼 수 있도록
하는 것이다. 이는 주어-서술어 판단에 대한 형이상학적 순응성을 가
능하게 하는 사물 속의 차원이다. 그리고 만일 이것이 즉자존재 개념이
표현하는 것이라면 왜 사르트르가 즉자존재가 구조화되어 있거나 구별
되었다는 주장 그리고 즉자존재가 구성을 가지고 있다고 하는 주장을
부정해야만 했는지 쉽게 이해할 수 있다. **규정(determinancy)을 가능
하게 하는 것이** 그 어떤 존재론적 토대라 할지라도, 이 토대가 대상-세
계의 구조화되고 구별된 특성을 공유한다고 생각할 수는 없다. 만일 그
럴 경우 존재론적 토대는 대상세계에 동화되는 대가를 치러야 한다(그
리고 그 자체의 존재론적 토대를 가져야 하고 퇴행을 발생시킨다).[61] 따
라서 사르트르가 구별된 대상-세계의 내용으로서 '존재자(the exis-
tent)'가 그것의 '근거(foundation)'인 '존재'와 구별된다고 말할 때
(xxxviii/30/80/36), '근거'(라는 단어)는 구별되는 토대를 의미하는
것이 아니다. 오히려 그의 생각은 대상이 자신의 존재양식으로 즉자를
갖는 것이 곧 초월적으로 대상 자신의 규정적 구별(determinate differ-
entiation)의 토대가 된다는 것이었다. (만일 구별되고 규정된 존재가
절대적으로 주어지고, 그에 대한 철학적 설명이 필요 없다면, 방금 설
명한 사고의 체계는 무너져 내린다. 우리가 다른 존재양식에 대해 알지

---

61   따라서 사르트르는 예를 들어, 플라톤의 『파르메니데스』에 나타나는 일자와 다자
의 관계에 대한 전통적인 형이상학 문제에 관여한다.

못하고 그에 대해 달리 생각할 길이 없다면, 우리는 이 같은 방식으로 나아갈 수밖에 없을 것이다. 그러나 사르트르의 입장은 우리가 다른 존재양식을 알 수 있고, 이미 알고 있다는 것이다. 즉 우리는 대자의 비-자기동일적이고, 비-규정적인 존재양식을 알고 있다.)

즉자존재에 대한 이 같은 해석은 예지 가능하도록 구별된 대상 세계의 원천들에 대한 우리의 최초 질문이 잘못 기획되었음을 드러내 보인다. 즉자존재는 구별된 대상-세계와 동떨어져 존재하는 (무정형의) '사물'이 아니다. 따라서 우리는 대상세계가 즉자존재**로부터** 오는 것이라고 생각해서는 안 된다. 사르트르가 아직 대상세계와 즉자의 관계에 대해 설명하려고 하고 있지 않다는 점에서 우리가 던진 최초의 질문은 너무 조급했다고 말할 수도 있을 것이다. 우리를 호도한 것은 사르트르가 우리의 관심을 즉자존재에 잡아 두는 과정에서 외양들(appearances)에 대해 복수 형태로 언급했다는 사실이다(그도 그럴 수밖에 없었는데, 그 이유는 그의 설명 방식에는 즉자존재에 접근할 수 있는 독립적인 경로가 없기 때문이다). 그러나 지금까지 그가 현상에 대해 파악하려고 노력한 것은 **단지** 현상들의 즉자존재적 차원일 뿐이다. 서론은 단지 의식과 즉자존재의 근본적인 대립, 즉『존재와 무』의 **기초존재론**에 대한 이해만을 제시하려고 한다. 이 책의 2부에서는 존재론적 구조의 추가 집합[규정]들(대자의 직접적 구조)이 더해진다. 구별된 대상세계는 이 구조들과 함께 동일한 수준에 속하게 된다. 이들은 함께『존재와 무』의 **완전존재론**(full ontology)이라고 칭할 수 있는 어떤 존재론을 구성하게 된다. 따라서『존재와 무』전체의 존재론적 그림은 다음과 같다.

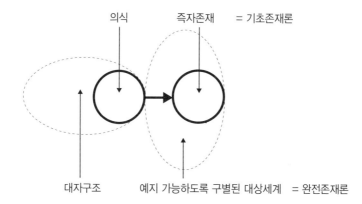

우리가 현재 다루고 있는 내용과 관련해서 볼 때, 이 그림의 핵심 내용은 구별된 대상세계가 의식이 **아닌** 직접적 대자구조와 연관되어 있다는 것이다. 사르트르가 설명하는 바에 따르면, "세계, [그것은] 다시 말해, 하나의 '대자'의 나타남[이다](207/258/367/362)." "인식은 **세계**"이다 (181/230/334/323). 세계는 대자의 "상관자"이다(183/232/335/ 325). "자기성(selfness)이 없고, 인격이 없으면 세계도 없다(104/149/224/ 200-1).".[62] 대자는 [자기 자신에 대해] "자신이 존재라는 점을 부정함으로써 하나의 세계가 거기에 존재하도록 한다(306/368/15(2)/ 517)." 따라서 예지 가능하도록 구별된 대상세계에 대한 질문을 의식의 차원에서 제기하는 것은 잘못된 것이다. 대상이 나타나기 위해서는 의식의 무가 대자구조라는 '경로를 거쳐야만' 한다.

그러나 사르트르와 실재론과 관념론의 관계를 볼 때, 이러한 논의는

---

62 역자주-사르트르에 의하면 "세계란 본성상 나의 세계이다." 세계가 없다면 자기성도 없고 인격도 없다. 그리고 자기성이 없고 인격이 없다면 세계도 없다. 그는 이러한 인격에 대한 세계의 소속이 반성 이전의 코기토의 차원에서 제기되는 문제가 아니라고 말한다.

우리를 어디까지 데리고 갈 수 있을까? 관념론적 해결책을 요구하는 것처럼 보이는 직접적인 문제들은 제거되었다. 만일 즉자존재가 어떤 **사물**(some thing)이 아니고 또 **어떤 구조나 특질도 가지지 않은 것**이 사실이라면, 어떻게 구조와 특질을 가지게 되었는지 또는 그런 것처럼 보이게 되었는지 설명할 필요가 없어진다. 그러나 처음 애초의 질문을 다른 방식으로 던지는 방법도 있는데, 이는 사르트르에 대한 관념론적 해석을 지지하는 데 똑같이 유용할 수 있다. 우리가 관점을 전환하여 구별된 대상세계를 복구한다면, 이는 무엇에서 기인하는 것인가? 구별 (differentiation)이 무를 전제하고, 잠시 후에 다룰 것처럼, 사르트르가 대상세계 속에 대자적 개체(individual for itself)의 기획을 지칭하는 특질들을 포함시키고 있기 때문에 사르트르는 대상세계가 우리와 독립적인 세계 존재 때문에 발생한다는 실재론적 대답을 제시할 수 없다. 따라서 다시 한번 대상세계는 주체로부터 기인하는 것처럼 보인다. 그림에서 나타난 것처럼, 완전존재론의 두 부분 사이에는 비대칭성이 나타난다. **주체**의 완전존재론이 즉자존재와 독립적이라면, **대상**[객체]의 완전존재론 (즉자를 구별된 대상세계로 가공하는 것)은 주체의 방향을 향해 확장된다. 예지 가능하도록 구별된 대상세계는 초월적으로 대자에 의지하고 있다.

사르트르를 칸트의 초월적 관념론의 입장에서 해석하는 것은 타당하다. 그러나 그 같은 결론을 내리기 전에 이 난감하고 중대한 (그 이유는 여러 가지이다) 문제에 대한 최종 검토가 이루어져야 할 것이다.

사르트르는 (1) 실재론에게는 미안한 일이지만, '초월적 존재가 의식에 작용할 수 없는' (171/219/320/308) 한 "의식과 의식에서 독립된 존재자들의 관계의 문제"가 "해결 불가능하다"는(xxxv/26/76/31) 주장과

(2) 관념론에게 미안한 일이지만 "주체성이 객관성을 구성하기에 무력하다(xxxviii/29/79/35)"는 주장, 그리고 '의식'이 자기의 주체성에서 빌려온 요소들을 객관화하는 것으로는 초월적인 것을 '구성할' 수 없다는 주장(179/219/320/308)을 결합하려고 한다. 그밖에도 나는 사르트르가 (3) 예지 가능하게 구별된 대상세계와 인간주체의 근본 구조의 **상관관계**를 가정한다고 주장해 왔다. 칸트의 초월적 관념론적 해석에 따르면 이러한 상관관계는 **구성** 관계로 이해되어야 한다. 그런데 이는 사르트르가 (2)번의 입장을 포기하거나 또는 채택해야 함을 의미한다. 그러나 이러한 해석을 따르기로 결정하기 전에 먼저 정말 다른 선택은 없는 것인지 확실히 정리해 둘 필요가 있다. 관념론에 대한 사르트르의 거부는 여하튼 그가 이 상관관계를 비관념론적으로 이해**할 수** 있는 방법이 있다고 생각했을 것임을 매우 강하게 암시한다.

그의 이론은 다음의 가능성들을 제시한다. (1) 대상세계와 인간주체성의 관계는 주체성의 구조에서 기인하지만, 이 관계는 대상-구성 관계가 아닌 다른 수단에 의해 확보된다. (2) 대상세계와 인간주체성의 관계는 예정조화된 것이다. (3) 대상세계와 인간주체성의 관계는 그 어떤 설명도 요구하지 않기 때문에, 어떤 것에 의해 기인하는 것으로 간주될 필요가 없다.

첫 번째 가능성은 관념론의 메아리를 실어 나른다. 그러나 만일 이러한 입장이 대상-구성활동을 결여하고 있어 관념론의 이름을 떨쳐 버릴 수 있을 정도로 충분히 칸트나 후설의 입장과 동떨어져 있다고 사르트르가 생각한 것이라면 우리는 그의 입장에 어느 정도 수긍할 수 있을 것이다. 그렇지만 그 같은 입장을 따를 때는 주체가 (대상을 구성하지는 않으면서) 대상을 규정하는 방식에 대한 실증적인 설명이 필요하다. 유사하게 두 번째 가능성도 부연 설명을 필요로 하는데 그 이유는 만일 조화가 미리 정해진 것이라면, 무엇인가는 이 조화를 수립했음에 틀림없을 것이기 때문이다.

우리는 곧 사르트르의 '(나의) 세계에 대한 나의 책임'(§35를 보라) 이라는 원칙 속에 위 두 가능성의 접합 가능성이 명확하게 제시되어 있음을 보게 될 것이다. 이 [접합은] 신이 아닌 **자유**에 의해 이러한 상관관계가 형성된다고 주장하는 것으로 해석할 수 있다. 대자와 대상세계의 일치는 소설작품의 작가가 소설 속 인물들과 장소, 플롯들의 일관성을 구축하는 방식과 유사한 방식으로 수립된다(실재론과 관념론이 잘못 가정하고 있는 것처럼). 조화는 (허구의) 세계 **속에** 설립되는 것이 아니라 세계 **바깥의** 관점에서 수립된다. 즉 조화는 (사르트르가 부르는 바에 따르면, 나의 '근원적인 선택[mon choix de moi même]' 안의) 전-세계적 주체성에 의해 수립된다.

그러나 역시 사르트르 이론은 제3의 가능성 또한 강력히 내포하고 있다. 만일 실재론과 관념론의 **설명주제**[피설명항]가 거부된다면 [그 것들과 관련된] 형이상학적 입장들 또한 거부될 것이고, 따라서 실재론과 관념론의 대립을 초월하고자 하는 사르트르의 야망도 제대로 실현될 것이다. 사르트르가 이러한 문제로부터 벗어날 수 있는지 여부는 매우 미묘한 문제이다. 사르트르라면 아마도 이러한 입장들이 실재론과 관념론 그 어떤 것도 전제하지 않은 관점에서 전통적으로 설명하려고 했던 많은 문제들을 설명할 수 있다고 주장할 수 있을 것이다. 상관관계의 인식론적 측면(우리가 대상에 '접근'할 수 있는 가능성, 우리와 '교통'할 수 있는 가능성)은 초월이 의식의 구조라는 사실과 실재 존재와 외양의 가능성의 원시적인 통일성에 의해 함께 설명된다. 예지 가능하게 구별된 대상들의 세계 같은 사물이 존재할 가능성은 규정적(determinate) 존재들을 가능하게 만드는 즉자존재와 구별된(differentiated) 존재들을 허용하는 대자구조(대자의 부정 능력을 포함)에 의해 함께 설명된다. 사르트르가 명확히 설명하지 않은 채로 남겨 둔 것 중 하나는 바로 앞에서도 인용한 바 있는 칸트적인 **설명주제**이다. 그것은 우리의 대상 세계가 **특정한 개념적 특징**을 가지고 있다는 사실, (특히) 필연적 · 인과적 질서라는 개념적 특징을 가지고 있다는 사실이다. 아마도 사르트르는 이 필연성을 거부했을 것이다. 즉 그는 인과적 질서를 즉자존재의 총괄적인 '우연성' 안에 포함시킨다. 또는 아마도 그는 다시 한번 이에 대한 설명으로 '자아의 근원적인 선택'에 호소할 수도 있을 것이다. 이 두 태도를 나타내는 주장들을 모두 텍스트 안에서 찾을 수 있다. 우리가 이에 대해 어떻게 생각하는가의 문제는 (특히, 사르트르의 '세계에 대한 책임' 원칙에 이와 같이 커다란 형이상학적 짐을 지우는 것이 현명한 것인가의 문제는) 사르트르가 최종적으로 칸트적인 초월적 관념론에 빠져드는 것을 모면할 수 있었는지 여부를 결정하는 데 결정적이다.

우리는 지금까지 장 발이 사르트르에게서 찾을 수 있다고 주장한 실재론/관념론의 혼동의 주요 원천에 대해 다루어 보았다. 그러나 다루어야 할 또 다른 문제가 있다. 그리고 이 문제는 더 단순한 해결책을 가지고 있다. 장 발은 또한 묻는다. '무엇이 일차적(primary)인가? 즉자인가? 대자인가?' 그리고 그는 사르트르가 비일관적으로 양자의 우위를 주장한다는 혐의를 제기한다.

사르트르가 양쪽 방향으로 모두 간다는 것은 분명 사실이다. 그러나 여기에 어떤 모순이 있는지의 여부는 분명하지 않다. 사르트르의 관점은 즉자가 **존재론적** 우위(primacy)를 가지고 있는 반면(619/713/451(2)/ 1002) 대자는 **방법론적** 우위를 가지고 있다는 것이다. "코기토는 우리의 출발점이 되어야 한다(73-4/116/185/156)." 서론 내내 즉자와 대자 **개념**은 서로를 참조하며 형성된다. 그리고 이들은 상호 연결되거나 변증법적인 방식으로 다루어진다. 그 어느 것도 우위를 가지고 있지 않다. 어느 한 존재양식을 설명하기 위해서는 반드시 다른 것과의 대조가 이루어져야만 한다. 그러나 대자의 즉자에 대한 존재론적인 의존성은 부정할 수 없다. 즉자개념과 대자개념 사이의 대칭성을 고려할 때, '어떻게 우리가 존재론적 **비**대칭성을 생각할 수 있겠는가?' 그리고 '왜 우리는 개념의 변증법을 이 개념들이 지칭하는 존재론으로 이끌고 갈 수 없는가?' 와 같은 질문을 던질 수 있을 것이다. (헤겔주의자라면 특히 이와 같은 반론을 제기할 것이다.) 이 질문에 대한 사르트르의 답은 그의 존재론적 증명에서 찾을 수 있다. 전-반성적 의식의 관점은 (**개념** 안에 내재하는 어떤 관점이 **아닌데**) 이러한 비대칭성을 요구한다.

사르트르와 실재론과 관념론의 관계라는 문제에는 또 다른 뒤틀림이 하나 숨어 있는데, 이는 그의 입장이 흥미로울 정도로 이상하고 비상식적이라는 것이다. 의식 대상에는 사르트르가 감정을 설명하기 위해 언급한 **부정된 것**(négatité, negated)[63]과 (매력 또는 혐오스러움 등과 같은) 사물의 성질(qualities)이 포함된다. 이러한 성질은 '초월적'이고 따라서 구별된 대상세계에 속할 것이라고 추정되지만 분명 자아중심적(egocentric)이다. 당신이 카페에서 피에르를 만날 수 있을 것이라는 나의 기대를 [나와] 공유하지 않는다면, 그 기대로부터 나와 같은 방식으로 그의 부재를 직관할 수 없을 것이다. 2부 3장에서 보게 되겠지만, 이와 유사하게 사르트르는 객관적인 물리적 실재에 대한 설명을 수행

---

63 역자주-피에르의 부재는 사르트르가 '부정되었다고' (사건이 '부정된' 상태, 부정에 의해 통합되고 구성된 것) 부른 사례이다(21/57/113/74). 삼성판(113쪽)과 동서판(74쪽)은 모두 négatité를 '부정성'으로 번역하고 있다. 하지만 이 글의 문맥에 따라 '부정된 것'으로 해석한다.

해야 할 특별한 과제를 포함한 세계에 대한 설명과 직접 충돌시킨다 (§§20-21을 보라).

이는 다음의 문제를 제기한다. 이 상호주관적인 공통 특질이라고 할 수 있는 **하나의** 구별된 대상세계가 존재하는 것인가? 또는 **각** 대자가 **자신만의** 대상세계를 가지고 있는가?

먼저 생각해 볼 수 있는 대답은 대상세계 안에서 현실의 다양한 층위를 구분하는 것이다(**세계**를 구성하는 주관적이고 '가득찬(full)' 객관성의 층위가 한편에 있고, **나의** '세계'를 구성하는 자아중심적 성질의 '유사-객관적 수준의 병발(竝發)적 층위가 다른 한편에 있다). 그러나 이는 사르트르에 의해 도입된 구분이 아니며, 그의 다른 주장들을 고려해 볼 때 왜 그가 그렇게 하지 않았는지 이해할 수 있을 것이다. 사르트르의 견해는 '타야 할' 것으로 이해되는 전차의 경우, 그 물체가 그러한 성질을 가지고 있다는 것과 주체의 심리적 상태 사이에는 유효한 인과성의 관계가 성립되지 않는다는 것이다. 사르트르의 설명에 의하면, 대상의 '욕구 가능성[특징]'이 의식으로 하여금 무엇을 욕구하도록 야기하는 것이 아니다. 그리고 사르트르는 또한 욕구가 대상의 유사-인지적 외양을 야기하는 투사[기획](projection)의 메커니즘이라는 생각을 거부한다(604-5/695-7/429-30(2)/974-5). 그렇지만 '타야 할 필요가 있다'는 성질은 내가 전차를 잡아탄다는 기획(project)에서 '기인한다.' 위에서 제시한 해석에 의하면, 사르트르의 주장은 내 '자아의 근원적 선택'이 나의 주관적인 기획과 대상의 초월적인 성질 사이의 조화를 '미리 설립한다(pre-establish)'는 것이다(사르트르의 표현에 따르면, 이는 세계 내적(intra-mundane, intra-mondain) 관점에서 볼 때 '마술적'으로 보이는 관계이다).

만일 이것이 사르트르가 생각했던 것이라면, 이제 왜 사르트르가 대상세계의 항목들의 실재성에 대해 등급을 매기는 것에 관심을 가지지 않았는지 그리고 왜 그가 서로 다른 주체들을 사이에 대상세계들의 엄격한 동일성이 성립될 수 없다고 생각했는지 분명해진다. 아직 유아론의 근심이 다루어져야 한다(§29를 보라). 그러나 우리가 하나의 동일한 경험적 모체(matrix) 안에 포함된 모든 것을 매개로 해서 하나의 세계를 공유한다는 상식적인 신념을 사르트르가 침식할 때, 그것이 유아론적 근심을 악화시키지는 않는다. 그 이유는 사르트르가 이 현실에 대한 실재론적-관념론적 설명을 거부하기 때문이고 또 세계 공유라는 통념이 그 어떤 경우에도 유아론에 흠집을 낼 수 없기 때문이다(사르트르는 앞으로 이와 같이 주장할 것이다)(§27을 보라). 사르트르가 허용하는 대상세계들의 상호주관적인 변주가 이 세계들의 상호 이해 가능성과 관련해 그 어떤 변화도 초래하지 않는다는 것을 강조해야 할 필요가 있다. 나의 대상-세계는 **사적**이지 않고 그러한 만큼 그것은 단순한 **나만의 세계가 아니다**.

§13 『존재와 무』의 형이상학

실재론과 관념론의 문제를 고려하는 것은 이 두 입장이 야기하는 또 다른 문제, 뚜렷이 구분되지만 연관된 문제로 연결된다. 그리고 이는 다시 한번 사르트르의 기획의 심장부로 향한다. 이는 사르트르의 철학이 만들어지는 관점들의 조합과 관련이 있다.

한편, 사르트르가 자신이 『존재와 무』에서 표현한 철학적 전망이 전체성 속에서 투명한 현실을 아우르고 구성했다고 간주했다는 점은 분명하다.[64] 사르트르가 몇몇 문제들을 추가적인 설명 없이 수용될 수 있

---

64 메를로퐁티는 『보이는 것과 보이지 않는 것』에서 이 점을 강조하고, 『존재와 무』가 "총체적 존재(총체적으로 존재하는 것)를 사고하려고"(p.74) 시도하고, 존재 '외

는, 최종적이고 불합리하며, 야수적이고 궁극적인 '사실'로 간주했다는 것도 사실이다. 최고 수준의 논의에서 예를 들자면, 즉자의 실존과 특성, 대자의 도래가 그것이다. 그는 이들을 '우연성(contingencies)'이라고 부른다. 그러나 사르트르에게 이러한 문제들의 궁극성은 그 어떤 실패로 인해 발생하는 것이 **아니고**, 우리의 지식이 투영하는 대상과 나란히 나아가는 우리의 표상적[재현적], 인식(론)적, 설명적, 개념적, 언어적 능력 또는 그 밖에 다른 능력으로 인해 발생하는 것도 아니다. 사르트르는 인간의 인지 또는 철학적 인지의 한계를 인정하지 않았다. 우리가 물질을 철학적으로 이해하려고 하는 시도의 종착역에 도착한다면, 그것은 우리가 우리 인식 및 인지 능력을 다 소모했기 때문이 아니라 도착한 곳이 현실 속 사물의 끝이기 때문이다. 따라서 즉자는 신이나 아마도 훗날 물리학이 파악할 수 있지만 우리는 이해할 수 없는 어떤 구성을 숨기고 있는 것이 아니다. 우리가 보았듯이, 사르트르에 따르면, 즉자에는 사르트르의 3개 테제가 표현하고 있는 것 **이상의 것이** 숨어 있지 **않다**. 의식이나 대자의 도래의 경우에도 마찬가지이다. 사르트르에게, "모든 것은 거기에, 빛을 받으며 존재한다(571/658/384(2)/925)."[65]

더욱이 『존재와 무』의 주장들이 무조건적이어야 한다는 것이 사르트르에게 특히 중요한 데는 몇 가지 이유가 있다. 우선 절대자유에 대한 사르트르의 테제가 회의적 의심을 견뎌 낼 수 있어야만 한다. 그리고

부(outside)'의 관점을 취한다고 말한다. 『존재와 무』의 철학은 순수한 시야 속에, 공중에서 보는 전경 속에 성립한다(p.77). 그 철학은 고도(高度)의 사고이다(p.91). 내가 위에서 주장한 것과 달리, 메를로퐁티는 이러한 관점이 『존재와 무』의 유일한 관점이라고 생각한다.

65 '장 폴 사르트르와의 대담'에서 사르트르가 강조하고 있듯이(1975, p.14, 24), 사르트르의 철학의 이 같은 무제한적인 야심은 그의 **존재론**의 우위에 대한 헌신과 함께 나아간다.

그의 철학이 우리가 처한 상황에 대한 제한적 관점만을 제시할 뿐이라고 인정한다면, 그가 우리를 위해 주장하는 자유가 실은 현실에 부재하고 단지 거대하고 체계적인 환상을 구성할 뿐이라는 비판에서 벗어날 수 없게 될 것이다. 더 일반적으로 말하자면, 우연이 (인간의 능력 안에 제한된 충족이유율(充足理由律)의 영역인) 인간적 상황의 형이상학적 외로움(사르트르는 이에 대한 혼탁하지 않은 이해를 자기-책임이라는 가정에 필수적인 것으로 여겼다)을 드러내는 핵심적인 의미를 지니고 있다고 주장하기 위해 사르트르는 자신이 묘사한 우연성을 형이상학적으로 궁극적인 것으로 해석해야 한다[우연의 형이상학 또는 우연의 존재론]. 논의가 형이상학적 궁극성에 약간이라도 미달하게 된다면, 그 논의는 대자존재를 초월하고 인간 실존의 근거를 마련(grounding)하고 합리화하는 현실 속의 합리적 구조가 있음을 함의하기에, 결국 (사르트르가 목적론과 헤겔과 연결시켰던 그리고 그의 이름에서 어떤 대가를 치르고서라도 제거하고 싶었던) 사변적 가능성의 문을 열게 될 것이며, 그로 인해 가장 근본적인 수준에서 우리에게서 자기결정의 과제를 앗아갈 것이다. §7에서 보았듯이, 이는 사르트르가 존재 전체와 관련해서 인간의 자리를 찾으려 했던 이유를 설명하기에 충분하다.

그러나 다양한 현상들에 대한 논의에서 그가 말한 것 대다수가 **관점주의적**(perspectival)이라는 것이라는 것 또한 사실이다. 사르트르는 어떻게 사물이 나타나는지 그리고 사물 자체가 인식되기 위해 무엇이 필요한지 설명한다. 그리고 이러한 설명은 강조하건데 사물을 이해하는 시각에 의존한다. 사르트르의 철학적 노동 대부분은 우리를 올바른 철학적 시각 안으로 이끌고, 현상의 **관점주의적 성격**에 대한 우리의 인식을 고양시키는 데 방향을 맞추고 있다. 사르트르에게 철학적 성찰 그

자체는 사색적 입장을 지지하면서도 실천적인 관점을 포기해선 안 된다
는 것이다. 이미 앞에서도 말한 것처럼, 이러한 주체성의 복구와 정화는
사르트르식의 현상학적 환원을 구성한다고 말할 수 있을 것이다. 논의
가 되고 있는 관점은 주관적이고 1인칭의 실천적 관점으로 이는 사르
트르의 관점에서 보면 인간적 관점의 토대를 구성하는 것이다. (하나
의 예로 "미결정의 능력[pouvoir indéterminé]이라 할 수 있는 자유,
자신의 선택에 앞서서 존재하는 자유는 여기서 문제가 되지 않는다. 우
리는 … 자신을 만드는 선택[선택의 과정]으로서 자기 자신을 이해할
수밖에 없다(479/558/254(2)/783)."는 사르트르의 진술을 고려해 보
도록 하자. 이는 당연히 무관점적인 형이상학적 사실로서 자유를 생각
해 보려는 시도에서 자유를 관점주의적으로 이해하는 방향으로 이동해
가야 한다고 요구하는 것으로 해석될 수 있다. 이와 같은 주장은 『존재
와 무』에서 무수히 찾을 수 있다. 그리고 훗날의 대담에서 사르트르는
『존재와 무』에서 그가 "바랐던 것은 의식을 우리, 당신, 그리고 나에게
자기 자신을 제시하는 것으로 정의하는 것이었다"[66]고 말한 바 있다.)

　따라서 엄밀히 말해 인식 대상에 대한 사르트르의 주장을 우리의 인
지적·실천적 관점에 **상대적**이거나 또는 인지적·실천적 관점에 의해
구성되는 대상에 대한 주장으로 간주해도 무리가 없을 것이다. 또한 사
르트르의 역설적 언어 사용을 고려하면, 그의 주장을 인식론적으로 겸
손한 것으로 해석할 수도 있다. 사르트르가 그의 이런저런 논의를 통해
모순적인 묘사를 **불러일으키고** 패러독스를 통해 **우리가** 사물을 **생각하
는** 방식에 존재하는 긴장에 주의를 환기시키려 했다고 이해한다면, 사

66　"이를 유물론적인 체계 안에서 설명하는 것"은 다른 이들에게 맡긴다('장 폴 사
르트르와의 대담', 1975, p.40). "철학의 영역은 인간에 의해 규정되는 한계를 지니고
있다." ('인류학(L'anthrologie)', p.83)

물의 실재적 특징은 모순적이지 않을 수 있다. 이와 같이 이해한다면 사르트르의 모순적 주장에 특징적인 문제점들은 어느 정도 해소된다.

따라서 사르트르가 **무장소**(from nowhere)의 관점 또는 절대적 실재 개념과 **어떤 곳**(from somewhere)의 관점 또는 관점주의적 개념을 한 꺼번에 그리고 동시에 제공하는 한, 하나의 퍼즐이 존재한다. 이 두 관점은 서로 다른 현상들의 집합을 가로질러 두루 분배되거나 또는 서로 다른 논의 대상들에 대해 상대화되지 않았다. 사르트르가 어떤 사물들에 대해서는 본격적인 실재성을 주장하고 또 다른 사물들에 대해서는 인식론적으로 겸손하고 일정한 조건을 갖춘 관점주의적 주장을 전개하고 있는 것은 아니다. 특징적으로 두 관점은 한 문단이나 문장의 폭 안에서 결합된다. 역사적인 관점에서 이 두 관점은 완전히 다른 철학적 전통들과 나란히 놓인다. 관점주의는 인간의 관점**에서** 그리고 인간의 관점**을 위한**, 인간의 관점**에 대한** 해명을 철학적 과제로 삼는 칸트의 코페르니쿠스적 전략을 채택할 것을 제안하고, 신의 시각이라는 관점을 가치 없고 공허한 것으로 만든다. 반면, 절대적 관점은 초기 근대 합리주의 철학이나 헤겔의 형이상학적 야망을 제안한다. 그렇다면 진정한 사르트르의 형이상학적 관점을 대표하는 것은 무엇일까? 사르트르는 피히테와 후설과 같은 포스트칸트주의에서 찾을 수 있는 초월적 관념론의 형태와 친족 관계를 형성하며 칸트의 편에 서 있는가?[67] 그의 메타철학은 초월적 관념론의 메타철학인가? 또는 일종의 실재론의 메타철학인가?

내가 제안하고자 하는 답은 사르트르가 이 두 입장을 서로 **배제하는**

---

67   따라서 나탄슨(Natanson)은 다음과 같이 말한다. "사르트르의 '코페르니쿠스적 설명'은 본질적으로 칸트가 인식론적인 차원에서 보이고자 했던 것을 존재론의 차원에서 정식화하고자 한다."(『장 폴 사르트르의 존재론 비판』, p.93)

것이 아니라 최종적인 분석에서 **일치하는** 것, 동등하게 필요한 것으로 간주했다는 것이다. 정확히 사르트르는 관점주의의 입장을 택하고 이를 강화하면서 (그리고 그럴 때에만) 무관점주의적 실재성을 이해할 수 있다고 주장하고자 한다. 『존재와 무』의 부제인 '현상학적 존재론에 대한 시론'은 단순히 사물들이 우리에게 어떻게 보이는가에 비추어 사물이 어떠해야 한다고 추정하는 방식을 묘사하는 겸손하고 무해한 프로그램을 정의하는 것이 아니라 사물의 토대가 완전한 관점주의적 특징 속에서 드러나게 될 때에만 ('무의 장소(nowhere)에서' '무로부터의 관점(from nowhere)에서 이해될 때' 사물이 나타나는 것처럼) 우리가 사물을 그 자체로 알 수 있다는 사르트르의 메타철학적 확신을 표현하는 것으로 읽어야 한다. 따라서 사르트르가 『존재와 무』의 저술 의도가 의식을 '우리, 당신, 그리고 나에게 자기 자신을 제시하는 것'으로 정의하는 것이라고 말할 때, 이는 의식을 **있는 그대로** 정의하는 것이기도 하다. 이러한 해석을 수용한다면, 관념론이나 실재론과 같은 전통적인 이름을 거부하는 사르트르의 입장과 바로 이 두 입장의 대립을 융해시켰다는 그의 주장을 곧바로 이해할 수 있게 될 것이다. 이는 또한 사르트르가 서론에서 우리 의식의 본성에 의해 사물들이 직접 암시되는 과정의 토대에 대해 실질적인 형이상학적 주장을 제기하는 방식과 일치한다.[68]

사르트르 자신이 계획한 기준을 따르든 또는 그것이 취할 수 있는 어떤 다른 형태를 취하든지 간에, 사르트르 입장의 일관성 여부 또는 그의

---

68 관점주의적 형식과 관련한 동일한 종류의 실재론이 메를로퐁티에게서 더욱 명시적으로 나타난다는 점을 지적해 둘 필요가 있다. 메를로퐁티는 (우리가 보통 인식론의 영역으로 추방하는 특질인) '비결정' 또는 '애매성'이 우리의 이해나 사물에 대한 개념들 속에 있는 것이 아니라, **세계 속에** 내재한다고 주장한다.

입장을 방어하는 것이 가능한지 여부는 또 다른 문제이다. 그러나 적어
도 사르트르가 이렇게 자신의 입장을 구성하는 이유는 서론에서 이미
제시되었다. 우리는 이미 사르트르가 개념적 원시성을 대표하는 현상
개념이 어떻게 관점성과 무관점성의 접점을 형성하는지 살펴보았고,
또 즉자의 절대적 사실과 의식의 관점적 특징을 모두 주장하는 서론의
기초존재론이 어떻게 관점성과 무관점성 모두의 실재성을 함의하는지
살펴보았다. 게다가 사르트르가 의식의 존재 속에서 관점성과 무관점
성의 접점뿐만 아니라 이들 사이의 **동일성**을 발견한다고 해석하는 주
장도 있다. 이러한 주장들 중 그 어느 것도 어떻게 형이상학적 수준에
서 관점성과 무관점성이 일치하는지 충분히 설명하지 않지만, 적어도
이들은 왜 사르트르의 사고가 그 방향으로 나아가고 있는지에 대한 단
서를 제공한다. 뒤(§46)에서 우리는 사르트르가 이 두 개의 입장의 조
화를 이루어 내는 데 성공하는지의 문제로 돌아올 것이다.[69]

우리가 도착한 지점에서 보면, 사르트르가 『존재와 무』의 다음 논지
를 전개하는 데 있어 취할 수 있는 두 개의 방향이 있다. 하나는 어떻게

---

69 '실천이성의 우위'에 대한 사르트르의 관계는 메타철학의 한 측면과 관련된다. 이
론적인 문제에 대한 신념의 합리성이 (비록 기껏해야 부분적일지라도) 우리의 실천적
관심에 의해 결정된다고 사르트르가 생각했는가? 아니면 그는 이론적 탐구가 실천적
인 것에 대해 자율적이라고 생각했는가? 다시 한번 엇갈린 견해가 나타난다. 사르트르
는 한편으로 우리 자신이 자유롭다고 생각하기 위해서 우리가 어떻게 사물들에 대해
생각해야 하는지 결정하기 위해 『존재의 무』의 논의를 전개한다. 다른 한편, 존재론으
로 시작해서 서서히 윤리학을 향해 이동해 가는 『존재의 무』의 구조는 이론적 이성의
자율성을 함의하고 있는 것처럼 보인다('장 폴 사르트르와의 대담', 1975, p.45를 보
라. 여기서 사르트르는 존재론이 실천에 대해 권위적이라고 말한다). 그러나 다시 한
번 사르트르는 그 자신이 선택을 해야 한다는 점을 염두에 두고 있지 않은 것처럼 보
인다. 그가 올바른 존재론은 의식에서 출발하는 것이라고 생각하기 때문에, 그리고 의
식은 이미 실천적이고 가치-지향적이기 때문에(§17), 실천이성과 이론적 이성은 근
본적으로 하나이다.

무의 형이상학이 직접 **자유 이론**으로 발전되어 나가는지 살펴보는 것이다. 다른 하나는 인간주체성에서 무가 취하는 **형태**를 식별하는 **대자의 구조**를 검토하고 어떻게 이 형태와 우리의 존재론적 부정성이 서로를 이해 가능하게 만드는지 보이는 것이다. 일정한 지점까지 두 과제는 서로 독립적으로 수행될 수 있다. 그러나 궁극적으로 이 두 과제는 앞 장에서 제시된 논증 계획에 따라, 결론에 이르기 전에, 즉 우리의 존재 양식과 우리 자유의 동일성에 이르기 전에 만나게 된다(pp.50-59).

실제로 사르트르는 자유에 대한 완전한 논의는 『존재와 무』 4부를 위해 남겨 둔 채 우리가 방금 전까지 논한 장의(24-45/60-84/116-43/76-107) 나머지 부분에서 무와 자유의 관계에 대해 응축된 설명을 한다. 그리고 이를 통해 대자의 구조가 설명된다. 그러나 내가 (D)에서 수행할 것처럼, 대자구조를 향해 직접 나아간 후, 자유를 논하는 텍스트의 내용을 한 자리에서 한꺼번에 논하는 것이 더 쉽고 명료해 보인다.

연구를 위한 물음들

1. 의식과 관련된 사르트르의 핵심 주장들은 충분한 근거를 가지고 있는가? 의식에 대한 다른 어떤 관점들이 사르트르에 의해 거부되었는가? 이러한 입장들에 대한 사르트르의 비판은 유효한가?

2. 사르트르의 즉자개념을 잘 이해할 수 있는 방법은 무엇인가? 즉자존재와 함께 즉자존재가 형성하는 근본적인 대립에 대한 그의 설명은 정당한가?

3. 왜 그리고 어떤 근거로 사르트르는 무의 개념을 의식에 대한 설명에 도입하고 있는가?

4. 자신이 실재론과 관념론의 대립을 초월하는 주체와 대상의 관계에 대한 설명을 제시했다는 사르트르의 주장을 평가하라.

156   사르트르의 『존재와 무』 입문

(B) 인간주체의 근본 구조

『존재와 무』 2부는 서론과 1부에서 그려진 기초존재론을 바탕으로 인간주체의 가장 추상적이고 형이상학적인 구조를 구체화한다. 이 구조는 **자기성**(selfhood, l' Ipséité), **시간성, 초월**을 포함한다. 자기성이 **사실성, 가치** 및 **가능성**의 구조들과 상관관계를 형성하는 반면, 초월은 우리를 **인식**으로 이끌고 간다. 사르트르의 목표는, [이 구조들의] 개념적 연관성을 주장하는 것은 아니지만 이러한 구조들이 의식적인 존재에게 필수적임을 보이는 것이다. 'S가 대상에 대한 의식을 가지고 있다'로부터 'S의 경험이 시간적이다'를 연역하려는 시도 대신에 사르트르의 **현상학적**·초월적 방법은 우리의 의식이 **내적으로** 우리의 시간성과 연결되어 있는 방식에 대한 통찰을 제시하면서 우리에게 **우리의** 의식이 시간적이고, 가치 지향적일 수밖에 없다는 것을 깨닫게 한다. 이러한 작업은 '의식적이라는 것은 우리에게 무엇인가', '시간, 가치는 무엇인가'와 같은 질문들이 어떻게 서로를 드러나게 하는지 보이면서 완수된다.[70] (따라서 이는 **어떤** 실체에 대한 의식적인 경험이 시간적이지 않을 수도 있을 가능성을 생각할 수 있도록 여지를 남겨 둔다[그러나] 사르트르는 이에 대해 무관심하다. 그 이유는 (만일 그가 옳다면) 이는 **우리의** 존재양식과 교차하지 않기 때문이다).

우리가 지금까지 관심을 두었던 기초존재론과 대자의 근본 구조가 속한 완전존재론(full ontology)의 관계는 해명이 필요하다. 어떤 의미에서 기초존재론이 우선하는가? 『존재와 무』를 보면 우리가 기대하게 되는 것처럼, 완전존재론은 기초존재론에서 도출되는가?

---

70 사르트르의 초월적 방법에 대한 이와 같은 이해에 대해서는, 삭스(Sacks), '사르트르, 스트로슨과 다른 이들(Sartre, Strawson and others)'을 보라.

우리는 이미 §12에서 사물의 편, 즉 구별된 대상세계에 해당하는 완전존재론 부분이 직접 즉자존재에서 도출되는 것이 아니라 그에 토대를 두고 있다는 것을 보았다. 완전존재론은 대자존재를 조건으로 할 때만 그리고 대자존재와의 관계 속에서만 존재하게 된다. 그리고 완전존재론의 주관적인 면, 즉 대자의 구조가 벌거벗은 의식 개념에서 연역되지 않는 것과 마찬가지로 전체존재론의 주관적인 면은 이 벌거벗은 의식으로부터 구성되지 않는다(이 점은 2부에서 명확해진다). 대신, 사르트르는 기초존재론을 인간의 존재(human reality) 영역을 조사하기 위한 플랫폼으로 사용한다. 이 플랫폼을 통해 **설명**관계가 나타난다. [이 관계 안에서] 벌거벗은 지향적 의식의 구조가 대자구조에 **토대를 두고 있는** 것으로 보일 것이다(사르트르는 인간실재(human reality, la réalité humaine)라는 용어를 반(半)기술적 의미로 사용한다. 이는 대략 하이데거의 현존재의 등가물로 인간존재들, 인식의 대상으로서 세계, 행동의 장면 등을 지칭한다). 『존재와 무』의 초반부에서 사르트르의 의도는 벌거벗은 의식과 현상을 구분하면서 (사르트르도 인정한 것처럼 어떤 의미에서 이는 '추상화'라고(171/219/320/308) 할 수 있다) 우리의 철학적 시야를 정화하는 것이다. 기초존재론이 점하고 있는 유리한 위치(vantage point)는 우리가 주체성을 올바르게 이해할 수 있도록 해 준다. 기초존재론의 우선 사항은 방법론적인 문제이고, 기초존재론에서 완전존재론을 도출하는 것은 인식론적인 문제이다. 존재론적으로, 대자에 대한 의식의 관계는 전체에 대한 부분의 관계이다. 사르트르가 설명하는 바에 의하면, 의식은 대자의 '순간적 핵심(70/111/180/150)'을 구성한다. 이 핵이 구조화된 대자로 팽창하는 것을 추적하는 것과 동시에 2부는 또한 서론에서 당연시 여겨졌던 의식 개념을 해명한다(173/221/321/310). 우리는 의식과 의식의 존재를 구성하는 무가 실제 무엇으로 이루어지는 것인지 알게 된다.

§14 자아(the self) (2부 1장, I절과 V절)

『존재와 무』의 자기성(selfhood)[71]에 대한 부분들은 두 가지 방법으로 『자아의 초월』의 입장을 수정한다(이는 2장에서 주목한 사르트르 초기의 자아의 형이상학적 곤란을 해소한다). 첫째, 사르트르는 전반성적 **코기토**의 반성적 구조를 **인격화**한다. 다시 말해, 그는 이를 자아**로** 식별한다. 보다 정확하게 사르트르에 가까운 언어로 말하자면, 사르트르는 코기토의 반성적 구조를 자기성의 심급으로 식별한다. 둘째, §15에서 보게 될 것처럼, 사르트르는 전반성적 **코기토**를 구성하는 반성적 관계를 반성을 구성하는 반성적 관계와 **동일시한다**. 이 양자 모두 하나의 동일한 반성적 관계의 다른 형태이다.

이는 사르트르의 입장을 스트로슨(Strawson)적 자아관 또는 인격관과 유사하게 보이도록 만든다. 그러나 상식과의 관계 회복은 특징적으로 사르트르의 [이론적] 동기가 전혀 아니다. 그리고 그의 자아 또는 자기성에 대한 설명은 우리의 자연적인 인격(personhood) 개념의 심원한 역전을 수반한다.

지금부터 선행 작업으로 사르트르의 질문 방법과 관련해 한 가지 주요하고 일반적인 논점에 주목하고자 한다. 대자의 기원에 대한 사르트르의 사변적 설명(§9)을 제외한다면, 지금까지 『존재와 무』는 **묘사적** 접근법을 채택하고 무엇이 코기토의 편에 **있는지** 그리고 **코기토**에게 주어진 현상들이 무엇인지에 대한 주장을 대담하게 제시했다. 이와는 달리 『존재와 무』 2부와 그 이후의 텍스트들은 **목적론적** 설명에 (즉 'Y

---

71   역자주-사르트르는 자아(le Moi)와 자기성(l' Ipséité, selfhood)을 구분한다.

이기 위한 X' 형태의 목표와 관계라는 관점에서의 설명, 사르트르의 언어로 표현하자면 하나의 **기획**(project, projet)) 우위를 부여한다. 사르트르가 2부에서 도입하는 인간주체의 근본적 구조는 모두 목표를 향한 지향성 개념을 필수적으로 이용하고 있다. 이 테제가 완전히 명확하게 드러나는 곳의 예를 들자면, 그것은 사르트르가 반성에 대해 결론을 내리면서 반성은 "[완전히 아무래도 상관없는 존재에 있어서의] 하나의 변덕스러운 나타남이 아니라 '**위하여**(for, pour)'라고 하는 시야 속에서" 나타난다고 말할 때이다. 성찰은 '-를 향한 존재(being-for, être pour)'라는 하나의 **의미**를 가지고 있다. 조금 더 일반적으로 말하자면, 대자는 "그 존재 속에 '위하여'의 근거로 있는 존재"(le fondement d'un pour)이다(160/207/300/286).

　이러한 측면에서 여러 가지 논점들에 주목할 필요가 있다. 첫째, 사르트르가 목적론을 인간주체에 적용한 이유는 그가 존재하는 것은 무엇이든 목적(telos)을 가지고 있다는 것이 보편적인 진리라고 생각했기 때문이 아니라 (즉자존재는 이러한 가정을 논박한다.) 용어가 이미 함의하고 있듯이 대자존재의 종별적인 특징으로 인해 목적론이 요구되기 때문이다. 대자는 항상 하나의 '**위하여**(pour)'의 근거이다. 둘째, 사르트르적인 설명은 기능적이지 **않으며** 목적론적이다. 사르트르는 자연주의자가 그러하듯 인간주체를 둘러싼 현실을 고려하며 인간주체의 기능을 우선 결정하고 그런 후에 다양한 특징들이 그의 기능을 활성화하는 데 어떤 역할을 수행하는지 분석하는 방향으로 나아가지 않는다. 이와 반대로, 사르트르에게 주체성은 그 어떤 기능도 **가지고 있지 않다**. 더욱이 사르트르는 인간의 주체성을 구성하는 목적론적 구조는 그 어떤 목적(telos)을 실현하는 데도 성공하지 못한다고 생각한다. 인간주체는 실질적으로 **어떤 의도도** 갖지 않은 채로 **의도적**이다. 셋째, 상식적 관점이 목적론적 특질들(properties)을 기계적으로 묘사 가능한 하부구조 (이 구조는 목적론적 과정들이 의탁하는 전달 수단을 제공한다)에 부속된 것으로 간주한다는 점에서 사르트르의 목적론적 관점은 상식적 관점과 다르다. 사르트르의 입장은 대자가 지닌 다양한 차원의 실재성 (reality)이 어떤 목표를 향한 투사/기획(projections)에 **있다**는 것이다 (이는 그의 자유 이론에 명백하게 중요한 의미를 갖는다).

사르트르의 자아 이론은 다양한 단계를 거쳐 발전한다. 그리고 『존재와 무』 전체에서 가장 난해하고 흥미로운 문장들로 구성된다.

(1) I절 74-6, 117-8, 155-9, 184-8: 사르트르는 전반성적 구조를 다시 다루면서 논의를 시작한다. §3을 통해 알고 있듯이, 사르트르는 "어떤 대상에 대한 모든 관계가 그 관계로 되돌아오는 것"을 '전반성적 코기토의 법칙'이라고 주장한다(69/110/178/47). O에 대한 의식은 O의 의식에 대한 의식을 함의한다. 이는 내가 (O를 **즐거운 것으로** 인식하거나, **신념**(belief)이나 **욕망**의 대상으로 인식하는 등) O를 추상적으로 그리고 막연하게 의식하고 있을 뿐 아니라 어떤 특정한 **양식** 안에서 O를 이해하고 있는 한, O에 대한 나의 의식은 즐거움에 대한 의식, 신념(belief)에 대한 의식 등을 의식하고 있음을 의미한다.[72] 정반대로, 신념[믿는 것]에 대한 의식이 있다면 신념[믿음]이 있음에 틀림없는 것이다 (xxviii/18/71/25). 따라서 신념과 신념에 대한 의식은 서로에게 필요하고 충분한 것이다. 그러나 이 관계에 대한 단순한 논리적 설명은 이 관계를 설명하지 못한다. 그리고 사르트르는 우리가 여기서 형이상학

---

[72] 역자주-믿는 것(belief)과 믿고 있는 것의 의식(consciousness of believing) 사이의 차이를 의미한다. 불어 원본은 croyance를 사용하고 있다(Croyance est conscience de croyance). 여기서는 국역 동서판을 따라 croyance, belief를 신념으로 해석한다.

적 해결책만을 허용하는 난점을 만나게 된다고 주장한다. 그리고 이는
목적론의 도입을 수반한다.

  §3과 §10에서 주장한 것처럼, 방법론에 대한 우리의 규칙은 의식을
의식 자신의 관점과 일치하도록 사고해야 한다는 것이다. 신념과 신념
에 대한 의식에 의해 구성되는 구조의 특이성은 의식이 **일원화된**(uni-
tary) 동시에 **이중적인**(dual) 것으로 사고되어야 한다는 것이다. (각
항이 상대방에게 필요하고 충분한 것이기 때문에) 이 두 항은 물론 하
나의 총체성을 구성해야 한다. 그리고 동시에 이 둘은 이중성을 구성해
야만 한다. 이는 정신의 이론가로서 우리가 구조에 어떤 구분을 부가할
수 있기 때문이 아니라, 신념에 대한 의식 **그 자체**가 자기 자신을 의식
의 대상인 신념과 구분할 수 있어야 하기 때문이다. 이에 더해 사르트
르는 우리가 한편에는 통일성이 있고 다른 한편에는 이중성이 있다고
말함으로써 이 모순을 해결할 수는 없다고 가정한다. 그렇게 되면 이는
'이원성을 포함한 일원성'이 존재하게 된다. 즉 이 구조를 단순히 하나
의 종합으로 사고하게 된다(76/118/187/159). 신념과 신념에 대한 의
식을 일원적으로 간주할 수 있게 하는 기초는 그것을 이원적인 것으로
간주하게 하는 것과 같은 바로 그것이다. 개인화(individuation)의 단
일 원리를 적용하는 것은 상충되는 결과를 낳게 된다. 어떻게 우리가
이 역설적인 구조를 이해 가능하도록 만들 수 있을까?

  사르트르에 의하면, 이는 목적의 관점으로부터 의식 개념을 바라보
는 것으로 전환할 때만 가능하다(이 전환을 담고 있는 문단은 75쪽 하
단부에서 시작되어 76쪽의 중간까지 이어진다[73]). 신념에 대한 의식은
사고(réfléchir, 反省) 행위라는 의미가 아니라 비춘다(mirroring/réflé-

---

73   역자주-국역본 187-8/158-9쪽.

ter)는 의미에서 필수적으로 신념을 **반영**(reflect)하려는[74] 행위이다. (영어에서는 매우 다른 두 개념을 하나의 단어(reflect)로 해석하는 것을 피하기 어렵고, 이는 큰 혼동을 일으킨다. 따라서 나는 refléter는 반영하다(to mirror)로 해석할 것이고, 사르트르가 사용하는 프랑스어 동사에서 파생하는 명사 le reflet는 the reflection[반영/반영된 것]으로, le reflétant는 the reflecting[반영하는 것]으로 번역할 것이다. 반즈의 역자주를 보라. 151n8)[75] 이 반영[비춤/mirroring]은 의식의 **반영**(reflet)으로서 의식이라는 의식의 기획을 이어 간다. 따라서 사르트르는 다음과 같이 쓴다. 신념에 대한 의식은 신념(belief, croyance)이 이루어지는 "신앙(foi)의 **행위를 하기 위한 것**이다 (75/117/187/158)."

이로 인해 우리는 일원적이고 이중적인 구조를 미수(未遂)의 목적론적 과정으로 파악할 수 있게 된다. 사르트르가 암시하고 있는 복잡한 유비(類比)에서 신념에 대한 의식은 신념을 향해 거울을 비춰 들고 있는 시도인데 이 시도는 한편으로는 대상(신념)이 비추어지지 않고 존재할 수 없다는 점과, 다른 한편으로는 비춤 그 자체(신념에 대한 의식)가 그것이 비추고 있는 것과 다르지 않다는 것을 발견할 뿐이다. 그 결과 어떤 안정적인 이미지도 포착될 수 없고, 비춤의 기획은 실패한다.

사르트르가 설명하는 바에 의하면(75/117/187/158), 이는 우리가 '**신념**(belief)이 **~이다**'라거나 '~은 신념이다'라고 말할 수 없고 또 '믿음(believing)에 대한 의식이 **~이다**' 또는 '~이 믿음에 대한 의식

---

74   역자주-지금까지는 'reflect'를 반성으로 해석하였다.
75   역자주-국역 동서판은 '반사/반사하는 것'이라는 표현이다. 명료한 해석이지만, 이 글에선 '반영/반영하는 것'을 사용하기로 한다. 즉 '반사하다'라고 해석을 사용할 경우 이 글의 다른 부분에서 의미전달이 부자연스러울 수 있으므로 '반영하다'를 계속 사용하기로 한다. 지금의 논의에서는 이를 '반영'보다 '반사'로 이해하는 것이 맥락을 이해하는 데 도움이 될 것이다. 국역 삼성판은 '반영'을 사용한다.

이다'라고도 말할 수 없다는 것을 의미한다. 다른 사르트르적 텍스트와 마찬가지로 여기에서도 연결과 일치의 관계는 실존적 자기 충족성이라는 강한 의미의 소유와 내재적이고 비관계적인 특질(properties)들의 집합이라는 약한 의미의 소유 모두 포함하는 실체적 존재의 소유를 시사한다.

신념과 신념에 대한 의식은 그들 자신과 동일화될 수 없고, 서로 동일화될 수도 없기 때문에 '~하기로 되어 있다', '~여야 한다'라고 말할 때와 유사한 의미에서 서로 [연관]된 것으로 사고되어야 한다(having to be one another). (사르트르는 §6에서 이를 표현하기 위해 'avoir à être'라는 구성을 자주 사용한다). 뒤에 사르트르가 보다 명료하게 표현하는 것처럼, '반영/반영하는 것(reflet/reflétant)'이라는 쌍의 각 항은 [서로 다른 것을] 지향하며, '각각의 존재를 다른 쪽의 존재 속에 옭아맨다(engage).' 그러나 이 존재는 단지 결여된 것일 뿐이다. 반영[반영된 것, reflet]은 '비추어지기 위해 있음(être-pour se refléter)'이다. 그러나 이 목적은 반영[반영된 것, reflet]이 불가능한 어떤 것(quelque chose)일 때에만 성취될 수 있다. 만일 반영된 것이 어떤 것이라면 그것은 즉자가 될 것이고 코기토는 파괴될 것이기 때문이다(171/221/320/308). 따라서 신념과 신념에 대한 의식은 "반영 놀이[반사 놀이]", "한쪽의 항은 다른 쪽의 항을 가리키며 다른 쪽 항으로 넘어가지만, 하나하나의 항은 다른 쪽의 항과 다른" "이중의 돌려보내기 놀이"를 구성한다(75/118/187/158).[76] 또는 사르트르가 설명한 것처럼, 각 항은 다른 항을 향해 자기를 정립하면서 다른 항이 된다(151-2/198/289-90/273-4).

76   역자주-『존재와 무』172-4/212-4/321-4/310-12도 참조.

따라서 사르트르의 심오하지만 난해한 테제는 우리가 의식에 대한 그의 시각을 이해하는 데 필수적이라고 생각했던 시각적 관점 개념은 최종적으로 오해의 소지가 있다는 것을 의미한다. 의식이라는 의미에서 관점을 갖거나 구성하는 것은 결국 단순한 유사-시각적(quasi-visual)인 문제이거나 지각적·사색적 문제가 아니다. 이는 **어떤 요구에 대한 의무를 갖게 되거나 그에 종속되는 것**과 유사해진다. "하나의 초월적 존재를 드러내 보여 주는 직관이 아니면 안 된다는 이 뚜렷한 의무를 소홀히 해서는, 의식에 있어서 어떤 존재도 없다(xxxvii/29/79/34)." "의식에 있어서는, 무언가에 대한 드러내 보여지는 직관이라는 바로 그 의무 이외에는 어떤 '있음(being)'도 존재하지 않는다(618/712/450(2)/1000)".

(2) I절 76-7/118-9/187-8/159-60: 이제 자아를 '**반영/반영하는 것**'이라는 두 항의 **상호 지시 속에 함의된 것**으로 도입할 이론적 준비가 되었다. 꽃병과 그것을 비추는 거울 사이의 관계는 순전히 외부적이다. 거울은 꽃병을 거울 그 자체**인 것으로** 비추지 않는다. 대조적으로 전반성적 의식의 '**반영/반영하는 것**'은 단일한 통일성의 구성원**으로서** 서로 관계한다. 그리고 이 통일성은 이들이 서로 결합하면서 창출하는 단순한 총합이 아니라 (그들의) **주체**로서 지시된다. 그러나 이렇게 지시된 주체는 우리가 2장에서 『자아의 초월』을 논의하면서 보았던 이유로 인해 형이상학적 특질들(properties)의 주체가 될 수 없다. 이는 또한 특질이라고도 할 수 없다. 대신에 주체는 **자신에 대한 관계**(relation to oneself)로 지시되고, 사르트르는 이러한 자기관계의 적절한 언어적 상징이 il s'ennuie(**그는 따분해 한다**)와 같은 예에 사용되는 재귀대명사(reflexive pronoun)라고 말한다. 재귀대명사에 의해 지정되는 관계는 반영/반영하는 것의 상호 지시를 의미하고 또 이 상호 지시에 의미를

부여하는 것이다. 사르트르는 전반성적 의식 수준에서의 이 자기관계를 '자신에의 현전(présence à soi)'이라고 부른다. 자아(the self)나 자기자신(oneself), 자신(le soi)은 스스로에게 현전한다. 즉, "다양성의 흔적을 볼 수 없는 절대적 응집으로서의 '동일성(identity)'과 다양한 종합으로서 통일성(unity) 사이의 항상 불안정한 평행상태"의 구조이다(77/119/188/160). 이로부터 자기 자신(soi)은 서술어의 주어도 아니고 서술어도 아닌 존재를 가지고 있다고 말할 수 있다. 또한 자기 자신은 '실재 존재자(real existent)'도 아니고 그렇게 이해되어서도 안 된다.

(3) I절 77-9/120-1/189-91/160-3. 따라서 사르트르의 이론은 '나(I)'에 대한 지시를 부정하는 흄의 이론과 같은 이른바 자아의 '무소유' 이론이라는 입장과 유사한 것처럼 보이기도 한다. 그러나 실은 그렇지 않다. 우리가 방금 전까지 부연한 두드러지게 부정적인 주장은 사르트르의 이론을 완전하게 설명하지는 못한다.

자기 자신(soi)은 동일성(identity)의 유일성(oneness)과 종합적 통일성의 유일성 속 다수 사이의 매개로서 자기관계라는 관점에서 정의되었다. 이 관계에 핵심적인 것은 '자신에의 현전'에 내재하는 자아로부터의 거리인데, 이 거리 때문에 사르트르의 무의 형이상학과 대자의 목적론의 관점에서 이 거리 자체를 분석하는 것이 가능해진다. 어떤 의미에서 자아를 그 자신으로부터 분리시키는 것이 곧 무(nothing, rien)이다. 나는 나를 나 자신에게서 분리시키는 어떤 것도 찾거나 분리해 낼 수 없다.[77] 공간적 거리 및 시간적·심리적 차이와는 대조적으로, 나는

---

[77] 역자주 - "사르트르는 명확하지 않은 균열이 존재로 스며드는 것을 자기에 대한 현전이라고 말한다. 존재가 자기에게 현전할 수 있다면 그것은 이 존재가 자기가 아니기 때문에 가능한 것이다. 하지만 신념과 신념에 대한 의식을 분리시킬 수는 없다. 신념이란 신념에 대한 의식 외에 그 어떤 것도 아니다(77-78/119-20/189-90/161-2)."

이러한 분리를 서로를 분리시키며 서 있는 실증적인 항들의 관점에서 식별하거나 표현할 수 없다. 따라서 사르트르는 (특별하고 **인격화된** 무[78], **나**인 무, 사르트르의 목적론적이고 유사-탈존재론적 관용구에 의하면, '**존재해야만 하는**(avoir à être)') **무**가 이 분리를 구성한다고 말해야 한다고 주장한다. 이는 사르트르의 무의 형이상학을 더욱 발전시킨다(§§9-10). 사르트르는 자기의식을 제외한 그 어떤 곳에서도 '그러한 순수한 상태로' 무를 발견할 수 없다고 말한다(78/120/191/162).

따라서 무소유 이론에 **반해** 자아의 자리는 존재론적으로 비어 있지 않다. 사르트르의 용어로 표현하면, 흄은 자아의 존재가 '의무(78/121/191/162)'의 유형임을 알아차리는 데 실패해 결국 자아가 **무**(rien)라고 결론짓게 된다. 다시 말해, 사르트르가 나중에 설명한 것처럼, 자아는 **반영**과 **반영하는 것**의 상호 지시가 지닌 "무한 운동의 **이법**(理法)"[79]이다(103/148/223/199).

마지막으로 사르트르는 그의 자아 이론을 위해 대자의 근원에 대한 인간학적 이야기를 참조한다(§9). 내가 **자기 자신**(soi)의 형태 속에서 존재하게 되는 무는 즉자가 '자기에의 현전을 향해 추락'하는 과정으로서 근원적인 '존재론적 행위'에 의해 존재하게(est ête) 된다(79/121/191/163).

(4) V절 103-4, 148-9: 그의 이론의 다음 요소를 소개하기 전, 사르트르는 『자아의 초월』을 언급하고 자아가 초월적이며 주체성에 내재적

---

78   역자주-"사르트르는 의식은 반성이라는 움직임을 통해 자신을 인격적인 것으로 만든다고 주장한다. 이는 일종의 무화로 자아는 소유가 아니라 자기에 대한 현전으로서 대자적으로 존재한다는 것을 의미한다. 즉 최초의 반성적 움직임("의식은 나타나자마자")은 자기성을 불러들인다(103/148/223/199)."
79   역자주-반사가 반사하는 것을 향하고 다시 반사하는 것이 반사를 향하는 운동을 의미한다.

중심을 부여하는 의식의 거주자가 아니라는[80] 이 책의 결론을 반복한다
(102-3/147-8/223-6/199-202). 그리고 사르트르는 잠시 뒤 162-3/
209-11/303-6/289-91에서 자아에 대한 그의 이전 입장을 재기술한다
(§24을 보라).

　사르트르는 그가 이전의 전망을 어떻게 수정하는지 설명한다. 자아
가 의식을 인격화하는 것이 아니라는 사실은 인격화하는 것이 존재하
지 않고 따라서 의식이 '비인격적'임을 의미하는 것이 아니다. **자기에
의 현전**은 의식에 인격을 부여한다. 그리고 바로 그렇기 때문에 초월적
자아는 인격적 특징을 갖게 된다. 즉 내가 그[초월적] 자아를 **나의** 자
아로 간주할 수 있기 때문에 자아는 인격적 특징을 갖는다. 따라서 『존
재와 무』에서 사르트르는 의식이 인격적인가 비인격적인가라는 문제
를 의식 상태에 대해 소유 관계를 형성하고 있는 자아가 의식에 거주
하는가라는 문제와 분리한다. 『자아의 초월』에서 이 문제들은 동일시
되었다.

　사르트르는 심화된 목적론적 차원을 그 자신이 자기성(selfness, ip-
séité)이라고 부르고 또 인격의 두 번째 본질적인 양상이라고 묘사했던
'자신에의 현전'이 구성하는 자기관계에 덧붙인다(103-4/148-9/
224/200). 1장에서 (§17에서도 보게 될 것이다) 사르트르는 대자가 필
연적으로 자신과 일치하는 것으로서 자신을 향해 있다고 주장했다. 자
아성은 그것이 부재하는 것으로 주어지는 한에서, 즉 **부재하는 현전**
(absent-présence)으로서 나에게 주어지는 한에서 이 이상적 실체에
대한 나의 관계다(103/148-9/224/200). 이로부터 자신의 손아귀에서
벗어나 영원히 지칭되는 것[**되돌려지는 것**(renvoyé)]으로서 주체라는

80　역자주-사르트르는 자기·자아는 의식 안에서 살 수 없다고 말한다(103/148/223).
즉 자기는 의식에 깃들어 있을 수 없다.

의미가 도출된다.

내가 이 형이상학적으로 이상적인 자아를 향해 투사한다면, 나는 세계를 **통해서** 그렇게 해야 한다. 실제로 이러한 투사로 인해 세계는 존재하고, 이 세계는 어떤 점에서 '나의' 세계**이다**(104/148-9/224/200).[81] 사르트르는 내가 나와의 동일성을 성취하기 위해 존재의 총체성을 횡단하며 세계를 가로질러 나 자신에게 끝없이 되돌아가는 이 구조를 '**자기성의 회로**'(le circuit d'ipséity)라고 불렀다(104/148/224/200).

§15 반성 (2부 2장 III절, 150-8/196-205/287-98/271-84)

방금 개요를 설명한 자아 이론은 전반성적 의식과 관련된다. 사르트르의 자아 이론에 여전히 빠져 있는 것은 반성(réfléchir[사고/반성하다]의 의미에서 réfléxion)에 대한 설명이고, 이는 시간성을 다루는 2장의 III절에서 다루어진다.

실제로 우리는 반성의 존재와 마주친다. 그러나 우리는 먼저 왜 거기에 그러한 구조가 있어야 하는지 물은 다음, 그에 이어 그것이 어떻게 가능한지 물어야만 한다(150-2/197-8/287-91/271-5). 반성적 존재가 '**존재한다는 것은 지각(知覺)된다는 것**(esse est percipi)'이라는 원리에 종속되지 않기 때문에 반성적 의식은 결국 전반성적 존재에 의해 직접 함의되지 않는다. 반성과 반성되는 의식의 관계를 애초에 제시되었던 사고하는 주체가 표상[재현]과 맺는 관계로서 이해할 수도 없다. 만일 그렇다면, 이 둘은 존재의 다른 층위에 속하게 되고, 반성은 자기 관계를 구성하지 못하게 된다. 일반적으로 말하자면, 반성적 의식과 전반성적 의식은 우리가 **반영-반영하는 것**(reflet/reflétant)의 맥락에서

보았던 통일성 속의 이중성을 예시한다(§14). 이들의 통일성은 독립적
인 두 개의 존재(이는 이 관계를 외부적인 것으로 만들고 어떤 이의 의
식의 반성적 직관을 특징짓는 확실성을 파괴한다)에서 합성되는 것으
로 파악될 수 없고, (반성을 전반성적 의식 속으로 붕괴시키는) 총체적
인 동일화를 멈추어야 한다(151/197-8/289-90/273-4).[82]

　반성에 대한 사르트르의 초월적 질문들이 가진 힘을 완전히 이해하
기 위해서는 우리가 대상을 파악하고 그리고 그것이 왜 존재하는지 이
해할 때 사용하는 일상적 반성 개념이 사르트르의 관점에서 왜 적합하
지 않은지 인식해야 한다. 우리의 일상적인 반성 개념은 **인식의 매개체**
(epistemic medium)에 대한 개념이다. 반성은 정신적 상태의 주체가
그 정신적 상태에 대한 **인식[지식]을 얻을 수 있도록 하는 어떤 것**이다.
우리가 §3에서 보았듯이 사르트르는 반성이 자기인식의 가능성을 설
명한다는 통념을 거부하고 무엇이 자기인식을 가능하게 만드는가라는
질문이 궁극적으로 반성으로 이어지는 것이 아니라 **자신에 대한 의식**
(conscience de soi)의 문제로 이어진다는 입장을 견지한다. §8에서 보
았듯이 그는 또한 인식론적 관계를 부차적이고 파생적인 것으로 여긴
다. 따라서 반성을 설명하기 위해 자기인식에의 요구를 사용하면 '인
식의 우위'를 부당하게 전제하게 된다.

　그러나 반성은 단순히 독립적이고 기계적이고 비의식적인 원인에 의
해 실존하게 되는 것이 아니다. 만일 반성이 유효한 인과관계의 결과물
도 아니고 인식론적 목적을 준거로 설명되는 것도 아니라면, 유일한 가
능성은 다른 비인식론적인 목적에 의지해 설명하는 것뿐이다.

82　역자주-사르트르는 반성하는 것과 반성되는 것을 동일하게 간주한다면 그것은 반
성이라는 현상을 소멸시키고 '반사-반사하는 것'의 환영적 이원성만 남게 될 것이라고
말한다.

사르트르는 그 목적이 무엇인지에 대한 설명을 다음과 같이 제시한
다(153-4/199-201/291-2/276-7). 전반성적 의식은 사르트르가 '근
원적인 분산'이라고 칭한 과정을 거친다(153/199/291/276). **반영-반
영하는 것**의 구조가 순간적인 것이기 때문에, 대자는 다른 곳에서 자신
의 존재를 찾아야 한다. 그러나 대자는 (즉자존재에 대한 대자의 현전
속에서 그리고 시간성의 흐름 속에서) "자기 밖에서 자기를 상실"했음
을 발견한다(153/200/292/276). 따라서 대자는 "존재를 회복"하는 것
을 목표로 하고 그 목표를 위해 **반성**을 이용한다. 반성은 대자가 자신
을 **통일성** 속에 모아 넣고 또 총체성으로서 자신을 **주시**하면서 "자신의
존재 속에 자기를 내화(內化)하려고 시도"하는 수단이다(153/200/292/
276). 따라서 반성 속에서 대자의 목표는 자기 자신을 "**하나의 주어진
것**[所與]", 즉 "**자기가 있는**" 것으로 "**있는**" 하나의 주어진 것이 되게 하
는 것이다(153/200/292/277). 만일 이 시도가 성공한다면, 대자는 그
자신의 내재적 속에서 "즉자적-대상으로서 자기 자신에 대해 존재하는
것"이 된다(154/200/292/277). 따라서 반성 속에서 주체는 그 자신의
근거가 되려고 한다. 반성적 시선은 그것과 동일한 대상으로서 대자를
창출하는 것을 목표로 한다. 그러나 대자가 반성 속에서 목표로 하는
자신의 '대상화'와 '내면화'는 무엇보다도 반성 그 자체가 비시간적인
것이기 때문에 성취될 수 없다. 더 일반적으로 말하자면, 이는 반성이
대자존재이고 대자 자신의 구조가 자기동일적이지 않기 때문에 성취될
수 없다(이에 대한 사르트르의 재설명을 보라. 298/359-60/487-8/
501-2).

이어지는 문단(155-8/201-5/292-8/277-81)에서 사르트르는 반성
이 관여하는 자기 자신으로부터의 거리, 자기인식의 법칙과 한계, 반성
된 것(le réfléchi)이 반성 '바깥에' 존재하는 것의 숨죽인(muted) 의

미를 분석한다. §24에서 우리는 이러한 논의가 어떻게 자신을 '심리학적' 대상으로 표상[재현]하는 (또는 잘못 표상[재현]하는) 데 기초를 제공하는지 살펴볼 것이다.

따라서 반성에 대해 우리가 그리는 자연스러운 그림은 (추가적인 정신적 능력 또는 정신적 표상[재현]의 층위라는 형태 속에서) 반성이 '존재 부가(附加)'와 관련된다는 점을 제안하는 데 있어 결함이 있다. 대신에 우리는 이를 대자의 '내부구조적인 변양'으로 간주해야만 하고 그 가능성은 전반성적 의식의 **반영-반영하는 것**의 구조 속에 내포되어 있다(152/199/291/275). 반성에 의해 실행되는 변양은 전반성적 의식에 머무르는 무를 재배치하고 하나의 우월한 (그러나 성취되지 않은) 통일성을 위해 **반영-반영하는 것**의 통일성을 무화한다. 사르트르의 설명은 전반성적 의식과 반성적 의식이 하나의 구조를 공유하고 (이는 전반성적 의식에서는 함축적으로 드러나고 반성적 의식에서는 분명하게 드러난다) 단일하고 인격화된 반성적 관계가 의식의 양 유형과 모두 관련되어 있음을 이해할 수 있도록 해 준다. 이 구조는 전반성적 의식에서는 **반영-반영하는 것**(reflet-reflétant)의 구조로 나타나고, 반성 안에서는 **반영적-반성적**(réflexif-réfléchi)의 구조로 나타난다(153/199/291/276). 따라서 『자아의 초월』에서 우리가 발견한 문제점이 (다시 말해 사르트르가 왜 반성이 하나의 '나'를 창출해야 하는지에 대한 설명을 하지 않고 남겨 두었다는 문제) 해소되었다. 전반성적 의식과 반성적 의식은 더 기초적이고 일원화된 목적론적 토대로 복귀한다.[83] 이 토대는 자신을 근원적으로 전반성적 의식으로 실현한다. 그리고 이는 전반성적 의식을 반성적 의식으로서 기획된 목표에 더 가깝게 데려가

---

83   역자주-『존재와 무』197/238/354/347도 참조하라.

지 않는다. 그리고 이 토대는 반성성(reflexivity) 일반에 대한 **설명**을 제공한다. 이러한 방식으로 대자는 하나의 **유기적 통일성**이다. 그러나 이는 단지 아직 성취되지 않은 전체(whole)이자 **열망하는 미래의** (would-be) 유기적 통일성일 뿐이다.

§16 사실성(facticity) (2부 1장 Ⅱ절)

어떤 면에서 사실성이라는 용어는 대자가 **특정성**(particularity) **안에 놓이게 되는** 조건을 지칭한다. 이러한 묘사적 의미에서의 사실성은 단지 내가 여기 이 카페 안에 한 테이블에 앉아 있다는 사실, 프랑스의 부르주아지이거나 1870년의 베를린 노동자 또는 외교관이 아닌 카페의 웨이터[給仕]라는 사실에 의해 예시되는 것일 뿐이다. 따라서 사실성은 우리의 세계 안으로의 물리적이고 시공간적인 삽입과 우리가 서 있는 모든 특정한 대인 관계 및 사회적·문화적·제도적·정치적·역사적 관계를 망라한다. 그러나 사르트르는 보다 추상적으로 우리가 항상 특정한 상황 속에 놓일 수밖에 없는 **필연성**을 지칭하기 위해, 그리고 설명적인 차원에서 특정한 상황성을 필연적인 것으로 만드는 대자의 특징(대자의 존재와 구조에 대하여)**을 지칭하기** 위해 사실성 개념을 고안한다. 이 마지막 문제는 Ⅱ절에서 설명하려고 시도한 것이다. 이와 같은 의미의 사실성을 주장함으로써 비로소 사르트르는 인간주체가 자신이 (설명 불가능하고 '정당화되지 않는') 특정성의 수준에 존재(exist)하는 사실을 발견하게 되는 방식에 대한 진리(관념론은 이 진리를 알 수 없다고 사르트르는 가정한다)를 표현하려고 한다. (사실성을 설명하기 위해 방금 채택된 상황 개념이 실은 예정보다 빨리 등장한다. 그 이유는 엄격하게 사르트르적인 분석에서 '상황'은 **자유**와 사실성의 접속으로 인해 발생하는 것이기 때문이다. 따라서 2부는 단지 사실성의 논의

를 시작할 뿐이고, 본격적인 논의는 4부에서 재개되고 완성된다. §33
을 보라.)

우리의 우연성을, 대자존재가 부정된 즉자라는(§9) 사르트르의 인
류발생론적 제안과 나란히 놓음으로써 우리는 우리의 특정한 상황성의
초월적인 토대라는 의미에서 우리의 사실성을 파악한다. 이 두 생각을
결합하기 위해 사르트르가 제시하는 (이해하기 어려운) 사고의 연쇄는
대자가 '자신을 자기 자신의 근거가 아니라'(§9) 우연적인 존재자로
받아들인다(79/122/192/164)는 그의 공리[§3]와 함께 시작된다. 이러
한 통찰은 데카르트의 반성적 코기토에 통합되어 있고 그의 우주론적
신 증명을 추동한다. 그러나 사르트르는 자기토대구성(self-founding)
이나 필연적 존재는 모순적인 개념이라고 주장한다(80-1/123/192/
164).[84] 필연적 존재가 불가능하다면 그 존재는 나의 우연적 존재에 대
한 근거가 될 수 없다. 그러나 사르트르는 끝나야 할 것 같이 보였던 질
문이 여기서 멈추는 것을 허용하지 않는다. 사르트르는 우리의 우연성
이 어떤 방식으로든 사고되어야 하고 사고될 수 있다고 생각한다. 지금
대자는 자신을 **또한** 자기-무화하는(self-nihilating) 존재로 이해한다.
즉 대자는 자신을 '자기 자신의 무의 근거인 존재'로 이해한다(80/
123/193/165). 이로 인해 우리는 사르트르의 '소멸' 신화의 목적론적
도식을 적용해 우리의 우연성에 대한 단순한 인식(recognition)을 넘
어 한 발 더 나아갈 수 있게 된다. "대자는 자신을 의식으로 근거 짓기
위해서 즉자로서의 자신을 상실하는 즉자이다(82/124/195/167)." 그

---

84 역자주-사르트르는 대자가 (대자로 있는 한에서) 어떻게 자기 자신의 무의 근거
가 될 수 있는가라고 물은 후 자기 자신의 존재의 근거가 되기 위해서는 자기 자신에
게 거리를 두고 존재해야 하고, 그것이 근거가 부여된 존재와 마찬가지로 근거를 부여
하는 일종의 무화라고 답한다(80-1/123/192/165). 사르트르에게 존재는 무화인 한에
서 무의 근거인 것이다(즉자로서 자신을 상실하고 의식으로서 자신을 근거 짓는 것).

리고 마지막으로 이는 초월적인 수준에서 대자가 왜 항상 필연적으로
특정성 속에 놓이게 되는지 알 수 있게 해 준다. 나의 특정한 상황성은
항상 우연의 실례(instance of contingency)이다. 내가 카페에서 웨이
터로 일하는 데는 이유가 있을 수 있다. 그러나 그 이유는 하나의 대자
란 무엇인지에 대한 문제까지 거슬러 올라가지 않는다. 하나의 대자로
서 나의 존재인 내가 웨이터인 것은 우연적인 일이다. 이러한 나의 우연
성은 **즉자**의 우연성일 **뿐이다.** 즉, 이 우연성은 단지 존재론적으로 치환
되고, 즉자가 변모한 대자의 차원에서 **재표현된 즉자**의 우연성일 **뿐이
다.** "자기에게 근거를 부여하기 위한 즉자의 노력"은 대자의 '사실적
필연성(factual necessity, le nécessité de fait)'을 야기한다. 사실성은
"대자 속에 사실성으로 **잔존하고** 있는 즉자"이다(84/127/198/170-1).

　사르트르는 이 우연적인 나의 사실성이 '적나라한 상태로' 완전히
'실현되거나' 포착될 수 없다고 덧붙인다(83/126/197/170). 나의 우연
성을 다른 것이 아닌 순전히 어떤 사실을 획득하는 것으로 파악하는 것
은 나 자신을 즉자의 한 덩어리(block)로 구성하는 것이다. 나는 **"전반
성적 코기토의** (이 안에서 나는 '그것의 의미와 저항을' 부여한다) 하
부 구조 속에 다시금 사실성을 되찾음으로써만" 나의 사실성을 이해할
수 있다(83/126/197/169-70). 그렇지만 사실성은 플라톤의 『국가』
(Republic)에서 사람들이 자기의 신분을 선택하는 것과 같은 방식으로
의식이 그 세계와의 연결을 선택할 수 없다는 점을 확실히 한다. 예를
들어, 대자는 자기 자신을 '부르주아'로 태어나도록 결정할 수 없다
(83/126/197/169).

　따라서 사실성은 선택에 무차별적이다. 우리는 필연적으로 우리가
살고 있는 시대와 같이 우리가 선택하지 않은 조건 속에서 선택하기 시
작한다. 그러나 선택을 내리는 것이 우리의 **사실성의 수를 줄이지** 않는

다. 내 선택의 내용은 세계의 존재가 나의 무에게 부여한 특정성들을 수용하고 따라서 항상 사실성을 전제한다. 내 (모든) 선택 대상들의 **존재**가 나의 창조물일 경우에만 우연성은 극복될 것이고 그렇게 되면 사실성은 곧 제거될 것이다(§34에서 보게 되겠지만, 사르트르의 '자아의 근원적 선택' 개념은 나의 선택을 총체화하고, **서로**(one another)의 관계 속에서 내 선택에 필연성을 부여한다. 그러나 사르트르의 개념이 내 세계의 **존재**를 내 선택의 결과라고 주장하는 것은 아니다).

§31에서 보게 될 것처럼, 사르트르의 사실성 개념은 곧바로 체현 (embodiment)에 대한 그의 설명으로 이어진다.

§17 결여와 가치 (2부 1장 III절)

III절은 세계의 특징으로서 가치(valeur)를 설명하고 §38에서 다루게 될 동기 이론의 사전 작업을 하는 것을 목표로 한다.

이 절은 그의 무의 형이상학을 결정적으로 심화하고 명료화하면서 시작한다(85-9/128-33/200-5/172-9). 이 과정에서 대자의 무가 존재의 **결핍 또는 결여**((un) défaut or manque d'être)로 재정의된다.

사르트르는 이 주장을 전개하며 두 가지 방향이 무에서 결여로의 이행과 관련되어 있다고 제시한다. 한편으로, 이는 옆으로의 움직임으로 이해되어야 한다. 즉 우리가 무(無)라는 점에 의해 **함의**되는 바를 외삽하는 것이다. 다른 한편으로 이는 아래로의 움직임으로, 더 깊은 이해 수준으로의 움직임으로 이해되어야 한다.

사르트르는 우리에게 대자가 즉자에 대해 부정적인 존재론적 의존 관계를 맺고 있음을 상기시키며 논의를 시작한다. 대자는 "스스로 끊임없이 즉자로 '있지 않도록' 자기를 규정한다." 이는 대자가 "즉자에서 출발할 때에만 그리고 즉자를 외면할 때에만" 자신을 대자로 규정

할 수 있음을 의미한다(86/128-9/200/173). 즉 대자는 결여의 존재이
다. 만일 대자가 즉자로부터 존재론적인 지탱을 받는 것이 아니라 자신
을 즉자가 아닌 것으로 만들면서 대자로 존재한다면, 대자는 그것이 즉
자의 존재를 가지고 있지 않을 때, 즉 즉자의 존재를 결여하고 있을 때
만 존재할 것이다.[85]

　그리고 이와 동시에 대자의 근원에 대한 목적론적 이야기가 다른 시
각을 제시하는데, 이 시각에서 보면 대자는 결여의 실례로서 그리고 그
결과로 나타나는 무로서 직접 파악된다. 목적론적 이야기는 즉자의 노
력이 **자신을 위해서가 아니라 자신에게서 우연성을 제거하고** 그렇게 함
으로서 자신을 정초하기 위해 대자존재를 낳는다는 것을 근거로 하여
결여로서 대자를 수립한다(84/127/198/170-1).[86] 이로부터 대자의 존
재(being, 있음)가 대자의 실존(existence)이 실현하는 데 실패한 하나
의 목적에 의해 구성된다고 말할 수 있다.[87] 그러나 대자존재는 즉자의
존재만큼이나 우연적이다. 따라서 대자는 목표의 **미성취**로 실존한다.
따라서 대자는 무엇인가가 성취되지 못하거나 빠진 사건들의 상태로서
실존한다. 즉 대자는 **결함 있는** 것, **부정적으로** 존재하는 어떤 것으로서
실존한다.

　이[결여·결함으로서 대자]는 부정(不定)적 관점에서 가치범주를 도
입하기에 충분한 근거가 된다. 대자가 결여인 한에서 실증적인 가치가

85　역자주-"대자는 자신을 존재결함으로 규정함으로써 문화를 지탱한다. 즉 즉자로
있지 않도록 스스로를 규정하면서 자기를 규정하는 것이 곧 대자이다(86/128/200/
172-3)."
86　역자주-자기에게 근거를 부여하려는 노력이 곧 대자의 나타남이자 절대적 사건
이다. 대자란 즉자가 자신의 우연성을 제거하려고 하는 시도이다.
87　역자주-단순히 말하자면, 이는 인간존재가 현재에 만족하지 않는 목표 지향적인
존재임을 함의한다. 근본적인 차원에서 사르트르가 결여나 결핍으로서 욕망을 가정
한다.

결여된 것 위에 놓이고, 이 결여의 존재 위에 부정적 가치가 놓인다. 그러나 사르트르는 대자의 결여에서 가치에 대한 대자의 구체적인 의식으로 이어지는 세계 속의 경로에 대해 자세한 설명을 제시한다(90-5/133-9/206-13/179-87). 이 과정에서 앞에서 미리 다루었던 '자아'로서 대자 개념이 도입되고 그 중요성을 드러낸다.

대자가 결여라면, 이는 도대체 무엇을 **결여한**(le manqué) 것일까? 물론 어떤 의미에서 그것은 단순히 즉자의 근원적인 목표의 실행, 즉 "우연성과 자기토대구성(self-founding)이[88] 제거된 즉자존재"일 수 있다. 그러나 대자존재가 존재하게 되고 자율적으로 그리고 자신이 발견한 부정적인 특징에 따라 자신을 결정하고 근거 짓고 나면, 결여의 대상이 재형성되고 다시 특정되어야 한다. 사르트르는 대자가 결여한 것이 즉자**로서** 대자라고 주장한다. 즉 "동일성의 존재 방식(mode of identity)"으로서 대자, 자기 일치적인(self-coincident) *le soi comme être-en-soi* **또는** *soi-même comme en-soi*가 결여된다(88-9/132/203-4/177-8). 사르트르는 이를 '자아(Soi)'라고 칭한다.

이 '대상'은 더 정교하게 재기술될 수 있다. 대자가 원하는 것은 "똑같은 즉자 속에서 자신을 잃는 것"이 아니라 즉자의 조건 속에서 대자**로서** 보존되는 것이다. 다시 말해, 대자는 "실체적인 한에서 자신"이어야 한다(90/133/205/179). 따라서 대자가 의도된 운반체로서 즉자의 근원적 기획을 앞으로 끌고 가기 위해 요구되는 것은 "즉자와 대자의 불가능한 종합"이다(90/133/206/179). 사르트르는 이러한 총체성에 대해 우리가 가지고 있는 일상적인 전(前)철학적인 개념, 즉 "자기 속

---

88 역자주-『존재와 무』, 80-1/123/193/165.

에 즉자와 대자의 양립할 수 없는 성격을 결합하고 있는" 개념[89]이 [바로] **신**이라는 점에 주목한다. 신은 자신의 근거를 규정하고 절대적 자기동일성과 자기의식을 결합한다.

자아로서 대자를 부정하는 것은 어찌 보면 당연한 것인데, 그 이유는 대자는 자아로서 실현되지 않고 또 실현될 수도 없기 때문이다. 사르트르는 이[자아로서 대자]를 하나의 **"의미**(meaning, un sens)"라고 지칭한다(87/130/201/176). 자아로서 대자는 "결여된 근거 부여 행위의 의미"이고 의식**에 의해** 부여되는 의미가 아니라 의식**에 대한** 의미이다(89/132/205/178). 이는 자아로서 대자를 범주적으로 비존재론적인 것으로 만들 수 있다. 그러나 사르트르는 존재론적 제약(ontological commitment)을 피할 수는 없다고 주장한다(90-1/134/206/179-80). 존재론적 논의를 피할 수 없는 강력한 이유는 자아로서 대자가 어떤 종류의 존재를 소유하지 않는다면 대자가 대자 자신이 향하고 있는 **초월적인** 무엇인가로 간주될 수 없고 그로 인해 "단순한 관념(mere idea)"으로 간주될 것이기 때문이다. 그러한 설명 방식은 주관적 표상[재현]이 아니라 존재론적 구조의 차원에서 대자를 설명하고자 하는 사르트르의 프로그램에 반하게 된다. (타자의 존재 없이 실존할 수 있는 관계의 관점도 아니고 타자에 대한 우위를 가진 관계의 관점도 아닌) 대자가 자아로서 자신을 향해 자신을 투영하는 내재적인 존재론적 관계의 입장에서 결여를 생각함으로써 이제 우리는 "초월의 근원" 일반을 발견하게 되었다고 사르트르는 주장한다(89/132/205/178).

자아로서 대자의 존재론적 지위는 가치 및 가치에 대한 우리의 의식에 대한 사르트르의 설명에 기초를 제시한다. 만일 자아로서 대자가 존

---

89   역자주-『존재와 무』, 90/133/206/180.

재를 가지고 있더라도 그 존재는 『존재와 무』에서 아직 정의되지 않은 종류의 것이다. 그 이유는 그것이 즉자도 아니고 대자도 아니고 완전존재론에 속하지만 구별된 대상세계를 구성하는 실체와 비교할 수도 없고 또 '심적(psychic)'이라고 부른 것을 구성하는 '타락한' 유사–존재들과 비교할 수도 없는 것이기 때문이다(§24를 보라). 사르트르는 상세한 설명을 통해 독특하고 특이한 자아로서 대자의 존재양식이 정확히 가치의 존재양식에 조응한다고 주장한다(92-5/136-9/208-13/182-7). 사르트르는 특별히 도덕적인 것이 아니라 단순히 주체에 대한 규범적인 힘을 행사하는 것이면 무엇이든 가치로 이해한다. 여기서 사르트르의 주장은 **조정적**(措定的, thetic) 의식의 대상으로서 가치(우리가 공언하고 지지하고 그에 대한 지식을 주장하는, 그리고 반성을 전제로 하는 가치)가 아니라 우리가 세계 속에 존재한다(being)는 것의 **비조정적**(非措定的)이고, **전**-반성적인 차원으로서 가치와 관련한다. 이 원초적인 수준에서 가치는 대자에게 '출몰'하고, 대자에 의해 제기되는 것이 아니며 "대자와 동질적"이다(94-5/138-9/212-3/138-9). 사르트르가 나중에 주장하는 것처럼, 가치는 "대자를 둘러싸고 여기저기서 대자에 침투해 들어가는 '환영-존재'"이다(203/254/362/357).

　III절에 끼워 넣은 욕망과 고난 현상에 대한 분석들은 대자가 결여라는 결론에 이르는 하나의 독립적이고 확증적인 경로를 제시한다. (87-8/130-1/200-2/175-7, §24를 보라.)

　사르트르의 욕망 이론은, 이 존재론적 관용구가 일상적이고 철학적인 사고 안에 견고히 자리 잡은 인간의 주체성의 특징을 환원적으로 심리화하는 경향과 어떻게 모순되는지 특히 명확하게 보인다. 사르트르에 의하면, 우리가 성취 없이 욕망할 때**에만** 결여되었다고 말하는 것은 틀린 것이다. 이는 우리의 결여가 우리의 욕망으로 **환원됨**을 함의한다.

그러나 오히려 우리는 무엇인가가 '결여된' 것의 심급으로서 실존하기 때문에 욕망할 수 있다. 이는 초승달이 자신의 사라진 1/4을 결여한 채로 실존하는 것에 비유할 수 있다. 유사하게 그리고 보다 광범위하게 말하자면, 사르트르의 결여 이론은 초월을 대자의 **객관적인** 존재구조로서 파악할 수 있게 한다. 사르트르가 설명하는 것처럼, 대자는 "떼려야 뗄 수 없을 정도로 즉자존재와 연결되어 있지만 그것은 사고와 그 대상의 연결이 아니고 […] 하나의 결여와 그 결여를 규정짓는 것의 연결이다(89/133/205/179)." 이는 사르트르의 존재론적 증명(§5)에서 주장된 초월의 실재성[현실성]을 강조한다. 이는 단순히 우리가 우리 자신에게 대상을 향해 초월하는 것처럼 **보이는** 것이 아니다. '존재를 향한 뻗침'은 현실에 속한 사건이고 단순히 우리의 주체성에 속한 것이 아니다. 대자구조의 객관적 성격에 대한 사르트르의 확언은 그가 관점주의와 §13에서 다룬 절대적 관점을 동일시하고 있다는 점을 예시해 보인다. 존재를 향해 뻗는 존재의 결여로서 우리의 실존 안에서, 인간 주체의 내부적 관점에서 사물들이 존재하는 방식과 아무것도 아닌 곳(from nowhere)의 관점에서 사물들이 존재하는 방식은 일치한다.

쇼펜하우어의 이름이 직접 거론되지는 않지만 욕망과 고난에 대한 구절에서 사르트르는 쇼펜하우어의 주장의 경험주의적 요소들을 떨쳐버리는 방식으로, 그리고 확실히 보다 더 엄격한 방식에 기초하여 의식적으로 쇼펜하우어의 인간 고난의 필연성과 편재성 테제를 재가공한다. 사르트르의 설명에서 **이른바** 대자존재가 고난을 겪는다고 할 때 그 의미는 우리 경험에 스며들어 있는 부정적이고 쾌락주의적 성질(quality)에 대한 그 어떤 성찰과도 독립해 있다. 대신에 그 의미는 하나의 세계를 인식하는 것은 무엇인가라는 문제와 **선험적**으로 연결되어 있다. (이러한 맥락에서 사르트르는 『정신현상학』의 '불행한 의식'을 언급한다. 그는 비합리주의적이고 쇼펜하우어적인 입장에서 '불행한 의식'을 변증법적으로 초월 불가능한 조건이 아닌 탈출 불가능한 조건으로 재해석한다(90/134/206-7/180-1)).

  §38에서 우리는 자아로서 대자 이론의 함의에 대해 다룰 것이고, §44에서는 윤리적 가치의 조건에 대해 간략히 논할 것이다(『존재와 무』는 많은 미학적 논의를 포함하고 있지만, 미학적 가치에 대해 독립적인 장을 할애하지 않는다. 194-5(343)/244-5/350-1/343-5에 제시된 "대자의 이상적인 실현" 또는 "즉자적이고 대자적인 총체성으로서 나 자신의 상상적인 실현"으로서 미를 설명하는 사르트르의 논의에 주목할 필요가 있다).

§18 가능성 (2부 1장 IV절)

가능성에 대한 논의는 부정에 대한 논의와 평행관계를 형성하며 진행된다. 가능성은 인간 영역과 인간 외적인 경험적 사실의 영역 모두에서 구체적인 초월적 현실로서 우리에게 주어진다. 그리고 가능성에 대한 추상적 개념과 그에 조응하는 양태적 판단(modal judgement)의 형태는 구체적인 초월적 현실에 대한 의식을 전제한다. (스피노자와 라이프니츠의 분석과 같이) 가능성에 대한 환원주의적이면서 주관적인 분석이나 인식론적인 분석은 제외되는데, 그 이유는 그들의 분석이 순환적이거나, 가능성과 다른 상태, 사건의 비양태적 상태들을 구분하지 못하기 때문이다. 반면, 가능성은 실재적(actual) 즉자존재 안에 그 근원을 갖는 것으로 여겨질 수 없다고 사르트르는 주장한다. 아리스토텔레스적 잠재성의 관점에서 가능성을 해석하는 실재론적 입장은 기각된다.

  이와 같은 제거를 거쳐 이제 가능성을 이해하기 위해서 인간주체성의 **선험적** 특징까지 거슬러 올라가야 한다. 사르트르의 형이상학은 가

능성을 다음과 같은 방식으로 이해할 수 있다고 제안한다. 먼저 §9에
서 언급했듯이 가능성은 무화를 전제하고, 세계 속에서 가능성의 외양
은 결여로서 대자의 구조라는 관점으로 이해할 수 있다고 사르트르는
주장한다. §17에서 보았듯이, 사르트르는 대자가 자기일치(self-coin-
cidence)의 결여이고, 이 결여에 자아로서 대자가 조응한다고 주장한
다. 사르트르는 이 같은 유사-실체(quasi-entity)를 향한 대자의 자기
투사(기획)가 '가능한 것(the possible)'[90]이 세계 속에 나타나도록 야
기하는 것이라고 주장한다(100-2/145-7/219-21/195-7). 따라서 가
능성의 구조는 결여로서 나 자신이 충만한 나 자신과 맺는 내적인 관
계, 즉 자기-관계에서 유도된다. "가능은 대자가 **자기**로 있기 **위해서**
결여하고 있는 **바로 그것**이다(102/147/221-2/197)." (사르트르의 가
능의 존재론은 이제 행위와 자유의 이론에 기여한다: §32를 보라)

§19 인식 (2부 3장 I, V절)

사르트르가 2부 3장에서 인식[지식]을 다루는 방식이 비인식론적이라
는 점은 중요하다. 회의주의자에게 미안한 말이지만, 사르트르가 제기
하는 질문은 우리가 인식[지식]을 가지고 **있는지** 묻는 것도 아니고, 일
정한 정도의 인식론적 확신을 가지고 신념을 형성하는 것이 **합리적**일
수 있는 조건에 대해 묻는 것도 아니다. 즉 합리적 신념 이론이 그의 과
제가 아니다. 오히려 사르트르는 인식[지식]**이란 무엇인가**에 더 관심을
둔다. 사르트르는 신념 형성에 대해 우리가 갖는 규범적인 관심이라는
관점에서 추상적으로 지식 관계를 고려한다. 그리고 그 결과는 우리가
통상적으로 이해할 때 인식[지식](knowledge) 이론과는 구별되는 **인**

---

90 역자주-국역본은 '가능'으로 해석한다. 불어 원문은 'le possible'로 앞으로는
'가능'으로 해석한다.

지(cognition)의 형이상학이었다. "인식[지식]은 다시 존재 속에 흡수된다(216/268/380/376)."[91] 그리고 "인식[지식]에 대한 **존재론적인** 문제는 대자에 대한 즉자의 존재론적 우위를 긍정함으로써 해결된다(619/713/451(2)/1002)."

사르트르가 우리에게 이미 설명한 바 있는 의식 개념은 초월적 대상에 대해 무매개적이고 내적 구조가 부재하는 관계에 대한 개념이기 때문에 (더욱이 이는 자신에 대한 의식 그 자체이다) 사르트르의 입장에서 인식[지식]의 기초적 가능성에 대해 더 이상 말할 것이 없다. 인식은 두 단계의 과정과 관련되는 것이 아니다. 예를 들어, 먼저 감각하고 난 후 이 감각 정보에 개념을 가져 오는 것[연결시키는 것]도 아니고, 또 감각 후 그 정보를 분명하고 명확하게 하거나 또는 그것에 적절한 통일성을 부여하는 것도 아니다. 따라서 사르트르에게서 경험주의적 추상, 관념에 대한 합리주의적 통찰 이론, 또는 칸트적 종합 이론에 조응하는 요소를 찾을 수 없다. 사르트르가 그의 인식 이론에서 더하거나 제시하는 것은 그 무엇보다도 이 초월적 의식이 존재한다는 것이 어떻게 해서 옳을 수 있는지, 폭넓은 관점에서 이러한 논의가 함의하는 것이 무엇인지 설명하는 것이다(사르트르가 지향성에 대한 인과적 분석을 거부하기 때문에 사르트르에게서 인식[지식]을 단지 특징적인 규범적 막을 두른 경험적 관계로 파악할 가능성은 배제된다는 점에 주목하자).

---

91   역자주-국역본은 connaissance를 '인식'으로 번역한다. 영문판은 이를 지식으로 번역한다. 영문판은 인식에 해당하는 단어로 cognition과 recognition을 사용한다. 국역본들은 3장 각주6에서도 언급했듯이 connaissance를 인식으로 번역한다. 그런데 이 책의 저자는 이에 해당하는 단어로 knowledge라는 단어를 사용하고 있다. 여기서 이 책의 저자는 knowledge를 국어의 지식에 해당하는 의미로도 사용하고 있기 때문에 이 절에서는 인식과 지식을 인식[지식]의 형태로 병기하기로 한다.

사르트르는 의식의 구조로서 초월(성)을 대자의 구조로 설명한다. 의식은 대자의 목적론이 대자의 초월을 요구하기 **때문에** 대상을 의도한다. 그리고 이 초월의 한 측면은 대상을 **아는**(knowing) 것이다. 인식[지식]은 '직관'이자 '사물에 대한 의식의 현전'이다(172/221/322/310). 사르트르가 설명하기를 이러한 직접적 현전은 부정적으로 이해되어야 하는데{의식은 자기 자신을 대상이 **아닌** 것으로서 지시한다.(§10을 보라)}, 근원적으로 "즉자와의 관계를 근거로 하여" 자기자신을 생산해야만 하는 대자, 다시 말해, 사물로 있지 **않은 것**으로 자기 자신을 구성하는 대자에 의해 이러한 직접적 현전이 필요해진다(174/222/324/312).

따라서 사르트르의 개념에서 인식은 전-실존적 존재들 사이에 있는 보조적 관계가 아니며, 활동이나 속성 또는 기능도 아니며, 대자의 용솟음 (surgissement, upsurge)과 '절대적이며 원초적인 사건'과 동일한(216/268/380/376) 주체의 '존재양식'이다(174/222/324/312).

사르트르도 인정한 것처럼 이는 두 가지 측면에서 사르트르의 주장과 관념론을 일치하도록 만든다. 대자의 존재가 실제로 인식과 동연(同延, coextensive)적이다(216/268/378/376).[92] 그리고 인식은 **긍정**(affirmation)의 의미를 담지한다. 즉자가 알려지고 세계로서 지향적으로 긍정(affirm)되는 것은 의식의 '내적 부정의 이면'이다. 모든 것은 마치 즉자가 자신을 부정하고 단지 긍정을 수용하기 위해 대자를 낳는 것처럼 진행된다(216-17/269/381/377). 사르트르와 그의 논의가 매우 밀접하게 닿아 있는 절대적 관념론을 나누는 것은, 첫째, 목격된 목적론적 과정이 "**대자에 있어서만** 존재하고 […] 대자와 함께 사라진다"고

---

92 역자주-"인식은 존재의 '대자'에 대한 현전이라는 것 이외에 아무것도 아니며, '대자'는 이 현전을 이루는 '아무것도 아닌 것'일 뿐이다. 그러므로 인식은 그 본성상 탈자적인 존재이며, 따라서 인식은 '대자'의 탈자적 존재와 하나로 융합된다."

주장한다는 점이다. 두 번째 요소는 즉자가 **존재한다**는 사실 말고, 존재의 알려짐을 통해 새롭게 더해지는 것은 아무것도 없다는 그의 실재론적, 반 구성주의적 테제이다(217/269/381-2/377-8). 그러한 이유로 인간주체는 '사방곳곳'의 존재에 의해 '짓눌리고' '에워싸인' 것으로서 자신을 경험한다(217-8/269-70/381-2/378-9). 사르트르가 생각하기에 이런 것들은 관념론이 설명할 수 없는 것이었다.

§20 경험적 실재 (2부 3장 I-IV절)

인식에 대한 설명을 바탕으로 하고 그리고 인식의 이론과 밀접한 연관 속에서 사르트르는 초월에 관한 장의 중간 부분에서 인지적으로 구별 가능한 대상세계, **'세계 속의 사물'**(198/248/355/348)에 대한 설명을 제시한다. 이는 (1) 공간성(184-5/233-4/336-7/327-9, 211-13/262-5/372-3/368-9), (2) 경험적 결정성(determinancy), 즉 경험적 사물이 다른 사물이 아니라 그 사물 자체인 것, 그리고 사물이 다른 방식이 아니라 그렇게 존재하는 것 (II절), (3) 경험적 실재의 질적·양적 특징 (III절), (4) 존재의 시간적 구조, 즉 전반성적 의식에 의해 존재 **'위에서'** 발견되는 시간성(204/255/363-4/358)으로 사르트르가 '보편적 시간' 또는 '세계의 시간'이라고 부른 것 (IV절), (5) 통일성 또는 총체성으로서 '세계'의 지위(180-3/228-32/332-5/321-5) 등의 문제를 아우른다. 추상적인 것과 구체적인 것의 구분(188-9/238-9/342-3/333-4), 영구성(193-4/243-4/349-50/341-2, 204-6/255-7/363-4/358-9), 추상과 경험적 개념 형성(193-4/243-4/342-3/333-4), 잠재성과 개연성(196-7/246-7/352-3/345-6), 인과성의 원리(207-8/259/367-8/362-3), 운동의 원리(209-14/260-5/369-75/365-71) 등의 문제도 사르트르의 논의에 포함된다.

사르트르의 분석에서 줄곧 사용되는 개념이 부정 개념이다. 일반적인 관점에서 경험적 결정성은 '외적' 부정의 심급(§8)이다. 부정이 대자의 특권이기 때문에, 세계와 대자의 상호의존성(완전존재론(§12)에서 이들의 보완적, 상관적 관계)이 명확하게 나타나는 곳이 바로 이곳이다.

형식적 특징의 관점과 관련해 사르트르의 설명이 경험적 실재를 설명하기 위해 **선험적** 존재론적 조건, 즉 대자의 존재구조와 존재양식까지 거슬러 올라간다는 점에서 그의 설명은 초월적이다. 앞에서 언급했듯이, 사르트르는 (예를 들어, 즉자에 대한 비공간적 인지의 불가능성, 인과성 원리에 부합하지 않는 경험의 불가능성과 같이) 어떤 대안의 개념적 **불가능성**을 보이는 데 주력한다는 의미에서 그러한 특징들의 필연성을 증명하는 데 관심을 두지 않는다. 대신 사르트르의 분석이 보이고자 하는 것은 경험적 실재의 형식적 특징들과 대자구조가 서로 맞물리는 방식과 대자구조가 경험적 실재의 형식적 특징들을 인식할 수 있도록 만드는 방식이다. 그리고 이는 적어도 필수적 경험 조건과 연관된 몇몇 빈약한 주장을 지탱한다. 예를 들어, **우리에게** 즉자의 공간화란 대자존재로 하여금 즉자와 공존할 수 있도록 만드는 역할을 수행하도록 하는 것임을 밝히고 또 어떻게 인과 원리가 대자의 시간 구조를 반영하는지 보이는 한에서, 사르트르는 약한 의미에서이기는 하지만 경험적 현실에 대한 공간 및 인과성의 필연성을 설정한다고 말할 수 있을 것이다.

§21 도구성 (2부 3장 III절)

지금까지 3장에서 제시된 설명은 마치 '**표상적인 것**(the representative)'의 우위를 제시하는 것처럼 보인다. 즉 3장의 설명은 세계에 대한 사심 없고 명상적인 의식이 대자의 원초적인 조건이라는 시각을 암

시하거나 또는 그러한 시각에 부합하는 것처럼 보인다(198/248/355/
348). 그러나 사르트르는 이러한 시각이 거부되어야 한다고 우리에게
상기시킨다. 세계는 '자기성(selfness)의 회로 내부에' 나타난다(198/
248/355/348). 지각된 것은 "자기성(自己性)의 회로의 하나의 도체(導
體)로써 존재한다(192/242/348/349)." 그리고 대자는 이 회로와 함께
자신을 **결여**로 구성한다. 따라서 대자는 **실천적으로** 지향적인 것으로
구성된다.

이는 어떻게 세계가 구성되는지에 대해 직접적인 함의를 갖는다. 결
여에 대한 대자의 관계는 **주어진** 대상에 대한 관계일 수 없다. 만일 그
렇다면 결여는 **외적인** 관계가 된다. 즉 그러한 관계는 대자 자신의 **결여**
가 아닌 것이다. 사르트르는 특권적 종류의 (순수한) 반성이(§43을 보
라) 곧바로 대자존재를 결여로 이해한다고 설명한다. 그러나 **전반성적**
의식에게, 즉 세계에 대한 의식에게, 이 결여는 "오로지 투영의 형태
[속에서]" 하나의 초월적인 구조로서 나타난다(199/249-50/357/350).
이는 **특정한** 규정적 결여, 다시 말해, 세계의 인구와 **책무**(tâches)의 경
험적 동일화를 설명한다. 즉 대자에 의해 '채워져야 하는 공허'를 설명
한다(199/249-50/357/351).

그러므로 사물들은 근본적으로[gleichursprünglich] 인식의 대상인
동시에 또한 **도구** 또는 용구(用具)이다(200/250-1/358/351-2).[93] 이와
같은 이유로 칸트의 경험적 실재에 대한 설명은 세계를 도구적 기반
(matrix)으로 이해하는 하이데거적 설명과 통합되어 있다. 사르트르는
양자에 대해 새롭고 (**통합된**) 근거를 제시한다.

---

93   역자주-사르트르는 어떤 대상은 사물로 있고 그 다음에 도구로 존재하거나 도구
로 존재하고 그 후 사물로 존재하는 것이 아니라 '사물-도구'이다. 세계 속에서 도구
의 질서는 나의 가능성이 즉자 속에 투영된 영상이다.

§22 시간성 (2부 2장 Ⅰ-Ⅲ절)

사르트르의 시간성에 대한 논의는 매우 상세하지만 다음과 같이 요약할 수 있는 주제로 끝을 맺는다. 시간은 하나의 대자구조인 ('근원적인') 시간성의 관점에서 이해되어야 하고, 근원적인 시간성은 결국 대자의 반영성의 관점, 특히 대자 자신의 '시간화'의 관점에서 이해되어야 한다. 다음에 제시되는 논점들은 이 주제에 대한 사르트르의 논의를 이해하는 데 기초가 되는 것들이다.

1. 사르트르는 실재론이 시간은 존재하지 않는다는 결론을 내린다고 주장한다(107/155/229/206, 124/168/252/232). 그 이유는 실재론이 과거는 더 이상 존재하지 않는 것이고 미래는 아직 오지 않은 것인 반면 현재의 실재성은 극미한 것으로 분할되는 패러독스의 희생양이 된다고 주장하기 때문이다.

사르트르가 실재론에 부과하는 제약에는 반론의 여지가 있다. 하지만 시간에 대한 실재론적 입장을 거부하는 자신의 입장을 정당화하는 사르트르의 논지의 섬세하고 가장 효과적인 측면은 시간을 인지하기 위한 개념은 (사르트르의 방법에 대한 기초적 규칙에 따라) 시간 개념과 시간에 대한 **의식**의 연결성을 보여야 하며, 실재론이 이용하는 논지들은 모두 이러한 목적에 적합하지 않다는 것을 보이는 대목에서 잘 드러난다. 우리의 시간에 대한 의식은 시계바늘이나 진행 표시줄 막대가 움직이는 것을 보는 것처럼 시간의 지속적인 지나침을 관찰하는 것으로 한정될 수 없다. 시간은 의식의 **대상**이 아니다. 의식은 시간 속에 있고, 시간은 의식 속에 있다. 더욱이 우리는 필연적으로 시간을 3차원 속에 **접합된** 것이자 (저 뒤에 과거가 있고, 지금 현재가 있고, 앞에 미래가 놓여 있다) **동적**(dynamic) 성격을 (시간은 **흐르고**, 현재는 과거가 된다) 지닌 것으로 의식한다. 그러한 의식은 현재 주체에 포함된 (기억 이미지, 미래의 사건 상태들에 대한 이미지와 같은) '표상'을 바탕으로 이해될 수 없다. 그 이유는 주체가 이 같은 정신적 표상들이 과거나 미래를 지칭하고 있는 것으로 이해하기 위해서는 선행적 시간-의식이 요구되기 때문이다(108-9/151-2/289-91/273-5, 124-5/169/250-1/230-1). 따라서 과거와 미래에 대한 의식은 표상의 관계가 아니고, 존재의 관계이다(146/192/282/266).

2. 대자에서 시간을 도출하는 것은 여러 가지 선택의 가능성을 열어둔다. 그리고 그중 하나가 시간을 객관적 지식의 초월적 조건으로 다루는 칸트의 방법이다. 칸트적 관념론에 대한 그의 일반적 입장 및 그의 목적론적 대자존재 개념에 일관되게 사르트르는 시간성의 **비인식론적** 기반을 찾으려 한다.

3. 사르트르는 시간에 대한 이론은 **왜** 시간이 존재하는지, **왜** 시간은 세 차원을 가지고 있는지, 그리고 [시간의] '과거로의 여정', 즉 **왜** 시간이 과거로 되는 과정인지 설명할 수 있어야 한다고 주장한다(120/164/247-8/226-7, 142/188/278/261, 144/190/280/263). 하나의 흐름이자 세계 속의 사물들이 지나치거나 전달되는 선형적 매체로서 시간을 그리는 일상적이고 상식적인 견해는 시간을 단지 주어진 것[所與]으로 받아들일 뿐 위와 같은 질문에 대한 답을 제시할 잠재력을 지니고 있지 않다. 만일 시간이 '과거-현재-미래'의 구조로 이해되어야 한다면, 분명 시간은 세 독립적인 요소들의 단순한 합으로 간주되어서는 안 된다. 이로부터 우리는 "시간성의 2차적 구조들을 지배하고 그 구조 하나하나에 알맞은 의의를 부여하는 하나의 전체로서 이 시간성을 다루어야 한다"는 것을 알 수 있다(107/150/229/206).

사르트르가 시간 이론에 부여하는 제약(시간은 대자에서 도출되어야 하고 시간을 인식의 조건으로 환원하지 말아야 한다)을 정리하고 나면, 사르트르가 즉자의 무화라는 대자의 기초적 특징에서 도출되는 대자의 동적이고 목표-지향적인 구조 속에서 시간을 찾는 이유를 이해할 수 있다. 사르트르는 주체가 객관적 계열을 의식한다(예를 들어, 아래쪽으로 흘러가는 배)는 것이 무엇을 의미하는가에 대해 설명하지 않고 **주체**가 **자신을** 자신의 과거, 현재, 미래와 **관련**시키는 것, 다시 말해, 사르트르는 주체가 자신을 **나의** 과거, 현재, 미래에 속한 어떤 것으로 관련시키는 것이란 무엇인가에 대해 설명한다. 앞선 언급들로 인해 우리는 왜 이러한 논의가 사르트르가 시간이란 무엇인가에 대한 철학적 질문에 접근하는 대신에 시간의 '심리학'을 기술하고 있음을 의미하는 것이 아닌지 알 수 있다. 또 우리는 왜 이러한 논의가 사르트르가 버클리적인 방식으로 시간을 '주관화'했음을 의미하는 것이 아닌지도 이해할 수 있다. 사르트르는 분명 시간의 궁극적인 **토대**가 주체 속에 자리해야 한다는 관념론적 원리를 따르고 있다. 그러나 사르트르에게 시간이 주체성의 **내용** 안으로 붕괴되는 것은 불가능하다.

I절과 II절의 텍스트는 복잡한 구성을 가지고 있다(이 장의 III절은 비-근원적, 심리적 시간성과 관련되는데, 이는 아래 §24에서 논의될 것이다). 도입부 문단에서 그의 입장을 재빨리 스케치하고 난 후(107/150/229/206) I절은 시간에 대한 '잠정적 명료화'와 '예비적 명료화'를 제시하기 위해 기획된(107/150/229/206) 세 시간 차원에 대한 현상학적이며 '전-존재론적인' 묘사를 차례로 제시한다. 그러나 이 절이 현상학과 양립 불가능한 내용을 토대로 한 결론을 포함하고 또 우리가 대자의 존재론에 대해 이미 알고 있는 관점에서 각 시간 차원의 의미의 대해 기술하고 있다는 점에서 이 절이 존재론적이라기보다 현상학적이

라는 주장의 의의는 미력해진다.

(1) 112-20/156-64/235-48/213-27: 과거의 의미는 대자의 방식으로 과거를 **지닌** 한 존재가 자신이 책임져야 할 것이자 현재 속에 근거를 두어야 할 것 그리고 그것으로 '있어야만' (114/158/238/216) 할 것으로서 과거와 관계하는 방식에 있다. 그러나 이는 더 이상 **반영-반영하는 것**으로 존재하지 않고 즉자가 **된** 대자로서 간주되기 때문에 **더 이상** 대자로 있지 않는 것이다. 과거는 "내가 그것으로 있으면서 그것을 살아갈 수 없는 것이다(119/163/245/224)." 따라서 과거에 대한 관계는 사르트르의 모순적인 대자 서술 공식의 전형이 된다. 내가 나 자신의 **과거로 있는 것**은 내가 나 자신의 과거로 있지 않기 위해 내가 그것으로 있어야 하는 것이고 내가 나 자신의 과거로 있기 위해 그것으로 있지 않아야 하는 것이다(117/161/242-3/221-2).[94]

(2) 120-3/165-8/248-52/227-32: 현재는 '즉자존재에 대한 대자의 현전'이라는 더욱 단순한 의미를 담지하고 있다(121/164/249/228). 이는 **모든** 즉자존재에 대한 내적 연결 방식(le mode de liaison interne)을[95] 의미하고 '현재적 순간'[96]의 존재의 관점에서 분석될 수 없다. 이는 존재를 마주한 도피(fuite), 즉 "공통 현전적인 존재 밖으로의 도망이며, 자신이 그것으로 있었던 존재로부터" 미래를 향한 [그것으로 있을 존재를 향한] **'도피'**를 의미한다(123/168/252/232).

(3) 127-9/172-4/257-60/237-41: 미래는 애초에 대자가 도피하는 현재와 과거 바깥에 존재하고 따라서 대자는 '존재 저편'의 존재함을

---

94 역자주-불어 원문은 다음과 같다. j'ai à l'être pour ne pas l'être et que j'ai à ne pas l'être pour l'être.

95 역자주-『존재와 무』117/161/243/222, 588/677/407(2)/950.

96 역자주-『존재와 무』123/168/252/231. "현재적인 순간은 대자를 실재화하고 사물화(物化)하는 사고 방식에서 나타난다."

의미한다(126/170/255/235).[97] 그러나 이 '바깥'이 **기다려지며 기대되고 실현되지 않는**다는 것에 의미를 부여하기 위해서는, (즉 단순히 이 '바깥'이 '다가올 순간들의 동질적이고 시간 순서적인 한 계열'들로 관련되지 않기 위해서)(129/174/260/241) 미래의 완전한 의미는 미래의 대자의 의미, 즉 **앞으로 존재할 나로서 나 자신**의 의미여야 한다고 사르트르는 주장한다. 그러나 다시 한번 이러한 미래의 자아는 과거에 존재했던 양식으로서의 나와 존재론적으로 동일한 나 자신이 될 수 없다(만일 그렇다면 '미래를 바라보는 것'과 '과거를 돌아보는 것'을 구분할 수 없게 될 것이다). 그래서 사르트르는 미래가 자아로서 대자의 목적론적 이론과 '가능한 것'의 관점에서 이해되어야 한다고 주장한다. (§17–18) 미래는 자기일치(self-coincidence)의 "이상적인 지점"으로 여기서 자아는 "대자의 그 자신에 있어서의 존재로서" 나타날 것이다(128/172/259/238). 따라서 미래는 성취되지 않은 채로 **여전히** 항상 다가올 것, 즉 "여러 가능의 지속적인 가능화(possibilisation continuelle des Possibles)"이다(129/174/260/241).

II절은 공식적으로 현상학에서 존재론으로 옮겨 가면서 정적(靜的)인 시간성(130–42/175–88/261–78/242–61)을 다루는 첫 번째 부분에서 시간을 형식적 **질서**로 설명하는 실재론적 또는 관념론적 입장을 논박한다. 그리고 '역동적 시간성(142–9/188–96/278–87/261–71)'을 다루는 두 번째 부분은 (a) I절에서 묘사된 과거, 현재, 미래의 의미를

---

97   역자주-사르트르는 현전을 자신의 존재를 향한 도피로 규정한다. 즉 사르트르에게 대자란 단순하게 자신의 존재로 있는 것이 아니고 자신의 존재로 있어야 하기 때문에 미래가 존재한다. 미래는 규정하는 존재이다. 만일 현전이 아무것도 결여하지 않고 있다면 현전은 존재 속에 빠져 완전한 동일성 속에 고립될 것이다(125–6/170/255/235).

설명하고, (b) 이 묘사들에 의해 제기하는 **문제들을** 해결하는 방식으로 3차원적 시간성의 존재론을 확장한다. 136-7/181-3/270-1/252-3쪽 그리고 147-9/193-6/284-87/268-71쪽의 문단들은 사르트르의 시간성 개념의 정수(精髓)를 제시한다. 여기서 사르트르는 시간을 '자기성의 구조'를 가지고 '미완의 총체성'으로서 '자신을 시간화하는(149/196/287/271)' '통일 행위', 즉 "자기 존재로 있어야 하는 존재의 내부 구조"로 규정한다(136/181-2/270/252). 사르트르는 이 구조를 세 시간 차원에 적용하고 (과거에의 적용은 137-41/183-7/271-6/253-8쪽에, 미래로의 적용은 141-2/187-8/276-7/259-60쪽, 그리고 현재로의 적용은 142/188/277/260쪽에 제시된다) 시간성이 일원적인 존재의 '변신'으로 파악될 수 있음을 보인다. 이 맥락에서 특히 중요한 것은 '왜?'에 답하는 사르트르의 설명이다. 즉 시간과 대자의 동일성을 깨닫고 나면 왜 시간이 존재하는가, 왜 시간은 지금과 같은 차원을 갖게 되었는가, 왜 시간은 흐르는가와 같은 초월적 질문들에 대한 답을 얻게 된다(147-9/193-6/284-87/268-71쪽을 보라).

사르트르는 시간을 구성하는 '이야기'를 찾으려고 했던 것인지도 모른다. 우리가 보통 생각하는 내러티브는 시간 **속의** 사건이라는 형태를 띠게 된다. 그러나 사르트르의 생각은 시간이 근본적(또는 목적론적) 내러티브 형태에 의해 정의되고, 이 형태로 인해 시간은 '과거-현재-미래'라는 모양을 갖게 된다는 것이다.

시간성에 관한 장에서 사르트르는 하이데거에서 차용한 개념인 '탈자태(ekstasis)'[98]를 사용한다. 이는 자신의 바깥에 서게 될 조건을 의미한다(『존재와 무』의 몇몇 맥락을 따르면 이는 그러한 상태에 이르려는

---

98 역자주-국역본은 '탈자'로 번역한다.

시도를 의미하기도 한다). 시간성은 대자를 구성하는 세계의 탈자태 중 첫 번째 것이다. 두 번째 구성요소는 반성이고, 세 번째 요소는 대타존재이다(298/359/487-8/501쪽에 제시된 사르트르의 요약을 보라). 과거, 현재, 미래는 세 개의 **시간적인** 탈자태를 구성한다(137/183/261/242).

탈자태라는 용어가 가진 중요한 의미는 대자의 목적론과 관련된다. 만일 그렇지 않다면 탈자태는 자기불일치(non-self-coincidence)의 동의어에 불과할 뿐이다. 이미 보았듯이 사르트르는 대자의 목적(telos)을 자아의 자기일치 또는 자기동일성으로 묘사한다. 그러나 이러한 움직임에 대한 사르트르의 설명은 존재로부터의 **선험적** '도피'의 움직임을 전제하는데 이 점은 항상 기억하고 있어야 한다. 즉 이는 더욱 기본적인 대자의 목적론을 구성하고 대자의 **해체**를 향한 초기 경향을 낳는, 즉 통일성을 깨고 상호 분리를 향해 멀어지는 부분들이 증식하는, 존재로부터의 도피를 전제한다(이는 마치 모든 대자의 목적론처럼 완료되지 않은 것이자 완료될 수 없는 것이다).

2장의 끝 무렵에서도 사르트르가 여전히 '객관적' 시간성을 다루지 않고 있다는 점에 주목하자. '보편적 시간' 또는 '세계의 시간'은 근원적 시간성 및 그것의 '강등된(degraded)' '심리적' 판본과 독립적인 것은 아니지만 이들과 구분되는데, 우리는 §20에서 '보편적 시간' 또는 '세계의 시간'이 사르트르의 경험적 실재에 대한 이론에 포함된다는 점을 지적한 바 있다.

§23 대자의 모순적 서술어

이미 본 것처럼 사르트르는 대자에 대한 다수의 모순적 술어를 활용한다. 반성은 반성되는 것**이자** 동시에 반성되는 것이 **아니다**. 대자는 자

제3장 본문 읽기 195

신의 과거이자 미래**이지만** 또한 그것이 **아니다**. 대자는 자신의 사실성을 구성하는 우연적인 존재**이지만** 또 우연적인 존재가 **아니다**. 의식의 존재는 "자기 자신과 일치하지 않고" 즉자의 자기동일성을 결여한다 (74/116/185/156). 이는 즉자가 자기 **자신인** 동시에 자기자신이 **아님**을 함의한다. 모순적 술어는 후반에서 신체를 논할 때 다시 되풀이된다. 나는 나의 신체**이자** 동시에 나의 신체가 **아니다**(§31). 가장 일반적인 관점에서 사르트르는 대자를 "그것이 있는 그대로 있는 것이자 그것이 있는 것으로 있지 않은 존재"[99]로 묘사한다(58/97/163/130). (사르트르는 동일성의 '있음'과 서술어의 '있음'이 상호 호환되는 것은 아니지만 서로 연결되어 있는 것으로 간주한다. 따라서 내가 모순적 술어의 테제라고 부른 것을 자기비동일성(non-self-identity)의 테제라고 부르는 것도 가능할 것이다.)

그러나 이러한 이해 방식은 포스트-칸트적인 전통 외부의 철학자들이 사르트르를 진지하게 수용하도록 촉진하는 데 도움이 되지 않았다. 포스트-칸트적인 전통 안에서는 이 같은 표현 형태가 더 익숙한데, 무엇보다도 헤겔의 관점에서 이 같은 표현 형태가 잘 드러난다. 그러나 사르트르의 모순적 대자 술어 이론이 모순적 즉자 술어와 같은 방식으로 공허하거나 무의미한 것은 아니다. 대자의 모순적 술어는 사르트르의 대자구조 **이론**을 통해 그 의미를 얻게 된다. 대자구조 이론은 반성이 **존재한다**는 것의 의미[반성의 의미], 반성이 반성되는 것이 **아니라는 것**의 의미, 내가 나의 과거**이지만** 또한 과거가 **아닌** 것의 의미를 설명한다.

그렇지만 여전히 한 가지 중요한 질문이 남아 있다. 사르트르의 모순

---

99 역자주-하이데거, 『존재와 시간』 용어 해설(까치, 1993), 479 참조.

적 술어 개념과 상호 관련된 이론들을 적합하게 고려할 때, 엄격한 의미의 모순이 정말 **사라지는가**? 다시 말해, '무엇이 현실(실재)인가'에 대한 그의 설명에서 모순을 **제거**하면서 사르트르의 형이상학을 다시 표현할 수 있을까? 물론 사르트르의 형이상학이 **그 자체로** 일관되게 구성되어야 하지만, 즉 자체를 모순 없는 이론으로 만들어야 하지만, 그의 형이상학이 **모순이 내재하는** 존재의 유형이 있다는 (그 구조가 **모순적인**) 진술을 포함하고 있는가라는 더 심화된 문제가 남아 있다. [모순을 가진 존재가 존재한다는 것을 이론의 모순 없이 설명할 수 있는가?] 만일 이것이 진정 사르트르의 주장이라면 사르트르의 이론적 설명은 대자에 부착된 모순적 서술어들을 풀이하는 방식으로 모순을 제거할 수 없다. 오히려 이 설명은 모순을 **전제**하고 **특정하게 드러낼** 뿐이다. 만일 그렇다면, 예를 들어 대자가 과거이고 동시에 과거가 아니라고 말하는 것은 대자가 **모순적으로 존재**하는 한 가지 방식을 표현하게 된다. 우리가 만일 **어떤 한 경우에** (나의 사실성으로서) 내가 나의 과거이고 **다른 경우에** (나의 초월로서) 내가 나의 과거가 아니라고 말하면서 대자의 모순적 술어를 상대화한다면, 이렇게 상대화된 두 술어 간의 상호배제 **관계**를 이해하기 위해서 모순이 여전히 꼭 필요하게 된다.

만일 사르트르가 대자의 모순성을 긍정한다면, 이는 사실 그의 존재양식의 다양성 원칙과 무의 형이상학 그리고 인간주체가 주어-서술어 형태를 결여한다는 테제와 구별되는 주장을 하는 것이자 나아가 이들을 넘어서는 주장을 하는 것이다. 우리가 독자적인 방식으로 실존하고 있으며 우리 존재가 무의 존재이고 형이상학적 특질을 지닌 존재가 아니라고 말하는 것이 모순들이 우리에게 적용된다고 말하는 것은 아니다.

이 문제에 대해 결론을 내리기는 쉽지 않다. 사르트르가 모순의 실재성에 대해 매우 진지했다는 관점을 옹호하며, 사르트르가 즉자 속에서 획득되는 모순 관념 위에서 대자의 모순성(contradictoriness)을 모델화한다고 주장할 수 있을 것이다. 내가 나의 과거인 동시에 나의 과거가 아닌 이유는 나무뿌리의 과거에 대한 고찰에서 얻어질 수 있는 정보가 아니다. 사르트르의 관점에 의하면, 인간에게 적용되는 서술어가 어떤 즉자에게 적용될 수 없고 **그 반대도 마찬가지**이기 때문에, 'F인 동시에 F가 아니다'는 그것이 나에게 적용되는 것과 같은 방식으로 나무뿌리에 적용될 수는 없다. 그러나 (§§9-10에서 다루었던 문제에서) 사르트르의 무개념이 즉자존재에 대한 우리의 이해에 의미론적으로 기생하고 있듯이, 아마도 사르트르는 (**의미**(meaning)의 차원에서) 모순이 즉자에 적용된다는 것이 무엇인가의 문제를 참조하면 대자의 존재양식 속에 실존한다는 것이 무엇인지 이해할 수 있을 것이라고 말하고 있는 듯하다.

둘째, 대자의 존재양식이 모순과 관련되지 않는다면, 사르트르가 몇 번이고 되풀이해서 문제가 될 것이라고 강조했던 방식으로 존재양식이 **문제가 되지는** 않을 것이라고 주장할 수 있을 것이다. 모순이 없다면, 우리의 존재양식은 — 우리가 우리 존재로 '되어야 하는' 방식 — 심오한 **형이상학적** 곤란을 야기하지 않을 것이다. 이와 같은 견해에 따르면, 모순은 인간의 실존을 해법이 필요한 문제로 만드는 것이자 대자에게 동기를 유발하는 엔진을 제공하는 것이다.

여전히 우리는 여기서 사르트르의 관점의 기묘함을 부족하게 기술하지 않도록 유의해야 한다. 그러나 철학적 소심함에서 벗어난 동기들을 가진다면 우리는 비모순율(principle of non-contradiction)을 위반하지 않으면서 우리의 존재양식의 문제적 성격을 정당하게 평가할 수도 있을 것이다. '~인 동시에 ~이 아니다'라는 공식은 대자의 다양한 구조들 사이의 평행성, 즉 이 구조들이 대자를 즉자와는 다른 이질적인 것으로 만드는 어떤 **형태**를 공유하는 것을 강조하기 위해 사르트르가 사용하는 방법이라고 생각해 볼 수 있다. 이 과정에서 반드시 모순이 발생하는 것은 아니다. 이외에도 개념적 기제로서 모순적 술어는 교육적 장점을 지니고 있는데, 그것은 모순적 술어가 **그 어떤** 대자의 술어가 지닌 문제 및 특징도 잘 드러내며 또 우리에게 인간주체가 어떤 특질들의 주체가 아니라는 점을 알린다. 모순이 내적으로 동적인 대자의 존재양식의 특징을 잘 포착해 내는 데 성공할 수 있을까 하는 의문이 생길 수도 있다. 만일 어떤 모순이 명확하게 나에게 적용된다면, 이는 나를 멈춰 세우는 일종의 최후의 개념적 안정화라고 할 수 있지 않을까? 따라서 최후의 해석적 그림에서 모순을 빼내기 위해 강력한 논거를 만들 수 있다.

이 문제가 두 개의 메타철학적인 문제와 밀접하게 연결되어 있다는 점을 언급할 가치가 있다. 이 문제에 대한 우리의 입장은 우리가 사르트르적인 모순에 대해 생각하는 바와 차이를 보인다. 첫 번째 문제는 사르트르와 헤겔의 관계와 관련된다. 위에서 언급한 것처럼, 모순적 술어는 헤겔의 논리에서 확고하고 방어적인 자리를 차지하고 있다. 사르트르가 (자신이 보기에) 부적합하고 실체적인 헤겔의 형이상학에 의지하지 않으면서 이러한 헤겔의 측면을 지지했다고 생각할 수 있다면, 헤겔적인 토대 위에서 사르트르의 모순 사용법을 이해하고 방어하는 것이 가능해진다. 헤겔적 변증법의 장치의 조건들이 형이상학적으로 중립적이라는 점에는 의심의 여지가 있지만, 이 문제에 대한 논의는 지금 다루는 주제와 동떨어져 있다.

두 번째 문제는 §13에서 논한 바 있는 메타철학적인 문제이다. 대자의 모순적 술어를 수용하는 자연스러운 방법 중 하나는 그것을 단지 **우리가 어떻게 생각하는지**에 대한 설명으로 받아들이는 것이다. 즉 모순적 술어를 단지 우리가 (사실적으로나 초월적으로 또는 그 이외의 방식으로) 우리 자신에 대해 **생각하고 경험하는** 방식을 설명하는 것으로 받아들일 수 있다. 이러한 구상들 또는 전개(presentation) 양식들은 서로 두서없이 중첩된다. 또는 어느 때는 (나는 나의 과거라는) 것이 옳고 또 다른 때는 (나는 나의 과거가 아니라는) 것이 옳아 이 둘 사이를 오가야 한다고 말할 수 있을 것이다. 물론 사르트르가 이러한 구상들 위에 자신을 중립적으로 정립시키며 자신은 단지 우리의 사고 유형을 살피고 있을 뿐이라고 주장하는 것은 아니다. 그는 이들의 상호 의존적 **필연성**을 긍정하고 또 그 구상들을 **지지**한다. 다시 말해, 그는 이 모순적 구상이 우리의 자기-경험 **현상** 및 자기-이해 **능력**에 비해 상대적으로 옳은 것으로 받아들여져야 한다고 말하고 있는 것이다. 그러나 사르트르의 철학 기획에 대한 배타적 관점주의나 코페르니쿠스적인 독해에 따르면, 사르트르는 이러한 모순을 실재적인 것으로 배치해야 할 필요성이 없다. 모순 없이 우리 **자신에 대해 생각하거나** 우리 **자신을 경험할 수 없다**는 것이 곧 사르트르의 최종 테제라고 말할 수 있을 것이다. 다시 말해, 인간의 주체성은 이론적으로 명료하게 이해될 수 있는 것이 아니다. '아무것도 아닌 곳(from nowhere)의 관점'에서 드러나듯이, 인간 주체가 실제로 모순적 구조를 가지는지 여부는 사르트르의 관심사가 아니다. 그리고 사르트르는 이에 대해 긍정도 부정도 하지 않는다.

§24 심리학, '심적 사실', 심적인 것(the psyche) (2부 2장 III절 158-70/205-18/298-315/283-302)

우리가 중립적으로 '정신적인 것'이라고 부르는 것에 다가가는 데에는 두 가지 대조적인 방법(그중 하나는 정신을 세계 속의 대상들에 동화시키는 것이고, 다른 하나는 정신을 주체성을 통해서, 그리고 주체성으로 파악하는 것이다)이 있고, 전자는 그것이 자연적 의식이 작동하는 방식에 근거하고 있을지라도 잘못된 개념으로 이어질 수밖에 없다는 『자아의 초월』의 핵심 주장이 『존재와 무』에서도 유지된다. 이 주장은 사르트르의 분석에서 반복적으로 등장한다. 특히 몇몇 대목은 현상학적 정신 개념에 반해, 자신이 '심리학적' 또는 '심리적'이라고 칭한 것에 대한 사르트르의 비판을 잘 드러내는 뛰어난 예이자 핵심 요소들로 꼽을 수 있다.

1. §14에서 보았듯이, 사르트르는 전반성적 의식이 그 자체로 목적론적인 불안정을 내포한다고 주장한다. 쾌락의 경우에서 '**반영/반영하는 것**(reflet/reflétant)'의 구조가 목격될 때, 쾌락과 쾌락에 대한 우리의 의식은 함께 '분할할 수도 분해할 수도 없는' 하나의 존재를 형성하며 (xxxi/21/70/25) 분할 가능성을 제거한다. 이때, 각 항은 다른 항으로 환원될 수 없다. 쾌락이 존재하기 위해서는 ([다시 말해] 내가 쾌락을 느끼기 위해서는) 이 총체성의 두 순간이 상호 참조하는 운동에 참여해야 한다. (보다 정확히 말하자면 내가 이 운동이 **되어야** 한다.) 이러한 쾌락의 존재양식의 특이성은 (내 앞에 있는 외래의 대상에 대해 느끼듯이 내 쾌락으로부터 물러날 수도 없고 또 대상에 완전히 몰입할 수도 없다는 점에서도 드러나듯이) 한 대상이 지닌 성질이나 내용과 유사하게 쾌락을 다룰 가능성을 방지한다.

  2. 신념(belief)의 경우, 전반성적 **코기토**의 법칙은 동일한 종류의 결과를 산출한다. 그러나 한결 복잡한 함의를 갖게 된다(68-70/109-11/177-80/145-50 그리고 74-75/117-18/185-7/156-8을 참조하시오). p가 그 p를 믿는 의식을 내포한다는 신념, 그리고 내가 그 p를 믿는다는 것을 의식하는 것은 곧 내가 그 p를 믿고 있다는 것을 **아는** 것

이라는 함의가 바로 그것이다. 그러나 이 지점에서, *p*가 그 자신을 의
식의 추정적 **사실**로 전환시킨다는 신념은 (즉 내 마음의 '주관적 결정'
은) '외부적 상호 관련'으로부터, 즉 *p* 그 자체로부터 갈라져 나온다
(69/110/178/147). 그리고 내 신념이 나에게 질문을 던지는 한, 이와
함께 나는 나의 신념으로부터 소외[타유화]된다. "믿음에 대한 비조정
적 의식은 신념을 파괴하는 것이다. 그러나 그와 동시에 반성 이전의
'코기토'의 법칙 자체에는 믿음의 존재란 믿음의 의식이라야 한다는
것이 내포되어 있다(69/110/178/147)." 이러한 신념의 특징은(그 불안
정성과 '문제적' 성격(75/117/186-7/157), 그 어떤 세속적인 사건들의
상태도 나에게 요구하지 않는 비인과적 방식으로 내 신념을 **유지**할 필
연성과 그에 따른 어려움) 고양이가 깔개 위에 있다와 같은 평범한 경
험적 (사르트르의 언어로 표현하자면 '직관적으로 근거 지어진') 신념
의 경우에서는 드러나지 않는다. 그러나 사르트르의 관점에서 보면, 이
러한 특징은 나쁜 믿음(mauvaise foi)[100]이나 자기기만이 가능해지는
데 필수적이고, (§37을 보시오) 우리 믿음(doxastic)의 삶이 평탄하지
않게 진행되는 원인이 된다.

　3. 욕망은 또한 상식적인 심리학이 이해하지 못하고 심리학적 정신
개념이 수용할 수 없는 깊은 구조를 드러낸다고 사르트르는 주장한다

100　역자주-동서문화사 번역본은 'mauvaise foi(bad faith)'를 '자기기만'으로, 삼성
출판사 번역본은 '불성실'로 번역하고 있다. 이에 대해 변광배는 "인간존재가 자기 자
신을 속인다는 의미"가 있기 때문에 자기기만으로 번역해야 한다고 설명한다(변광배,
『존재와 무: 자유를 향한 실존적 탐색』, 서울: 살림, 2005, p.172). 조광제 역시 동일
한 번역어를 선택한다. 따라서 여기서는 자기기만을 사용하기로 한다. 이 글의 원저자
는 bad faith와 self-deception을 모두 사용하므로 이 두 단어가 함께 쓰일 때는 불어
'mauvaise foi'에 해당하는 'bad faith'는 '나쁜 믿음'으로 번역하고 'self deception'
은 자기기만으로 번역한다. 그리고 그 이외의 경우에는 모두 '자기기만'으로 번역할
것이다.

(87-8/130-1/202-3/175-7, 101-2/145-6/220-2/196-8, 198-9/
248-9/355-7/348-51을 보라. 성적 욕망에 대한 논의는 382-98/451-
68/120-43(2)/633-59을 보라). §17에서 언급했듯이, 욕망을 힘이나
어떤 대상을 향한 욕구(desirability)에 대한 합리적 반응으로 개념화하
는 것에 **반해**, 사르트르는 욕망 그 자체를 (예를 들어, 갈증이나 성적
욕망과 같은 가장 '기초적인' 전반성적 형태에서조차) 형이상학적 결
여라는 구조에 의해 조건 지어지고 가능해지는 것으로 간주한다(101-
2/145-6/220-2/196-8를 보라). 결여는 대자가 즉자를 부정하는 것을
통해 동기적으로 유효해진다고 사르트르는 주장한다. 대자는 자신에게
결여하는 것이 **되기** 위해 결여로서 자신을 부정하고, "개개의 결여를
감당된 결여 또는 **견뎌 낸** 결여로서 경험적으로 확인"할 수 있게 된다.
대자는 또한 "감수성의 근거"를 제시한다(199/249/356/351).

심리학적인 관점에서 경험적 결여는 '**경향**(tendances)'이나 '**욕망**
(appétite)' 또는 힘으로 재해석된다(199/249/356/350). 이러한 심리
학적 정립을 단순한 '우상'과 '환영'(199/249/356/350)으로 드러내
보이는 것은 욕망 속에 존재하는 목표의 복잡성이라고 사르트르는 주
장한다. 목이 마르다면 물론 마실 것을 원할 것이다. 그러나 욕망의 목
표는 단순한 대상, 즉 음료수가 아니다. 또한 그 대상을 소비하는 것이
욕망을 사라지게 하지도 않는다. 오히려 갈증은 마신다는 행위에 대한
의식과 함께 **자신을 풀어헤친다**. "욕망이 그것으로 있기를 원하는 것,
그것은 충만한 공허이며" 이 공허는 "마치 녹아 있는 청동에 형태를 부
여하는 주형과 마찬가지로 욕망의 만족에 그 형태를 만들어 주는 것"
이다(101/146/221/197). 이와 같은 의미에서, 욕망은 자신을 억누르지
않고 **영속화**하고자 하는 욕망의 목적론에 속하게 된다("인간은 완강하
게 자신의 욕망에 집착한다(101/146/221/197)"). 사르트르의 관점에

서 보면, 인간주체가 욕망한다는 것이 함의하는 것 그리고 인간의 욕망
이 '충족된다는' 것이 의미하는 것이 지닌 풍요로움과 복잡성은 형이상
학적인 설명을 필요로 한다. 이로부터 "유기체적 현상으로서 목마름,
'물의 생리학적 필요로서' 목마름은 존재하지 않는다"는 점이 뒤따른
다(87/130/202/175). §41에서 이 점에 대해 보다 자세하게 다룰 예정
이다.

　사르트르가 접근했던 방식으로 정신 철학의 관련 주제들에 대해 완
벽한 조사를 하려고 한다면, 그 연구는 매우 광범위해질 것이다. 이 전
장에서 우리는 초기 사르트르가 상상과 감정을 다루는 방식을 언급한
바 있다. §37에서 볼 수 있듯이, 사르트르는 또한 성격 개념에 대해 비
판적 도전을 제기한다. 여하튼 그는 추정적·경험적 설명 방식에 대해
도전을 제기한다. 신체에 대한 장에서 사르트르는 심리학적 '감각경험
(sensory experience)' 개념과 감각(sensation) 개념을 상세히 논의한
다(310-20/372-83/22-31(2)/522-33). 행위와 행위에 대한 설명과 관
련해 4부에서 사르트르가 자유 이론의 맥락 속에서 심리학적 인과결정
론은 상상도 할 수 없다고 주장하는 것을 보게 된다(§32). 그리고 심리
학적 법칙에 따라 개인을 설명하고자 하는 시도들에 대한 비판이 뒤따
른다(§34).
　따라서 사르트르가 두 방향의 주장을 개진하려 애썼다는 점은 주목
할 만하고 중요하다. 이는 그의 주장의 강점이기도 하다. 그는 정신의
형이상학적 관점에서 일상적인 개념으로 움직이는 동시에, 일상적인
개념을 비판하면서 형이상학으로 거슬러 올라간다. 사르트르의 입장을
평가할 때, 이 두 입장을 모두 고려해야 한다.
　정신적인 것에 대한 사르트르의 견해 중 여러 요소들이 정신적 개념

의 논리적 특이성이나 독특한 '문법'에 대한 비트겐슈타인의 견해와 일치한다는 점이 인상적이다. 그러나 이러한 비교를 하는 과정에서 이 둘 사이에 차이점이 존재하는 점 또한 간과해서는 안 된다. 사르트르의 견해에 따르면 이 문법의 토대는 **현상 속**에서 재발견되어야 한다. 사르트르는 형이상학적 체계에 미달하는 그 어떤 것도 비트겐슈타인이 우리에게 필요하다고 생각한 치료법을 제시할 수 없다고 생각한다. 이는 부분적으로는 비트겐슈타인이 생각했던 것보다 실존적 전화에 대한 우리의 요구가 훨씬 더 크다고 사르트르가 생각했기 때문이다. 그러나 사르트르에 따르면 그 이유는 또한 정신 현상의 주체들이 2부에서 밝히려고 했던 비자아동일성(non-self identity)이라는 특이한 형이상학적 형태를 지닌 것으로 파악될 때에만 정신 현상이 이치에 맞기 때문이다. 결국 사르트르는 그의 형이상학적 무에 근거할 때에만 이러한 형태가 이치에 맞을 것이라고 생각한다.

쾌락, 신념, 욕망에 대한 사르트르의 분석이 밝히고자 하는 것은 내 정신상태가 '내 것(mineness)'이라고 할 때 그것이 지닌 포착하기 어렵고 복잡한 특징이다. 사르트르의 관점에서 볼 때, 이러한 특징은 인간주체를 비인간적 경험 대상에 의해 제시되는 설명항들과 동일한 종류의 **설명항**들을 제시하는 것으로 간주하기 위해 심리학적 개념이 간과하거나 또는 적극적으로 정신적인 것에서 제거하려고 했던 것이다. 이 심리학적 개념은 주어-술어 모델 위에서 인간주체를 생각하고, 또 이와 상관해서 정신적인 것에 대한 진실을 사건의 상태와 관련된 사실에 대한 진술로 간주한다. 이때 사건의 상태는 사건에 대한 비의식적 상태와 동일한 의미로 나타나고, 또 사건에 대한 비의식적 상태라는 존재양식을 공유한다. 따라서 정신적인 것의 자기소유성(mineness)은 부차적이고, 보조적이고 필수적이지 않은 것이 된다.

따라서 사르트르는 단순히 일상적이고 과학적인 심리학이 정신에 대해 매우 단순한 입장을 취하고 있으며 이론적인 정교함이 향상되는 과정에서 수정될 것이라고 말하고자 한 것은 아니다. 사르트르의 핵심은 '심리적 사실' 또는 '심리적 상태'[101] **같은 것은 존재하지 않는다**는 것이다. 그 대신에 존재하는 것은 사르트르가 '심적인 것(the psychic)'이라고 부른 **실질적인**(virtual) 현상들의 장(場)으로, 이는 과학적 심리학의 대상들로 구성된다.

심적인 것은 2부 2장 III절에서 시간성 이론이라는 맥락 속에서 집중적으로 다루어진다. 그 이유는 사르트르의 설명에서 대자가 자신을 심적 존재로 파악하는 것을 가능하게 하는 것이 시간성과 반성 구조의 접합이기 때문이다.

사르트르는 어떻게 심적인 것이 구성되는지에 대해 복잡하고 자세한 설명을 제시한다. (1) 150-4/197-201/287-293/271-75. §15에서 보았듯이 반성은 자신의 '객관화'와 내재화를 완성할 목적으로 출현한다. 그러나 반성은 대자존재이고 그 구조는 비자아동일적이기 때문에 이는 성취될 수 없다. (2) 158ff./205ff./298ff./284ff. 반성이 자신의 목표를 성취하는 데 실패할 때 나타나는 것이 심적 사실들의 객관적인 연속으로서 반성된 의식을 파악하는 것이다. 이는 사르트르가 '심적 시간성' 또는 '심적 지속'이라고 부른 것으로 비조정적, 전반성적 의식의 근원적 시간성과 구분되는 것이다. 마치 의식을 과거 시제로 표현하듯이 반성은 반성되는 것에게 대자의 과거가 지닌 즉자적 성격을 부여한다 (119/163/245/224). 심리학의 오류는 정신적인 것 일반에 과거의 존재

---

101 사르트르의 단호한 심리학 거부에 대해서는 '장 폴 사르트르와의 대담'(1975), pp.8, 38을 보라. "심리학은 존재하지 않는다.""나는 심리학의 존재를 믿지 않는다. 나는 심리학을 해 온 것이 아니며, 그것이 존재하지 않는다고 생각한다."

양식을 귀속시키는 것이라고 말할 수도 있을 것이다. (3) 160-1/207-8/
300-2/286-8: 마침내 반성이 반성과 반성되는 것 사이의 유대 형성에
기여한다. 이는 반성과 반성되는 것을 분리하는 무를 더욱 심화시키고
반성되는 것이 즉자의 수준으로 내려가는 것을 허용한다.

더 정확히 말하자면, 이는 사르트르가 "불순한 반성" 또는 "공범(共
犯)적(complice) 반성(155/201/294/278)"이나 "**구성하는**(constitu-
ante) [반성](159/206/300/286)"이라고 부른 반성의 유형에서 유래하
는 것이다. 그는 이 반성을 "순수한 반성"과 대조시킨다.(§43을 보라).
불순한 반성에서 유래하는 반성된 의식에 대한 "막연한 표상"은 외부
성의 정도에 의해 표시된다. 내 의식에 대한 이 [막연한] 표상의 현전
이 나로부터의 분리되어 마치 나를 "**방문**"하는 것과 유사해진다
(158/205/299/284). 심리가 특질을 지닌 실체 모델로 통합될 때, 따라
서 그것이 "하나의 조직의 밀착된 통일성"을 드러낼 때, 우리는 사르트
르가 『자아의 초월』에서 자아라고 칭한 것 그러나 지금은 "프시케
(Psyche, Psyché)"라고 부르는 실체를 갖게 된다. 사르트르는 앞서 있었
던 심적인 것에 대한 분석을 상태, 성질, 행위로 나누어 요약한다(162-
3/209-11/303-5/289-91). 프시케는 그 어떤 시간적 관점에도 무차별
적으로 자신을 제시하고(165/212-13/307-8/293-4), 프루스트의 정신
적 '화학'을 불러들인다(169/217/313/300).

프시케가 탈존적(ekstatic) 대자에 대해 비동일적인 것일지라도 그것
이 '상호주관적인 실재성'[102]을 지니고 있다는 이유 때문에서라도 환상
으로 여겨져서는 안 된다는 점을 사르트르는 인정한다. 심리학적 사실

---

102 역자주-삼성판/동서판 국역본 모두 4부에서는 réalité intersubjectivite를 '공통주
관적 실재성'으로 번역하고 있다. 502/559/286(2)/819. 시간성에 관한 장에서는 '상
호주관적인 실재'로 번역한다.

은 사람들 간의 구체적 관계의 토대와 행동들의 목표를 제공한다. 내
계획은 **피에르가 내게 느끼는 분노**를 고려해야 한다. 나는 **애니가 나를
사랑하도록 하기 위해** 무엇이든 할 것이다(158-9/205-6/298-300/
283-6). 사르트르는 프시케의 실존양식을 (비록 '환영 같은 세계'에서
일지라도) '추상적인' 것이 아니라 '실재적인' 것(161-3/208-11/302-
4/288-9), 단순한 '이상성'과 존재되지(être été) 않으면[103] 안 되는 어
떤 것의 인공적인 존재 사이에서 모호하게 진동하는 것으로 묘사한다.
프시케는 또한 '**현실적 상황**'을 구성한다(170/218/315/302).

§25 프로이트 비판 (1부 2장 1절)

2부에서 전개된 전반적인 인간주체 개념은 사르트르가 1부에서 다루었
던 프로이트에 대한 논의로 거슬러 올라가며 논점들이 확인된다(50-
4/88-93/152-57/118-23).

명성에 걸맞게 사르트르의 프로이트 비판은 잘 알려져 있다. 간결하
고 예리한 논증을 통해 사르트르는 정신분석학을 처분해 버릴 것을 주
장한다. 프로이트의 입장을 방어하기 위해 할 말도 많이 있지만, 사르
트르가 정신분석학적 설명의 개념적 특징에서 실제로 문제가 될 만한
특징들을 잘 식별하고 있다는 점은 부정할 수 없다.

사르트르의 주장을 간략히 말하자면, 그것은 프로이트의 메타심리학
이 (**의식, 전의식, 무의식**의 구분이든[전기 도식] 또는 자아와 이드(id)
의 구분이든[후기 도식]) 마치 서로 다른 두 사람이 서로 관련되듯이
정신을 급진적으로 나누고 있다는 것이다. "이드와 자아를 구분하면서
프로이트가 마음이라는 한 덩어리를 둘로 나누었다(50/89/153/118)."

---

103   역자주-『존재와 무』, 152/201/291/275.

그리고 정신분석학은 "나 자신에 관하여, 나를 나와 마주하고 있는 타자의 위치에 [둔다]". 그 이유는 "정신분석학이 나의 가장 심오한 주관성 속에 상호주관적 구조를 끌어들이기 때문이다(51/90/154/120)." 사르트르는 불안을 일으키고, 본능적으로 충전된 정신적 내용의 억압, 즉 정신분석학이 억압이라고 부르는 것을 유지하기 위해 분석자의 해석에 저항하는 피분석자(analysand)의 예시를 제시한다(51-2/90-1/154-5/119-20). 이러한 독해에 근거해서 (프로이트가 정신이 부분으로 나뉘어 있고, 이 부분들을 서로 필연적으로 통일되지 있지 않고 투명하지 않은 역동적 상호작용을 수행한다고 주장하는 한, 이러한 독해는 옳다) 사르트르는 프로이트주의적인 설명이 개념적으로 혼란스럽고, 단지 유사-설명을 낳을 뿐이라고 주장한다. 이 주장의 핵심은 자기인식[자기지식]의 실패를 설명하기 위해 정신 속에 서로 다른 부분을 가정하는 이론은 논리적으로 일종의 난쟁이의 실존을 가정한다는 것이다. 이 난쟁이는 심리적 장치 속에 묻힌 작은 사람으로서, 사르트르는 정신분석이론을 해석하면서 그를 프로이트가 '감각장치(sensor mechanism)' 라고 부른 것과 동일시한다. 사르트르의 핵심 주장은 또한 이 난쟁이가 설명에 필요한 작업을 수행하기 위해서는 합리적 능력을 가지고 있어야 하는데, 이는 설명을 무의미하게 만들거나 비일관적으로 만든다는 것이다. 합리성을 지닌 것으로 가정된 이 난쟁이는 전체적으로 사람의 속성을 갖게 될 것이고, 이러한 묘사에 의하면 그는 어떤 의식적인 **것이다.**

조금 더 구체적으로 말해 보자. 저항과 억압이라는 두 기능의 조화로운 조율 속에서 감각장치는 합리성을 필요로 한다. 따라서 이 감각장치는 자기의식을 필요로 한다. 이 감각장치가 사람의 의식적인 정신을 위해 작동하기 때문에 (이는 피분석자의 마음의 평화를 위해 작동한다)

그리고 이 장치가 피분석자의 정신상태의 총체성에 접근할 것을 요구하기 때문에, 이 감각장치는 무엇이 방어되어야 하는지 그리고 어떤 방어 방법을 채택해야 하는지 알아내기 위해서 무엇이 위협에 처해 있는지 그리고 어떤 접근 경로가 위협을 구성하는지 알아낼 필요가 있다. 이 센서는 효과적으로 사람을 복사한다. 명목적으로는 사람의 일부에 불과할지라도 사실 이는 사람 그 자체와 구별이 불가능하다.

만일 이 감각장치가 합리성을 결여하고 단지 진짜 **장치**에 불과한 것이라면, 정신을 계기[심급]들로 분할하는 프로이트의 논지는 "하나로 통일된 전면적 현상(스스로 위장하고 상징적 형태를 취하여 '통과하는' 경향[욕동]의 억압)을 설명하는 데 있어 넘을 수 없는 문제에 직면하게 될 것이다." 그리고 [이 현상의] 다양한 계기들 사이에 "납득할 수 있는 관련성을 확립하기 위해", 프로이트는 "장애물 너머 멀리 떨어져 있는 현상들을 연결하는 어떤 마술적 통일이 있다는 것을 도처에서 은밀히 암시하지 않을 수 없게 된다(53/93/157/123)."[104]

사르트르는 다음과 같이 결론 내린다. 프로이트의 무의식 개념은 한낱 말장난에 기대어 서 있을 뿐이고, 마음의 분할이라는 메타심리학적 가정은 '**의물론적**(chosiste/materialist)' 신화가 부과하는 스크린에 불과할 뿐이다. 이 막 뒤에 완벽한 통일성을 지닌 사람이 있고, 그는 이 막과 자신 사이에서 형성되는 기만적인(duplicitous) 자기관계 및 그로부터 발생하는 모든 행동을 책임진다. 이러한 논점이 우리에게 던지는 질문(우리가 어떻게 비합리성과 자기인식의 실패를 설명할 수 있을까)에 대한 사르트르의 답변은 간단히 말해 자기인식의 실패는 우리에게 강제되는 부분사(部分辭)적 주체 개념과 같은 의미에서 현실적인 것이

---

104   정신분석학에 대한 사르트르 초기의 비판적 논의는 『감정이론을 위한 소묘』, pp.48-55를 보라.

결코 아니라는 것이다. 그 실패는 항상 선택의 산물이다. 즉 주체가 자
유롭게 창출하는 반성적 외양들이다. 이러한 입장이 야기할 철학적 문
제가 바로 그간 자주 논의되어 온 자신에게 거짓말을 한다는 고전적인
패러독스인데, 이것이 바로 자아와 무조건적인 개인의 책임의 통일성
을 보존하는 방식으로 비합리성의 근원적 동기를 밝히려 할 때 사르트
르의 자기기만[나쁜 믿음] 이론(§37을 보라)이 정신분석학을 대체하
며 다루고자 한 문제이다(유사한 관점에서 아들러의 정신분석학적 이
론에 대한 논의도 참조하라(472-6/550-5/243-7(2)/772-7)).

사르트르는 여기서 프로이트에 대한 내재적 비판을 시도하고 있다.
이러한 비판의 성공 여부가 『존재와 무』의 전반적인 논지에 꼭 필요한
것은 아니다. 서문에서 본 것처럼, 사르트르의 관점에서 볼 때, 무의식
적 정신상태란 지각할 수 있는 것이 아니기 때문에 프로이트의 이론은
실패할 수밖에 없다. 사르트르는 이 표준적인 비판을 기꺼이 수용한
다.[105] 하지만 그가 『존재와 무』에서 프로이트에 대해 숙고하고, 정신분
석학을 경쟁적 논의의 대상으로 삼는 것에는 이유가 있다. 사르트르는
정신분석학이 지닌 이런저런 약점에도 불구하고 그 설명력에 큰 인상
을 받았다. 사르트르는 프로이트가 시도한 심층심리학, 정신현상 해석
에 대한 정신분석학적 실천, 그리고 자신을 알기 위한 (윤리적) 과제에
답하려는 정신분석학적 소명 등을 인정한다. 그러나 사르트르는 이러
한 성취들이 프로이트의 부분사(部分辭)적 정신개념이나 자연주의적
메타심리학과는 독립적인 것이라고 생각한다. 결국 사르트르의 프로이
트 비판의 더 심원한 목적은 이중적이다. 그 목적은 (1) 가장 인상적인
설명 형태를 통해 자연주의적 심리학의 도전에 정면으로 마주하는 것,

105　'자아에 대한 의식과 자아에 대한 인식(Consciousness of self and knowledge of
self)' (1948), pp.138-40을 보라.

그리고 논리적 패러독스를 드러내 보이면서 이러한 도전에 응하며 동시에 철학적 자연주의의 기반을 허무는 것이다. 프로이트의 객체화된 자아의 지형학(topography)이라는 개념(정신 속 내용들의 총합으로서 정신적인 것이라는 개념으로, 이에 따르면 정신의 심층에서 본능적인 즉자는 지향적인 의식으로 해석된다)이 지닌 비일관성은 또 한 번 대자의 존재양식이 주어-서술어 형태의 형이상학과 어울리지 않는다는 것을 드러내 보일 것이다. 사르트르는 프로이트의 이론이 대체로 정신적인 것을 사고하는 상식적인 방법과 연속성을 지니고 있다고 생각한다. 프로이트의 이론은 '감정에 이끌리다', 내 마음을 '알 수 없다', '어떤 일은 잊은 채로 남겨 두고 싶다'와 같은 일상적인 심리학적 통념들을 확대하고 보다 명확히 강화한다. 정신분석 이론의 신뢰성을 부정하면서 사르트르는 또한 폐기되어야 하는 일상 의식 속 자연주의의 원형적 요소를 강조한다. 프로이트를 논하는 다른 목적은 (2) 자기기만에 대한 자기 자신의 이론과 '실존적 정신분석학'을 준비하기 위해서이다. 정신분석학적 설명은 사르트르 자신의 실존주의적 해석 안에서 대자의 형이상학에 재접속된다. 이 점에 대해서는 §37과 §40에서 더 자세하게 논할 것이다.

연구를 위한 물음들

1. 사르트르는 무엇을 근거로 대자구조에 대한 자신의 이론을 발전시키고 있는가? 그리고 그 이론은 어떻게 그의 의식이론과 연결되는가?

2. 사르트르가 생각하는 자아란 무엇인가?

3. 사르트르의 설명에서 시간의 물질성은 어디에서 찾을 수 있는가?

4. 대자는 '자신이 그것으로 있지 않은 것[ce qu'il n'est pas]' 그리고 '자신이 그것으로 있는 것으로 있지 않은 것[n'est pas ce qu'il est]'

이라는 사르트르의 주장을 어떻게 이해할 수 있을까?[106]

5. 사르트르는 프로이트를 논박하는가? 조금 더 일반적으로 말하자면, 사르트르는 과학적 심리학에 반해 효과적인 논증을 펼치고 있는가?

(C) 타자와의 관계

인간 관계에 대한 사르트르의 비관적 견해에 대해 어떤 기준으로 어떤 판단을 내리던 간에, 『존재와 무』 3부가 대자와 타자의 관계를 다루는 방식에서 칸트 이후의 저작들 중에서 아주 소수의 작품들만이 견줄 수 있는 걸작의 풍모를 느낄 수 있다.

사르트르는 상호주관적 의식의 인식론적 문제에 아주 많은 지면을 할애하며 논의를 시작한다. 사르트르가 보통 사용하는 방법을 생각해 보면 이는 이례적이다. 우리가 앞에서 보았듯이, 사르트르의 전형적인 전략은 존재론적 구조를 설명하는 **과정에서** 인식론적 문제를 다루며 관련 문제를 해결하는 것이다. 이런 방법을 사용하는 데는 구조적인 이유가 있다. 『존재와 무』는 1인칭 시점에서 논의를 전개해 나간다. 그러나 상호주관성은 1인칭 시점의 철학적 성찰을 완전히 포기하는 것까지는 아니어도 그것이 부과하는 제약을 어느 정도 완화해야 할 필요성을 제기한다. 더욱이 사르트르가 2부에서 대자의 존재론적 구조를 설명하려 할 때, 자기성, 사실성, 초월, 시간성의 형식적 구조에서 타자의 흔적이라고는 전혀 찾아볼 수 없다. 타자의 정신 문제에 접근할 때 사르

---

106   역자주−123/162/252/232 참조. 58/94/163/130: "문제는 인간존재를 그것이 있지 않은 것으로 있고, 그것이 있는 그대로의 것으로 있지 않은 하나의 존재로 구성하는 일이다." 167/207/310/297도 참조.

트르가 사용할 수 있는 자료는 이제 모두 소진된 것처럼 보인다. 데카르트적 방법론을 고수하는 이들에게 나타나는 유아론의 위협이 사르트르에게서도 나타난다고 할 수 있다. 따라서 사르트르는 1인칭 시점 **안에서** 타자의 의식의 가능성을 설정할 수 있어야 한다. 이러한 상황은 문제의 난점을 잘 드러낸다. 그러나 그 난점은 사르트르가 타자의 인식[지식]에 대해 매우 엄격한 수준의 기준을 설정했다는 사실에 의해 더욱더 심화된다. 사르트르는 타자에 대한 우리 의식의 **직접성**을 적합하게 다루지 못한다면, 그리고 상호주관적인 삶에 특징적인 자아와 타자의 중첩이 어떻게 가능한지 설명하지 못한다면, 이 논의는 커다란 주목을 받지 못하게 될 것이라고 사르트르는 생각했다. 풍성한 가능성과 이론적 요구를 지닌 상호주관성 이론의 목표 개념은 사르트르도 헤겔을 따라 고립적인 관점으로서 타자에 관심을 두지 않고 자아와 타자의 **형이상학적** 관계에 관한 일반적 문제의 일부분으로서 타자에 관심을 가졌다는 사실과 매우 밀접하게 관련되어 있다. 인식론적인 문제들이 주로 논의되고 있지만, 사실 이는 서곡에 불과할 뿐이다. 사르트르가 다루려는 의제들 중에서 맨 위에 올라 있는 것은 형이상학적 의미에서 인간 관계의 필연적 실패와 상호주관적 갈등의 불가피함을 드러내 보이는 것이다.

§26. 문제: 대타 존재 (3부 1장 I절)

3부 1장 '타자의 존재'는 자아와 타자(Autrui)의 관계의 인식론적 측면에 대한 사르트르의 논의를 담고 있다. 타자의 정신 문제에 대한 사르트르 자신의 해결책은 다른 해결책들을 상세하게 비판하면서 나타난다. 즉 그는 소거법으로 자신의 해법을 제시한다. 사르트르는 다른 모든 설명들이 모두 실패했기 때문에, 그리고 그의 설명이 유일하게 『존재와 무』의 형이상학과 일관되게 어울릴 수 있는 해법이기 때문에 (따라서 그의 설명에 대한 다른 근거도 제시된다) 자신의 방법이 수용되어야만 한다고 설명한다.

첫 과제는 적합한 용어로 문제를 정의하는 것이다. 사르트르는 I절에서 부끄러움을 경험하는 것을 참조하며 타자의 정신이라는 문제를 제기한다. 나는 저속한 행동을 했고, 누군가가 그것을 보았다는 사실을 알아차린다. 그리고 나는 나 자신에 대해 부끄러움을 느낀다(221/276/388/385).

분석을 통해 부끄러움이, 타자의 존재를 전제하는, 지향적이고 비조정적이며, 전반성적인 자기의식이라는 점을 알 수 있다. 기원적 · 원시적 형태의 부끄러움이란 타자 **앞에서는** 자기 자신에 **대한** 것이다. 그리고 부끄러움은 타자의 의식에 주어진 한 **대상**으로서 나 자신에 대한 의식과 관련이 있다. 따라서 타자는 나와 나 자신의 관계를 **매개한다**. 부끄러움을 통해 발견되는 "내 존재의 하나의 모습"은 지금까지 『존재와 무』에서 다루어지지 않은 대자의 한 측면의 속하는 것이다(221/275/388/385). 다시 말해, 대자의 **대타존재**(being-for-others, être-pour-l'autre)가 바로 그것이다. 대자가 타자의 관계를 통해서만 가질 수 있는 무수한 종류의 특질들이 있다. 타자의 매개를 통해서만 나는 신뢰할 만한 사람이거나 또는 신뢰하지 못할 사람일 수 있고, 친절한 사람이거나 차가운 사람일 수 있다. 이렇게 상호주관적으로 구성된 대자의 측면은 존재론적 특이성을 가지고 있다. 이 측면은 대자에 **관한** 것(이 부끄러운 행동은 **나의 것**이다)이지 대자를 **향한** 것이 아니다(이 부끄러움은 나를 향한 것이 아니라 반대로 **타자를 향한 것**이다).

반성은 그러한 의식에 열쇠를 제공해 줄 수 없다고 사르트르는 주장한다. 내가 다른 타자에게 어떻게 보이는지 성찰해 볼 수 있고, 또 그러

한 성찰이 부끄러움을 불러일으킬 수 있지만, 사르트르가 묘사한 단순
한 사례에서 그 어떤 성찰도, 그리고 내 성찰 중 그 어떤 것도 내가 부
끄러움을 경험하는 것과 동일한 방식으로 개입하지 않는다. 또한 나의
그 어떤 성찰 행위도 내가 부끄러움을 경험하는 것과 동일한 방식으로
나를 타자에게 **현전**하게 만들지 않는다(§15를 보라). 실제로 "나의 의
식에 대한 타자의 현전"은 "반성적 태도와는 양립하지 않는다(221-2/
276/389/386)." 내가 내 자신의 (아마도 그렇게 천박하지 않았던) 행
동을 성찰할 수 있는 자기소유를 충분히 회복하자마자 직접성 속의 타
자는 나의 의식 속에서 축출된다. 따라서 대타존재는 반성과는 구분되
는 존재 그리고 반성에서 유래될 수 없는 구조를 대표한다.

더욱이 사르트르는 부끄러움과 같은 경우에서 나타나는, 타자를 향
한 대상으로서 나와 나 자신 사이의 간격의 부재를 강조한다(이러한
구조는 타자와 함께하는 일상적 존재의 기본 구조를 대표한다). 이는
마치 내가 독립적으로 인식하는 두 개의 분리된 사물들이 존재하는 상
황과 같은 것은 아니다. 즉 한쪽에는 (나 자신에 대한 나의 관계에서와
같이) 나 자신이 있고 다른 한쪽에는 타인의 의식 속에 존재하는 내 자
신의 '이미지'[107] 또는 표상이 있어, 내 안에 부끄러움이 일어나기 위해
서 이 둘이 서로 만나야 하는 것이 아니다. 타자의 현전 속에서 내가 갖
는 부끄럽다는 자기인식은 내 자아와 다른 이의 정신적 표상 사이의 비
판적·추론적 상관관계의 "구체적 심적 조작"에 의존하지 않는다
(222/276/389/386). 대신에 타자를 **통한** 직접적이고 진정으로 **반성적**
인 나 자신의 의식이 존재한다. 이것이 바로 이 부끄러움이 "뼛속까지
사무치는 이유이며", 내가 "머리 끝에서 발 끝을 관통하는 직접적인 전

---

107   역자주―삼성판과 동서판 모두 심상(心像)으로 번역하고 있다.

율"처럼 나의 부끄러움을 느끼는 이유이다(222/276/389/386).

이는 곧바로 다음과 같은 질문을 쏟아내게 된다. 부끄러움과 같은 경험을 구성하고 나에게 완전히 새로운 존재의 질서를 부가하는 방식으로 타자가 나의 의식과 연루되는 것이 어떻게 가능한가?

§27 실재론, 관념론, 그리고 유아론의 문제 (3부 1장 II절)

'존이 고통스러워하다' 와 같이 다른 이의 정신상태에 대한 평범한 진술이 아니라 부끄러움과 같은 자기 경험과 관련된 타자의 문제로 시작하면서 사르트르는 간접적인 방법을 택해 타자의 정신 문제에 접근한다. 그러나 문제는 항상 나타난다. 만일 부끄러움이 가능하다면, 내가 타자에 대한 의식을 갖는 것이 가능하고 따라서 타자에 대한 인식을 갖는 것도 가능해진다. II절 '유아론의 암초'에서 사르트르는 실재론과 관념론은 타자에 대한 인식을 절대로 불가능하게 만든다는 점을 보이려 한다.

(1) 실재론(223-5/277-9/390-3/387-91): 실재론은 그 정의(§12)에 따라 타자들에 대한 의식이 존재론적으로 독립적인 세계의 행위가 나의 의식에 작용을 해 생산되는 것이라고 주장한다. 사르트르는 이러한 논지가 타자의 정신이라는 문제를 불가능하게 만든다고 생각한다. 그 이유는 유비를 통한 논증에서 다룬 익숙한 문제이다. 실재론자들은 기껏해야 타자의 정신이 좋은 가설이라는 점을 보일 수 있을 뿐이다. 그러나 이러한 사고는 부끄러움에 대한 사르트르의 분석이 밝히는 타자 존재의 확실성을 입증하기는커녕 우리에게 현전하는 타자의 직접적인 인식도 수용하지 못한다(250-1/307-8/425-6/427-9 또한 보라).

근본적인 문제는 실재론자들이 **생각하는** 신체가 단지 또 다른 물리적 대상에 불과한 데 반해, 즉 즉자가 의식과 내재적인 관계를 형성하고 있지 않은 것처럼 신체도 의식과 **내재적인** 관계를 형성하고 있지 않은데 반해, 실재론자들이 신체를 매개로 타자에 대한 인식을 진행시키려 한다는 점이다. 타자의 신체가 사고하는 실체와 내재적으로 관련되어 있을지라도 그와 **나**의 관계는 외재적일 뿐이다(223/277/390-1/387-8). 타자의 정신을 합리적으로 추측할 수 있을지라도, 그 추측으로부터 우리가 끌어낼 수 있는 것은 전자(電子)가 존재한다고 믿는 것처럼 타자의 정신이 존재한다고 믿을 수 있다는 것뿐이다. [그러나] 우리는 타자가 그들의 신체 속에 **현전**한다는 생각에 다다를 수는 없을 것이다. 그런데 설명해야 할 것은 바로 이 문제인 것이다(돌이나 나무가 존재한다고 직관하는 것과 **타자의 신체**가 존재한다고 직관하는 것의 차이(224/278/391/388)).

실재론이 우리에게 남겨 준 지식의 개연적인 성격은 타자의 실존에 대한 직관적인 확실성과 동등할 수 없다. 따라서 실재론은 타자의 문제에 직면할 때 "기묘한 전도"에 의해 관념론 속에 빠지지 않을 수 없다고 사르트르는 말한다(224/278/392/390). 실재론자들은 타자의 경우 그것의 **있음**(esse)은 단순한 **지각됨**(percipi)이라는 점을 인정할 수밖에 없다(224/279/393/390).

(2) 관념론(225-30/279-85/392-7/390-9): 사르트르는 상호주관성에 대한 칸트의 입장이 무엇인지 상세히 탐색한다(그런데 사실 칸트는 이 문제를 다루지 않았다). 그리고 사르트르는 타자가 인과성과 같이 경험을 구성하는 범주나 규제적(regulative) 개념으로 사용될 수 있는지 고려한다(226-8/280-3/395-7/392-5). 사르트르는 어느 쪽이 되었건 관념론의 상황도 실재론의 처지처럼 희망이 없기는 마찬가지임

을 보인다.[108] 관념론에서 "타자는 하나의 순수한 표상이 된다(224/ 279/393/390)." 관념론이 (내 경험을 일관적인 표상체계 및 내 미래의 표상의 예측 등으로 통합하는 것을 촉진하면서) 내가 이 표상을 배치 하는 데 합리적 근거를 제시해 줄 수 있을지 몰라도, 결국은 그 한계에 서 타자에 대한 "현실적 관계"의 가능성을 허용하는 데 실패하고 만다. 관념론이 타자를 현실적으로 간주하고 또 하나의 주체로 간주할 수도 있다. 그러나 이는 절대로 직관으로 주어지는 것이 아니고, 항상 하나 의 대상으로 여겨진다(229/283-4/398/396). 관념론이 모든 의식의 대 상에 대해 요구하고 있는 것처럼, 나의 존재(being)를 향해 타자가 내 게 의존하고 있다면, 나와 타자는 형이상학적으로 다른 종류의 사물인 것이다. 나는 구성하는 의식이고, 그리고 이른바 모든 타자는 내 의식 에 의해 구성되는 대상이다. 이는 내가 유일하게 진정한 주체나 정신이 라고 말하는 것과 같다. 즉 유아론을 긍정하는 것이다.

실재론이 관념론으로 해소되는 것처럼 유아론의 위협도 관념론을 '외파시킨다'. 이로 인해 유아론은 절박하게 상식에 호소하거나 또는 어떤 보증도 없이 라이프니츠의 단자론(monadology) 위에서 다수의 표상 체계들을 조정하면서 형이상학적인 실재론으로 자신을 해소하게 된다(229-30/284-5/398-9/396-7). 어떤 것이든 간에 관념론은 독단 주의에 항복하고 만다.

(3) 신(230-2/285-8/399-400/397-400): 타자를 이해하려는 실재 론과 관념론의 여파 속에서, 사르트르는 이들이 공유하는 가정을 식별

---

108 역자주-사르트르는 관념론에게 남아 있는 선택은 타인의 개념에서 전적으로서 벗어나 타인이라는 개념이 내 경험의 구성에 필요 없다는 것을 입증하거나 아니면 타 인의 현실적 존재를 긍정하는 것, 즉 의식 개체들의 경험 밖의 현실적인 교섭을 인정 하는 것뿐이라고 말한다.

한다. 양자는 모두 타자와의 관계가 외부적 부정이라고 가정한다. 즉
이들은 타자로부터 나를 분리시키는 원생적으로 주어진 요소가 있다고
가정한다. 실재론자에게, 이 요소는 육체들을 분리하는 공간과 유사한
질서이다. 관념론자에게, 이 요소는 서로 다른 표상 체계들의 이산성이
다. 이 두 설명 모두에서 타자는 "나의 인식에 대상으로 나타남"으로써
나에게 영향을 끼치는 것이 가능하고 이는 나를 향한 타자를 하나의 이
미지로 환원한다. 이 외재성을 극복할 수 있는 방법이 이 그림 안으로
신을 끌어들이는 것이라는 점에 사르트르는 주목한다(신은 타와 타자
를 창조함으로써 우리의 내적이고 존재론적인 관련성을 설립한다). 이
방법이 새로운 딜레마(내가 창조되고 난 후 신은 나와 어떻게 관계를
맺는가?)를 야기하거나 우리를 스피노자주의(타자와 나는 모두 신성
한 실체 속으로 소멸한다)로 이끌어 갈지라도 말이다.

　　II절이 '유아론의 암초'라고 불리는 이유는 사르트르가 보기에 실재
론과 관념론이 모두 **결국에는** 유아론의 문제에 좌초하기 때문이다. 실
재론과 관념론이 우리를 유아론의 함정에 빠뜨린다면, 결국 회의주의
자가 옳고 타자의 정신은 이해할 수 없는 것이라고 생각할 수 있을 것이
다. 실재론과 관념론이 유일하게 남은 선택이라면 이러한 결론이 뒤
따를 수밖에 없을 것이다. 그러나 우리가 이미 본 것처럼 사르트르는
일반적으로 이들의 대립을 초월할 수 있다고 생각한다.

§28 이전 이론가들에 대한 사르트르의 비판 (3부 1장 III절, 233-50/288-307/403-25/401-28)

서문에서 제시된 논의를 따라가면, 사르트르가 실재론과 관념론 사이
에서 제3의 길을 탐색하고 있다는 것을 알 수 있다. 실재론과 관념론의

실패는 "타자에 대한 나의 근원적 관계"가 **"내면적 부정"**으로 그려져야 한다는 점을 드러내 보인다. "타자와 나 자신의 근원적 구별"은 "[내가] 타자에 의해 규정되고 타자[가] 나에 의해 규정[되]는 방식"이 되어야 한다(232/288/402/401). 다시 말해, "초월적인 타자와의 결합"이 "각각의 의식을 그 나타남 자체에 있어서 구성"하는 것으로 이해해야만 한다(232/288/403/402).

사르트르는 이와 같은 방식으로 자아와 타자의 결합을 이해하려고 시도한 후설, 헤겔, 하이데거의 공을 각각 그에 걸맞게 평가하고 있다. 그리고 그 또한 그의 선임자들의 발자취를 따라간다. 그러나 타자가 '나의 의식을 구성'한다고 말하는 것은 어떤 **종류**의 해결책이 요구되는지 말하는 것에 불과하다. 사르트르는 III절에서 후설과 헤겔, 하이데거의 고유한 해결책들을 모두 부정한다.

(1) 후설(233-35/288-91/403-6/401-5): 사르트르는 후설의 해법이 칸트주의적 관념론의 해법과 다르며, 또 그보다 더 향상된 것임을 인정한다. 후설은 "타자는 항상 내가 바라보는 대상 그 자체에 속하는 하나의 구성적인 의미층"이기 때문에 "타자에의 의거(존재)가 세계의 구성에 불가결한 조건"이라는 점을 보이려고 한다. 실제로 타자는 "대상이 대상인 것의 참된 보증이다(233/288/403/402)." 만일 세계의 구성에 타자가 가정되고 연루된다면, 나는 특정한 구체적 타자와의 조우에 앞서, 그리고 이 조우와는 독립적인 상호주관적인 인식을 갖게 될 것이다.

그렇지만 사르트르가 칸트의 관념론에서 찾은 것과 유사한 후설의 설명은 초월적 주체를 유지하는 특징으로 인해 심오한 문제를 겪게 된다. 사르트르의 주장은 객관성의 조건으로서 타자를 설명하는 후설의 설명을 인정한다고 할지라도 그것이 유아론의 극복을 의미하는 것은 아니라는 것이다. 두 가지 문제가 후설의 길을 가로 막는다. 첫 번째 문제는 타자의 **지위**와 관련이 있는데, 후설은 타자가 전제되어야 한다는 점을 보인 바 있다. 후설에서 초월적 주체는 칸트에서와 마찬가지로 '경험을 넘어서고' 경험적 주체와는 "근본적으로 다르다(234/289/404/403)." 이로부터 '가정된 것으로서 타자'는 단순한 하나의 '의미(**의미화**)'일 뿐이며 일종의 '부재'이자 '보충적인 범주'이며 '현실적 존재'가 아니라는 점이 도출된다고 사르트르는 주장한다(234-5/289-90/403-4/402-3).

둘째, 사르트르의 독해에 따르면 후설의 관념론은 인식[지식]을 존재의 측정 수단으로 수용한다. 이는 내가 자신을 아는 것처럼, 즉 내부나 내면으로부터, 타자를 알 수 없다는 후설의 설명에도 마찬가지로 적용되기 때문에 후설의 설명에서 **보편적으로** 나는 타자를 알 수 없다는 주장을 유도할 수 있다. 타자를 어떻게 상상하든지 간에, 내가 무엇을 알고 있다고 가정하든지 간에 그것은 **내** 의식과 상관된 단순한 '의미'일 뿐이고, 우리를 유아론에 사로잡히게 할 뿐이다(271-3/330-2/452-55/459-63에 제시된 후설에 대한 논평을 참조하라. 여기서 사르트르는 타자가 현상학적 환원의 대상이 될 수 있다는 점을 부정한다).

(2) 헤겔(235-44/291-301/406-17/405-18): 사르트르는 후설에 비해 '커다란 진보'를 이루었다고 헤겔을 칭송한다(238/293/409/409). 이때 사르트르가 염두에 둔 것은 바로 『정신현상학』 4부에 제시된 그 유명한 헤겔의 주인과 노예의 변증법, 또는 욕망과 인정의 변증법이다. 이 변증법은 이야기의 형태를 취하고 있다. 즉 내러티브 형태로 개념적 배열이 이루어지고 있다. 자의식을 지닌 한 주체가 자유롭고 독립적인 존재로 인정받고자 하는 욕구에 이끌려 타자와의 투쟁에 말려들게 되고, 이 투쟁은 한 주체가 다른 주체를 지배하는 결과를 초래한다. 헤겔

에 의하면, 이로 인해 형성되는 주인과 노예의 관계는 마침내 상호 관계로 발전하게 된다. 사르트르는 상호주관적인 갈등은 적어도 근본적 형이상학의 수준에 이르면 필연적으로 극복되고, 이 갈등을 대체하는 것이 상호 존중에 근거하고 권리의 원칙에 규제되는 사회적 삶이라고 가정한다.

사르트르는 이 예를 헤겔 철학에 대한 매우 일반적이고 집중된 비판을 가하기 위해 사용한다. 그의 비판은 헤겔 철학의 기본 원칙에까지 이르는데, 이에 대한 자세한 비판을 여기서 상세히 다룰 수는 없다. 사르트르의 헤겔 비판은 특히 상호주관적 인식이라는 문제와 관련되는데, 사르트르의 비판은 먼저 헤겔의 관념론이 (자기의식뿐만 아니라) 타자의 의식을 인식[지식]관계로 바꾸면서 자아와 타자를 **대상**으로 환원한다는 점에 반대한다(238-9/294-5/409-10/409-10). 그리고 사르트르는 이러한 환원에 기초하더라도 헤겔적 인식에 필요한 상호 인식의 인식론적 목표를 실현할 수 있다는 점을 보이는 데 성공하지 못한다며 헤겔의 관념론에 반대한다(240-3/296-9/411-17/411-18; §39를 보라). 둘째, 사르트르는 헤겔의 방법이 해결책이 필요한 문제를 오인하는 문제에 연루되어 있다고 주장한다. 자기의식의 다수성을 고려하며 헤겔은 신의 관점, 즉 '총체적인 관점'을 채택하고, 바로 이 그림을 바탕으로 그 자신의 자기의식에 대해 쓴다. 이는 "그[가] 자기 자신의 의식과 타자의 의식의 관계를 전혀 문제삼지 않았다"는 것을 의미한다. 따라서 헤겔은 실재 문제를 다루는 데 실패하고 만다(234-4/299-300/415-6/416-7).

(3) 하이데거(244-50/301-7/417-24/418-27): 후설과 헤겔이 자아와 타자를 내적인 관계로 올바르게 사고하고 있지만, 이들이 공유하는 과오는 이들이 계속 모두 자아와 타자의 관계가 "인식을 통해 이루어

진다"고 간주했다는 것이다(233/288/403/402). 하이데거는 인식의 우
위라는 가정에서 이 존재론적 관계를 해방시키면서 헤겔의 "나로 하여
금 나의 존재에 있어서 타인에게 의존하게 한다"는 "천재적인 착상"[109]
을 이어받는다(237/293/408/408).

하이데거의 『존재와 시간』은 현존재의 세계란 '함께 있는 세계(mit-
welt)'이고 현존재는 가장 근본적인 [존재]양식으로 '함께-있음(being
with, [l' être-avec)]', 공존재(Mitsein, Mitdasein)의 구조를 지니고
있다고 주장한다. 우리가 돌이나 망치와 함께 있지 않다는 의미에서 우
리는 다른 사람들과 **함께** 존재한다. 이것이 실존적인 현존재 문제로 거
슬러 올라가서 인식론적 문제를 약화시키는 하이데거의 전략의 심층적
인 부분이다. 그리고 사르트르는 이것이 '타자의 문제'를 "외관상의 문
제"로 보이도록 만든다는 점에 동의한다(245/301/418/419).

사르트르가 하이데거에 제기하는 이의는 헤겔이 상호주관적 실존을
비갈등적인 것으로 잘못 표상하는 것과 마찬가지로 하이데거가 자아와
타자의 존재론적 관계의 특징을 잘못 규정한다는 것을 지적하면서 시
작한다(245-7/301-4/418-21/419-23). 하이데거는 특정한 존재 관계
(ontic relation) 중 한 **종류(다른** 존재와 함께 있는 관계)를 택하고 이
관계를 자아와 타자 관계의 시원적이고, **존재론적** 차원으로 투영한다.
다른 이와 **함께** 있는 것이 가능한 다양한 관계 중 하나에 불과하기 때
문에 사르트르는 이러한 논의를 임의적인 것으로 여기며 거부한다. 예
를 들어 타자에 **반대하는** 관계, 타자에 **대한** 관계, 타자의 나에 **대한** 관
계 등도 존재한다. 하이데거는 이렇게 비대칭적이거나 갈등적인 타자
와의 관계 양식들을 함께 존재하는 것보다 덜 시원적이라고 여기는 것

---

109 역자주-타인에게 의존해 내가 존재한다(내 존재에 있어 나는 타인에게 의존한
다).

을 정당화할 수 있는 어떤 근거도 제시하지 않는다. 하이데거가 그리는 인간의 상호주관성 이미지는 무언의 '보트 승무원'이고, 이는 정면으로부터의 대립이나 존재론적 유대 속에서의 '너와 나'의 단순한 '공존'이 아니라 오히려 "측면으로부터 상호 의존"이다(245-6/302-3/418-9/419-20). (사르트르는 훨씬 뒤에서 1인칭 복수의 의식에 대한 자신의 설명을 제시한다. §39 참조.)

다음은 사르트르의 두 번째 이의 제기인데, 이것이 더 중요하다. 하이데거는 어떤 특정한 현존재와 함께 있는 나의 존재 관계라는 문제를 '타인과 함께 있음'이라는 존재론적 관계 일반의 문제로 해소되는 것으로 간주할 자격이 없다(247-50/304-7/421-5/423-7). 피에르와 함께 있을 가능성이 타자와 함께 있다는 일반적 통념 속에 포함되어 있는 것은 아니기 때문에, "함께 있는 존재의 관계(공존재, mit-sein)는 타자를 승인하는 것과 관련된 심리적이고 구체적인 문제를 해결하는 데 아무런 도움도 되지 않을 것이다(248/305/422/424)."

따라서 이제 하이데거의 철학 전체에 대한 일반적 견해가 나타난다. 사르트르의 주장은 일반적으로 하이데거에게 존재적(ontic)인 것을 존재론적인 것(the ontological)에서 파생되는 것으로 간주할 근거가 존재하지 않는다는 것이다. 하이데거의 존재론과 존재의 관계의 구분은 칸트주의적 관념론이나 후설적 관념론에서처럼 "교통이 불가능한 두 개의 차원, 따로따로 해결을 필요로 하는 두 가지 문제"를 발생시킨다(248/305/422/424). 이 같은 하이데거 철학의 일반적 문제가 자아와 타자의 맥락 속에서 갑자기 터져 나온다고 사르트르는 말한다(248/305/422/424). 사르트르는 타자의 정신이라는 특정한 문제를 해결하는 데 나타나는 이러한 철학적 입장의 무능력을 이 입장이 지닌 심층의 약점을 드러내는 방법으로 사용한다.

§29 사르트르의 타자 이론 (3부 1장 III절, 250-2/307-10/
425-7/427-30, 그리고 3부 1장 IV절)

『자아의 초월』에서 사르트르는 유아론을 논박하기 위한 독창적인 시도
를 시행하면서 세계 속에 그리고 의식의 바깥에 '나'를 재배치하면 이
를 통해 내가 자기인식 과정에서 나의 시도에 접근할 수 있는 만큼 타
자의 직관적 인식에 다가설 수 있게 될 것이라고 주장한다.[110]

　『자아의 초월』에서 새로운 자아의 형이상학은 (사르트르가 나의 '상
태'와 '성질'이라고 칭한 것들이 내 주관성의 내부에 갇혀 있다는 견해
를 처분하며) 타자의 의식과 관련해 몇몇 주요 장애물을 극복하는 데
성공했다. 하지만 이제 이 형이상학은 의식의 초월적 영역 **그 자체**가
타자의 손이 닿지 않는 곳에 놓이게 된다는 심각한 제약에 맞부딪히게
된다. 초월적 의식은 비인격적인 것일지라도 개체화된다. 결론은 유아
론이 정제되기는 했지만 논박된 것은 아니라는 것이다. 그 이유는 내가
세계 속에서 인식하는 상태·성질·행위의 정신적인 통일체들 중 단 하
나만이 (즉, 내 자신의 심적 통일만이) 초월적인 의식의 생산에 알려질
수 있고, 또 그것이 바로 나의 상황이기 때문이다. 사르트르는 타자의
정신에 관한 회의주의가 초월적 유아론으로 전환되도록 강제하는 것처
럼 보인다. '의식이 그 자신 말고 다른 의식을 생각할 수 없다[면],'[111]
이 의식이 (즉, 내가 **나의 것**으로 지목한 의식이) 유일한 의식이 아닐
수도 있다는 가설은 정식화될 수 없다. 『존재와 무』에서 의식의 장의
재인격화도 (§14) 상황을 바꾸지 못한다. 235/290-1/405/404에서 사
르트르는 그가 이전에 제안했던 입장이 실패했음을 인정한다.

　사르트르의 새로운 해법이 III절의 결론 부분에서 간략히 요약된다

110　『자아의 초월』, pp.43-5, 50.
111　같은 곳, p.45.

(250-2/307-10/424-7/427-30). 그리고 IV절은 다양한 각도에서 핵심 주장을 상술한다. 상호주관적 의식의 현상학에 대한 분석적 재기술이 우리의 현상학 이해가 해결책을 찾으려던 이전의 시도들에 대한 비판을 통해 얻을 수 있었던 타자 문제에 대한 추상적이고 형이상학적인 이해와 교차하는 지점에 다다를 때, 이와 같은 시각이 나타난다.

적절한 현상학에 대한 이해를 제시하기 위해 사르트르는 '내(I)'가 타자를 인식하는 두 개의 대조적인 시나리오를 제시한다. 타자가 내게 일상적인 방식으로 나타나는 첫 번째 시나리오에서 나는 공원에서 길 건너 저만치 떨어져 있는 이를 또 다른 주체로 인식하게 된다(254-6/311-13/429-32/433-6). 이는 세계의 제한된 변화라는 효과를 산출한다. 잔디는 나와 동일하지 않은 먼 지점을 향해 새로운 지향성을 띠게 된다. 세계가 나의 이해에서 '흘러 나가는 것'처럼 나로부터 멀어지는 '응고된 활주'가 있다. 이러한 '세계의 분산'은 내가 행하는 세계의 집중을 허물어뜨린다(255/313/432/435). 그러나 내가 타자의 경험적 결정 속에서 타자를 포함하는 순간, 이러한 분산은 멈춘다. 나는 '저만치 떨어진 벤치 위에서 신문을 읽고 있는 저 남자'를 타자로 고정시킨다. 따라서 타자는 내게 "세계의 하나의 부분적인 구조"로서, 즉 **대상**으로서 응고된다(256/313/432/435-6). (사르트르는 신체에 관한 장에서 타자의 의식형태에 대한 그의 설명을 가다듬는다. §31을 보라)

두 번째 시나리오는 부끄러움의 예로 되돌아간다(259-60/317-18/436/440). 질투나 호기심에 이끌려 나는 열쇠 구멍 틈으로 안을 들여다보고 문에 귀를 바짝 붙인다. 세계는 안에서 무엇이 말해지고 있는지 알아내려고 하는 나의 목적을 중심으로 조직된다. 복도의 발자국 소리를 통해 누군가가 나를 보고 있음을 알아차리고, 나는 갑자기 "나의 존재의 습격을 받는다(atteint dans mon être)." 이제 내가 **타자의 시선의**

대상으로서 나 자신에 대한 전반성적 의식을 갖기 때문에 내 자신의 구조가 "본질적인 변양"을 겪는다(260/318/437/442).

부끄러움/열쇠 구멍의 시나리오는 사르트르의 책에서 뒷부분에 나타나지만 [이론적으로는] 우선성을 가지고 있다. 그 이유는 **바로** '내'가 이 시나리오에서 예시된 타자에 대한 의식을 가지고 있기 때문이다. 즉 나는 공원 시나리오에서 예시된 의식의 형태를 가지고 있다. 공원에서 나는 '대상으로서 타자'를 인지하고, 열쇠 구멍의 경우에 나는 '주체로서 타자'를 인지한다. '주체로서 타자(conscience-sujet, l'autrui-sujet)'에 대한 의식이 가능하기 때문에 '대상으로서 타자(conscience-objet, l'autrui-objet)'에 대한 의식이 가능해진다. 대상으로서 타자를 인지하는 것은 형이상학적으로 그리고 인식론적으로 부차적인 타자의 인지 형태이다. 이는 주체로서 타자에 대한 "근원적인 관계의 전향과 전략의 결과"를 통해서만 얻을 수 있다(257/315/433/437). 거칠게 비교하자면 이는 정신적인 것과 의식의 관계와 평행적이다.

열쇠 구멍의 사례에서와 같이 우리가 타자의 실존에 대한 최대의 확실성을 성취할 수 있다는 점에 동의하는 데는 큰 어려움이 없을 것이다. 그러나 부끄러움/열쇠 구멍의 예시를 통해 우리가 파악할 수 있는 상호주관성 문제에 대한 해결책은 무엇인가? 결국 그 해결책은 다음과 같다. "'어떤 특수한 의식', 이를테면 부끄러움-의식과 같은 의식은 의심의 여지없이 그들 자신의 **코기토** 및 타자존재의 **코기토**에 대해 증언한다(273/332/454/462)." 나는 "타자의 존재와 관계하는 일종의 코기토"의 능력을 가지고 있다(251/308/426/429). "조금 확대된 의미의 코기토는 […] 하나의 사실로서 타자의 존재와 타자에 있어서의[타자를 향한] 나의 존재를 우리에게 드러내 보인다(282/342/467/477)." "타자의 존재의 코기토라고 부르는 것은 나 자신의 코기토와 뒤섞인다(se confond avec)(251/308/426/429)." 따라서 타자의 인지는 "코기토 자체의 불가용성에 관여하고 있다. 즉, 코기토 자체의 '의심할 수 없다는 성질'에 관여하고 있는 것이다(250/307/425/427)."

그러나 사르트르는 내가 타자로 이동한다고 가정하지 않는다. 그는 또한 '나'와 타자의 의식이 내 자신의 의식으로 텔레파시처럼 이동한다고 가정하지도 않는다. 그의 해결책이 어떻게 작동하는지 파악하기 위해서는 다음 절에서 다룰 내용들이 중요하다.

1. 상호주관적인 인지는 시원적으로 **직접적인 주체-주체** 관계에 의존하고 있다. "타자가 우리에게 직접 주어질 수 있는 것이라면, 그것은 하나의 직접적인 파악에 의한 것"이다(250/307/425/427). "타자는 나와 유대를 맺고 있는 것이기는 하지만 주체로서 직접적으로 나에게 주어져 있어야" 한다(253/311/428/432). "타자는 내가 **나의 '드러내 보여지지 않는** 존재로 있는 한에서 매개 없이 내 위에 놓여 있는 초월"이다(270/329/451/458). "나는 직접적으로 나의 존재와 함께 타자의 파악할 수 없는 주관성을 체험한다(270/329/451/459)." 타자는 "나의 우주의 존재로서가 아니라 순수한 주체로서 주어져 있다(270/329/451/458-9)."

2. 이로부터 주체-주체 관계가 **세계-외적인**(extra-mundane) 관계라는 점이 뒤따른다. "타자를 찾을 수 있는 곳은, 세계 속에서가 아니라 오히려 나의 의식의 한쪽에서이다(273/332/454/462)." 타자가 "나를 바라볼 때 그는 어떤 거리에 의해서도 (현실적으로나 관념적으로도) 세계 속의 어떤 몸에 의해서도 나로부터 분리되어 있는 것이 아니다(270/328/450/458)." 이는 타자의 인지를 코기토와 유사한 것으로 기술하는 것에서 유도되는 것이다. 그리고 '내'가 '세계를 가로질러'

타자를 보는 공원의 사례와 타자가 '내' 안에 나타나는 부끄러움/열쇠 구멍의 사례를 대조하면 이 같은 결과를 낳을 수 있다. 대상들의 세계가 상호주관적 인식에 인식론적 매개체를 제시해야만 한다는 자연주의적이고 실재론적인 가정은 대자를 잉크병과 같은 의미로, 즉 세계-내적인(intra-mundane) 것으로 잘못 개념화하고 있다.

3. 타자에 대한 의식은 내 (자신의) 의식의 존재론적 전화를 통해 성취된다. 이는 은유가 아니고, 인식론적인 것으로 환원될 수 없다. 이를테면 단순히 내가 나의 의식에 대해 생각하는 방식과 관련된 어떤 정식으로도 환원될 수 없다. 타자에 의해 실행되는 특정한 전화란 내 자신의 불순한 반성에 의해 실행되는 '하락한' 정신의 형성이라는 모델 위에서 내 의식으로부터 즉자의 특징을 지닌 어떤 것을 형성하는 것이다(§24). 그러나 차이도 있는데, 새롭게 형성된 존재론적 항목들은 드러나지 않은 차원, 그리고 원칙적으로 접근이 불가능한 차원을 가지고 있다. (내게 그것들은 '그 본성대로 인식될 수 없는(inconnaisable comme tel)' 것들이다(263/321/441/446). 260-8/318-27/434-46/438-53에서 사르트르는 이것이 귀결되는 바를 상세히 설명한다. 타자는 내게 '개성(nature)'을 부여한다(262/321/441/446). 타자는 즉 '있었다'는 존재방식에 있어서도 아니고, '있어야 한다'는 존재방식에 있어서도 아니며, 오히려 '즉자적으로' [내]가 이 존재로 있[는] 개성(nature)을 내게 부여한다(262/321/441/446). 타자의 시선은 나를 응고시키고 나의 가능성으로부터 나를 분리시킨다(263-4/321-2/442/447). 그리고 타자의 시선은 나를 공간화하고 '보편적 시간' 속으로 밀어 넣는다(266-7/324-6/446-7/454-5). 결국 나는 '세계 속의 시간-공간적인 대상'이 된다(267/326/447/453-4). 사르트르가 설명하는 바에 따르면, 나의 존재는 이제 "타자의 자유 속에, 그리고 타자의 자유에 의해

묘사'된다(262/320/440/445). 대타존재 속에 있는, 새롭게 창조된 인간주체의 특질들은 사르트르의 존재론의 다른 항목들과 마찬가지로 즉자와 대자를 분리하는 간극 사이에 존재한다. 이 특질들은 또한 잠재적인 형태라 할지라도 미리-존재하는 것으로 여겨져서는 안 된다(226/276/389/386). 상호주관성에 의해 열린 새로운 존재론적 영역의 '발견'(221/275/382-3/379-80)은 임의적이지 않은 전반성적 **구성물**이다. 이 영역은 마치 새로운 게임을 발견한 것과 같은 의미에서 새로운 가능성들의 집합을 함께 가지고 온다. (사르트르는 뒤에서 감정을 지닌 타자와의 관계의 필연적 연관을 상술한다. 288ff./348ff./475ff./487ff.)

  4. 앞에서 언급한 것처럼, 개체적 대자존재들 사이에서 시원적으로 나타나는 관계는 인식 관계에 반해 **부정적이고 내적인 존재론적** 관계이다. 사르트르는 타자의 용솟음(upsurge)에 의해 "영향을 받는" 존재에 대해 언급하고(231/286/401/400), 타자의 출현을 "내 세계의 집중"을 "무너뜨리는" 것으로 묘사한다(255/313/432/435). 사르트르가 IV절에서 제시하는 존재론적 관계에 대한 자세하고 복잡한 설명에서(282-97/342-58/467-87/476-500) 대타존재는 '타자의 거부'이자(283/343/468/479) '나에 의해서 나의 위에 시행된 부정[내 자신에 의해 나에게 행해지는 부정]'으로 묘사된다(283/343/468/478). 타자는 **'거부된 자아'**이다. 이는 나를 객관적으로 파악하고 그로 인해 타유화된[분리된] 형태로 파악하는 '비아-비대상(非我非對象)'이다. 그러나 나는 '나 자신의 붕괴'를 초래하지 않으면서 타자가 내게 다시 돌려보내는 '타유화된 나[moi-aliéné, 분리된 나]'에 대한 책임을 떠맡는 것을 거절할 수 없다(284-5/344-6/468-71/479-82). 자아와 타자의 유대는 한 관점에서 보면 **코기토**의 벌거벗은 단순성을 지닌 것처럼 보이지만, 전체의 관점에서 보면 변증법적인 복잡성을 지니고 있다.

사르트르가 분석한 역동적인 존재론적 관계는 물론 대자에 의해 인식적으로 표시되는 존재에게 열려 있다. 의식의 투명성은 의식이 존재론적으로 전화될 때마다 의식은 자신이 전화의 과정을 겪고 있음을 인식하며, 이 전화를 인식의 대상[항목]으로 파악할 위치에 자리한다. 그러나 이 관계는 그 자체로 인식론적 사건이 아니다. 따라서 사르트르에게 **타자가 나를 어떻게 생각하는지 알기 (또는 생각하거나 믿기) 때문에** 내가 (열쇠 구멍/부끄러움의 경우에서) 부끄러움을 느낀다고 말하는 것은 잘못된 것이다. 즉 '타인이 내게 끼치는 영향'을 내가 타자를 **인식하는 것**을 통해 성취되는 효과로 해석하는 것은 잘못된 것이다. 우리는 쉽게 타자의 시선의 의미가 인식적이라는 오해를 하게 된다. 그러나 사르트르는 시야를 인식적 힘으로 간주하지 않았다. 그리고 내가 느끼는 부끄러움은 타자가 내가 은밀히 훔쳐보고 있다는 것을 **알거나** 그렇게 믿고 있다고 내가 믿거나 알고 있는 것 때문에 발생하는 것이 아니다. 오히려 타자의 시선이 갖는 의미는 행위로서의 의미이다. 따라서 사르트르는 상식적인 설명 방식을 거꾸로 뒤튼다. 사르트르의 설명에 따르면, 우리가 타자의 영향을 받는 것은 우리가 타인에 대한 인식을 갖기 때문이 아니라, 우리가 (단순히 '심리학적으로가' 아니라) 존재론적으로 타자에 의해 영향을 받기 때문이다. 사르트르는 타자에 대한 지식을 **가지고 있다**는 것을 부정하지 않는다. 그는 총제적인 구상 안에 그 지식을 포함시킨다. 인식은 타자가 내게 끼치는 존재론적인 효과의 **상관물**이지 그 효과의 원인이 아니다.

이 점이 사르트르의 타자의 침투 개념에서 매우 중요하다. 타자가 나에게 끼치는 영향이 내 인식을 거쳐 가지 않는다면, 그리고 그 영향력이 타자의 자유에 의해 결정되는 것이라면, 상호주관성은 내 자유에 절대적인 한계를 설정하게 된다(§33을 보라).

5. 타자에 대한 인식에 열쇠를 쥐고 있는 것은 **신체가 아니라는 점**이 뒤따른다. 사르트르의 설명에서 신체는 대부분의 대상세계와 마찬가지로 인식적 역할을 수행하지 않는다(223-4/277-9/390-1/387-8, 230-1/286/399-40/397-80, 339-40/405-6/61-2(2)/567-8). 이는 타자에게서 자신의 마음을 숨기는 것도 아니고 타자에게 자신의 마음을 드러내는 것도 아니다. "몸[신체]은 무엇보다 타자를 나에게 나타내는 것이 아니다(339/405/61(2)/567)." 신체를 설명하는 사르트르의 실증적 방식은 곧 다루게 될 것이다.

§30 사르트르의 해법에 대한 평가

사르트르의 해법을 요약해 보자. 실재론과 관념론은 모두 **단일한 방향으로 화살표**를 진행시키며 타자를 설명하려 한다. 실재론의 경우에는 타자에서 내게, 관념론의 경우에는 내게서 타자로 진행하는 방식으로 설명한다. 두 방법은 모두 실패했다. 따라서 애초부터 양자가 상호 설정되는 방식으로 자아와 타자의 관계를 생각하는 것에서 해결책을 찾아야만 한다. 헤겔과 후설도 이러한 방법을 시도하였지만 그들의 시도는 성공적이지 않았다. 그 이유는 그들이 인식의 관점에서 자아와 타자를 상호규정하는 방식을 택하고 있기 때문이다. 따라서 타자에 대한 자아의 관계는 하나의 존재 관계여야 한다. 이는 타자에 대한 인식이 타자가 실존한다는 믿음에 대한 **근거**를 제시하는 방식으로 설명될 수 없다는 것을 의미한다. 따라서 그 대신에 우리는 타자의 **사실적 필연성** (factual necessity)에 의지해야 한다. 사르트르의 분석은 어떻게 그러한 의식이 가능한가에 대한 **형이상학적** 설명과 함께 우리의 현상학 안에서 사실적 필연성이 현전하고 있음을 보인다.

우리는 외관상의 타자의 불가지성이라는 문제가 결국 환상에 불과할 뿐이라는 것을 이해하게 된다. 올바르게 본다면, 타자를 향한 나의 존재는 필요를 창출하지도 않고 타자의 실존에 대한 '새로운 **증거**'를 수용할 여지도 남겨 두지 않는다(250-1/307-8/425-6/428-32). 자아와 타자 사이에 존재하는 횡단이 불가능한 인식의 간격에 대해 우리가 갖는 인상은 부정적인 존재론적 관계를 인식론적 관계의 부재로 착각하는 데서 발생하는 것이다. 그리고 이는 의식을 인식과 동일시하는 데서 발생하는 보다 더 일반적인 착각의 결과이자 타자에 대한 자아의 관계가 세계적(mundane)이라고 착각하는 데서 발생하는 착각이다.

따라서 사르트르의 설명이 타자가 **현실적으로 존재**해야만 한다고 말하는 것인지 또는 단지 나의 경험이 나로 하여금 타자가 존재한다는 **사실을 확실한 것으로 받아들이라고** 강제한다고 말하는 것인지 여부를 묻는 것은 기각해야 할 질문 방식이다. 사르트르의 이론틀 안에서 이 문제를 제기하는 것, 즉 타자의 **실존**을 부정하는 것은 곧 자기 자신의 전반성적 의식의 존재를 부정하는 것이다. "나는 직접적으로, 그리고 나의 존재와 함께 타자의 파악할 수 없는 주관성을 체험한다(270/329/451/459)." 따라서 나는 "타자에 대한 초월적인 관계를 나 자신의 존재의 구성요소로서 발견한다(245/301/418/419)." 사르트르의 해결책이 지닌 천재성은 미묘한 조정을 가하면서 절대적 내재성이 우리를 '절대적 초월성'으로 내던질 가능성을 보이기 위해 데카르트주의가 기대고 있는 철학적 직관을 보전하고 이용한다는 것이다(251/309/425-6/428-9).

이 전략은 서론(§5)에서 제시된 존재론적 증명에서 채택된 전략과 동일한 전략이다. 이 전략의 실행에 매우 오랜 시간이 걸리는 이유는 두 가지이다. 첫째, 벌거벗은 물리적 대상에 비해 타자 개념이 개념적으로 매우 복잡하기 때문에 사르트르는 우리가 **무엇이** 문제인지 정확하게 파악하도록 하기 위해 시간을 들인다. 우리가 타자에 대해 갖는 단순한 **신념들**을 담론적으로 정당화하는 것은 전혀 쓸모가 없다는 점을 보일 필요가 있었던 것이다. 이는 유아론을 전혀 건드리지 않는다. "내 자신 속 내부 가장 깊은 곳에서, 나는 타자의 존재를 **믿는 이유**를 찾아내야 하는 것이 아니라, 오히려 **나로는 있지 않은 자**로서의 타자 그 자신을 찾아내야 한다(251/309/427/429)." 둘째, 일상적인 지각 의식이 그 자신의 가능성을 어느 정도 설명한다고 할 때(이는 대자의 초월적 구조에 대한 통찰을 고려하지 않고서도 존재론적 증명이 건전한 것으로 여겨져야 한다는 것을 의미한다), 상식은 상호주관적 인식의 토대가 되는 '타자의 실존에 대한 **코기토**'를 파악하기 위한 개념적 재원을 결여한다. 따라서 상호주관적인 인식이 마술적인 것이 아니라는 것을 확실히 하기 위해, 그리고 상식적인 관점에서는 마술적인 것처럼 **보일지라도** 이 입장이 철학적으로 제한된 입장이라는 것을 우리에게 보이기 위해, 『존재와 무』의 비자연주의적이고 형이상학적인 장치를 도입할 필요가 있다.

그러나 사르트르의 설명에 대한 의문들이 여전히 남아 있다. 그중 하나는 타자의 경험적 결정과 실수의 가능성과 관련되어 있다. 예를 들어, 발자국 소리를 들었다고 착각했었다는 것을 알아차린다거나, 저 집이나 저기 언덕 위에서 누군가 나를 보고 있는 것은 아닌지 의문을 갖는다거나. 밀랍인형을 보고 속는 경우들이 있다. 이러한 문제를 고려하기 위해서는 275-82/334-42/457-67/465-77에 제시된 사르트르의 논의에 주의를 기울여야 한다. 여기서 주체로서 타자의 실존의 확실성과 대상으로서 타자를 포함한 세계 속의 대상들의 단순한 개연적 성격이 구분된다.

사르트르의 이론이 답해 줄 것이라고 예상되는 한 가지 질문이 있는

데, 그 질문은 대자의 다수성과 관련된다. 타자들은 왜 **존재하는가**? 왜 **다수의** 대자들이 존재하는가? (만일 있다면) 타자의 실존에는 어떠한 **필연성**이 존재하는가?

이 질문에 대한 사르트르의 첫 대응은 답을 향해 큰 발걸음을 내딛는다. 타자의 실존은 단순히 '우연적인 필연성'이거나 '사실적 필연성'일 뿐이다(250/307/425/427, 282/342/467/476-7). 일반적으로 말해, 현상학적인 존재론은 우연성과 필연성의 측면을 모두 갖는 존재론적 발견들로 이어진다. 모든 존재들은 내적 자기-필연화를 결여하는 한에서 우연적이다(그 어떤 존재도 **자기원인자**(ens causa sui)가 아니다). 그러나 어떤 존재들은 다른 존재들과의 관계 속에서 필연성을 획득한다 (예를 들어, 즉자존재는 필연적으로 대자존재와 관계를 맺게 된다). 타자들의 실존이 '우연적인 필연성'이라고 말하는 것은 곧 타자 일반의 실존이 사르트르가 다른 연구에서 부각시킨 것과 같은 종류의 '있는 그대로의 사실', 그리고 매우 높은 수준의 '있는 그대로의 사실'이라고 말하는 것과 같다.

사르트르는 한 곳에서 이와는 약간 다른 대답을 제시하고 있는 것처럼 보인다. 283-5/343-6/468-71/478-81에서 타자의 '거절'과 그로 인한 자기성의 '강화'에 대해 묘사하는데, 이는 마치 대자존재들이 서로를 개인화하고[서로에게 개성을 부여하고] 다른 실존들에 대한 공동 책임을 지고 있는 것을 암시하고 것처럼 보인다. 그러나 이는 매우 헤겔적인 관점이라고 할 수 있다. 사르트르는 대자존재가 대자 그 자체의 존재론적 구조라는 점을 명백히 부정한다. "대타존재를 대자존재에서, 또는 […] 대자존재를 대타존재에서 끌어내려고 해도 그것은 불가능한 일이다(282/342/467/477)." 따라서 사르트르가 말하는 '자기성의 강화'는 타자의 실존을 이미 가정하고 있는 자아와 타자의 변증법의 후반 단계와 연관된다. §39에서 우리는 이 문제로 되돌아올 것이다.

사르트르의 대답의 두 번째 부분은 상호주관성에 대한 '형이상학적' 논의와 함께 1장을 마무리하는 297-302/358-64/487-93/500-8에서 찾아볼 수 있다. 여기서 사르트르는 우리의 대타존재를 대자의 세 번째 탈존으로 여길 수 있고(298/359/492/506), 또 '더욱더 진전된 반성적 분열'로 간주할 수 있다는 점에 주목한다(299/360/492-3/506-8). 내가 타자의 대상이 될 때, 이는 **마치** 나 자신을 '객관화'하려는 내 반성의 노고(§16)가 마침내 실현된 것과 같아진다. 이는 타자의 의식을 대자의 비자아적 일치의 연장으로 간주하는 것을 가능하게 하고 따라서 타자의 의식을 내적 목적론의 관점으로 설명할 수 있게 된다. 그러나 사르트르는 타자의 다수성의 실존에 대한 형이상학적 설명으로 여겨지는 이러한 설명 방식에 거리를 둔다. 우리는 §46에서 이 문제로 되돌아올 것이다.

마지막 논점은 다음과 같다. 타자의 시선에 대한 사르트르의 이론은 한편으로는 **후험적**이며 엄격하게 관점주의적이다. 이 이론의 핵심은 시선과 내 주체성을 통해 이루어지는 타자의 침입에 대한 나의 이해이다. 이는 내가 무엇인가 **발생했다는 것을 발견**할 때 바로 그 무엇에 해당하는 것을 이해하는 것이다. 그러나 다른 관점에서 보면, 사르트르가 자신의 이론을 상술할 때 초-개인적(trans-individual) 관점을 이용하고 있는 것처럼 보이기도 한다. 이 관점에서 따르면 다수의 상호-관통하는 대자들은 실질적으로 **선험적**이다. 결국 사르트르의 설명은 시선을 내게 던지는 타자는 이미 나를 대자존재로 파악하고 있는 것이라고 가정한다. 따라서 역시 상호주관성의 맥락 속에서 우리는 사르트르의 사고로부터 관점주의와 비관점주의의 이중화를 발견

할 수 있다.[112]

§31 신체 (3부 2장)

자연주의와 일상적 사고에 대한 수정주의적 태도에 대한 사르트르의 반대를 그 어느 곳보다 명확히 알 수 있는 곳이 바로 그가 신체를 논하고 '정신-육체 관계'를 다룰 때이다. 우리가 자연주의적 시대에 대해 갖고 있는 상식은 인간의 신체가 정신의 토대이고 기저의 현실이라는 것이다. 동물적 유기체로 여겨지는 신체가 사물의 질서 속에서 먼저 나타난다. 그리고 신체는 (이러한 뛰어난 기관을 가능하게 만든 진화의 역사를 조건으로) 두뇌활동을 통해 정신적 활동을 일으킨다. (이 그림을 아주 철저한 유물론의 방향으로 얼마나 더 밀고 갈 수 있는지 여부에 따라) 신체는 정신을 보조해 주는 역할에 그치는 것이 아니라 실질적으로 정신을 구성하는 것으로 이해된다. 따라서 정신은 특별한 성질들의 집합으로 이해되거나 또는 두뇌의 사건들로 기술된다. 따라서 정신은 신체(의 일부분으)로 식별된다.

　이러한 그림에 대한 거부의 일환으로서 사르트르는 신체의 객관적·과학적 개념에서 신체의 우선성을 거부한다. 사르트르의 용어로 표현하자면 이는 신체를 즉자개념으로 개념화하는 것이다. 이를 대신해 사르트르는 3부 2장에서 3개의 계기라는 관점에서 다음과 같은 순서로 신체에 대한 설명을 제시한다.

(1) I절: **대자** 또는 **대아**로서 신체(le corps comme être-pour-soi,

112　이 문제에 대한 더 충실한 논의는 §§29-30을 보라. 나의 글 '사르트르, 상호주관성, 독일관념론(Sartre, intersubjectivity and German idealism)', 『역사철학(*Journal of the History of Philosophy*)』, 43, 2005, pp.325-51도 참조하라.

mon corps pour-moi)는 내가 근원적으로 신체로 '실존하는' 그대로
의 신체이다.

이와 같은 양식에서 신체는 내게 "온갖 사물을 드러내 보여 주는 것"
이고(304/366/12(2)/513) "세계 속에서 일어나는 나의 자기구속의 개
별화"이며(310/372/20(2)/522) "세계의 도구적 대상"에 의해 지시되
는 "귀추(歸趨)의 중심"이다(339/405/31(2)/534). 그리고 신체는 세계
속의 사물의 공간적 지향과 직접적인 연관성을 지니고 있다(306-8/
368-70/15-18(2)/516-19).

설명 차원에서 사르트르는 그의 사실성 이론에 준거해서 체현(em-
bodiment)을 언급한다. 대자로서 신체는 나의 사실성(§16), 즉 "**나의
우연성의 필연성이 취하는 우연적인 형태**(la forme contingente que
prend la nécessité de ma contingence)"**이며**, 이는 내가 체현되어야
할 필연성이 곧 내가 우연하게 실존한다는 필연성과 같다는 것을 의미
한다(309/371/19(2)/52).[113]

또한 이로부터 대자로서 내 신체에 대한 나의 관계가 사실성의 일반
적 특징을 재생산한다는 점이 유도된다. 이는 한편으로 대자가 단순히
"신체에 **결합**될 수 있다는" 생각에 여지를 두지 않는다는 의미에서 나는
"전체적으로 신체"라는 것을 의미하고(305/368/15(2)/516) 또 신체가
"대자 이외의 그 아무것도 아니"라는 것을 의미한다(309/371/19(2)/
521).[114] 그러나 동시에 내 사실성 일반에 대해 내가 취하고 있는 거

---

113   『존재와 무』의 신체의 필연성에 대한 설명은 『자아의 초월』의 반(半)우연적 설
명과 대조된다. 『자아의 초월』에서 신체는 단지 "나에 대한 유형의 가시적인 상징"으
로 묘사될 뿐이다.
114   역자주-"신체는 대자 안에서의 즉자가 아니며… 대자가 자기 자신의 근거가 아
니라는 사실이다… 신체는 대자의 **상황**(situation)과 구분되는 것이 아니다. 그 이유는
대자에게 **존재하는** 것(exister)과 **상황이 부여되어 있는** 것(se situer)은 하나일 뿐이기

리, 즉 사실성을 **가정함**으로써 그 사실성으로 **존재**하는 것이 나와 내 신체의 관계 속에 재등장한다. 나의 신체는 내가 '무화'하고 '초월'하는 것이고 따라서 주어진 것으로서 알 수 있는 것이 아니라 나의 용솟음 속에서 다시 이해해야만 하는 것이다(309/372/20(2)/521-2). "존재로부터의 대자의 무화적(無化的)인 탈출"로서 "대자의 본성"은 "대자가 신체여야" 할 것을 요구한다(309/372/20(2)/522). (개념적 필연성에 반한) 이와 같은 목적론적 필연성(대자에 의해 제기되는 필연성)은 평범한 동일성과 양립할 수 없는 내 신체와의 거리를 끼워 넣는다. 사르트르가(328-30/393-5/46-9/551-4에서) 신체에 대한 **의식을 갖는다**는 것이란 무엇인가 그리고 신체가 **하나의 관점**이라고 하는 것은 무엇을 의미하는가에 대해 논할 때 이 복잡한 구조는 더욱더 심화된다(사르트르가 타동적 의미에서 의식이 '실존'해야 하는 그 어떤 것으로서 나의 육체에 대해 논하는 것이 바로 여기이다(329/394/48(2)/553)).[115]

I절은 '감각적인 인식'(310-20/372-83/20-35(2)/522-38), 물리적 행위(320-5/383-9/20-43(2)/538-46), 고통 및 물리적 감정(330-9/395-404/49-61(2)/554-67)에 대한 설명을 산출하는 데 이 같은 신체 개념이 어떻게 적용될 수 있는지에 대해 상세하게 논의한다.

(2) II절: **대타-신체**로서 내 신체(le corps-pour-autrui)는 대상의 성격을 갖는다. 이를테면 내 신체는 '온갖 사물들 사이에 있는 하나의 사물'이다(304-5/366-7/12-3(2)/513-4).

때문이다(309/371/19-20(2)/521)."
115   역자주-"자발적이고 비반성적인 의식은 이미 신체**에 대한** 의식이 아니다. 오히려 **존재한다**(exister)는 동사를 타동사로 사용하여, '의식은 그 신체를 존재한다(elle existe son corps)'라고 말해야만 할 것이다."

이러한 형태로 내게 나의 신체가 생산될 때 무엇이 관련되는지 보이기 위해 사르트르는 타자의 의식의 문제에 대한 논의로 되돌아가서 타자의 신체를 자세하게 규정한다(340-9/406-15/62-75(2)/568-82). 타자의 신체는 내가 타자를 **도구**의 질서에 속하는 것으로, 그리고 내가 '이용'할 수 있거나 또는 내게 '저항'하는 것으로서, 그리고 "내 우주의 도구-사물들에 의해 측면적으로 지시되는 것"으로서 대상화하는 경우, 즉 '초월되는 초월(transcendance transcendée)'로 타자를 만드는 경우에, 내게 나타난다고 사르트르는 말한다(340-1/406-7/64-5(2)/570-1). 타자 신체의 부재와 양립할 수 있는, 타자 신체에 대한 이같이 희박한 이해는 (당신이 글을 쓰는 책상을 내가 조사할 때처럼) 타자가 '살과 뼈'로 현전하게 될 때 전화된다. 이 지점에서 타자의 사실성, 즉 타자 존재의 우연성이 명확해진다(342/408-9/65(2)/572). 내게 현전하는 타자의 신체는 필연적으로 "**상황 속에서의 신체**"인데, 이는 초월의 움직임 속에서 소진된다는 점에서 "**의미 있고**", 유기적 부분들의 합으로 환원될 수 없다(344-6/408-13/68-71(2)/574-8). 따라서 타자의 신체는 "타인이 **그것으로 있는** 것으로서, 직접적으로 우리에게 주어진다(347/414/72(2)/580)."

"나의 대타존재의 모든 구조는 나에 대한 타자의 존재 구조와 동일하기 때문에" 나를 향한 타자**의** 신체에 대한 이러한 설명은 동시에 타자를 향한 **나의** 신체에 대한 설명이 된다고 사르트르는 말한다(339/405/61(2)/567).

(3) III절: "내가 나에게 있어서 신체의 자격으로서 타자에 의해 인식되는 것으로서 존재"하는 한, 내 신체는 이 설명을 완성시켜야 할 필요가 있다(351/419/78(2)/586).

타자가 나를 객관화하는 것의 충격이 초월로서의 나의 의식에만 영
향을 끼치는 것은 아니다(열쇠 구멍으로 훔쳐볼 때 내가 느끼는 부끄
러움). 주체로서 타자가 나를 존재론적으로 전화시키는 것은 또한 "나
의 사실성 자체" 속에서 나를 관통한다(351/418/78(2)/586). 따라서
부끄러움의 예를 가지고 논의를 계속 진행하자면, 타자의 시선이 내 신
체에 대한 나의 의식 속에 쓰일 때, 나는 "얼굴이 저절로 붉어지는 것
을 느낀다(353/420/80(2)/588)."

따라서 세 번째 타유화 양식 속에서 신체는 내가 (2)를 (1)로 내재화
하거나 통합하는 과정의 산물이다. 나에 의해 실존하고 타자에 의해 인
식되는 내 신체의 형성은 타자와의 언어적 교통을 전제로 한다고 사르
트르는 설명한다(354/421-2/81-2(2)/589-90). 예를 들어 이 형성은
내가 해부학적인 위치라는 맥락에서 고통이 '위(胃) 속'에 있다고 판단
할 수 있는 지점을 지목한다(355-9/423-7/83-9(2)/591-3).

사르트르가 단순히 개념 진행을 계획하기 위해 정열된 구별 체계를
구상하고, 또 어떻게 우리 신체에 대한 심리학적이고 원초적인 개념으
로부터 신체에 대한 자연과학적 접근을 가능하게 하고 나는 척추 연골
이 부러져 그 고통을 참고 있는 중이라는 것과 같은 복잡한 사고를 가
능하게 하는 보다 완벽한 개념들을 만들어 나갈 수 있는지 설명하려고
했다고 가정해 볼 수도 있을 것이다. 그런데 만일 그렇다면 사르트르가
상식 수준의 자연주의적 관점과 논쟁을 할 이유가 전혀 없었을 것이다.
아마 자연주의적 입장은 사르트르의 설명을 발달인지심리학의 한 장으
로 분류할 것이다. 그러나 사르트르는 그의 설명이 분명히 존재론적 차
원 및 관계들을 그리고 있다는 점을 명백히 밝히고 있다. "우리의 반성
의 질서는 […] 존재의 질서에 조응한다(305/367/14(2)/515)." 대아-
신체[나를 향한 신체]와 대타 신체[타자를 향한 신체]는 "본질적으로

다른 두 개의 실재질서"로 구성되고, "근본적으로 구별된다(304/366/
13(2)/514)."[116] 사르트르는 우리의 일상적인 관점은 대타-신체가 실
재의 신체라는 점에 주목한다. 즉 타자는 "우리가 있는 그대로" 우리를
본다는 점(353-4/421/80-1(2)/589-90)에 주목한다. 그러나 그의 설
명의 핵심은 대타-신체가 존재론적으로 우선하지는 않는다는 것을 보
이는 것이다.

때때로 사르트르는 (그의 일반적인 이중적 형이상학과 방금 둘러본
체현분석 때문에) 문제가 많은 것으로 유명하고 실질적으로 모든 동시
대 철학이 피하고자 하는 정신-육체의 이원론에 몰두하고 있는 것은
아닌지 우려를 불러일으키기도 한다.

사르트르는 얼버무리지 않고 대자가 물리주의가 이해하는 신체 개념
과 같을 수 없다고 주장한다. 그러나 똑같이 명료한 언어로 데카르트의
이원론 및 모든 전통적인 이원론을 거부한다. 사르트르는 비연장성이
대자의 어떤 내재적 특질이나 구조에 대한 인식이 아니라 즉자의 결정
이라는 관점에서 대자에 대한 예견적 고려라고 설명한다. 대자는 그 자
체로 '비공간적'이고, 연장적이지도 비연장적이지도 않다(179/228/
331/320). 대자에 공간적 개념의 범주를 적용할 수 없는 이유는 궁극
적으로 대자의 비-실체적 존재양식 때문이다. 이는 구체적으로 대자가
'대자로 존재해야 한다'라는 양식에서만 신체일 수 있는 방식이다. 따
라서 고전적인 형이상학의 이원론이 실체 또는 본질적 특질의 유형의
차이라는 관점에서 정신적인 것과 물질적인 것의 이질성을 표현하려고

---

116   따라서 사르트르의 설명은 신체가 오로지 두 가지 방식으로 알려질 수 있는 객관
적인 질서의 한 요소와 아무런 문제없이 동일화될 수 있다는 견해로 환원되지 않는다.
Gareth Evans, 『다양한 참조(*Varieties of Reference*)』 (John McDowell 편집, Oxford:
Oxford University Press, 1982), p.266n.

하는 곳에서 그리고 현대의 반물리주의가 동일한 작업을 수행하기 위해 설명 형태의 구분에 호소하는 곳에서, 사르트르는 정신적인 것/물질적인 것의 이질성을 그대로 밀고 가 실존양식의 차이에 도달한다. 이는 인간주체의 비물질성을 자유, 실천성, 시간성, 반영성 등과 근본적으로 통합될 수 있는 것으로 이해할 수 있게 해 준다고 사르트르는 주장한다.

이원론에 반대한다는 점에서, 다시 말해, 정신이 육체와 분리되어서 존재한다는 데카르트의 주장을 거부한다는 점에서 사르트르는 물리주의와 뜻을 같이한다(306/368/17(2)/518). 그러나 사르트르에게 이 '동일성'(주체가 '전체적으로 몸[신체]'인 것)은 철저하게 비물리적 개념인 '~여야 하는 것'에 의존하고 있다. 문제가 되고 있는 신체는 다시 한번 해부학이나 생리학의 유기체가 아니라, 대자로서 신체이다.

이는 사르트르가 어떻게 '정신과 육체가 관련되는지' 설명하는 도전에 필요한 모든 작업을 수행했다는 것을 의미하는가? 사르트르의 설명에서 실체적인 상호작용의 퍼즐(어떻게 이질적인 두 종류가 상호작용하는가?)이나 출현의 퍼즐(어떻게 독자적인 속성을 지닌 정신의 흐름이 두뇌에서 출현할 수 있는가?)들은 더 이상 정식화될 수 없다. 만일 이 세 양식들이 하나의 동일한 실체를 경험하고 사고하는 (단일한 존재론적 심급에 위치한) 세 개의 다른 방법이 아니라면, 이 양식들 중 하나에 속한 신체가 다른 양식 속의 신체와 어떻게 서로 관련될 수 있겠는가? (예를 들어, 정형외과 의사가 내 갈비뼈가 치료되었다고 보고하는 것이 내가 통증을 더 이상 느끼지 않는 것과 조응한다.) 이에 대해 사르트르는 설명이 위와 같은 형태를 취해야 한다고 가정하는 것은 자신이 제기한 일반적인 형이상학적 입장에 반해 문제를 회피하는 것이라고 답할 것이다. 사르트르는 정신-육체 문제(어떻게 이 사고, 감각

등의 장소가 호흡, 신진대사 등의 유기적 체계와 관련될 수 있는가?)는 신체적인 실존의 세 가지 양식에 조응하는 존재론적 차원의 구분을 이해하면 해결된다고 주장한다(303-4/365-6/11-2(2)/512-3).

따라서 상황은 사르트르가 타자의 정신을 설명하던 상황과 유사해진다. 따라서 사르트르가 타자와 관련해 우리가 어떻게 **코기토**를 수행하게 되는지 설명하지 않고 내버려 두었다고 반대하는 것은 적절하지 않을 것이다. 사르트르가 다시 한번 제시하는 그림은 일상적인 관점에서 마술적이라고 간주되는 관계에 호소한다. 그리고 다시 한번 사르트르는 '마술'은 이미 실로 우리의 경험의 구조 속에 존재하고, 주체성의 실체화 없이 상식에 의존해 이를 이해하는 것이 불가능하고, 『존재와 무』에서 제시된 형이상학적 관점에서만 이해가 가능해진다고 지적하며 자신의 논지를 방어한다.

데카르트의 정신-육체 이원론이 정신적인 것과 물질적인 것 사이의 경험적 인과관계를 이해 가능하도록 설명할 수 없고 또 자연법칙의 통일성과 수용될 수 없을 정도로 모순된다고 비판하는 관점에서 볼 때, 사르트르의 형이상학은 물리주의의 기본적인 원리들과 모순되는 일반적 형이상학을 가정하기 때문에 지속적인 이의 제기의 대상이 된다. 따라서 사르트르의 논의가 데카르트의 논의와 유사성을 띤다는 걱정은 적절하지 않다.

연구를 위한 물음들

1. 실재론과 관념론, 그 이전의 이론들 모두 자아와 타자의 관계를 적합하게 설명하지 못했다는 사르트르의 주장을 평가하시오.
2. 사르트르는 전통적인 타자의 마음에 대한 문제에 대한 해법을 제시하였는가?

3. 신체 및 신체와 의식의 관계에 대한 사르트르의 설명은 일관적이고
   설득력이 있는가?

(D) 자유, 동기 그리고 윤리

사르트르는 칸트 이후의 이론가들에게 중요한 이론적인 철학과 실천적
철학의 구분을 채택하지 않는다. 앞에서 보았듯이 그 이유는 사르트르
가 다른 철학자들이 '실천철학'이라는 제목 아래 배치하는 행위자와
실천이성에 관한 다양한 논제들이 이미 그 자체로 존재론의 수준에서
드러난다고 생각하기 때문이다. 사르트르는 그렇기 때문에 이 같은
[이론철학과 실천철학의] 구분을 거부한다. 그렇지만『존재와 무』에서
인식론 일반의 논제 및 형이상학적 논제들(이는 지금까지 논의한 주제
들이다)과 밀접하게 관련된 주제를 행위 및 내가 어떻게 행동해야 되
는가에 더 직접적인 중점을 둔 논제들, 보다 광범위하게 말하자면, 우
리 삶에 대해 취해야 할 태도에 관한 문제들과 구분할 필요는 있을 것
이다. 이곳 (D)절에서 나는 후자의 문제를 다루고자 한다. 이는 주로
『존재와 무』4부 및 앞부분의 내용과 관련되어 있다.

§32 자유의 이론 (1부 1장 V절 24-45/60-84/116-43/76-107, 4부 1장 I절)

이미 앞에서 살펴본 바와 같이 사르트르는 자유를 다음과 같이 정의한다.

   우리가 자유라고 부르는 것은 '인간존재'의 **존재**와 구별할 수 없는 것이
   다. 인간은 **먼저** 존재하고 **그런 다음**에 자유를 얻는 것이 아니다. 인간의

존재와 인간이 곧 **자유라는 것** 사이에는 차이가 없다(25/61/117/78. 486/566/263-4/794-5도 보라).

따라서 사르트르는 "따로 떼어서 고찰하거나 묘사할 수 있는 인간적 영혼의 한 능력"이나 "다른 고유성과 함께 인간존재의 본질에 속하는 하나의 **고유성**"으로서의 자유 개념을 거부한다(25/61/117/78, 439/514/201-2(2)/723-4도 보라). 유일하게 자유의 특성을 지닌 능력으로서의 의지 개념 또한 사르트르의 설명에서 차지할 자리가 없다.

1부 1장 V절(24-45/60-84/116-43/76-107). '무의 기원'에 제시된 자유 이론에 대한 최초의 설명은 무에서 자유로 이어지는 경로를 구성한다. 이는 개념적으로 직접적이지는 않더라도 요약의 형태로 파악하기에 어렵지 않게 전개된다. 대자의 부정성은 다음과 같은 논의를 수반한다. 존재자와 관련하여 볼 때, 인간주체가 존재자(existent)에게 "종속되지 않고", "존재자는 인간주체에게 작용할 수 없고", "주체는 자기 자신을 범위 밖에 둘 수 있다." 따라서 인간주체는 존재자를 "바꿀 수 있다(24/61/117/77)."[117]

사르트르도 이와 같은 빠른 스케치는 자유를 하나의 '단어'로 제시하는 것에 그칠 뿐이라는 점을 인정한다(25/61/117/78). 따라서 그 의미를 보다 명확히 하고 구체화하기 위해서는 더 자세한 설명이 필요하다.

사르트르는 우리의 **자기관계**가 자유를 포함하고 있다면, 우리가 **세계** 속의 사물들에 대해 자유로울 수 있다는 주장과 함께 논의를 시작한

---

117   자유의 본질로서 사르트르의 부정성 개념은 이후 쓰인 더 복잡한 에세이 '데카르트적 자유(Cartesian freedom)'(1945)에서 다시 설명된다. 이 글은 데카르트의 신성한 자유 개념에서 인간의 자유에 대한 올바른 공식, 즉 '생산적인 것으로서 부정성이라는 생각'을 되찾는다(p.180).

다. "세계로부터 자기를 떼어 놓을 수 있는 것은, 오로지 인간존재가 본성적으로 자기 자신에게서 이탈해야만 가능[한] 것이다(25/61/117/78)." 사르트르는 이를 무제한적이고 무조건적인 관점에서 이해한다. 대자는 대자존재의 일부분을 다른 부분에 대응시킬 수 있어야 할 뿐만 아니라 자신인 **모든 것**으로부터 자신을 이탈[분리]시키는 것이 가능해야 한다. 이것이 가능하다는 것을 보이기 위해 심리학적 인과 결정이라는 견해를 논박할 필요가 있다(따라서 이와 함께 자유를 일종의 심리학적 인과 작용과 동일시하는 입장과 호응하는 모든 설명들을 논박할 필요가 있다).

첫째, 사르트르의 첫 번째 논증(26-7/62-4/118-9/79-80)은 그가 앞서 제기했던 분석, 즉 **상상력**을 가진 의식에 의거해 반영성을 무화하는 대자의 힘(자기기만에 대한 그의 설명에 의해 입증되는 주장이기도 하다. §37)을 직접적으로 보인 『상상계』의 분석에 호소하고 있다. 피에르에 대한 정신적 이미지는 여러 번의 무화와 관련된다. (이미지의 장소가 **아닌**) 세계의 무화, (**여기에 없는**) 피에르의 무화, (지각이 **아닌**) 이미지 그 자체의 무화가 그것이다. 따라서 세계적인 **부정성**의 존재뿐만 아니라 주관적인 **부정성**(négatités)[118]의 존재는 적어도 **몇몇** 형태의 의식이, 이를테면 상상적 의식 형태의 경우, 자기분리의 힘을 가지고 있다는 것을 함의한다.

둘째, 사르트르는 대자의 구조로서 시간성에 대한 분석을 도입하는 행위자 및 실천이성 분석을 제시하면서 그의 논증의 범위를 확장한다. 간단히 말해, 사르트르의 논증은 추정적으로 결정적인 심리학적 인과관계의 연쇄에 대한 묘사(예컨대 동기M → 지향I → 행위A로 이어지

---

118   역자주-원문 p.65, §7 참조.

는 인과적 연쇄의 묘사)가 이와 같이 시간적 구조에 의한 주관적 접합
이 함의하는 바가 무엇인지에 대한 설명을 생략하고 있다는 것이다. 각
지점마다 "직전의 심적 과거와 현재 사이에 틈새"가 있고, 이 "틈새가
바로 무이"다(27/64/120-1/81-2). "의식적 존재는 자기의 과거에 대
한 관계 속에서 무로 말미암아 자신의 과거와 분리된 것으로 자신을 구
성해야만" 한다(28/65/122/81-2). 선행하는 의식이 "과거성[의 변양
을 지니고] 항상 [**거기**]에 있다". 그리고 이 의식은 "이 존재적 관계 위
에서 장외로 밀려나고 국외(局外)로 쫓겨나며 묶음표 안에 묶인다
(28/65/121/82)." 심리적 결정론 테제에 **반해서** 과거의 의식과 현재의
의식의 관계는 '설명[해석]하는 관계'이다. 이는 그 관계가 나에게 항
상 그리고 반드시 '내가 나 자신을 나의 정신적 과거와 어떻게 연결하
는가'라는 질문을 던지고 있음을 의미한다(28/65/121/82).

　사실 시간적 연장성이 자유를 위한 엄격한 조건은 아니다. 사르트르
의 분석을 따라가다 보면, 동기화(motivation)의 공시적 구조를 다루
는 주요한 구절인 34/71-2/129-30/91-2에서 자유와 구성적 틈새를
다루는 동일한 논의를 다시 마주치게 된다. 내가 동기를 '갖는다'는 것
은 (이는 내용 없는 것으로서 의식에 대한 사르트르의 설명에서 유도
된다) 거기에 동기(motive) M**에 대한** 전반성적 의식이 존재하는 것을
의미한다. 동기는 의식 **안에** 있는 것이 아니라 의식을 **향해** 있다. M은
나의 것이지, 외부의 공간적 현실의 한 부분이 아니다. 이는 '의식의 상
관자(相觀者)', 즉 §24에서 논의된 '내재[성] 속에서의' 정신적 '초월'
의 한 심급**으로서** 나의 것이다(34/71/129/91). '초월로서 존재한다'는
것이 함의하는 무화는 동기가 "나타남으로서만 출현할 수 있고" 따라
서 "자신을 효력 없는 것으로서 구성한다(34/71-2/129/91)." 따라서
시간성과 전반성적 의식의 구조는 (사르트르의 설명에 의하면 당연

히 이 둘은 서로를 상호 함축한다) 모두 자유에 대해 개별적으로 충분하다.

사르트르가 심적 인과성에 부정이 필요하다는 점을 보여 주었지만 부정의 힘을 사용하는 것이 인과적으로 무조건이라는 점을 보이는 데는 실패했다며 그의 주장에 반대할 수는 없다. 즉 그가 "무화의 결정론에 대한 가능성을 배제하지 못했다"는 데 반대할 수는 없다(27/64/120/82). 사르트르의 무의 형이상학은 부정성이 **존재의 한 효과**가 아니라는 점을 보였고, 이로부터 "무화하는 과정은 모두 그것의 원천을 그 자체에서만 이끌어 내야한다"는 점이 도출된다. 따라서(27/64/120/81) §9에서 논한 판단적 부정 이론을 거부하는 것이 중요하게 부각된다. 이는 부정적 판단의 결정론과 양립할 수 **있다**.

셋째, 사르트르는 (그의 전반성적 자기의식 테제를 매개로 해서) 우리가 그가 기술한 자유에 대한 **의식**을 가지고 있다는 것이 그의 설명에 내포된 중요한 함의라고 말한다. 행위자로서 우리의 일상적인 인지는 분명 사르트르가 함의하는 균열된 현상학을 재생산하지 않고 심리적 결정론에 대한 실증적 신념을 수반하기 때문에 이러한 주장은 틀림없이 논쟁을 불러일으킨다.

사르트르의 응답은 자유의 경험이 강렬하고 명확하게 나타날 수 있는 조건을 제기하는 것이다. 즉 그가 '불안'이라고 부른 것에 대한 자세한 분석을 제시하는 것이다. 사르트르는 떨어지는 것의 공포가 아니라 벼랑 끝에서 스스로 몸을 던질 가능성이 주는 공포에 사로잡혀 벼랑에서 느끼는 현기증과 그만두기로 한 결심을 포기할 가능성을 의식하고 있는 도박사의 예를 들어 이를 설명한다(29-32/66-9/124-8/85-90). 이 시나리오에서 나는 사르트르가 '가능(possibles)'이라고 부른 것(**세계**의 가능한 상태가 아니라 내가 **스스로** 결정할 수 있는 가능한

존재이자 내가 존재론적으로 관여하는 **존재**, 즉 도박사로서의 삶을 다시 시작하는 것이 가능한 존재 등)과 대면한다(30-1/67-8/124-5/86-8. §18을 보라).

사르트르의 사례연구의 목적은 실천적 의식구조의 근본적 구조를 확대경으로 들여다보는 것이다. 어떤 면에서 예외적일 수도 있지만, 분명 이 사례들은 일상의 실천적 의식과 본질적으로 다르지 않다. 이 사례들을 구분 짓는 특징은 반성이 실천이성의 틈새를 보이는 방식으로 실천이성의 구조를 주제화한다는 점이다. 현기증을 경험하는 나는 내 공포가 "나의 가능한 행위에 있어서 **비결정적**"이라는 점을 **의식하고** 있다(31/68/125/87). 도박사는 그의 정신적 과거와 그의 현재 사이의 관계를 문제(problematic)로 **의식하고** 있다.

사르트르는 불안이 "인간의 자유에 대한 **증거**"가 아니라고 주장한다. 그러나 중요한 점은 사르트르의 설명이 요구하는 바에 따르면, 불안은 "자유의 특수한 의식"을 수립한다(33/71/128/90).

이는 자연적 의식의 심리적 인과성이 존재론적으로는 **이차적인**, 어떤 특정한 구조에 의한 것이라는 점을 파악할 수 있도록 해 준다. 비반성적인 의식에 주어진 '직접적인 것의 세계'에서 우리는 '상황 속에서', 즉 '여러 가지 요구가 들어 있는 하나의 세계' 속에서, 기획에 참여하며 등장한다(39/76/135/98). 삶의 가장 흔한 상황에서, 우리의 의식은 '**행동한다.**' 이는 우리가 능동적으로 우리의 가능성을 **실현하는 한에서만** 우리의 가능성을 이해할 수 있다는 것을 의미한다. "나의 행위가 나의 가능성을 실현하는 순간에, 나의 가능성을 나에게 드러내 보여 주는 행위(35-6/73-4/131/94)." 이러한 모든 행동들로부터 물러설 가능성도 온전히 남아 있기 때문에, 이 구조는 물론 자유를 폐기하지 않는다(36-7/74/132-3/94-5). 그러나 이 구조는 그 안에 불안이 머무는 자유에 대한 반성적 이해를 불가능하게 한다.

불안이 형이상학적으로 근본적인 것에 대한 의식인데도, 왜 불안이 우리의 일상적인 조건이 아닌지에 대해 논하는 사르트르의 설명은 우리의 '불안으로부터의 도피'에 대한 설명, 그리고 사르트르의 자기기만에 대한 이론까지 확장된다(§37을 보라).

사르트르가 언급하는 도피는 정서적인 상태를 억압하거나 억누르려는 익숙한 경험적 시도가 아니라, 전체 구조를 재구성하려는 대자의 시도이다. 도피는, 반성의 수준에서, 철학적 테제로서가 아니라 『자아의 초월』에서 비판된 인간주체의 주어-서술어의 형이상학을 중심으로 구축된 원초적 신념의 형태로서 심리적 결정론과 관련되어 있다. "심리적 결정론은 우리 속에는 사물의 존재방식에 비할 수 있는 존재방식을 가진, 서로 대립하는 힘들이 있다고 주장한다." 즉, 심리적 결정론은 우리 속에 우리의 과거와 미래 사이의 연결 고리를 설립하는, "우리의 모든 행위를 생산하는 하나의 **본성**"이 존재한다고 주장한다(40/78/137/100). 심지어는 우리들 자신의 깊은 심연 안에, 우리 행동의 기원이라고 할 수 있는, 진정한 자아, **깊은 자아**(un Moi profond)가 존재한다고 주장한다(42/80/140/104).

이제 우리는 어떻게 사르트르의 자유 개념을 실증적인 개념의 관점으로 표현할 수 있는가라는 어려운 난제로 돌아가야 한다.

앞에서 보았듯이 사르트르는 자유를 세계와의 강제적인 단절과 연루된 것으로 언급한다. 즉 [자유란] "결정론의 끊임없는 해소[결정론의 부단한 좌절]"(33/70/127/90)이자 "인과적 계열에서 이탈할 가능성"(23/59/115/75)으로서 주체[이다]. 그리고 이로 인해 우리는 사르트르가 자유의지 논쟁에서 일반적으로 '양립 불가능론 및 비결정론적 자유주의'라고 불리는 경향 안에 한 자리를 차지하고 있다고 생각할 수 있다. 이 입장에 따르면, 자유란 (경험적으로) 인과적으로 결정되어 있지 않고, 따라서 보편적인 (경험론적) 인과적 결정론과 양립할 수 없으며, 인간의 행위 속에서 실질적으로 실현되는 것이다.

그러나 이러한 입장은 커다란 오해를 불러일으킬 수 있다. 그 이유는 이러한 입장이 사르트르가 방법론적인과 관점과 형이상학적인 관점에서 자연의 인과 질서의 우선성과 실재성을 **수용했다**는 것을 의미하기 때문이다. 이러한 입장은 자유를 자연 질서의 인과론 속 **틈**으로 간주한다. 이 틈에서 자유로운 행위자가 출현하거나 또는 자유로운 주체가 이 틈 안으로 끼어든다. 하지만 사르트르가 우리가 존재의 자연적 인과 질서나 다른 인과 질서 안에 속한다는 생각을 **처음부터** 거부했다는 점을 고려하면 이러한 입장이 사르트르의 입장이라고 말할 수는 없다. 심지어 그는 자유로서 우리 존재에 앞서 또 그와 독립적으로 우리와 즉자존재를 모두 포함하는 어떤 통일적인 질서가 **존재할 것**이라는 생각을 거부했다. 따라서 존재로부터 우리의 '단절(rupture)'은 자연 질서 안에서의 인과론적 단절을 지칭하는 것이 아니라 무가 존재**의** 무화라고 하는 사르트르의 형이상학적 테제를 지칭하는 것이다(§9). 사르트르의 자유 개념은 심리적 결정론의 예지 불가능성을 가정한다. 그러나 이는 결정론이나 비결정론과 관련된 **그 어떤** 테제와도 연관되지 않는다. 사르트르가 단절(rupture, 해소)이나 이탈(dissociation)에 대해 말할 때, 그것은 일단 인간 행위자가 보편적인 인과의 망 속에 포섭될 수 있다는 가정에서 출발하는 사람들의 **관점**이나 언어를 수용할 때 자유에게 요구되는 것이 무엇인지 전달하기 위한 것이다. 따라서 '그녀는 다르게 행동할 수도 있었어'라는 사실과 관련된 것으로 자유를 정식화하는 전통적인 입장도 사르트르적인 자유에 대한 주석으로 적합하지 않다. 사르트르의 관점에서 볼 때, 이는 그 속성에 대한 **분석** 없이 단순히 행위자의 자유를 **재기술**하는 것에 불과할 뿐이다.

"자유에 근거를 부여하는 이 아무것도 **아닌 것**(rien)"이 무엇인가라는 질문에 맞서기 위해 돌아설 때(34/71/129/91) 사르트르는 무엇보다도 그의 입장이 [이 문제를] 기술할 수 있는 그 어떤 것도 가지고 있지 않다는 점, 즉 실증적 구조(positive structure)를 가지고 있지 않다는 점을 관찰한다. 그리고 그는 결정적으로 그의 자유 분석의 궁극적 종착역이 될 수 있는 다음과 같은 개념을 도입한다. "이 아무것도 아닌 것이 인간존재와의 관계에 이어서 인간존재에 의해 [존재하게 된다] (34/71/129/91)." 그리고 그는 이 자기관계가 **강제**([의무], obligation)의 성격을 가지고 있다는 점을 덧붙인다. "나를 **끊임없이** 새롭게 만들어야 하는 성격[강제]."(35/72/130/92) ("정의상 대자는 자기 존재를 떠맡아야 한다는 강제 속에서 존재한다(existe sous l'obligation d'assumer son être)", 118/162/244/223).

§14에서 마주치게 되는 이 강제라는 어려운 개념은 우리가 대자를 이해하는 데 있어 초월적인 한계를 지시한다(그리고 『존재와 무』에 대한 관점주의적 독해에서, 이는 대자존재의 최종적인 토대를 대표한다).

사르트르의 생각은 우리가 부분적으로 특징지어질 수 있지만 완벽한 분석을 거부하는 **필연성**을 인식할 수 있는 지점에 도착했다는 것이다. 이는 물론 물리적인 필연성도 아니고 합리적인 필연성도 아니다. 사르트르는 이 필연성이 드리우는 규범성(normativity)의 그림자를 불러내기 위해 사용 가능한 것 중에서 가장 뜻이 가까운 '강제'라는 용어를 사용한다. 그러나 그의 주장은 우리가 우리들 자신에게 존재를 부여해야 한다는 어떤 도적적인 원리 또는 다른 **원리**를 고려하여 **판단한다**는 것이 아니다. 따라서 그의 주장은 대자의 이론적인 차원과 실천적 차원

사이에 '무차별적 관점'을 제시한다. 우리가 스스로에게 존재를 부여
해야 한다는 것은 우리의 **인식적** 초월성과 우리의 **행위**의 기저를 이루
는 것이다. 이 필연성은 가장 근본적인 수준에서 우리를 구성하기 때문
에 이 필연성을 따르는 것을 곧 우리의 선택에 종속시키는 방식[이 필
연성을 우리가 선택하는 방식]으로 이 필연성으로부터 우리 자신을 분
리할 수는 없다. 따라서 우리는 자유롭도록 **운명지어졌다**[강제되었다,
Je suis condamné à être libre]라는 사르트르가 자주 반복하는 주장이
등장한다("우리는 자유로운 것을 그만두는 것에 대해서는 자유롭지 않
다", 439/515/202(2)/725).

우리는 우리 자신을 (다시) 만들도록 강제되는데, 그 이유는 바로 우
리가 무이고 결여이기 때문이다. 그러나 이러한 결여가 강제를 경험하
도록 하는 **분명한** 형이상학적 원인은 아니다. 우리는 우리 자신을 먼저
무로서 발견하고, 그를 바탕으로 우리가 존재를 획득할 필요가 있다고
판단하는 것이 아니다. 결여는 단지 강제로서 존재에 대한 통찰을 표현
하는 다른 방식일 뿐이다. 우리가 이미 우리 자신에게 존재를 부여하도
록 강제되는 것으로서 우리 자신과 관련되는 한에서만 우리는 존재를
결여하고, 이는 단순히 우리 자신이 무로 구성되었다는 것을 발견하는
것에 반한다.

사르트르가 대자의 특징을 규정하기 위해 자주 사용하는 '존재의 감
압(減壓)'으로서 대자라는 이미지는 (예 xli/32/83/39) 강제의 존재론
적 성격을 강조한다. 그러나 명확히 해야 할 것은 대자의 **강제**가 존재
론의 한 부분이라는 것이다. 이는 그 어떤 물리적인 유비도 그 뜻을
명확히 전달할 수 없는 특징이다. (피히테에게 그 역사적 전례를 찾아
볼 수 있는) 사르트르의 낯설고 상식적이지 않은 생각은 실천적이고,
명령법적인 관용구를 통해서만 묘사할 수 있는 하나의 사실이나 구조

[로서] '해야 할 의무가 있다' 또는 '해야만 한다'가 현실의 기본 구조에 속한다는 것이다(이는 사르트르에게는 목적론이 대자의 실재성을 구성한다고 설명했던 초반부(§14)의 논점으로 되돌아가는 것이다).

사르트르가 4부 1장 I절에서 자유의 문제에 대해 전면 공격을 실시하기 위해 돌아설 때, 위에서 소묘한 생각들이 크게 강화된다. 특히 다음과 같은 논점들이 강화된다.

(1) 433-8/508-13/194-200(2)/715-23, 445-50/522-7/210-16(2)/ 733-41: 행위성(agency)이나 실천이성에 대한 설명이 목적(우리가 어떤 목적을 달성하도록 강제하는 욕망, 감정, 정념의 총체, 446/522-3/211(2)/735)의 주관적 투영인 mobiles([동인], motives)와 motif[동기]의 구별이라는 관점에서 역사적인 예시와 함께 전개된다. 반즈(Barnes)는 주체에 대한 외재성을 지시하기 위해 motif를 원인(cause)으로 해석하는데 (motif는 "대상적[객관적]"[119]이자 "하나의 의식에 드러내 보여지는 그대로의 [동시적] 사물들의 상태"447/524/212(2)/736이다) 사르트르는 이를 "행위의 **이유**", 즉 "행위를 합리화하는 이성적인 고려"의 총체로 정의한다(445-6/522/210(2)/734).

사르트르는 비일관적인 이원론으로 미끄러지지 않으면서 어떻게 **동기**와 **동인**이 결합하는지 이해하는 것이 어려운 문제라고 주장한다(447/523-4/212-3(2)/736-7). 그는 이에 대한 유일무이한 해결책은 조정적 대상-의식이 자기에 대한 비조정적 의식과 관계하는 것과 똑같은 방식으로 동기와 동인은 '상관적'이라는 점을 파악하는 것이라고 주장한다. 객관적인 **동기**[원인]에 대한 대자의 이해는 "하나의 목적을

---

119 역자주-동서판은 '대상적'으로, 삼성판은 '객관적'으로 해석하고 있다.

향한 기도로서의 자기에 대한 비조정적 의식"의 이면이다. 즉, 동기에 대한 이해는 동인의 이면이고, 그 반대도 성립한다(449/525/214-5/739-40). 이로부터 동인, 동기, 그리고 목적(une fin)이라는 세 용어가 세계 속에서 대자의 솟구침(upsurge)과 자신의 가능성으로의 투사를 지시하는 '용해 불가능한' 통일을 형성한다는 점이 유도된다. 이로부터 다시 한번 결정론의 예지 불가능성이 나타난다. (사르트르는 이 결정론의 예지 불가능성이 동인을 경험적 지식의 대상으로 전환한 결과로 나타난 환상이라고 재설명한다(449-50/526/215(2)/740): 동인은 '과거화' 되고(passéfié) 즉자로 굳어진다. 450/526/215(2)/740).

(2) 444-5/521/209-10(2)/732-3: 곤란에 맞서 마술적인 전략을 택할 것인지 아니면 합리적인 전략을 택할 것인지의 여부는 세계에 의해 결정될 수 없고, 대자의 기획에 속해야만 한다는 주장과 함께 사르트르의 초기 저작인 『감정이론을 위한 소묘』의 감정 분석이 재기술된다. "나의 두려움은 자유이다. 나의 두려움은 나의 자유를 드러낸다 […] 자유에 대해서는 어떤 특권적·심적 현상도 존재하지 않는다(445/521/210(2)/733-4)."

(3) 450-2/527-9/216-8(2)/740-3: 자유의 필요조건으로서 신중한 의지를 가지고 행동에 착수한다는 의미에서 의지의 작동이 거부된다. "의지는 자유의 하나의 특권적이 표명이 아니다(452/529/218(2)/743)."[120] 자유가 상황적이고 주관적인 요소들의 구성과 그 요소들에 부여된 가치 속에서 의도적으로 그들을 가늠해 보는 나의 행위 이전에 이미 표현되기 때문에, 의지성과 비의지적 자발성은[121] 내 목표를 추구

---

120 의지로부터 자유의 분리는 『자아의 초월』, pp.47-8, 『상상계』, pp.153-4, 『전쟁일기』, pp.33-6에서 나타난다.
121 국역본은 voluntariness를 의지성으로 spontaneity를 자발성으로 해석한다.

하는 두 개의 다른 경로 또는 **방법**일 뿐이라고 사르트르는 주장한다. 아크라시아(akrasia)에 대한 설명과 더불어 더 자세한 논의는 472-6/550-5/244-8(2)/772-7에서 찾아볼 수 있다.

사르트르는 자유의 필요조건으로 행위에 대한 심리적 선행을 허용할 준비를 하고 있는데, 보통의 심리학에서 이 심리적 선행을 지칭할 수 있는 단어들은 아마 **지향**과 **선택**일 것이다. 자유에서 이들의 구성적 역할에 대한 설명은 476-8/555-7/250-52(2)/778-82에서 찾을 수 있다. 지향은 목적을 선택하고, 목적을 세우고, "하나의 똑같은 통일적 나타남에 의해" 스스로를 선택한다(478/557/252(2)/782). 사르트르가 이 용어들을 사용할 때, 그가 이들을 경험적으로 탐색될 수 있고, 자유를 위한 표식이 될 수 있는 특별한 심리학적 상태의 한 종류로 간주한 것은 물론 아니다. 사르트르의 설명에서, (타자의 의식이 가능해지기 위해선 **기준을 넘어서야** 한다고 사르트르가 주장했던 것과 마찬가지로) 자유는 어떤 것의 현전이나 부재로 판단할 **수 있는** 것이 아니다.

(4) 441-4/517-21/204-8(2)/727-32: 매우 높은 일반성의 수준에서 사르트르는 자아의 서로 다른 **부분들**에 자유와 결정을 분배하려는 일상적인 생각의 경향, 그리고 자유로운 행위를 자유로운 심리적 부분들이 심리학적으로 결정된 부분들을 지배하는 것으로 이해하려는 경향을 공격의 대상으로 삼는다(정념에 대한 이성의 지배 등).

자유로운 동시에 결정된 존재를 생각하고 또 (프로이트의 방식에 따라(§25 참조)) 직접적으로 대자의 통일성을 논박하는 직접적인 문제를 넘어서 "무조건적인 자유와 심적 생활의 결정된 과정"을 이해 가능하도록 서로 연결시키는 문제에는 해결책이 없다고 사르트르는 주장한다. 그 이유는 자유로운 자발성이 외부의 즉자존재에 영향력을 행사할

수 없는 것과 마찬가지로 어떻게 자유로운 자발성이 결정론적으로 구
성된 심적 사실에 직접적이고 필수적인 영향력을 행사할 수 있는지 설
명하는 것이 불가능하기 때문이다. 이로부터 다음의 주장이 뒤따른다.
"두 가지의 해결이, 그것도 이 두 가지 해결만이 가능하다. 인간은 전
면적으로 결정되어 있거나 […] 아니면 전면적으로 자유이거나 이 둘
중의 하나이다(442/518/206(2)/729)."

(5) 453-4/530-1/220-1(2)/745-6, 464/542/234-5(2)/761-2. 사
르트르는 나의 행동에 이해할 수 있는 통일성을 부여하는 근원적인 고
차원의 기획이라는 관점에서 '다르게 할 수도 있었을 텐데'라는 전통적
인 자유의 조건을 정교하게 가다듬는다(§34를 보라). 내 원래 기획에
아무런 변화도 없이 내가 다르게 할 수 있었을 것이라고 생각하는 것도
그릇된 것이다. 그러나 내가 나의 원래 기획을 바꿀 수 있었을 것이라
고 생각하는 것은 옳은 것이다. 따라서 일정한 조건 아래에서 내가 다
르게 행동할 수 있었을 것이라고 생각하는 것은 옳다. 그러나 이는 내
자유의 감소를 의미하거나 내 자유의 한정을 의미하지는 않는다. 따라
서 경험적 선택의 수준에서, 행위자가 다르게 행동할 수 있었는지의 여
부에 대한 논의는 "잘못된 기초 위에 서 있다(454/530/221(2)/746)."
따라서 '다르게 할 수도 있었다'라는 조건은 자유의 본질을 파악하는
분석이 아니라 이차적인 개념적 함의에 머무른다.

자유에 대한 사르트르의 설명을 평가하기 이전에, 이론을 확장하는
요소들에 대해 더 자세히 알아볼 필요가 있다.

§33 자유: 사실성과 상황 (4부 1장 III절)
'절대적 자유'는 "그 사람의 존재 자체"라는 사르트르의 주장(581/

670/398(2)/940)을 보면 우리는 투명한 세계를 조망하는 그 자신의 영역의 주인으로서 완벽한 통치성을 누리는 존재로 사르트르적 주체를 상상하게 된다. 이 과장된 개념은 사르트르에게서 기인하는 것이고, 또 강렬한 비판을 불러일으켰다. 그러나 II절 '자유와 사실성-상황'에서의 자유와 사실성에 대한 논의는 그 같은 자아의 과대망상적 확장이 사르트르에게 유래하는 것이 아님을 충분히 명확하게 보이고 있다.

II절은 4개의 부분으로 나뉜다. (1) 481-4/561-4/257-62(2)/787-92. 이 부분은 자유 이론이 어떻게 자유에 대한 상식적 믿음과 배치되는지, 또 왜 상식적인 믿음들은 그의 이론에 대한 효과적인 반대 논지와 근거를 제시할 수 없는지 설명한다. (2) 484-9/564-71/262-68(2)/787-800. 이 부분은 자유와 사실적 소여의 관계를 보이는 자유 이론의 연장을 다룬다. 여기서 '상황' 개념이 도입된다. (3) 489-548/570-633/268-348(2)/800-87. 이곳에서는 사실성의 근본 구조에 대한 길고 자세한 설명이 제시된다. 즉 타자들, 타자들에 의해 결정되는 나의 '자리', 나의 과거, 나의 입장들, 타자와 나의 근본적인 관계, 그리고 나의 죽음 등이 다루어진다. (4) 548-53/633-8/348-56(2)/887-95. 이 부분은 우리의 '상황 속에서의 존재'가 무엇으로 구성되는지 요약한다.

이 모든 소재들이 매우 흥미롭고 중요하지만 (특히 하이데거의 '죽음을 향한 존재'를 비판하는 사르트르의 죽음에 대한 설명이 그러하다 531-48/615-33/325-348(2)/861-87), 자유 이론에서 절대적으로 중요한 것은 (1)과 (2)에 제시된 논의들이다.

§16에서 보았듯이, 사실성에 대한 사르트르의 설명은, 대자가 의미를 부여하고 상황을 결정하는 작업을 시작할 때, 왜 그 상황이 대자가 단순히 그 자신의 선택이 아닌 존재와 함께 있는 상황이 아닌지 이유를 설명해 보인다. 대자가 자신의 '처지'를 선택하지 **않는다**는 점은 형이

상학적으로 **필연적**이다(83/126/197/169~70).[122] 이제 사르트르의 문제
는 매우 단순하다. 만일 상황이 이러하다면, 이는 나의 자유가 **한계**와
조건을 지니고 있고, 이는 내 자유와 내 존재의 일치라는 테제가 함의
하는 **무조건적**이고 **무제한적**인 인간 자유의 성격이라는 사르트르의 주
장과 모순되고 또 그의 주장의 오류를 드러내는 것이 아닌가?

사르트르는 "내가 키가 작은 사람이라면 키가 큰 사람이 되도록 선
택할 수 없다"는 점, "나는 태어나면서부터 노동자일 수도 있고, 프랑
스 사람일 수도 있다"는 점에 동의한다. 이를 테면 사르트르는 세계가
나의 기획에 저항을 할 수 있다는 점('사물의 역행률'이 있다. 나는 모
든 장애물을 예측할 수 없다)에 동의한다. 즉 "내 계급의 운명, 내 민족
의 운명, 내 가족의 운명"에서 벗어나는 것이 불가능한 것처럼 여겨진
다. 포로가 "감옥에서 나가는 것에 대해" 언제나 자유로운 것도 아니다
(481/561/257-8(2)/787-8, 483/563/260(2)/791). 그러나 문제는 이
모든 것이 어떻게 개념화될 수 있는가이다. 상식은 이러한 사실들을 나
의 자유에 대한 한계로 간주한다. 그리고 **힘[권력]**의 관점에서 자유를
생각하기 때문에 상식은 일관적으로 이러한 사실을 한계로 간주한다.
그러나 사르트르는 이러한 관점을 비판한다. 따라서 첫 번째 논점은 사
르트르가 이론화하는 **존재론적** 자유란 보통 우리가 한 사람의 자유가
그의 능력에 의해 제한되었다고 말할 때나, 그의 자유가 증가할 수도
있고 감소할 수도 있다고 말할 때 그 자유의 의미와 조응하는 것이 아
니고, 또 사르트르가 그러한 의미를 의도한 것도 아니라는 점이다. '행
위의 자유'와 '자유 그 자체(482/562/258-9(2)/788-9)', 그리고 자유
에 대한 '경험적이고 통속적인' 개념과 '전문적이고 철학적인' 개념

---

122   역자주-"대자는 자기의 상황의 **의미**를 선택하여 상황 속에 스스로 자기를 자기
자신의 근거로서 구성하면서도 자기의 처지를 **선택하지는 않을** 것이다."

(483/562/260(2)/790)은 구분되어야 한다. 따라서 존재론적 자유의 편재성은 우리가 작은 손가락을 긁듯이 달까지 자유롭게 여행할 수 있다는 부조리한 주장을 함의하지 않는다.

사르트르는 존재론적 자유를 경험적 자유로부터 분리시키는 것이 이 문제를 처리하기에 충분한 조치가 아니라는 점을 인정한다(484/564/262(2)/792). 결국 그의 자유 이론이 **주어진 것**(소여)을 필요로 하는 한, 그의 자유 이론은 "자유의 존재론적 조건 부여로서 무언가"를 주장한다(478/558/252(2)/782). 따라서 그의 이론은 "대자에 대한 즉자의 존재론적 우위"를 주장하는 것처럼 보인다(484/564/261(2)/792). 이로 인해 우리는 자유를 사물의 상태에 대한 사실에 의해 제한되는 어떤 **정도**(extent)를 지닌 것으로 그리게 된다. 따라서[경험적으로 볼 때], "우리는 오직 사물의 어떤 상태에 관해서밖에 자유로울 수 없으며, 또 사물의 상태에도 불구하고 [자유로운] 것이다(486/566/263(2)/794)." 만일 사정이 이러하다면, 자유는 사물들에 의해 규정된다.

결정적인 문제가 사르트르의 놀라울 정도로 섬세한 논의 속에서 출현하는데, 그것은 바로 **주어진 것 속에** (i) 내 자유로부터 독립적이면서 동시에 (ii) 나의 선택을 결정하는 그 무엇이 있는지 여부이다. 그리고 이것이 바로 『존재와 무』의 형이상학을 통해 사르트르가 부정할 수 있는 것이다. 주어진 것은 오로지 **무화**를 통해서만 나타나고 자유롭게 선택된 나의 **목표**와 관련해서 나타난다. "말로 나타낼 수 없고 생각할 수도 없는 하나의 **잉여**"가 **즉자로서** 주어진 것에 속한다는 것이 사실일지라도, 이 잔여는 나의 **상황**에 속하지 않고(482/562/259(2)/789) "자유의 구성 안에 결코 끼어들지 않는 것이다(487/567/265(2)/796)." 2부에서 사르트르가 제시하는 바에 따르면, "사실성에 대해 우리가 발견하는 모든 것은 이미 회복된 것이고 자유로이 구성되어 있는 것이기 때문에" 사실성을 "적나라한 상태로 포착하는 것은" 불가능하다. 이것이 제공하는 저항은 엄격한 의미의 '사실의 **저항**'이 아니다(83/125-6/197/170). 그리고 "주어진 것은", "전적으로 **주어진 것**(datum)이 아니라" "그것으로 있어야 하는 대자에 의해 무화되는 즉자, 바로 그것이다(487/567-8/265(2)/796)." "자유가 이 사실성을 향해 돌아서서, 이 사실성을 어떤 결정된 결함으로서 파악하기 '**이전에**' 이 사실성의 '무언가(quid)'를 규정하거나 기술하려고 하는 것"은 전적으로 쓸모없는 일일 것이라고 사르트르는 말한다(494/575/275(2)/807).

따라서 (487/568/265-6(2)/796-7에서 공식적으로 정의되는[123]) 사르트르의 '상황' 개념은 자유의 **조건**에 대한 개념이 아니다(259-60/317/436-7/440-1도 참조하라). 이는 내 상황이 나의 **무**조건적인 자유의 **표현**이자 **실현**임을 의미한다.

이로부터 내 상황 중에서 어떤 부분이 사실성이고, 어떤 부분이 나의 자유인가라는 질문들이 적합하지 않은 질문이라는 점을 끌어낼 수 있다. 내 상황에 대한 분석은 견고하고 결정적인 객관성을 드러내기 위해, 영향력이 없는 부드럽고 주관적인 층들을 벗겨 낼 수가 없다. §34에서 보게 될 것처럼, 이와는 반대로 이 분석은 주관성[주체성], 대자의 '근원적 기획(original project)'을 향해 거슬러 올라간다. 따라서 "각각의 개별적인 경우에 있어서 자유에 귀착하는 것과, 있는 그대로의(brut) 대자존재에 귀착하는 것을 결정하기란 불가능하다(488/568/266(2)/798)." "**자유는 나의 사실성의 파악**"이므로 자유와 사실성은 서

---

123   역자주-"우리는 세계의 존재 '충실' 속에서의 자유의 우연성을 '상황'이라고 부를 것인데, 다만 그것은 오직 자유를 '속박하지 않기 위해서' 그곳에 존재하는 그 '주어진 것'이, 자유에 대해, 자유가 선택하는 목적에 의해 '이미 비춰진 것'으로서만 드러내 보여지지 않는 한에서 가능하다."

로 경쟁할 수 없다(494/575/275(2)/807).

자유의 무조건적인 성격에 대한 자신의 테제에 대한 사르트르의 방어는 자유가 일상적으로 사고되는 방식으로 제한되지 않고 한계를 갖지 **않는다**는 것이다. 사르트르는 나의 자유에 대한 **'현실적'**이고 '진정한' 한계가 존재하는데, 그것은 나에 대한 타자의 초월에 의해 규정된다고 설명한다. 즉 [내 자유의 진정한 한계는] "어떤 타인이 나를 대상-타자[대상으로서 타자]로서 파악한다는 사실"이다(524-5/607-8/315/851, 262/320/439/444도 보라). 따라서 상호주관성 전반에 분배된 이와 같은 특성에 따라 타자는 **자기**-제한적이다.

그러나 이로부터 사르트르의 설명에서 자유의 일상적 개념이 어떤 자리도 차지하지 않는다고 말할 수도 없다. 여기서 구분이 필요한데 그것은 『존재와 무』가 설명하고자 하는 존재론적 자유와 **실현된** 어떤 것으로서 자유 사이의 구분이다. 인간의 행위성, 책임, 실존을 가능하게 만드는 자유를 분리하고 나면, (잃거나 얻을 수 있고 증가되거나 감소될 수도 있는 것이자, 원하는 대상으로 거론될 때 자유가 보통 의미하는 바에 가까운) 또 다른 자유 개념을 정식화할 수 있게 된다. 그러나 자유를 실증적으로 실현되거나 표현된 것으로 개념화하는 것, 또는 자유의 실현과 표현이 가능한 일정한 조건과 그렇지 못한 조건이 존재한다는 개념은 완전히 다른 별개의 문제이고, 존재론적 관점과는 다른 이야기를 필요로 한다. 즉 이는 존재론적 자유를 행위의 산물, 결과, 조건, 내용 등으로 다양하게 **이어지는** 것으로 설명할 것을 요구한다. 그리고 사르트르의 관점에 의하면, 이같은 문제는 우리를 윤리학의 영역으로 이끌고 가기 때문에, 사르트르는 『존재와 무』에서 이 문제를 고찰할 수가 없다(이것의 불행한 결과는 사르트르의 자유 개념이 실현된 자유를 존재론적인 자유와 **동일시**하는 것으로 오해된다는 점이다).

따라서 사르트르는 우리의 상황(문화, 전통, 언어, 계급, 인종, 성 등
과 같은)이 다수의 객관적 구조들의 복합물이자 다양한 구조들이 교차
하고 분열하는 구조라는 점을 부정하지 않는다. 어떤 섭리에 의해 정해
진 방향 없이 전개되는 역사적 발전 방향의 결과물로서 이 구조들이 개
인에 의해 실천적으로 또는 인식의 관점에서 정복될 수 없다는 점도 부
정되지 않는다. 개인들이 자신을 발견하는 사회적·역사적 망을 단순히
개인들이 이 구조들에 맞서 자신을 위치시키는 것이 아니라 자신에 목
적에 맞게 이 구조들을 개조하는 방식으로 이해할 수 있는가의 여부(존
재론적 자유)는 역사철학에 귀속되는 심화된 문제이자, 정치·사회 이론
에 속하는 문제이다. 『존재와 무』는 이 문제에 대한 사르트르의 견해가
나약하지 않다는 점을 보이고 있지만, 이 이론들을 추구하지는 않는다.

다음 장에서 보게 될 것처럼, 사르트르가 『존재와 무』 이후의 저작에
서 자유를 이해하는 방식을 수정했다고 알려져 왔다. 그리고 구체적인
상황에서의 자유의 논리를 이해하기 위한 후기 사르트르의 관심을 이
해하기 위해서는 보통 『존재와 무』에서의 자유에 대한 설명에 재작업
을 가할 필요가 있다고 주장되어 왔다. 그러나 『존재와 무』의 자유에
대한 설명이 후기의 사르트르에게서 찾을 수 있는 보다 미묘한 기술 방
식, 즉 **사회적이고 역사적인 존재**는 자유와 필연성의 통일과 관련되어
있다는 생각과 조응하지 않는다는 주장은 의심해 볼 필요가 있다. 사르
트르가 허용하지 않는 것은 단지 자유가 우위성을 가지고 있지 않다는
것과, 객관적 구조에 대한 주체성(주관성)의 관계가 대칭적이라는 것,
즉 객관적 구조와 주체성(주관성)의 관계가 존재론적 등가물들 사이의
상호작용의 관계라는 것이다(물론 주체성이 이러한 구조들의 단순한
효과라는 점은 더 말할 나위도 없다). 그리고 이로 인해 사르트르는 구
조주의 및 후기구조주의 사상가들과의 논쟁에 연루된다.

§34 나 자신의 근원적 기획과 선택 (4부 1장 I절 457-67/534-46/194-204(2)/715-27, 479-81/559-60/255-6(2)/785-6, 4부 2장 I절 557-64/643-51/365-74(2)/905-14)

사르트르의 자유에 대한 설명이 1인칭의 실천적 관점을 해명한다면, 즉 선택해야 할 것이 있다고 스스로 의식하고 있는 행위자들의 관점을 해명한다면, 비실천적인 3인칭의 입장에서 심리학적 설명을 해야 할 필요도 있다. 그러한 맥락에서 우리가 사르트르가 논박하는 심리학적인 정신 개념을(§24) 재도입해야만 하는 것일까? 만일 그러하다면, 자유의 관점이 손상되거나 또는 똑같이 필수 불가결한 정신적인 것에 대한 객관주의적 '심적' 관점과 곤란하게 대립한다. 따라서 사르트르의 도전은 자유가 이 두 번째 기능에서도 대자의 **이론적** 이해의 토대로서 역할을 수행할 수 있다는 점을 보이는 것이다.

'실존적 정신분석'에 관한 절은 (4부 2장 I절) 개인을 익숙한 심리학적 용어로 설명하려는 시도에 대한 비판으로 논의를 시작한다. 행동의 개인적 심급들에 대한 설명을 구성하기 위해, 심리학은 먼저 주체를 기초적 동인 요소들과 추상적인 종류의 기질들로 나누고, 귀납적으로 논증된 심리학적 유형과 법칙들에 호소한다(여기서 사르트르가 정통적 환원주의적 자연주의가 아니라 비환원주의적 지향적 심리학을 염두에 두고 있음에 유의하자. 심지어 야스퍼스 또한 이에 포함된다(559/645/368(2)/908)).

심리학적 이론화에 대한 **선험적**이고 형이상적인 반대는 잠시 옆으로 미루어 두고 사르트르는 이러한 유형의 설명이 어쩔 수 없이 "설명될 수 없는 원초적인 사실[주어진 것]"에 대한 가정과 함께 (예를 들어, '야망'이나 '강력한 느낌의 필요성'과 같은 것들과 함께) 끝나게 된다는 점에 집중한다(이러한 것들에 대한 반대가 충족이유율(充足理由律)

을 충족시키는 데 실패했다는 것은 아니다). 사르트르는 "우리는 어디
선가 멈추어 서야만 한다. 그것이 모든 현실적 존재의 우연성 그것"이
라는 논점을 수용한다(560/646/369(2)/909). 그러나 이러한 환원불가
능한 것들은 **잘못된 것**이다. 예를 들어, '야망'이 하나의 **특성**(proper-
ty)으로 여겨지는 한, 즉 사회적이거나 심리적인 영역 '으로부터 받아들
인'것으로 여겨지는 한, 야망과 주체의 **관계** 그리고 야망과 **의미**의 관
계는 필연적으로 이해할 수 없게 되고, 이 설명은 실패하게 된다.

사르트르는 인간의 주체성[주관성]과 주어-서술어 관계의 비호응성
에 관한 『자아의 초월』의 테제를 『존재와 무』에서 명확하게 재기술하
고, 이러한 형이상학이 똑같이 수용할 수 없는 두 개의 인간주체 개념
들 중 하나를 초래한다고 주장한다. 즉 이는 하나의 무한정한 기체(基
體, substratum)나 욕망 또는 경향의 묶음으로써 인간주체 개념을 초래
한다(561/647/370(2)/910). 다른 곳에서 "모든 상태의 의미가 빠진 흐
름을 지탱하는 하나의 실체" 또는 "현상들의 수평적인 흐름"으로써 나
를 이해하는 대안들이 표현된 바 있다(459/536/227(2)/753).

우리에게 필요한 것은 "**진정으로** 환원 불가능한 것, 다시 말해, 우리
에게 명증하게 드러날 수 있는 환원 불가능성을 지닌 하나의 환원 불가
능한 것"이라고 사르트르는 주장한다(560/647/369(2)/910). 그리고
그는 이것이 '**자유로운 통일**'일 뿐이라고 주장한다(561/648/370(2)/
911). 따라서 우리는 통일적인 '근원적인 기획'이나(561/648/370(2)/
911) 각각의 대자에게 "순전히 개별적이고 독자적인" '근본적인 기획'
이라는 개념으로 이끌리게 된다(563/650/373(2)/913-4). 사르트르에
의하면, 근원적인 기획을 고려하면서 한 개인을 이해하는 것은 곧 "존
재를 향하는 그의 약동(élan, 충동)의 전체, 자기에 대해, 세계에 대해,
타인에 대해 관계할 때의 근원적인 관계"를 파악하는 것이다. 이는 이

전체가 모든 부분에서 재발견될 수 있는 방식으로 이루어지게 된다. "하나하나의 성향, 하나하나의 경향 속에서 인격은 [각각] 다른 각도에 서이기는 하지만 전체적으로 자기를 표현한다(563/650/374(2)/914)."

『존재와 무』에서 이미 단일하고, 자기-규정적인 선택이 언급된 바 있다. "나는 나의 존재를 성립시키는 근원적이고 유일한 계획에 직면하여, 오직 홀로 불안 속에 떠오른다(39/77/135-6/99)." 그러나 사르트르는 4부에 이르러서야 이를 논증하고 그 [이론적] 지위를 명확히 한다.

이 이론에 대한 사르트르의 최초 진술에서(4부 1장 I절, 457-67/534-46/255(2)/751-67) **내 자신의 근원적인 선택**(le choix origine de moi-même, 464/542/234(2)/761)이 자유 이론의 한 요소로 제시된다. §32에서 언급했던 것처럼, 이는 사르트르에게 다르게 행동할 수도 있었을 것이라는 가능성을 설명할 수 있게 해 준다. 두 번째 설명에서 (4부 2장 I절 557-64/643-51/365-367(2)/905-7) 사르트르는 이에 독립적인 논증을 부여한다. 즉, 이미 보았듯이, 이 이론이 모든 경험적 형태의 심리학적 설명이 파괴하는 인격적 통일을 통해 인간주체의 실재성과 양립 가능하다는 논증이 제시된다.

예지(叡智)적 성격을 "[주체]의 경험적인 존재[의 독특한 유형]"과 동일시하고, 선택을 존재론적으로 선행적이고 구별되는 사유적 존재나 무의식적인 주체성의 수준에 위치시키지 않는 한에서, 우리는 칸트에게서 차용한 개념을 수정하면서 우리의 근원적인 선택을 "예지적인 성격을 가진 선택"으로 간주할 수 있다(563-4/650/374-5(2)/914-5, 480/559/255(2)/785)고 사르트르는 말한다.[124] 자아의 근원적인 선택

---

124 역자주-사르트르는 다음과 같이 말한다. "[주체]가 자기를 자기자신으로서 구성할 때 가지는 [⋯] 이 '경험적'인 태도는 그 자신이 '어떤 예지적인 성격을 가진 선택'의 표현이다 [⋯] 다시 말해, 이 경험적 태도가 '예지적인 성격을 가진 선택'을 '의미

이 **언제** 이루어지는지 묻는다면, 사르트르의 대답은, 그 선택이 시간의
바깥에서 만들어지는 것은 아니지만, 지금 논의 중인 대자의 출현과 **동
시에** 만들어진다는 것, 즉 **즉시** 만들어진다는 것이다. 우리는 "근원적
인 선택은 시간을 펼치는 것이고, 또 세 가지 탈자의 통일과 마찬가지
일 뿐이라고 생각해야 한다(465/543/236(2)/763)." 근원적인 선택은
순간적이지 않고 전체 삶에 걸쳐 있지도 않다. 그러나 이는 "끊임없이
다시 새로워져야 한다(480/560/255(2)/785)." 다시 한번 나 자신의 근
원적인 선택이 **왜** 이루어지는지 묻는다면(왜 이 선택이어야 하고 다른
선택이면 안 되는가?), **동인**이나 **동기**의 관점에서 이에 대해 답할 수는
없다. 그 이유는 이러한 질문들이 이미 자아의 선택을 가정하고 있기
때문이다(462/539/231-2(2)/758-9). 그러나 근원적인 선택을 이성과
원인이 **빠진** 것으로 간주할 수는 없다. 이는 자신의 폭 안에서 동기와
동인을 "자발적으로 만들어 내는 하나의 발명"이다(470/549/242(2)/
770). 결과적으로 선택은 "그 자신밖에 가리키지 않는 의미"를 표현해
야 하고 그 어떤 해석도 필요로 하지 않는다(457/534-5/225(2)/751).
근원적인 기획이 "언제나 존재 문제에 대한 해결의 한 묘사"라는 사실
에서 유래하는 선택의 예지성. 따라서 나의 근원적인 선택은 해석의 기
준 또는 내 경험적인 선택의 의미를 결정하는 기준을 포함한다(471/
549/243(2)/771).

사르트르가 강조하듯이 우리가 근원적인 선택을 "어떤 앞선 현실에
서도 유래하지 않는 것"으로 파악하는 한에서 근원적인 선택을 **"정당화
할 수 없는"** 것이자 불안 속에 있는 것으로 파악해야 하는 것이 사실이
라 할지라도(464/542/234(2)/762), 근원적인 선택은 '**비실체적인 하나**

하는' 것은, 이 태도 '자체'가 이 선택 '이기' 때문이다(563-4/650/374-5(2)/914-5)."

의 절대자(*un absolu non substantiel*)'(561/648/371(2)/911)를 구성한다. 이는 서론에서 이미 의식에 적용한 바 있는 설명이다(xxxii/23/72/27).

근원적인 선택에 대한 우리의 인식이라는 문제에 대한 사르트르의 입장은 (근원적 선택은 나중에 실현되기 위해 사전에 형성된 비시간적인 형태로 **존재하는** 것이 아니기 때문에) 우리에게 근원적인 선택에 대한 명확하고 조정적인 ('분석적이고 구분된') 지식이 결여되어 있다는 것이다. 그러나 ("우리의 존재는 틀림없이 우리의 근원적인 선택이므로") 우리는 우리의 자기인식과 동일한 비조정적 의식을 가지고 있다(461-3/539-40/230-32(2)/757-9). 이는 우리가 우리에게 친숙한 대본이 전개되는 것처럼 우리의 삶을 경험하지 않는 이유를 설명한다는 점에서 중요하다. 즉 이는 왜 우리의 실존은 **'선택을 당하는 것'**이 아니라, **'우리 자신을 선택하는'** 특징을 지니는지(464/541/233-4(2)/760-1), 즉 실존은 왜 책임이라는 특징을 지니는지(사르트르가 세심하고 정확하게 묘사한 복잡한 방식으로)(466-7/544-6/237(2)/764-5, 469-70/548-9/242-3(2)/770-2), '우리의 근원적 선택의 발본적 변경'이 어떻게 가능한지 등의 문제를 설명한다. 나 자신에 대한 나의 근원적인 선택이 나의 과거에 있는 것이 아니고, 나의 시간성 외부에 존재하는 것도 아니기 때문에, 내가 내 선택을 받아들이고 펼치는 매 순간마다 (도박을 그만두거나 또는 다른 행위를 함으로써) 나의 이전 기획을 깨버리고 이를 뒤집지 못할 이유가 없다. 그러나 동시에 나의 근원적인 선택이 (단순한 과거가 아니라) 나의 경험적인 선택 속에서의 **총체적인 유형이라면**, 그리고 이 유형이 단순한 반복이 아니라 게슈탈트(Gestalt)의 성격을 지니고 있다면, 이야기의 방향을 갑자기 바꾼 소설가가 다른 소설을 쓸 수 있는 것은 아닌 것과 마찬가지로, 지금의 나

또한 **다른** 근원적인 선택을 내리거나 **다른** 선택이 될 수 있다고 말할
수 없다. 만일 내가 도박을 그만둔다면, 나는 나의 과거를 재구성한다.
그리고 이 과거는 '포기되었음'이라는 의미를 획득한다. 다음과 같이
정리하는 것도 가능할 것이다. 어떤 순간이든 나는 내가 나의 근원적인
기획으로 **받아들인** 것을 수정할 수 있다. 그러나 내가 여전히 선택을
내릴 수 있는 하나의 근원적인 기획 그 자체는 최종적으로 결정되지 않
는다. 또 그런 만큼 나의 기획 **그 자체**에 대해 수정 가능하다거나 수정
가능하지 않다고 말할 수 없다.

따라서 자아의 근원적인 선택이라는 개념은 자유에 **설명적 역할**을
부여하면서 심리학적인 설명의 가능성을 해명하려는 입장에 대한 사르
트르의 답변이 무엇인지 알려 준다. (사르트르는 훗날 바로 이점이 그
가 장 주네 전기를 집필한 이유라고 밝힌 바 있다. "정신분석학적 해석
과 마르크스주의적인 설명의 한계를 보이고, 자유만이 총체성 속의 한
개인을 설명할 수 있다는 점을 입증하는 것. 이것이 내가 하고자 한 바
이다."[125])

§35 세계에 대한 책임 (4부 1장 III절)

자유에 대한 장의 짧은 세 번째 절에서 사르트르가 제시하고 있는 자유
이론의 연장은 극적이고(463/541/233-4/759-60에 아주 작은 암시가
있기는 하지만) 예상을 뛰어넘는다. 사르트르는 한 세계의 존재가 대
자를 필요로 한다는 일반적 의미에서뿐만 아니라 **개인화된** 대자의 차
원에서도 "인간은 세계에 대해서 그 책임자"라는 점을 우리에게 상기
시킨다(553/639/355(2)/894-5). "나는 모든 것에 대한 책임자이다. 그

---

125   『성 주네(Saint Genet)』, p.584.

러나 나는 내 책임 자체에 대한 책임자는 아니다.” “나는 그 모든 책임을 지고 있는 하나의 세계 속에서 구속되어 있는” 나 자신을 발견한다 (555/641/358(2)/898). “대자의 책임은 사람이 살고 있는 세계로서의 세계 전체로 퍼져 나간다(556/642/360(2)/899).”

자신의 논의가 주로 “도덕주의자들(ethicist)에게 흥미를 불러일으킬 것”(553/638/355(2)/894)이라는 사르트르의 초반부 진술과 그가 몇몇 문장에서 ‘마치 ~인 것처럼(comme si)’ 이라는 접속사(“마치 내가 그 전쟁의 모든 책임을 짊어지고 있는 것처럼”, 554/640/357(2)/896)를 쓰고 있다는 점을 고려할 때, 이 도발적인 언급을 액면 그대로 받아들일 것이 아니라 그 의미를 감해서 들어야 할 것이다(예를 들어, 사르트르는 하나의 형이상학을 제시하고 있는 것이 아니라 우리의 윤리적 성향에 훈계와 규범적인 기능을 가진 허구(fiction)를 제공한다). [따라서] 사르트르의 생각은 니체의 그 유명한 ‘영겁회귀’ 라는 삶의 긍정 원리에 견줄 수 있다. 이는 보편적인 테제가 아니라 하나의 가설적인 생각으로, 실존론적인 함의를 지니고 있다.

우리가 세계에 책임을 지고 있다고 선언할 때 사르트르의 의도는 분명 우리에게서 어떤 태도를 축출하려는 것이다. 이를테면, 삶의 기본 구조가 [우연적] 사건이나 역사적 외부성으로 이루어져 있다는 생각을 근거로 우리의 삶에 거리를 두고, 또 우리의 삶을 이질적인 것으로 만들려는 태도를 축출하려는 것이다. 그러나 이 원리를 반실재론적으로 독해하는 것은 실수인데, 그 이유는 사르트르가 상식적으로 “ ‘책임’ 이라는 말을 어떤 사건 또는 어떤 대상의, 다툴 여지가 없는 작자(作者)로 있는 (것에 대한) 의식”으로 해석하고 있기 때문이다(554/639/355(2)/895). 세계의 책임이라는 테제를 고찰해 보면 책임이 사르트르의 자유 이론으로부터 발전한 것임을 이해하고 옹호할 수 있을 것이다.

세계는 '～해야 한다'는 강제 아래 있는 무(無)로써 내게 주어지는
것이 아니라 존재**로써** 주어지기 때문에, 각자가 세계에 책임을 지고 있
다는 테제는 분명 각자가 자신에게 지고 있는 책임과 같은 토대 위에서
이해될 수 있는 것이 아니다. 또한 궁극적으로 사르트르가 객관성에 대
해 들려주고자 하는 이야기가 (§12) 무엇이든지 간에, 그는 경험론적
관념론자가 아니고 또 그의 입장은 대자가 그의 자유와 상관되어 있는
사실성(facticity)으로서 객관적인 영역 위에 서 있다는 것이기 때문에,
세계에 대한 책임이 대상세계가 주체-의존적이라는 토대 위에서 이해
될 수 있는 것도 아니다. 따라서 세계에 대한 책임은 간접적으로 도래
할 수 밖에 없다.

　다음의 논점이 사르트르의 논의에서 전면에 부각된다. **이** 세계에 대
한 책임이 **내** 세계에 대한 나의 책임에서 파생된다. 그리고 **내** 세계에
대한 책임은 그것이 "나 자신을 선택하는 나의 자유로운 선택의 영상
(image)"[126]이라는 고찰로부터 파생된다(554/639/356(2)/895). 이로
인해 우리는 세계에 대한 책임이라는 테제가 단순히 사르트르의 근원
적인 기획 원리의 논리적 함축[연장]일 뿐이고, 또 이 점이 바로 세계
에 대한 책임을 입증해 주는 근거라고 생각하게 된다. 분명 이와 같은
함의는 사르트르가 긍정하였고, 옹호될 수 있는 것이지만, 이 절에서
더 많은 논의가 진행된다. 그리고 (세계에 대한 책임이 자아의 근원적
인 책임이라는 생각에 대한 귀류법으로 수용되지 않도록 하기 위해)
세계에 대한 책임이 독립적인 논증을 필요로 한다는 점이 중요하다.

126　역자주-이 부분에서 사르트르는 다음과 같이 적는다. "상황이 '내 것'인 것은,
상황이 나 자신을 선택하는 나의 자유로운 선택의 영상이기 때문이고, 상황이 나에게
제시하는 모든 것은, 그것이 나를 표현하고 나를 상징하고 있다는 점에서, '나의 것'
이기 때문이다(553/639/356(2)/895)."

  세계의 **저자**라는 의미에서 나는 세계에 대해 책임을 진다는 사르트르의 주장은 "그 전쟁은 **나의** 전쟁이다"라는 주장을 초래하기 마련이다. 그러나 이는 물론 전쟁을 선포한 것이 나라는 것을 의미하는 것이 아니다(554/639/357(2)/896). 저자이며 책임이라는 것의 초월적 의미는 무엇인가?

  먼저 유신론적이거나 이신론적인 후보들은 세계의 작가로서 배제된다는 점을 기억할 필요가 있다(§47을 보라). 그리고 사르트르에 설명에 의하면 세계가 세계 그 자체를 나에게 가하지 않는다는 것도 기억해야 한다. 내가 세계와 독립적으로 나의 존재를 결정했고, 이미 규범적인 완결성의 조건 속에 서 있다는 점을 근거로 내가 세계에 대한 책임을 거절할 수 있다고 말할 수도 없다. 그러나 여전히 다음과 같이 질문할 수 있다. 그럼 나는 여기서 왜 **어떤 식으로라도** 유사–실천적인 태도를 취해야만 하는가? 나는 왜 사색적으로 다음과 같이 생각할 수 없는가? (세계의 외양[나타남]이 인식론적으로 나의 주체성[주관성]에 달려 있음을 인정하지만, 책임의 문제에 대해 아무것도 생각하지 않더라도) 여기 세계(the world)/나의 세계(my world)라는 사실이 있다.

  그러나 여기서 다시 한번 자연주의와 실재론에 대한 사르트르의 거부가 중요해진다. 이론적인 인지가 독립적이며 자기충족적이고, 자율적인 의식의 양식이고, 세계존재는 단지 의식의 대상일 뿐이라는 것이 사르트르의 생각이라면, 세계에 대한 지식을 갖는 것을 넘어서 세계를 '태도화(attitudinize)' 해야 할 강제성은 존재하지 않을 것이다. 만일 세계가 본질적으로 철학적 자연주의가 가정하는 비인간적 특징을 가지고 있다면, 사르트르가 언급하듯이(554/639/357/896), 세계와 책임의 관계는 이해 불가능한 것이 될 것이다. 그러나 세계는 **인간실재**(human reality, 인간적 현실) 속에 속한다. 그리고 우리가 §17과 §19에서

보았듯이, 인지는 단지 즉자에 대한 대자의 관계 속에서 하위 구조가
될 뿐이다. 이 하위 구조의 일반적 성격은 **실천적**이다. 따라서 일반적
인 관점에서 보자면, 세계가 실천적인 범주들 아래에서 사고되어야 한
다는 것은 가능한 동시에 필연적인 것이다. 이는 상황이 이와 같지 않
을 경우, 내가 '책임의 관계 속에서 세계를 마주하고 서 있는 무엇인
가?'에 대한 사고를 형성할 때 나타날 텅 빈 공간을 무엇인가가 채워야
한다는 것을 의미한다.

　상식적인 입장이 정확히 세계에 대한 책임을 **부정**하는 이유("나는
태어나기를 원하지 않았다", 555/641/359-60/898-9)로 받아들이는
대자의 부당성(대자의 실존에 대한 근거의 결여)과 세계의 부당성(단
순하게 주어진 것으로서 세계, 그리고 그 우연적인 성격)은 그 반대물
로 바뀌어 버린다. 내가 내 존재의 토대가 아니고, 따라서 나는 초월적
으로 내가 해야만 하는 의무(강제, obligation)를 털어 버리기 위해 내
가 의존하고 있는 세계를 '받아들여야'만 하기 **때문에**, 세계가 스피노
자의 단일 실체가 가정하는 자기충족성을 결여하고 있기 **때문에**, 그리
고 마지막으로 세계에 대한 책임을 떠맡아야 할 그 외의 그 어느 것도
존재하지 않기 **때문에**, 나는 책임을 떠맡도록 강제된다.

　약간 다른 관점에서 이 문제에 접근해 보도록 하자. 사르트르의 주장
은 우리가 내 세계가 나의 것이라고 생각할 때 나타나는 것들과 관련되
어 있다. 그리고 실재론은 거부되기 때문에 (이 세계가 나의 것인 이유
는 그것이 나에게 **영향을 끼치기** 때문도 아니고, 시공간적으로 나를 **포함
하고** 있기 때문도 아니다) 이 관계는 **내적**이고 **실천적**인 성격을 지녀야
한다. 그리고 (비록 상대적으로 명확하지 않은 개념일지라도) 책임 위
에 세워진 개념만이 사고되어야 할 것에 대한 근사를 제시할 수 있다.

　세계에 대한 책임이라는 사르트르의 테제가 자아의 근원적인 선택이

라는 그의 테제에 대해 독립적으로 존재하는 것이라면, 이와 같은 자유 이론의 두 연장은 서로를 지탱하고 있는 것으로 간주될 수 있다. 이 두 연장은 함께 '회한이나 후회 또는 변명'의 태도(556/642/360/899)와 조건법적으로 숙고하며 우리 자신을 우리의 삶이 취할 수도 있었으나 결국 취하지 않아 현실화되지 않은 궤적과 동일시하려는 태도를 방지하는 데 기여한다. 그 결과는 강화된 능동적 자기 결정 및 놀라운 스토아적 증류와 종합이다.

이제 세계에 대한 책임에 대한 새로운 태도가 우연으로 가득 찬 나의 삶으로부터의 타유화[분리]를 되돌리는 카타르시스적 역할을 넘어 타자와 관련된 도덕적 함의를 지니고 있는지 여부를 고려하는 문제가 남아 있다. §44에서 확인할 것처럼, 사르트르의 관점은 이 새로운 태도가 도덕적 함의를 가지고 있다는 것이다. 따라서 바로 이 부분에서 사르트르의 세계에 대한 책임은 니체의 영겁회귀와 길을 갈라서게 된다.

§36 사르트르적인 자유[론]에 대한 평가

그의 이론에 대한 비판이 초기 사르트르의 비평가 중 한 명인 가브리엘 마르셀에 의해 제기되었다. 그의 비판은 사르트르의 자유 개념이 '불가해하고', '너무 이해할 수 없다'는 것이다. 그리고 그는 사르트르가 자유를 인간의 현실 속에 편재한다고 간주하면서 자유를 '폄하한다'고 비판한다.[127]

이러한 비판은 초기 입장에 대한 비판으로서 수긍할 수 있다. 그러나 사르트르가 무엇은 말하고 무엇은 말하지 않는지 명확해지기 전까지, 그리고 사르트르의 철학 기획과 인간 자유의 맥락 속에 그의 이론이 정확

---

127   마르셀(Marcel), '실존주의와 인간의 자유', pp.61-3.

히 놓이기 전까지는 어떤 것도 결정될 수 없다. 그러나 이 문제는 여기서
간단히 요약하기에는 너무 커다란 문제이다. 그러나 자유 문제와 이에
대한 사르트르의 급진적 반응에 의해 제기되는 일반적 방법론의 어려움
에 대한 2장의 관찰에 덧붙일 수 있는 몇 가지 중요한 논점들이 있다.

　첫째, 설명 가능성 및 이해 가능성의 문제와 관련해, 철학적 설명 또
는 철학적 설명의 실패로 간주되어야 할 것들이 설명의 맥락 속에서 상
대화되어야 한다는 점을 강조할 필요가 있다. 그리고 사르트르의 전체
기획이 자유를 최종 **설명항**(explanans)으로 재정립하면서 동시에 최종
분석에서 자유를 일종의 **피설명항**(explanandum)으로 간주하는 것이
왜 실수인지 설명하려 한다는 점도 강조할 필요가 있다. 이는 자유 개
념이 정의 불가능성 속에서 고립되는 것이 아니라, 다른 근본적 개념들
과의 수평적 관계 속에 연루됨을 의미한다. 그리고 사르트르의 전략의
성공 척도는 이 개념들이 서로 융합될 수 있는가의 여부이다. 사르트르
는 자신의 설명에서 이 개념들이 융합된다고 주장한다. "선택과 의식
은 오로지 하나이며 같은 사물이다(465/543/231(2)/758)." "우리가
이 책 2부에서 결여(manque, lack)라는 말로 표현한 것은 '**자유**'라는
말로도 충분히 표현할 수 있다(565/652/376/916)."

　이는 일상적이고 경험적인 개념들에 비해 자유 개념에 특이한 지위
를 부여한다. 그러나 사르트르는 이를 인정하고 그의 논의에서 왜 이것
이 문제가 되지 않는지 설명한다(438-9/513-14/201-2/722-3). 자유
를 본질을 가지고 있는 것으로 인지하는 것은 곧 이를 유사-대상으로
만드는 것이기 때문에(하는 것(doing)과 행위(action)와 마찬가지로
자유를 구성되는 것으로 이해하는 것이기 때문에), 자유는 '아무런 본
질'도 가질 수 없다. 그리고 만일 그렇다면 무엇이 이 구성을 책임지고
있는지에 대한 질문이 다시 등장하고, 이는 무한한 회귀를 만들어 낸

다. 철학적 성찰이 본질이나 보편적인 것을 식별하는 것 대신에 할 수 있는 것은 우리를 재귀적으로 "**나의** 독자적인 의식"으로, 특히 비조정적 · 전반성적 의식 속에서 드러나는 나의 실존으로 되돌려 보내는 것이다. 거기서 자유는 "단순한 사실적 필연성"으로 파악된다(439/514/201/723). 따라서 우리는 "자유에 대한 일종의 깨달음"을 갖게 되는데, 이는 사르트르의 자유의 형이상학이 철학적으로 성취할 수 있다고 함의하는 바에 정확히 조응한다.

사르트르의 견해가 특정한 자유의 인식론과 일치한다는 점에 주목할 필요가 있다. 우리가 자유롭다는 우리의 인식은 우리 자신에 대한 우리의 인식과 실존만큼이나 직접적이고 확실한 성질, 그러나 내용 없고 투명한 성질을 지니고 있다. 나를 자유롭게 만드는 나에 대한 것이 무엇인가 또는 나를 자유롭게 만드는 내 안에 있는 것이 무엇인지 찾기 위해 나 자신에 대해 성찰해 볼 때, 나는 필연적으로 아무것도 생각해 내지 못하고 만다. 내성과 '내적' 직관을 통해 밝혀낼 수 있는 그 어떤 것도 나의 자유가 **될** 수 없다.

자유롭다는 인식은 우리의 자유가 반드시 토대를 가지고 있어야 함을 함의한다. 하지만 우리는 그 토대에 대해 명확한 개념을 가질 수 없다. 한 가지 가능한 선택은 우리가 특별한 종류의 **관념**(idea)을 소유한다는 관점에서 우리의 자유의 인식론을 해석하는 것이다. 이 관념은 어떤 경험적 내용도 가지고 있지 않은 생각으로, 인간의 인식에 필수적인 감각적 조건들은 우리가 이 관념을 실현된 것으로 파악하는 것을 허용하지 않는다. 그러나 우리는 이 관념을 고려하며 합리적으로 우리 자신에 대해 생각하도록 요구된다. 칸트의 전략이라고 할 수 있는 이 같은 전략 대신에, 사르트르는 우리의 자유를 그가 무라고 칭한 것과 동일시하고, 그 과정에서 현상학적 특성화(characterization, 자유는 내용이 없고 투명하다)를 형이상학적 설명(자유는 무에 근거한다)으로 해석한다. 내 자유가 무엇에 기인하는지 파악하려고 시도할 때, 내가 만일 (내 자기성의 형태와 대자의 다른 구조 말고는) 그 어떤 확실한 것도 발견할 수 없다면, 내 자유의 근거는 내 자신의 실존과 존재양식이 아닐 수 없다.

둘째, 보통 난잡하다고 일컬어지는 사르트르의 자유 개념에 대해 말하자면, 사르트르의 존재론적 자유는 크거나 적은 정치적 힘을 가졌다는 의미는 말할 것도 없고, 보통 한 사람의 자유가 그의 능력과 힘에 의해 제한된다거나, 증가하거나 감소할 수도 있다고 말할 때의 자유[의 의미]에 조응하는 것이 아니라는 점을 §13에서 보았다. 이와 유사하게 존재론적인 자유는 (현재 논의의 단계에서는) 선(善, a good)으로서 자유 개념으로부터 분리된다. 따라서 존재론적인 자유의 편재성은 만일 사르트르가 그들의 자유가 이미 완전하기 때문에 노예는 해방을 필요로 하지 않는다고 주장했더라면 초래되었을 부조리함이나 '가치 하락'을 함의하지 않는다.

이와 같은 점들을 고려할 때, 사르트르의 이론은 반(反)상식적이라고 할 수 있다. 그리고 이러한 입장의 수용은 책임과 과실, 칭찬과 비난을 다른 방식으로 수정하고 이전에는 옳다고 여겨지던 인간 행동에 대해 새로운 심리학적 설명을 제시해야 함을 의미한다(두 번째 그리고 특별한 변화가 실존주의적 심리학의 적용을 통해 나타난다. §41과 §42을 보라).

그러나 사르트르의 이론이 일상적인 생각에 끼친 영향을 파악하는 것은 그렇게 간단한 문제가 아니다. 존재론적인 자유를 파악하는 것은 프로이트가 발견한 성적 동인의 편재성이나 마르크스가 발견한 도덕적·종교적 신념 체계를 결정하는 경제적 동인과 동등한 경험적인 발견을 이루어 내는 것과 같은 것이 아니기 때문이다. 이는 여러 다른 수준에서 여러 다른 방식으로 변화를 일으키는 하나의 **철학적** 발견이다. 먼저 이는 모든 것이자 동시에 아무것도 아닌 초월적 변화를 일으킨다. 어떤 면에서 모든 인간실재([인간존재], human reality)는 변하지 않은 채로 남아 있지만, 이 실재성은 또한 우리가 세계에 대한 책임을 떠맡는다는 새롭고 비경험적인 관점에서 재고된다. 둘째, 사르트르의 자유 이론은 우리의 심리학적이고 실천적인 묘사 및 평가에 차별적이고 선택적인 변화를 일으킨다. 이러한 묘사와 평가는 (결정론적인) 개념과 사고양식을 삭제하는 것과 관련된다. 적어도 '게으른', '동성애의' 등과 같은 술어들 및 심리적 능력과 무능력에 대한 평가의 진정한 의미들이 포착하기 어려운 것으로 인식되어야 하고 또 정교하게 재규정되어야 한다는 점에서 일상적인 심리학의 언어들 중 일부분은 [그 의미가] 더욱 정교하게 수정되어야 한다. 『존재와 무』는 일상적인 판단을 개정하기 위한 규정집을 담고 있지 않고, 사르트르의 이론은 왜 그러한 규정집을 만드는 것이 불가능한지 설명하고 있다. 존재론적인 자유가 심리학적인 개념이 아니라 초월적인 것이라면, 그로부터 명확한 경험적 함의를 추출하기 위한 알고리즘을 찾아 제시하는 것은 불가능하다. 이러한 점이 사르트르의 이론에 빈틈을 남겨 두는 한, 이 틈은 사르트르의 허구(fiction)가 메워야 하는 부분이다. 철학적 이론의 이해를 가정하지 않는 존재론적 자유에 의해 만들어진 세 번째 변화는 사르트르의 순수한 반성(pure reflection) 개념으로 표현되는데(§43을 보라), 이 개념은 자기 **자신의** 존재론적 자유를 가리킨다. 즉 이 개념은 비담론적이고 직관적인 존재론적인 발견 및 실천적 지향의 변화를 야기하는 것에 대한 특권적인 반성적 인지를 가리킨다.

만일 사르트르의 자유에 대한 논의를 자유를 논한 동시대의 다른 문헌들과 비교해 본다면, 사르트르가 합리성이라는 주제를 명확하게 언급하고 있지 않다는 사실에 놀라게 될 것이다. 이는 사르트르가 자유와 이성(reason) 사이에 어떤 연관성이 없다고 생각했기 때문이 아니다. 행위를 구성하는 **동기**(motif), **동인**(mobile), **종말**(fin)의 통일 속에 이성이 가정되는 한, 앞에서 보았듯이 이성은 확고하게 사르트르적인 자유 **안에서** 이해된다. 합리성이 없는 것은 그 무엇도 기획의 성격을 가질 수 없었을 것이다.

사르트르가 합리성을 자유의 구성적 조건으로 언급하지 않는 것에 대해서는 여러 가지 설명을 덧붙일 수 있다. 사르트르는 행위에 대한 이유(reason)로 인과 질서 속의 공백을 채우는 관점에서 자유를 생각하지 않고, 이유(reason)를 심리학적인 연쇄 속의 요소로 간주하지도 않는다. 일반적으로 『존재와 무』에 이성(reason)이나 합리성에 대한 논의가 부재한다는 점은 부분적으로는 사르트르의 인식론에 대한 태도 때문이고(§8) 다른 한편으로는 그의 방법론과 형이상학이 우리가 어떻게 동물이나 다른 자유롭지 못한 존재들과 다른지 설명하기 위해 우리가 '이성의 능력(faculty of reason)' 이라는 추가 능력을 가지고 있다는 가정에 호소할 필요가 없다는 사실 때문이기도 하다. 궁극적으로 사르트르는 구별되는 능력으로서 합리성에 대해 독립적인 설명을 제공하지 않는데, 그 이유는 그가 합리성을 자유와 함께 필연적으로 나타나는 것으로 간주하기 때문이다. 자유는 결정을 위한 결정되지 않은 책임이고, 그 자체로 **이성**(reason)**의 공간을 구성한다.** 이는 즉자존재가 이 영역 바깥에 존재하는 이유, 즉 즉자가 이성(reason)을 갖지 않지만 이성을 결여하지 않는 이유를 설명한다. 간단히 말해 사르트르가 이성에 비해 자유에 우위를 부여하는 특별한 이유를 우리는 곧 보게 될 것이다(§§37-8).

호의적인 평가를 내려 본다면, 사르트르의 자유 이론은 예지 불가능성과 부조리함이라는 혐의에서 벗어난다. 『존재와 무』에서 이루어진 인간 자유에 대한 논거는 사르트르가 주장하는 형식에 자유가 존재한다는 것을 부정하는 이들에게 논증의 짐을 떠넘길 수 있을 정도로 강력하다. 이 같은 경우 사르트르의 설명을 논박하기 위해서 책임 근거에 대한 대안적인 이론과 인간의 실존의 명확하고 특징적인 성격을 제시하거나 또는 사르트르의 개념들이 환상에 불과하다는 점을 입증해야 한다.

§37 자기기만[bad faith, 나쁜 믿음, 불성실][128] (1부 2장 II-III절)

(B)에서 우리는 사르트르가 인간의 동기화(motivation)를 형이상학적 원천을 가지고 있는 것으로 간주한다는 점을 확인했다. 실제로 이러한 주장의 근원은 의식의 동기화가 오로지 의식 자체에 기인한다는 사르트르의 공리라고 할 수 있다(§3). 『존재와 무』는 인간의 동기화의 여러 단계들에 대해 자세한 이론을 제시하는데, 그 첫 단계가 자기기만(mauvaise foi)에 대한 이론이다.

나쁜 믿음을 다룬 처음 두 절에서(II절) 사르트르는 나쁜 믿음의 유형(conduites)을 연속적으로 묘사해 나간다. 가장 잘 알려진 것이 종업원의 예인데, 사르트르는 종업원을 자신의 존재를 종업원-다움(waiter-ness)이라는 본질의 순수한 육화로 실현하고자 하는 열망으로 묘사한다. "그의 모든 행위가 우리에게는 마치 하나의 놀이와 같아 보인다.

---

128   역자주-보통 『존재와 무』의 핵심 개념중 하나인 'Mauvaise foi'는 자기기만으로 번역된다. 그런데 이 책의 저자는 bad faith와 self-deception의 차이를 구분한다. 문제는 'mauvaise foi'를 자기기만으로 해석할 경우, self-deception과 구분하기 어렵다는 것이다. 따라서 이 이후로부터는 self-deception은 '자기기만'으로 'bad faith'는 '나쁜 믿음'으로 옮긴다. 삼성판은 '불성실'로 번역하고 있다.

[…] 카페의 종업원은 자신의 신분(condition)을 가지고 놀며 자신의 신분을 **실현한다**(59/99/164/131)." 그는 "잉크병이 잉크병으로 있는 것과 같은 뜻에서 카페 종업원"이 되고자 한다(59/99/165/132).[129] 더욱 복잡한 한 가지 사례는 데이트 중인 여성의 사례이다. 이 여성의 상대가 그녀의 손을 잡자, 그녀는 아직 그의 성적 의도에 어떻게 대응해야 할 것인지 아무런 결정도 내리지 않았다.

> 젊은 여인은 손을 그대로 둔다. 그러나 자기가 손을 그대로 두고 있다는 것을 **알아차리지** 않는다. […] 그녀의 손은 온기를 머금은 상대의 두 손 사이에 생기 없이 머무른다. […] 그녀는 상대의 행위를 오직 그대로의 것으로 있게 함으로써, 즉 즉자존재의 방식으로 존재하게 함으로써 그 행동을 무장해제시켰다. […] 그녀는 그녀 자신의 몸이 **아닌 것**으로서 자신을 실감한다. 그녀는 높은 곳에서 내려다보듯 자신의 몸을 수동적인 대상으로 생각한다. 그런 수동적 대상에게 사건이 **일어날** 수도 있으나 이 대상의 모든 가능은 그것의 밖에 있기 때문에 이 수동적 대상은 사건을 도발하지도 피하지도 못한다(55-6/95/159-60/126).

더 심화된 사례가 복잡한 변증법의 형태로 주어진다. 즉 죄의식에 이끌리고 사실로서 그의 행동에 관한 사실로부터 "당연히 나오는 [결론] (63/104/170/138)"을 이끌어내는 것을 거부하는 데 대한 공공의 비난을 두려워하는 '동성애자'와 고백이 그에게 자기-초월을 가능하게 하

---

129   역자주-사르트르는 카페 종업원이 카페 종업원이라는 즉자가 되려는 행위, 즉 카페 종업원에게 요구되는 것을 수행하려고 하는 행위가 이미 즉자의 지위를 벗어나려는 것이라고 암시한다. 예컨대 다섯 시에 일어나야 하는 것, 가게 문을 열기 전에 가게 앞을 쓸어야 하는 것과 같은 개념과 판단은 초월적인 것을 가리킨다. 이는 그가 자기 신분이 뜻하는 것이 무엇인지 잘 알고 있다는 것을 의미한다.

고 자유와 성심리적 사물의 (비일관적인) 혼합물을 만들어 줄 것이라는 것을 근거로 들며 그에게 그의 동성애를 고백하라고 촉구하는 "성실성의 대표자(64-5/104-6/170-1/139-40)" 사이의 변증법의 형태로 주어진다.[130]

(정신분석학의 분석 사례들과 (§25를 보라)) 이 모든 사례들이 함께 공유하는 것은 노골적인 자기기만과 관련이 있는 것이 아니라(만일 그렇다면 이는 아마 카페 종업원과 성실성의 대표자 모두에게 매우 껄끄러운 묘사가 될 것이다), 이 사례들이 모두 즉자의 사물적인 관점에서 인간주체성의 의식과 관련되어 있다는 점이다. 이러한 의식은 **의도된 것**으로 대자의 기획이라고 할 수 있다. 모든 나쁜 믿음은 반성적이고 의지적인 (voluntary) 수준에서 이루어진 것이 아니라 "우리 존재의 자발적인 결심"으로서 전반성적으로 이루어진 **선택**을 드러내 보인다(68/109/177/146). 그리고 [나쁜 믿음에 대한 이론 안에서] 자신에 대한 진실한 의식이 전반성적인 수준에 보유되기 때문에 나쁜 믿음의 이론은 개인의 책임은 온전히 그대로 내버려 둔 채, 자기인식을 피할 수 없다는 사르트르의 원리를 준수한다. (나쁜 믿음은 자유가 자신을 긍정하는 데 실패하는 첫 번째 형태이다. 두 번째 형태는 윤리적 실패이다. 나쁜 믿음의 경우 대자가 긍정하는 데 실패하는 것이 즉자 자신의 자유라면, 윤리적인 경우에 대자가 긍정하는 데 실패하는 것은 타자의 자유이다. §44를 보라).

따라서 **나쁜 믿음**(Mauvaise foi)과 자기기만(self-deception)은 같은 개념을 표현하는 것이 아니다. 자기기만은 신념과 (아마도) 지향의 문제적 구성, 즉 몇몇 사례들에서 채택해야 하는 심리적 속성들의 유형

---

130 역자주-사르트르는 자신의 동성애적 경향을 고백하지 못하고 견딜 수 없어 하는 동성애자와 동성애자에게 자신의 동성애를 인정하라고 강요하는 성실성의 대표자를 나쁜 믿음의 예로 제시하는 동시에 누가 더 자기기만적인지 묻는다.

(pattern)을 지칭한다. 사르트르가 또한 단순히 그리고 개략적으로 '사람이 스스로에게 정직하지 못한 것'이라는 보다 피상적이고 묘사적인 의미에서 나쁜 믿음이라는 [개념을] 채택했을지라도, '나쁜 믿음'은 그 전체 의미로 볼 때 엄격히 이론적인 사르트르의 개념이며, 그의 인간주체의 형이상학과 분리할 수 없는 개념이다. 그렇다 하더라도 이 개념들은 상호 연결되어 있고(적어도 나쁜 믿음의 몇몇 사례들은 명백한 자기기만과 관련되어 있다), 이 개념들이 제기하는 논점들도 매우 밀접하게 연결되어 있다.

사르트르는 자기기만의 역설적인 성격에 대해 잘 알고 있었다. 실제로 사르트르가 이 특징을 매우 명료하게 설명했기 때문에 역설적이지 않은 방식으로 자기기만에 대한 명제적인 태도를 재해석하려고 도전했던 철학자들이 자주 그의 묘사를 인용하고는 했다. 그러나 사르트르는 자기기만에 대한 많은 문헌들이 그러한 것처럼 자기기만의 역설적인 성격에 형식적인 해법을 제시하려고 하지는 않았다. 그는 왜 이러한 시도를 하지 않았을까?

논의 중인 태도가 어떻게 가능한 것인지 파악하는 유일한 방법은 인간주체를 비자아동일적-대자로 파악하는 것이라고 사르트르는 주장하고 싶어 한다. 사르트르가 제안하는 것처럼, 자기기만의 역설이 형식적으로 해결 불가능한 것이라면, 이는 사르트르의 제분소에 쓰일 제분용 곡물과 같다. 그 이유는 이것[역설의 해결 불가능성]이 자기기만의 현실성(actuality)이 전통적인 인간주체의 형이상학에 압력을 가한다는 것을 의미하기 때문이다. §24에서 보았던 것처럼, 이[역설의 해결 불가능성]는 특히 신념이 '심리적 사실'이 아니라 문제 구조(problematic structure)로 이해되어야 함을 보이면서 그렇게 한다. 사르트르는 Ⅲ절에서 신념 개념으로 인해 우리가 나쁜 믿음을 "가능하게 하는 조건"을

파악할 수 있다고 주장한다. 사르트르가 설명하는 것처럼, '나쁜 믿음'
에 대한 신념은 "납득이 가지 않는 것[을] 모든 확신의 구조(68/109/
177/146)"라고 규정하는 데 있고, (이때 우리가 나쁜 믿음의 기획을 추
구하는 한에서 성실(faith)이란 보통 말하는 신념(belief)에 대해 우리
가 취하는 입장, 즉 믿는다(believe)는 것이 **무엇을 의미하는지** 우리가
이해하는 방식을 의미한다.) 그리고 이는 신념 **그 자체**의 '자기파괴적
인' 목적론을 고려할 때만 가능하다. "나쁜 믿음의 원초적 기도는 의식
사실의 이 자괴작용(自壞作用)을 이용하는 것에 지나지 않는다(69/
110/179/148)." 나쁜 믿음의 미묘한 자멸은 "모든 신앙[신념]의 바탕
에 존재하고 있다." "나는 내가 믿지 않기 위해서 믿는다." 그리고 "나
는 믿기 **위해서** 믿지 않는다(69-70/110/179/148)."

따라서 대자의 형이상학은 두 가지 수준 또는 두 가지 측면에서 나쁜
믿음을 설명한다. (1) 대자의 형이상학은 자기기만의 신념적(doxastic)
'어떻게'에 해당하는 측면, 즉 나쁜 믿음에 대한 '신념'을 설명한다.
그리고 (2) 대자의 형이상학은 나쁜 믿음의 '왜'의 측면, 즉 즉자가 되
는 것의 목적을 식별한다. 나쁜 믿음의 **행동의** 다양성 속에서, 이 두 유
형은 여러 가지 다른 방식으로 결합할 수 있다. (i) 즉자되기의 목적은,
신념의 수준(종업원)이 아니라 의식의 수준에서, 그리고 신념적(dox-
astically, 동성애자 또는 성실성의 대표자) 또는 잠재적인 신념 속에서
(sub-doxastically) 즉자 되기 그 자체를 위해 추구될 수 있다. (ii) (데
이트에서의 여성과 같이) 일상적이고 비형이상학적인 목적을 향한 동
인(motive)에 의해 목적이 규정되는 기획 안에서 즉자가 되는 것이 **도
구적으로** 이용될 수 있다.[131] (iii) 나쁜 믿음은 일상적이고 비사르트르

---

131 역자주-조광제는 이 여인의 에피소드에 대해 다음과 같이 해석한다. "첫째, 이
여자는 자신의 파트너의 행위를 **지금 그러한 것**(ce même qu'il est) **자체**로 환원함으

적인 자기기만에서와 같이 '나쁜 믿음에 대한 신념'에 있을 수도 있다. 이와 같은 사례에서 나는 일상적인 동인의 명령에 따라 나의 신념들을 왜곡하고 다른 비신념적인(non-doxastic) 기술(技術)을 채택하지 않는다. 예를 들어, 나는 내가 용감하지 않다는 것을 알고 있을 때 내가 용감하다고 믿는다.

나쁜 믿음에 커다란 관심을 갖는 이유, 즉 사르트르가 『존재와 무』의 초반부에서 이에 대해 숙고하는 이유는 그것이 일상적인 심리학의 **한계**를 두드러지게 하기 때문이다. 신념은 우리가 보통 생각하는 것처럼 '심리적 사실'이 아니다. 이 점은 더 발전시킬 만한 가치가 있다.

표면에 자리하고 있는 신념적(doxastic) 모순보다 더 깊은 수준에서 신념은 **실용적** 모순과 관련되어 있다. 자유는 자신의 부정을 추구한다. 하지만 자유는 이 부정의 추구 속에서 자신을 표현한다. §38에서 우리는 사르트르의 더 심화된 테제를 확인할 것이다. 이 심화된 테제를 고려하면 그 모순성에도 불구하고 자유의 자기부정을 이해할 수 있게 된다.

최종적인 결론은 우리가 일상의 심리가 우리가 보통 생각하는 것처

로써, 즉 즉자적인 양식으로 존립하는 것으로 환원함으로써 무장해제를 시킨다 […] 둘째, 그러면서 동시에 이 여자는 자신이 욕망을 즐기는 것을 허용하는데, 그것은 욕망을 **지금 그러한 것이 아닌 것**(ce qui il n'est pas)으로 파악하게 되는 한에서, 즉 자신의 욕망에 대해 초월(transcendance)을 인정하게 되는 한에서 그러하다는 것입니다. [여기서] 자기에 대한 타인의 행위는 현재적인 것으로 즉자화되고, 동시에 자신의 욕망에 대해서는 현재적인 것이 아닌 것으로 초월시키고 있습니다 […] 셋째, 자신의 몸의 현전을 바탕으로 느끼는데도, 자기 자신을 자기 자신의 몸이 **아닌 것**으로 실현하는데, 이때 이 여자는 그녀 자신의 몸을 수동적인 대상인 양 높은 곳에서 주시하고 있다 […] 이 셋을 종합해 보면, 이 여자의 목적은 남자의 행위에 관련된 자신의 욕망이 자신에게 노출되는 것을 모욕적이라고 생각하면서도 그러한 자신의 욕망을 즐기는 데 있습니다. 그러기 위해 이 여자는 자신을 이중화[수동화와 초월]합니다(조광제, 『존재의 충만, 간극의 현존 1』, 그린비, 2013, pp.173-4)."

럼 기초적이고 자율적이지 않다는 점을 깨닫게 된다는 점이다. 정신철
학의 여러 입장들이 표현하고 있는 일상적인 그림에서 심리학적 설명
은 실천적인 삼단논법의 실행으로 표현되는 형식적인 합리적 구조에
의존한다. 이러한 구조는 그 내용을 행위자가 형성하는 특정한 신념과
욕망으로부터 받아들이지만 그 자체로 무조건적이다. 이와 관련된 비우
연적인 관점에서 볼 때, 이 구조에 앞서 존재하는 것은 아무것도 없다.

　자기기만(self-deception)과 다른 형태의 비합리성은 이러한 구상을
설명하는 데 있어 한 가지 문제점을 제기한다. 이 문제가 바로 사르트
르의 전략이 이 구상과 함께 철학적 도전을 제시하기 위해 이용하고자
하는 문제이다. 사르트르는 심리학적 설명이 합리성에 의존하고 있다
는 점을 부정하지 않는다. 그는 정념 또는 그 어떤 것들의 물결보다는
이성이 곧 우리를 행동으로 이끄는 것이자 우리의 행동을 설명해 주는
것이라는 점을 받아들인다. 그가 부정하는 것은 실천적인 추론가
(reasoner)로서 행위자(agent)라는 일상적 개념의 설명적 자기충족성
이다. 사르트르의 주장에 따르면, 나쁜 믿음은 인간 행위 **그 자체**가 합
리적이라는 생각의 무근거성을 드러내 보인다. 자기기만을 특징짓는
'역설성'은 **모든** 인간 행위의 기저를 이루는 특징이다. 평범한 심리학
을 넘어, 우리는 평범한 심리학은 파악할 수 없는 '역설성', 근본적인
기획의 형태로서 자유의 심리학, 자신을 부정하는 자유의 심리학을 발
견한다.

　이러한 의미에서 자유는 이성을 넘어서고, 평범한 심리학의 적용 조
건을 제시한다. 우리의 합리성은 이성을 초월하는 어떤 자유에 의지하
고 있고 자율적이지 않다(570/657-8/383(2)/924에서 사르트르는 나
자신의 근원적인 선택을 '모든 논리에 앞서[는 것이자]', '논리 이전의
종합'으로 묘사한다. "모든 근거와 모든 이유가 이 선택을 통해서 존재

에 찾아온다", 479/559/254(2)/784). 따라서 자유가 이성의 구조보다 크고 또 그 구조로부터 독립적인 그 자신의 구조를 가지고 있기 때문에 우리의 심리적 실존이 나쁜 믿음을 포함한다고 해도 놀라운 일이 아니다. 이성의 설명적 자기충족성이라는 환상이 곧 자기기만을 '설명할 수 없는' 것으로 만드는 것이다.

또한 어떻게 이러한 전략이 평범한 합리적 설명 아래의 기저층으로 관통해 들어가기 위해 (어설픈 실천적 추론틀에 의지하는) 평범한 심리학적 현상들을 사용하는 데 몰두하는 프로이트에 비해 사르트르에게 우위를 부여하는지 주목할 필요가 있다. 인간의 비합리성에 대한 정신분석학적 설명은 (쾌락 원칙, 근원적 과정, 환상법칙[과 같은]) 비합리적인 법칙에 의해 규제되는 무의식적 과정으로 거슬러 올라간다. 정신분석학이 개념적으로 불분명하게 남겨 두고 있는 것은 이러한 [무의식적인] 과정과 의식적인 합리성의 규준에 빚지고 있는 자아 사이의 접점의 문제이다. 이와는 대조적으로 사르트르의 형이상학은 비합리성을 **자기의식적인 존재**에 내재적인 것으로 파악하는 것을 허용한다. 그리고 이는 자기-의식적이고 합리적인 존재인 내가 어떻게 비합리적인 유인에 (자발적으로) 순응할 수 있는지의 문제를 해결한다.

마지막으로 사르트르가 매우 중요하다고 생각하는 성격 개념의 맥락에서 한 가지를 더 언급하도록 하자. 사르트르는 기저의 정신적 기질과 변치 않는 성격을 형이상학적으로 거부하는데, 이로 인해 그는 성격과 인격적 특질 및 개인적 속성 개념의 **설명적** 실재성도 거부한다. 만일 성격적 특질들이 설명적이라면, 이 특질들은 유리의 깨지기 쉬운 속성이 유리의 깨짐을 설명하는 것과 같은 방식으로 행위를 설명하게 될 것이라고 사르트르는 가정한다. 그러나 '동성애자'와 '성실함의 대표자' 사이의 갈등적 변증법에서처럼 사르트르는 성격이 그것 **없이도 살 수**

있는 허구(fiction)라고 생각하지 않는다. 동성애자와 성실성의 대표자
가 제기하는 논점을 단순히 배제할 수 없다. 그리고 사르트르는 성격적
속성들이 **객관성**을 결여한다고 생각하지도 않는다. 적어도 일정한 영
역에서 이 사실들은 어떤 성격화가 내게 적용되는지 규정한다. 사람들
의 성격 규정은 임의적인 것이 아니다. 그리고 나는 내 행위 사실들이
내가 원하는 바를 의미하도록 만들 수 없다(§33). 사르트르에 의하면,
우리가 자신을 겁쟁이나 영웅, 동성애자, 이성애자, 성공한 사람, 실패
한 사람으로 간주하는 것은 단순히 심리학적으로 필연적인 것이 아니
라 형이상학적으로 필연적이다. 따라서 우리는 마치 자신이 허구인 것
을 알고 자신이 유지하고 있는 허구적 실존에 대한 몰두하며 동시에 그
실존에서 벗어나려고 갈등하는 소설 속의 인물과 같다(물론 성격의 필
연성은 우리의 대타존재를 가정한다. 349-51/416-18/75-7(2)/582-5
과 552/637/354-5(2)/893-4를 보라).

　이로부터 성격을 거부할 때 사르트르가 어떤 사람이 실제로 용감하
거나 진실할 것이라는 점을 부정하는 것이 아니라는 점을 추론할 수 있
다.[132] 사르트르는 프랑스의 도덕주의자들처럼 평범한 심리학적 이해
속에서 작업하지 않고 그것을 넘어선다. 그의 목표는 어떻게 긴장 속에
서 일상적인 성격 개념이 자리를 잡고 출몰하게 되는지 보이는 것이다.
이 과정은 반성적인 조사(調査)의 수준에서 나타나며, 인간의 삶에서
일상적인 성격 개념이 수행하는 역동적인 역할 및 이 개념들이 우리에
게 제기하는 **이해**(利害)와 분리될 수 없다. 사르트르의 성격 이론의 중
요성은 (1) 왜 우리가 개인의 성격화라는 언어게임을 하는지 설명하는
데 있고 또 (2) 이 게임이 내포하고 있는 내적 가능성 및 우리가 의도에

132　마르셀은 이와 같은 방식으로 사르트르를 오해한다. '실존주의와 인간의 자유',
pp.46-9.

반해 그 가능성을 당혹스럽게 좌절을 겪으며 경험하게 될 것이라는 점, 심지어는 완전히 쓰러지며 경험할 수도 있다는 점을 식별하는 데 있다.

§38 대자의 근본적인 기획 (4부 2장 1절 564-8/651-5/375-80(2)/915-22).

자기기만의 이론은 인간 행위 사례들의 형이상학적 유인을 보여 주지만, 인간의 동기 그 **자체가** 궁극적으로 형이상학적이라고 말하지는 않는다. 그러나 모든 인간적 동인이 형이상학적 원천으로 거슬러 올라간다는 것은 "하나의 의식에, 그 자신 이외의 동기를 갖다 대는 것은 불가능하다"는 사르트르의 주장의 직접적인 함의다(xxx/22/71/25). 사르트르는 각 개체적 대자의 근원적인 기획이 "**대자 자신의 존재밖에 지향할 수 없는**(qui ne peut viser que son être)" '**존재의 근원적인 기획**(un projet originel d'être)'이라고 지적한다(564-5/651-2/375/916-7).

이제 대자의 동기는 단일하고 근본적인 종류의 것이라는 사르트르의 심화된 주장(이는 그의 가치의 형이상학으로부터의 연역된다)을 살펴보도록 하자(§17).

대자가 즉자가 지닌 불삼투성과 그 무한한 농도를 자신도 갖기를 원하는 것은 대자가 의식인 한에서만 그러하다. 대자가 자기 자신의 근거가 되기를 원하는 것은 즉자의 무화일 때 한에서이고 또 우연성으로부터 끊임없는 탈출을 꾀할 때 한에서이다. 그러므로 가능은 일반적으로 즉자-대자(en-soi-pour-soi)가 되기 위해, 대자에 있어서 결여되어 있는 몫으로서 기투된다. 이 기획(project)을 지배하는 근본적인 가치는 바로 즉자-대자, 즉 자기 자신에 대해 갖는 단순한 의식에 의해 자기 자신의 즉자존재의 근거가 될 것이라고 생각하는 의식의 이상이다. 사람들이 신이라고 이름붙

일 수 있는 것이 바로 이 이상이다. […] 인간존재의 근본적인 기획을 표현
하는 가장 최상의 방법은 '인간은 신이 되고자 기획[project/투사]하는 존
재'라고 말하는 것이다. […] 인간은 근본적으로 신이 되고자 하는 욕구이
다(566/653-4/377-8(2)/918-9).

각 대자를 규정하는 **개인의** 근원적인 기획과 대조적으로 신이 되고자
하는 근원적인 기획(보통 말하는 대자존재의 기획 또는 '인간실재의
[인간존재의]' 기획)은 **보편적**이다. 전자는 주제에 대한 변주로 후자와
관계한다.

　유일한 동인이 우리가 지닌 모든 동기의 원천을 제공한다는 생각은
개연성이 있어 보이지 않는다. 그러나 이에 대해 더 많은 것을 말하기
전에, 혼란을 일으킬 만한 잠재적 요소를 미리 제거해 두어야 할 필요
가 있다. 사르트르의 의제는 갈증을 느끼기 때문에 마실 것을 원하고,
피곤하기 때문에 산책을 멈춘다는 생각을 부정하는 것이 아니다. 앞에
서 보았고 사르트르도 인정하듯이 갈증과 피로는 우리의 사실성의 일
부이지만 **그 자체로** 동기를 유발하지 않는다. 동기화(motivation)는 우
리가 갈증과 피로를 **동인**으로 재구성할 때에만 시작된다. 그리고 바로
이 지점에서 사르트르의 형이상학적 동기화[동기유발]가 작동한다. 다
르게 설명하자면, 사르트르의 동기적 일원론이 인간주체의 형이상학적
인 구조가 모든 행위에 대한 이유에 **직접 내용을 공급하는 것으로 이론
화다고 생각하는 것**은 오해이다. 오히려 사르트르의 테제는 (a) 인간에
게 동기를 유발하는 모든 **형태**와 관련된다. 다시 말해, 동기를 유발하
는 내용들이 어떤 조건 속에서 발생하는지의 문제와 관련된다. 그리고
사르트르의 테제는 (b) 인간에게 동기를 부여하는 직접적인 내용 중 **일
부** 그리고 우리에게 동기를 부여하는 가장 중요한 요인들의 **궁극적인**

내용 **모두**와 관련된다. 구체적이고 경험적인 욕망과 신이 되고자 하는
근본적인 욕망의 관계가 실존적 정신분석학을 요구하는 방식으로 우
리의 상황의 매개와 관련되고 또 각 개인적 대자의 자아의 근원적인
선택의 '상징화'와 관련된다(§§40-41)고 설명한다(567/654/378-
9(2)/919).[133]

  이러한 논의가 인간존재의 해석과 관련해 실질적으로 무엇을 의미하
는지 파악하기 위해, 사르트르의 소설 연구 및 그에 대한 전기적 연구
에 착수해야 할지도 모른다. 그러나 『존재와 무』에서 이 주제에 대한
논의를 더 많이 찾아볼 수 있다. 왜 우리의 동기가 그가 주장하는 형이
상학적 성격을 지니고 있다고 생각해야 하는지 보이기 위해 사르트르
는 상호인격적(interpersonal) 동기에 대한 상세한 분석(§39)과 욕망
이라는 기초 범주에 대한 체계적인 분석(§41)을 제시한다.

§39 인간 관계 (3부 3장)

인간 관계에 대한 설명은 3부 3장, '타자와의 구체적 관계'에서 제시된
다. 여기서 사르트르는 인간 관계에 대한 심리학적이고 인간학적인 이
해에 반해 **형이상학적인** 분석을 시도한다. 이 주제는 이미 3장에서 사
르트르가 헤겔의 주인/노예의 변증법과(65/105/170-1/138-9) 동성

---

133   역자주-"설령 이 욕구의 '의미'가 마지막 의지처로서 신이 되고자 하는 기도라
할지라도 그 욕구는 결코 그 의미에 의해서 '구성'되는 것이 아니다. 오히려 그와 반
대로 이 욕구는 언제고 자기의 목적들의 '개별적인 창의품'인 것이다. 이와 같은 목적
들은 개개의 경험적인 상황으로부터 출발하여 추구된다. 그리고 환경들을 '상황'으로
서 구성하는 것은 이와 같은 추구 그것인 것이다. 존재욕구는 언제나 존재방식의 욕구
로서 실현되는 것이다. 그리고 또 이와 같은 존재방식의 욕구는 이번에는 우리들의 의
식적 생활의 씨실을 구성하는 수많은 구체적인 욕구들의 의미로서 표현된다. 이리하
여 우리는 대단히 복잡한 상징적인 건축 앞에 서 있는 셈이며, 이와 같은 건축은 '적
어도' 3단계로 되어 있다."

애/성실성의 변증법(§37)을 다룰 때 맛보기로 다루어진 바 있고, 이 주
제의 기저를 이루는 테제는 타자에 대한 헤겔의 설명을 비판하는 과정
에서 등장한다(242-3/299/415-6/416-7). 타자에 대한 자아의 관계에
관한 헤겔의 낙관주의와 사르트르의 근원적인 불일치는 상호 인식의
가능성 및 내가 타자를 나를 주체로서 인식하는 주체로서 인식할 가능
성의 문제에서 나타난다. 사르트르에 의하면, 상호주관성의 딜레마는
단순히 "타인을 초월하거나, 타인에 의해 초월되고자 하는 딜레마이며
의식 개체들 사이에 있는 관계의 본질은 공동존재(Mitsein)가 아니라
[갈등](conflit)이다(429/502/184(2)/704-5)."

실존적으로 문제가 되는 타자와의 관계의 본성에 대한 사르트르의
테제는 근원적으로 구분되지만 복잡한 조합을 만들 수 있는 두 요소를
한데 묶는다.

첫 번째 요소이자 가장 중요한 요소는 기본적인 타자의 인식론에 대
한 설명, 즉 대상 또는 주체로서 타자의 의식에 대한 설명에서 나타나
는 기본적 괴리에 대한 사르트르의 상세한 논의(283-5/343-6/468-
71/478-81)이다(§29).

§14에서 보았듯이 사르트르는 상호주관성에 선행하는 '자기성의 순
환'이 있다는 입장을 견지한다. 사르트르가 설명하는 바에 의하면, 이
제 타자는 이 자기성을 '강화한다.' 이 강화는 내가 타자와 조우할 때
타자의 **자기성**과 조우하기 때문에 발생하고, 이는 **나의** 자기성과 타자
의 자기성을 구분할 수 있도록 해 준다. 즉 나는 **타자의** 자아를 **나의** 자
아가 아닌 것으로 식별한다. 사르트르가 설명한 바에 의하면, 나는 타
자의 자기성을 '**거부한다.**' 이러한 방식으로 상호주관적인 관계는 자
기-의식의 목적론에 관여하고 타자는 내가 더 완전하게 내 자신이 될
수 있도록 해 준다. 나는 단순히 '나는 나이다'라고 말하는 것이 아니

라 '나는 **바로 이 나**'이고 '나는 **당신이 아닌 나**'라는 것으로부터 오는
자기성의 더욱 심오한 경험을 누린다.

타자의 중재를 통한 이러한 자기긍정이 타자도 상호적으로 [내가 그
러했듯이] **나를 거부**할 수 있는 자아라는 조건 아래에서만 가능하기 때
문에 문제가 발생한다. 만일 그렇지 않다면 타자는 자아가 아니게 되고
따라서 나에게 자기긍정[자기확인, self-affirmation]의 기회를 제공할
수 없기 때문에, 타자는 반드시 나를 거부할 수 있어야 한다. "나로 있
지 않으려고 하는 존재[타자]로 있지 않음으로써 나는 나 자신이 된다
(285/345/470/481)".

그러나 이는 자아와 타자의 '이중의 부정'(나의 타인에 대한 부정
그리고 타인의 나에 대한 부정)을 '자기 파괴적인' 것으로 만든다
(285/345/470/480-1). 타자는 나의 자기성을 더 강화하도록 해 준
다.[134] 그러나 내가 타자를 거부할 때 나는 타자를 하나의 **대상**으로 축
소시키게 되는데, 이는 나의 자기긍정의 기반을 약화시키는 효과를 낳
는다. 그 이유는 이제 더 이상 타자는 나에게 거절할 자아를 제공하는
주체가 아니기 때문이다. 따라서 대자는 자신의 자기긍정을 반복하기
위해 타자를 계속해서 **부활**시켜야만 하고, 이는 (타자의 자아를 긍정하
기 때문에) 내 **자신의** 자아의 부정을 초래하게 된다. 따라서 나의 자아
는 재긍정[재확인]을 필요로 하게 되고, 이 과정은 **무한히** 반복된다.

따라서 나는 극단적인 두 조건 사이에서 이리저리 진동한다. 즉 나는
타자를 하나의 대상으로 축소시키며 나의 자유를 긍정하거나 타자에

---

134   역자주-사르트르는 나는 타자의 체험이며 타자의 체험(épreuve d'autrui,
Andere-Erfahren)은 곧 그 자체로 타자를 향한 태도라고 말한다. "타자의 현전은 절
대적이고 명백한 사실이며, 대자의 존재구조로부터 연역할 수 없다(363/430/94(2)/
604)."

의해 축소되어 내 자유를 상실한다. 또는 나의 자아를 강화하거나 타자
에 의해 자아를 거부당하게 된다. 이 과정은 전혀 중재(매개)되지 않고
(또 이 과정에서는 어떤 진전도 이루어지지 않으며), 사르트르의 표현
을 사용하자면, 오히려 증가하는 복잡성의 '순환'으로 구성되기 때문
에 헤겔적인 변증법이 될 수 없다. (이 모순적인 과정과 내가 타자를
향해 취하는 '두 원초적인 태도'에 대한 간략하고 기초적인 진술은
363/430/94(2)/605와 408/478-9/155(2)/672를 보라.)

이는 동기와 관련해 타자에 대해 대자가 취하는 기본 입장이 무관심
일 수 없다는 점을 수립한다. 나는 타자에게서 **눈을 뗄 수가** 없다. 타자
는 내가 필요로 하는 내 것 중 일부, 즉 더 충만하고 강화된 자기성을
가지고 있다.

내 자유와 타자의 자유 사이의 모순은 3장에서 묘사한 상호주관적
동학을 발생시키기에 충분하다. 하지만 이 모순은 또한 §38에서 묘사
한 대자존재의 근본적인 기획에서 파생하는 이차적인 요소와 연루된
다. 사르트르는 이 기획이 인간 관계의 맥락 속에서 바로크적인 형태를
취한다는 점을 증명해 보인다. 상호주관성은 필연적으로 나의 대자존
재와 타자가 내게 부여하는 즉자적 측면을 **모두** 포함하기 때문에 근본
적인 기획을 위한 **경로**를 제공하고 또 즉자-대자가 되려는 우리의 목
적을 실현할 수 있는 공간을 제시한다. 예를 들어, 타자의 시선 속에서
나는 즉자이고 타자는 대자이기 때문에, 그리고 타자에 대한 나의 관계
가 내적인 존재론적 관계이기 때문에, (내가 나 자신을 '나-그리고-
타자'와 동일시할 수 **있다면**) '나-그리고-타자'의 **총체성**은 즉자-대
자로서 나를 확립할 것이다.

여기서 자세히 논할 수는 없지만 I절과 II절은 어떻게 자아와 타자의
변증법이 강화된 자기성과 대자존재의 근본적인 기획의 쌍둥이 동인을

흡수하고 융합하며, 사랑과 증오, 마조히즘과 사디즘, 무관심과 욕망의
기획들이라는 구체적 형태를 띠게 되는지 보인다. 아주 간단히 말하자
면, 내 자신이 타자에 의해 소유되었다는 점을 발견한 후 나는 먼저 타
자의 자유, 이를테면 나를 바라보는 타자(364-6/431-3/95-7(2)/605-
8)를 흡수하거나 통합하는 방법을 통해 나의 자유를 회복하려고 시도한
다. 즉 나는 처음에는 사랑의 기획을 가지고(366-77/433-45/97-9(2)/
608-10) 그리고 나중에는 마조히즘의 기획으로(377-9/445-7/114-
7(2)/626-30) 회복을 시도한다. 이러한 노력들은 필연적으로 실패하
게 된다. 따라서 나는 이러한 시도 대신에 타자를 대상으로 삼아 내 자
유를 회복하려고 시도한다. 이는 자유로서 타자에 **대한** '맹목성'의 태
도(380-2/448-51/118-20(2)/630-3), 성적 욕망(382-9/451-68/
121-9(2)/634-44), 사디즘(399-406/469-77/143-54(2)/659-71), 그
리고 마지막으로 증오(410-12/481-4/159-62(2)/676-80)로 나를 이
끌고 간다. 사르트르의 설명이 연속적인 내러티브의 형식을 취하고 있
지만, 사르트르는 실제로 이 요소들 사이에 시간적 우선성의 문제가 존
재하지 않는다고 분명히 밝히고 있다(379/448/116-7(2)/629). 사랑,
증오 등이 형성하는 '타자에 대한 관계의 **순환**'은 "타인들에 대한 모든
태도 안에 통합되어 있다(408/478/155(2)/672)."

　3장의 III절에서 사르트르는 집합적인 1인칭 복수의 의식에 대한 분
석을 제시한다. 그런데 사르트르 자신도 인정한 것처럼 이는 그의 타자
이론이 아직 미완성이라는 점뿐만 아니라 사르트르가 그릇되게 상호주
관적 관계를 시선의 변증법 안에 가두어 버린다는 점을 드러내는 듯하
다. 공동 행동에 관여하거나 혹은 공통의 경험을 겪는 사람들로서 '우
리'에 대한 생각 속에서는 '그 누구도 대상이 아니다.' 대타존재가 **타
자와 함께 있는 존재**(l'être-avec-l'autre)나 **공동존재**(Mitsein)의 형태

를 띠는 사례들에서 나는, 헤겔의 정신 개념에 따라, "타자와의 상극 [갈등] 속에서가 아니라 타자의 공동존재 속에 [있고]" 모두가 "서로 [를] 주관성으로서 승인"하는 것처럼 보인다(413/484/163(2)/680).

따라서 III절에서 사르트르의 목적은 하나의 진정한 현상으로서 집합성에 정당한 평가를 부여하고 그에 대한 반대를 완화하는 분석을 제시하는 것이다.

사르트르의 주장은 집합성이 초월함/초월됨의 변증법을 **확인한다**는 것이다. 사르트르의 의도를 고려할 때, 주요한 구분이 근본적으로 다른 두 형태의 경험 사이에 형성된다. 한편에는 (억압받은 계급의 구성원으로 우리 자신을 이해할 때처럼) 대상[객체]으로서 '우리(we)'(le nous-objet) 또는 [목적격의] '우리(us)'라는 형식이 있고 다른 한편에는 (내가 공공장소에서 경험할 때처럼) 주체로서 '우리'(le nous-sujet)라는 형식이 있다.

사르트르는 전자의 경우(415-23/486-9/165-71(2)/683-90) 내가 홀로 타자를 맞서는 단순한 상황에 목격자인 제삼자를 더하면 도달할 수 있음을 보인다. 이 경우는 다양한 경로를 통해 발생할 수 있다. 제삼자(le Tiers)가 나를 보는지 또는 타자[제이자]를 보는지에 따라 경로가 다양하지만 모든 사례들의 최종 결과는 내가 나 자신과 타자[제이자] 모두를 ('제삼자의 세계 속에 존재하는 대상적인 형태의 하나의 상황'으로 구성되는) **외부**로부터 파악하기 위해 이행한다. "내가 제이자와 함께 협력하여 구성하는 하나의 형태 속에 구속된 자로서 존재한다." 예를 들어, "우리는 서로를 때린다(418/489/170(2)/688)."

사르트르에 의하면(423-9/495-501/176-84(2)/695-704) 주체-우리(nous-sujet)는 내가 제조된 대상들과 연루되는 상황 속에서 드러난다. 예를 들어, 지하철의 안내판은 나(우리)에게 세브르-바빌론(Sèvres-

Babylone)역에 가기 위해서는 라모트피케(La Motte-Picquet)역에서 갈아타야 한다거나 또는 출구가 나의(우리의) 오른쪽에 있다고 알려 준다. 이 같은 경험의 표시와 한계는 내 개인적 기획의 자유 속에서가 아니라 내가 '무차별적인' '아무개', 또는 '인간종(種)'의 한 예증이나 인간의 흐름 속에 삽입된 **어떤 이**(quelconque)인 한에서만 내가 '나 자신을 목표로' 파악하게 된다는 것이다(427/499-500/181(2)/700). 하이데거에 의해 (독일어의 das man이나 프랑스어의 on에서처럼) '그 들(they, das man)'로 이론화되는 이와 같은 자신에 대한 익명적인 경 험은 순간적이고 불안정하며, 하이데거가 생각한 것과 **달리** 타자의 의 식의 근거를 제시하지 않는다고 사르트르는 말한다.

따라서 '우리'라는 것에 대한 **경험이** 실제로 존재한다는 의미에서 '우리'-의식이 실재적인 것일지라도, 이러한 경험에 대한 분석은 사르 트르의 설명과 충돌되는 그 어떤 것도 밝혀내지 못한다. **대상-우리**(nous-objet)가 사르트르의 이론에서 설명된 "대타에 대한 체험을 단 순히 내용적으로 풍부히 한 것(429/502/185(2)/704)"이라면, **주체-우 리**(nous-sujet)는 형이상학적인 의미를 지니지 않은 '순전히 주관적 인' 경험이다.

따라서 이 장의 결론은 개인적 대자가 원초적으로 즉자로부터의 무 화적 도피로 구성되는 운동이 첫 번째 움직임을 되돌리는 반운동에 의 해 배가된다는 것이다. 타자가 나타나자마자 대자는 "완전히 회복되어 즉자 속에 응고"되고, "모든 사물 가운데 하나의 사물로서의 세계-한 복판에-있어서의-즉자-존재"를 부여받는다. "타자의 시선에 의한 대 자의 이 석화(石化)는 메두사 신화의 깊은 의미이다(429/502/185(2)/ 705)."

만일 사르트르의 타자의식 이론이 옳다면, 그 난점은 명확하다. 개인들이 어떤 도구적인 관점에 성공적으로 결부될 수 있다면 (당신이 내가 이 옷장을 옮기는 것을 도와줄 수 있다) 우리가 흔히 말하는 인간관계는 두 가지 측면에서 성취를 이루어낼 수 없다. (1) (예를 들어, 사랑과 상호 신뢰에 기반을 둔 조화로운 동반자 관계의 성취와 같이) 상호주관적으로 규정된 목적은 형이상학적으로 실현 불가능하다. (2) 인간관계는, 내 자기성의 순환을 완성시키면서 대자의 목적론을 성취하는 것은 말할 것도 없고, 타자의 근원적인 출현에 의해 나에게 행해진 나 자신으로부터의 타유화를 되돌릴 수 없다.

사르트르의 관점에서 볼 때, 이 어두운 결론은 피할 수 없는 것일까? 불을 켜고 끄는 것처럼 대상으로서 타자에 대한 인지와 주체로서 타자에 대한 인지는 엄격히 상호 배타적이다. 그러나 사르트르가 강조하는 것처럼(408/479/155-6(2)/120-1), 대자는 자신의 조건 중 한 가지 조건을 수용하고 다른 조건을 배제하는 방식으로는 자기 자신을 고정시킬 수 없다. 오히려 두 조건은 상반되지만 서로를 상호 가정하는 주관적인 경험의 양극을 표상한다. 상호주관적인 삶이란 이들 사이를 이리저리 오가는 영원한 움직임이라고 해야 할 것이다. 한 양식이나 다른 양식 속에서 의식을 재구성하는 것은 순간적이지 않지만 시간적으로 연장된 과정이다.

의식의 재구성을 이렇게 연장된 과정으로 이해하는 한에서 우리는 (사르트르가 사실성과 초월성이 '유효한 병존을 유지할 수 있고, 또 유지할 수 있어야 하는' 인간실재[인간존재]의 두 측면이라고 말한 것처럼 56/95/160/127) 타자의 객체화/타자에 의한 객체화[객관화]의 시소가 유일한 가능성이 아니며 타자의 주체-존재와 타자의 대상(객체)-존재에 대한 인지를 일종의 균형 상태로 유지하는 상호주관적 의식의 양태(mode)가 상상 불가능한 것이 아니라고 합리적으로 생각할 수 있다.

사르트르의 형이상학에서 끌어낼 수 있는 결론은 첫째, 성취되더라도 이러한 균형은 결코 하나의 **종합**에 이를 수 없다는 것이다(302/ 364/492-3/507-8). 헤겔의 경우와는 **달리**, 근원적인 긴장은 결코 해소될 수 없다. 둘째, 대자와 타자의 연루가 §38에서 기술된 근원적인 기획에 부합하여 결정된다면, 이 시소로부터 벗어나는 것은 불가능하다. 따라서 균형이 이루어졌더라도, 그 균형은 대자의 '자연적 상태'이기 때문에 발생한 것이 아니다. 상호주관적 관계의 목적론을 새로운 궤도 위에 올려놓기 위해 근원적인 기획에 대한 동기적 반작용의 힘이 요구된다. 그리고 사르트르의 설명에 의하면 이는 오로지 자유의 긍정을 통해서만 제시될 수 있는 것이다(§44를 보라).

만일 이것이 옳다면, '타자와의 구체적 관계'에 대한 장은 우리에게 이른바 상호주관성의 초기(default) 상태 또는 원(原)요소들을 제시한다고 말할 수 있을 것이다. 이를 **극복하는 것**은 우리를 윤리적으로 성숙한 사회성으로 이끌고 간다. 이 문제는『존재와 무』에 기술되어 있지 않지만, 윤리적 문제에 대한 그의 후속작에서 다루어진다(§44를 보라).『존재와 무』가 보여 준 것은 윤리적 사회성은 '동정'이나 '동료에 대한 사랑'에 근거할 수 없고 오로지 사르트르가 묘사한 갈등의 순환에 대한 부정을 통해서만 성취될 수 있다는 것이다. 사르트르의 설명은 (적어도 성적 관계나 파국적이고 정념적인 병리적 현상과 같은) 갈등적인 상호주관성의 토대로의 퇴행으로서 상호주관적 경험의 중요한 거점을 보다 잘 이해할 수 있게 해 준다. 여기서 사르트르가 채택한 설명 전략은 변칙적인 것(abnormalities)부터 먼저 분석하는 것인데, 이렇게 상식을 거스르는 설명 전략은 물론『존재와 무』의 고유한 특징이다.

§40 실존적 정신분석학 (4부 2장 I절 568-75/655-63/381-9(2)/922-31)

개인의 근원적인 자아 선택에 대해 사르트르가 우리에게 들려준 모든 이야기는 선택의 불가지성과 양립한다. 우리는 기껏해야 부분적으로 그리고 불분명하게 우리 자신의 근원적인 선택을 내릴 수 있을 뿐이다. 만일 사정이 그러하다면 사르트르의 자유 이론은 더 이상 나빠질 것이 없는 위치에 있게 된다. 또한 그의 자유 이론은 근원적인 선택 개념을 단순히 규제적인(regulative) 것으로 받아들이도록 강요하지도 않는다. 나 자신에 대한 나의 근원적인 선택은 이 선택을 이해하려고 하는 나의 노력(예를 들어, 나의 삶이 의미하는 것이 무엇인가 또는 내 삶이 다다르는 곳이 어디인가 등을 이해하려고 하는 노력)이 불합리한 예지 불가능성의 잔여를 남겨 두더라도 충분히 현실적인 것이 될 수 있다.

사르트르는 그 어려움을 강조하면서도 한 사람의 근원적인 선택을 결정하는 일이 성공적으로 추구될 수 있으며, 그에 필요한 수단이 프로이트적인 정신분석학이나 '경험적' 정신분석학이 아니라 실존주의적인 정신분석학이라고 생각한다.

앞서 실존주의적인 정신분석학과 경험적인 정신분석학의 차이를 다루었던 주요 구절(458-60/535-7/227-9(2)/753-5)에서 사르트르는 '정신분석학적 **방법**'에서는 단순히 시사를 얻을 뿐이라고 말하며 그 방법을 "**반대 방향으로**" 적용해야 한다고 선언한다(458-9/536/227(2)/753). 4부 2장 I절에서 사르트르는 실존적 정신분석학의 방법론적 원리를(568-9/656/381-2(2)/377-9) 진술하고 경험적 정신분석학과의 유사성(569-71/657-9/381-4/923-6)과 차이점(571-5/659-63/385-90/926-31)을 기술한다.

사르트르의 정신분석은 꽤 많은 부분에서 프로이트의 정신분석과 중첩된다. 실존적 정신분석은 심적 생활의 '상징들'을 해석학적으로 '해독'하는 데 중점을 두고, 인간주체를 역사적 구조로 이해하고, 유아기의 사건을 심적 결정작용(crystallization)의 '핵심적인' 것으로 간주하며(569/657/381-2/922-3), 현실 생활의 사고와 성공적인 행동들과 함께 "꿈·착오·강박관념·신경증"을 의미 있는 정보로 수용한다(575/663/389(2)/931). (사르트르의 이론이 요구하는 바에 따라, 주체를 "하나의 전체이지 집합이 [아닌 것](568/656/381(2)/922)으"로 수용할 때 [나타나는]) [프로이트 정신분석학과 구분되는] 실존주의 정신분석의 특징은 '하나의 **선택**이 아니라 하나의 **상태**'(572-3/660-1/387(2)/929)를 발견하는 것을 목표로 삼고, 상징화를 근원적인 분석의 상징화로 수용하고, 모든 수준에서 기계적인 인과성을 논박(568/656/381-2(2)/322-3)한다는 것이다.

　수년이 흐른 후 사르트르는『존재와 무』에서 착안한 플로베르에 대한 전기적 연구를 통해 "완전히 의식적인 표면과 이 의식에 불투명한 나머지를 지닌 전체, 무의식의 일부는 아니지만 우리에게 알려지지 않은 채로 있는 나머지를 지닌 하나의 전체를 사고"해 보고 싶었다고 말한 바 있다.[135] (불투명성, 표면에 머무르는 의식, 숨겨진 내용 등을 논하는) 사르트르의 언어는 마치 프로이트를 읽는 듯한 느낌을 불러일으켜 §25에서 본 것처럼[136]『존재와 무』에서 자신의 사고 방식을 프로이트의 메타심리학과 대치시키는 것이 정말 정당한 것인지 의심하게 된다. 프로이트의 무의식과 실존적 정신분석에서 밝힌 주체의 깊은 구조

135　1971년 대담, '『가족의 어리석음』에 대하여', p.127.
136　프로이트에 대한 사르트르의 후기 논평들의 어조는 이전에 비해 한결 절충적이고 더 복잡하다. 예를 들어, '사고의 여정(The itineray of a a thought)' (1969, pp.36-42)를 보라.

사이의 차이가 정말 그렇게 큰 것일까? 두 구상의 차이는 단순한 용어
법의 차이가 아닐까?

상식적인 관점에서 답해 보자면, 양자 모두 평범한 심리학에서 출발
하고 또 유사하게 수정적인 방식을 취하고 있다는 점에서 양자가 매우
비슷해 보이는 것은 어쩌면 당연하다. 그러나 이 두 구상의 철학적 입
장의 차이는 좁혀지지 않는다. 사르트르가 정신분석학적 이론에 대해
갖는 가장 큰 불만은 정신분석학은 자신이 무의식이라고 칭한 것을 **의
식의 관점에서** 어떻게 제시할 수 있는지 설명하지 못한다는 것이다. 이
는 무의식을 의식**으로서** 제시해야 한다는 비일관적인 요구를 하는 것
이 아니라, 어떻게 우리 자신이 우리의 **무의식과 연결되어** 있는지에 대
해 합리적 설명이 필요하다고 요구하는 것이다. 다시 말해, '이 **무의식**
은 **내게** 무엇이란 말인가?' 라는 질문에 대한 답이 필요하다. 프로이트
가 이 질문에 대한 답을 가지고 있다면, 그 답은 아마도 나는 자연주의
적인 렌즈를 통해, 즉 타자가 나의 '정신상태'를 보는 것과 같은 방식
으로 나의 무의식에 대해 생각한다는 것일 것이다. 사르트르는 이 질문
에 다른 답을 제시한다. 의식에 제시된 불투명한 전체라는 사르트르의
이미지는 그가 『자아의 초월』에서 그의 자아 이론을 초월적이라고 설
명하는 과정에서 채택한 것과 동일한 것이다.[137] 사르트르는 『존재와
무』에서 이를 심리 이론으로 발전시킨다. 따라서 사르트르가 제안하는
것은 내 무의식의 '내용'이 곧 **나라는** 점을 이해할 수 있도록 만드는
'내 무의식의 내용'에 대해 생각하는 한 가지 방식이라고 할 수 있다.

이러한 설명은 나의 '무의식'에 나의 상태 및 특성과 동일한 지위를
부여하면서 [즉 나의 무의식에서 무의식은 나의 상태라고 말할 때의 상

137 『자아의 초월』, pp.36-7.

태와 동일한 지위를 갖는다] 무의식적인 정신상태가 어떻게 가능한지 설명하려는 프로이트의 문제를 해결한다. 사르트르가 행하는 정신분석학의 실존주의적 재개념화는 나의 등 뒤에서 내 의식의 매개를 **통해** 자신을 표현하는 어떤 힘으로 나의 '무의식'을 생각하는 것을 금지하는데, 이는 물론 사르트르의 설명이 지닌 윤리학적 함의라고 할 수 있다. 사르트르의 설명은 이러한 금지 대신에 내가 자유롭게 나의 무의식을 **취하는 한**에서 나의 '무의식'은 **나의 것**이라고 말한다.

§41 가짐, 함, 있음 (4부 2장 II절)

우리가 보통 생각하는 욕망의 질료와 형식적 대상들은 다양하다. 나는 이 사과나 저 사람을 욕망하기도 하고, 지식을 얻거나 설명 원리를 밝혀내기를 욕망하며, 지도자나 종업원이 되기를 욕망한다. 그러나 사르트르의 형이상학은 인간주체의 주요한 욕망이 즉자-대자여야 함을 함의한다(§38). 따라서 (**귀납적** 비판으로부터 사르트르의 형이상학을 방어하기 위해서) 입증해야 할 것은 사르트르의 동기적 일원론이 상식적인 심리학의 속성인 욕망의 종류의 다수성과 부합할 수 있다는 점이다. 따라서 사르트르는 '함과 가짐—소유' 부분에서 다음과 같이 주장한다.

(1) 575-6/663-4/390-1(2)/931-2: 모든 욕망은 세 개의 근본적인 유형으로 분해될 수 있다. 즉 무엇을 하거나 만들고자(faire) 하는 욕망, 갖고(avoir) 싶은 욕망, 존재하고(être) 싶은 욕망으로 나눌 수 있다.

  (2) 576-85/664-75/391-403(2)/931-46: 무엇을 하거나 만들고자 하는 욕망은 행해지거나 만들어지는 것과 주체의 **관계**가 욕망의 대상의 인자가 될 경우에만 이해할 수 있게 된다고 사르트르는 주장한다

(576-7/665-6/391-2(2)/931-3). 사르트르는 **소유**(avoir)의 경우가 항상 문제가 되는 관계라고 주장한다. 나는 내 행함의 산물과 결과를 **나의 것으로 갖고자** 한다. 이러한 도식은 또한 인식적 욕망에도 적용된다. 지식은 그 대상을 아유화(我有化, appropriation[영유/전유])한다 (577-80/666-9/393-7(2)/935-40). 순수한 형태의 놀이는 소유 (avoir)와 관계되지 않는데, 사르트르는 쉴러를 염두에 두며 놀이는 **존재**(être)를 향한 것으로 이해되어야 한다고 제안한다. 다시 말해, 놀이는 절대적인 자유로서 내 존재를 향한 것으로 이해되어야 한다(580-1/669-70/397-8(2)/935-6). 따라서 **하고자 하는** 욕망(Faire-desire)은 직접적으로 그리고 그 어떤 잔여도 남기지 않으며 **소유**욕망(avoir-desire)이나 **존재**욕망(être-desire)으로 환원될 수 있다.

(3) 586-97/675-88/405-20(2)/947-64: '소유'의 의미, 내가 **가지고 있는** 대상이나 **나의 것인** 대상에 대해 내가 맺고 있는 관계의 의미는 '즉자-대자-존재'의 가치를 (비록 **상징적인** 방식으로 상징화된 의미의 이상적 수준에서 일지라도) 실현하는 '내적이고 존재론적인 유대'로 구성된다고 사르트르는 주장한다. 대상 O를 갖고자 욕망하는 것은 **내가 대상 O와 합일하는 것**을 욕망하는 것이고 이 같은 '소유되고 있는 것'과 '소유하는 자'의 통일은 자아로서 대자에 정확히 조응하는 즉자의 특징과 대자의 특징의 중첩을 수반한다. 대상 O는 한편으로 내게서 발산되는 것(emanation)이지만 다른 한편으로 내게서 완전히 독립적이다(590-2/680-2/410-3(2)/953-6). 다른 방식으로 설명하자면, '소유자-소유-소유되는 것'은 '주어-서술어의 형이상학을 따를 때 인간주체가 되는 것'의 개념적 이미지이다. 내가 대상을 갖거나 소유하는 것은 의식이 심리(psyche)로 하락할 때 발생하는 '심리적 상태'를 갖거나 소유하는 것을 비춘다. 대상을 소유함으로써 나는 상징

적으로 자신의 존재의 토대로서 실체적으로 실존하는 존재가 된다. 따라서 자기성의 순환이 세계로의 우회를 통해 정립되는 존재욕망의 한 형태가 소유욕망이라는 의미에서 **소유**욕망은 **존재**욕망으로 환원된다(598-9/689/422(2)/966-7). 사르트르는 (대자는 세계 속에서 그리고 세계를 통해 존재하기 때문에) 존재하고자 하는 욕망은 필연적으로 소유하고자 하는 욕망과 함께한다고 덧붙인다(599/689/423(2)/967). 즉 **존재**(être)는 소유(avoir)를 도구적으로 함의한다.

따라서 **존재**(être)는 인간 욕망의 근본적이고 최종적인 형태다. 사르트르의 분석 결과는 구체적인 개인들의 해석을 위한 규칙을 제공한다. 그리고 그렇게 함으로써 "실존적 정신분석학의 최초의 원리"를 제시한다(575/664/390(2)/932).

일상적인 언어의 관점에서 볼 때, 모든 욕망이 존재를 목표로 하고 있다는 생각은 틀린 것이거나 이해할 수 없는 것이기 때문에, 사르트르의 분석을 올바로 평가하기 위해서는 상식적인 심리학의 용어들이 아닌 사르트르의 용어로 존재 범주를 이해해야만 한다. 우리는 보통 대상-지향적이고 필요에 의해 동기화된 욕망의 기초적 사례의 가공이나 개념적 치장으로서 욕망 일반을 생각하는 경향이 있다. 즉 인과적 상호성 속에 자리하고 있는 대상과 심리적 상태로서 욕망 일반을 생각하는 경향이 있다. 사과는 내 안에 어떤 성향을 작동시키고, 이는 다시 내가 그 사과를 먹도록 이끈다. 욕망하는 주체가 욕망의 내용이나 대상 속에 포함되어 있는 욕망, 즉 반성적 욕망은 개념적으로 이차적이며, 특별한 사례로 간주된다. 우리가 보통 생각하는 욕망을 경험적으로 완전히 이해하는 것이 불가능하다고 생각하는(§34) 사르트르는 반영성을 욕망에 근본적이고 필수적인 것으로 만들면서 설명 순서를 거꾸로 한다. 즉 그는 **왜** 욕망과 같은 것이 **존재하는지**에 대한 초월적 설명의 일부분으로 반영성(reflexivity)을 다룬다(§24). 따라서 II절에서 사르트르 논의의 힘은 우리가 왜 욕망하고 또 욕망하는 것이 무엇인지에 대한 우리의 일상적 이해의 적합성에 문제를 제기하는 것에서 나온다.

§42 사물의 실존적 상징주의: 성질 (4부 2장 III절)

실존적 정신분석이 어떻게 대자의 근본적인 기획의 개인적 형태를 폭로할 수 있는지에 대한 사르트르의 설명 및 (조금 더 구체적으로 말해) 그의 소유 이론은 **상징주의**를 인간실재[인간존재]의 구조로 도입한다. 사르트르는 실존적 정신분석에 의지하지 않고 '주체 홀로 이 상징성의 문제를 해석하는 것은 불가능' 하다고 생각한다(595/685/418(2)/962). 주체의 측면에서 볼 때 이는 자기인식의 유사실패(내 자신의 구체적 기획이 나르는 존재론적 의미에 대한 무지)를 함의하는데, 사르트르는 당연히 이를 무의식의 관점이 아니라 의식과 지식의 구분, 반성적 의식과 전반성적 의식의 구분이라는 차원에서 설명한다.

4부의 마지막 절은 사르트르의 상징 이론에 하나의 층을 더한다. 사물들은 '**존재론적 의미**'를 실어 나른다(599/690/423(2)/968). 그리고 사물들은 형식적이고 **선험적인** '실존적 상징(603/694/428(2)/973)' 을 구성한다(606/697/428(2)/973).

바슐라르의 예를 따라 사르트르는 눈, 물, 마름, 점도, 구멍 등에 대한 특정한 분석을 제시하는데, 이는 왜 III절의 논의가 '성질(qualité)' 이라는 논제 아래 다루어지고 있는지 알려 준다. 사르트르가 초점을 맞추고 있는 현상들은 물질적 대상들의 주요 특징이나 부차적 특징에 의해 구성되는 것이 아니라, 직접적이고 비담론적이며 정동적인 의미를 지닌 일종의 현상적 측면들로 구성된다. 구멍은 그 **입 벌림**에 의해, 그리고 **채워짐을 요구한다는 점**에서 실존적으로 상징적이다.

　욕망의 상징적 대상들과 달리, **성질**(qualités)은 선택의 대상이나 기획의 목적이 아니다. 따라서 **성질**이 반드시 즉자-대자-존재나 위장된 소망 실현의 상징적 실현이 될 필요는 없다. 오히려 성질은 직관적이고 감각적인 형태로 즉자에 대한 대자의 관계와 관련한 다양한 **가능성들**을 구현한다. 예를 들어, 끈적끈적한 것이란 즉자에 의해 흡수를 겪는 것이 대자존재에게 갖는 의미를 구체화한 것 중 하나이다. 이 구체화는 하나의 존재양식으로, 이 존재양식의 의미는 **반가치**(反價值, antivaleur)이다(611/703/439(2)/986). 사르트르는 아이들의 의식(612/703-4/441(2)/987-8), 성(613-14/705-6/442-3(2)/988-9), 인간의 신체(우아함과 외설의 논의는 400-2/470-2/145-7(2)/661-4를 보라) 등과 성질의 밀접한 연관성을 인정한다. **성질**은 앞에서 논한 바 있는(§12) 초월적이고 감정적인 성질이나 '타야 할 것'으로서 열차와 유사한 존재론적 틈새(606-7/698/433(2)/978을 보라)를 차지하고 있다. 성질들은 주체의 초월(성) 때문에 실존하게 되는 반면, 존재는 주체성의 내용도 아니고 그 부분의 '투영'도 아니다(604-5/695-7/429-31(2)/974-7).[138] 그러나 보편적인 한에서 성질들은 서로 다르다(605/697/431-43(2)/976-90). 즉 성질들은 어떤 개인적 대자의 특정한 기획으로부터 독립적이다.

　완전존재론 안에 이 최종 추가물을 수입하는 것은 세계의 **미학적** 차

138　역자주-사르트르는 심적 상징과 근원적인 기회에 대해 다음과 같이 말한다. 끈적끈적하다고 느낄 때 "나와 끈적끈적한 것의 근원적 유대는 내가 끈적끈적한 것의 존재의 근거이고자 기도(의도)한다는 것이다. 따라서 처음부터 끈적끈적한 것은 근거가 부여되어야 하는 하나의 가능한 나 자신으로써 나타난다. 처음부터 끈적끈적한 것은 '심적'인 것으로 되어 있다 … [이는] 끈적끈적한 것의 물질성 자체가 하나의 심적인 의미작용을 가지는 것으로써 나에게 나타난다는 의미이다(605/696/432(2)/977-8)."

원을 설명하기 위한 것이다(사르트르는 명백하게 개인적 취향, 즉 사물들의 특징에 대한 개인의 특정한 정동적 관계가 논의의 대상이라고 말하고 있다). 더욱이 그는 미학이 인간주체성과 세계의 본성에 형이상학적으로 뿌리를 두고 있다는 점을 보여 주는 방식으로 세계의 미학적 차원을 설명하려고 한다.

§43 순수한 반성과 근본적인 전환([회심(回心)] conversion)

사르트르의 실존적 정신분석 개념은 원칙적으로 인간주체를 최종적으로 이해될 수 있는 존재로 허용한다. 그러나 그의 분석이 이를 다루는 형식을 제시하지는 않는다. 그의 분석은 치료법적 실천이 아니라 전기(傳記)적 연구를 위한 토대를 제공한다. 그 이유는 실존적 정신분석학에서는 심지어 자기 분석의 경우에도 주체를 '타자의 관점에서' 파악하기 때문이다. 즉 실존적 정신분석학에서는 주체를 대자적 실존이라기보다는 '객관적 실존'을 지닌 '대상'으로 파악한다(571/659/385-6(2)/926-8). 따라서 주체의 기획의 수정에 필요한 자유의 양식으로서 주체를 파악하지 않는다. 사르트르의 체계에서는 '순수한 성찰'과 '근본적 전환' 개념이 프로이트의 정신분석학의 주체-전화적 역할을 대신한다.

§24에서 보았듯이, 반성은 사르트르가 '불순'하거나 '공범'적이라고 부른 유형으로 초기화(default)된다(155/201/294/278). 이와 대조적으로 순수한 반성은 "반성되는 대자에 대한 반성적인 대자의 단순한 현전"이다. 이는 그 어떤 의식의 실체화나 심리의 구성도 삼간다(155/201/294/278). 비록 순수한 반성이 불순한 반성이 가정하는 '근원적인' 반성 '형태'라는 의미에서 불순한 반성의 토대라 할지라도(155/201/294/279), 순수한 의식은 "일상생활에 있어서 최초로 주어지지" 않고, "카타르시스라는 형태로 자기 자신 위에 행하는 하나의 변양의 결과로

서밖에" 이를 수 없다(159-60/206-7/300/286). 순수한 성찰은, 심적 시간성이 아닌 근원적이고 비실체적 시간성 속에서, 결여(199/249/356-7/350-1) 및 **위하여 존재하는 것**(being for, être-pour)(160/207/300/286)으로서 대자존재를 파악한다(158/204/298/283).[139]

  사르트르는 순수한 반성의 '동기화와 구조'에 대한 고찰을 다른 곳으로 미룬다. 사르트르가 150-8/197-205/287-94/272-84에서 근원적이고 형이상학적인 형태로 반성(reflection)을 기술하고 있기는 하지만(§15를 보라), 『존재와 무』에서 반성이 반성 그 자체를 불순하게 만든 **이후** 어떻게 그 순수성을 **회복**할 수 있는지에 대한 언급은 거의 찾아볼 수 없다. 그러나 사르트르는 그가 '**근본적 전환**(conversion radicale)' 이라고 부른 한 사건(464/542/234(2)/761, 475-6/554-5/249(2)/778)에 대해 기술한다. 이 사건은 자기기만에서 벗어나면서 순수한 반성이 유지되고 실현될 때 나타나는 결과에 조응하는 것처럼 보인다. 근본적 전환은 불안 속에서 "나 자신과 나의 목적에 대한 다른 선택"을 내리는 것과 관련된다(464/542/234(2)/761. 이는 '기이하고도 놀라운' 순간에 내 근원적인 기획의 붕괴와 변신이다(476/555/249(2)/778). 70n/111n/180n/150n에서 사르트르는 자기기만에서 벗어나는 것으로 '존재의 회복(reprise de l'être)'과 의식의 탈부패(de-corruption)를 언급한다. 사르트르는 이 조건을 본래성(authenticité)이라고 부른다(다른 곳에서 사르트르는 하이데거가 본래성을 이해하는 방식을 비판한다. 531/614/325(2)/861-2, 564/651/375(2)/915). 412n/484n/162(2)/680에서는 근본적 전환이 윤리학의 문제와 명백하게 연결된다.[140]

---

139 『자아의 초월』의 순수한 반성에 대한 묘사도 참조하라. pp.41-2, 48-9.

140 순수한 반성은 사르트르의 『윤리학을 위한 노트』의 핵심 주제이다. 특히 p.5, 471-82를 보라. "전환은 존재하려고 하는 대자의 모든 시도가 끊임없이 실패할 때 출

따라서 충분히 기술된 것은 아닐지라도 정화된 자기관계 개념의 체계적 중요성이 매우 크다. 즉자존재와 대자존재의 불가능한 융합의 지향으로서 대자의 근본적인 기획이라는 사르트르의 개념은 흄과 쇼펜하우어를 떠올리게 한다. 만일 그러한 기획이 모든 동기화의 외부 경계와 궁극적인 조건을 제시한다면, 이성은 다수의 경험적인 정념의 노예는 아닐지라도, 단일하고 중요한, **선험적**이고 형이상학적 정념의 노예가 된다. 그리고 대자의 정념의 목적(telos)이 형이상학적으로 비일관적인 한에서, 대자는 그 목적을 추구하기 위해 그 어느 곳으로도 향하지 않기 때문에, 사르트르는 이성이 '맹목적인' 의지(意志)의 도구라고 하는 쇼펜하우어의 생각을 공유한다. 그러나 사르트르가 순수한 반성의 가능성을 긍정했다는 것은 그가 이러한 상황이 변화될 수 있고, 원칙적으로 인간주체가 자신의 '이로울 것이 없는 수난(615/708/446(2)/993)'을 극복할 수 있고, 그 수난을 극복할 때, 인간주체는 윤리적 지향을 얻게 된다고 (흄에 반하고 쇼펜하우어에 찬동하며) 생각했다는 것을 드러내 보인다.

§44 윤리 (결론, II절)

순수한 (또는 '정화적(淨化的)') 반성에 대한 완전한 설명은 '**윤리학**'에 속한다고 사르트르는 말한다(581/670/398(2)/941). 사르트르는 윤리적 체계를 저작 속에 통합시키면서 분명 『존재와 무』에서 보다 더 많

현한다(p.472)." 『성 주네』에서 성취의 설명이라고 할 수 있는 것을 발견할 수 있다. '나의 승리는 언어적(verbal)인 것이다' 장을 보라. 특히 p.577ff.를 보라. 1971년의 대담 『가족의 어리석음』에 대하여' (p.122)도 참조하라. 이곳에서는 『존재와 무』에서와 같이 급작스러운 경련[격변]이 아니라, 실천을 통해 일생동안 자신에게 행할 수 있는 비판적 작업으로서 '비공범적(非共犯的) 반성'을 언급한다. 보부아르의 『모호성의 윤리학』은 급진적 전화의 중요성을 강조한다. 『모호성의 윤리학』1장을 보라.

이 스피노자 저작의 설계를 뒤따르려는 유혹에 사로잡혔던 것으로 보인다. 그러나 양과 세부 내용 측면 모두에서 『존재와 무』의 윤리학에 대한 논의들은 제한적이다. 결론 II절에 포함된 약 2쪽 분량의 논의를 제외하면, '일상적' 도덕에 의한 '윤리적 불안'의 배제(38/75-6/133/96-7), 선(善)이 '있음'의 범주에 속하는지 또는 '함'의 범주에 속하는지에 대한 짧은 논의(431/507/192-3(2)/713-4), 여기저기 흩어져 있는 소소한 언급들(80/122/193/165, 92/136/208/182, 94/138/212/185-6, 409-10/480/157(2)/675, 441/517/204-5(2)/727-8, 444/520/209(2)/732, 553/638/355-6(2)/894-5, 564/651/375(2)/915)만 있을 뿐이다. 『존재와 무』의 결론은 윤리학의 문제를 '다음 저작'에서 다룰 것이라고 예고한다(628/722/463(2)/1015).

그렇지만 사르트르가 『존재와 무』에서 윤리학을 도출하는 것이 가능하다고 생각했고 『존재와 무』로부터 불가결하게 유도되는 실천적 전망이 허무주의와 구분하기 어려운 자격 미달의 가치철학적 주관주의라는 주장이 있었기 때문에, 『존재와 무』와 윤리학의 관계 문제를 다루는 것은 중요하다(사르트르 이론의 특징을 예외 없이 모든 가능성을 인정하는 입장이라고 규정한 예를 인용하기로 하자. 마르셀은 사르트르의 '가치 창조' 원리가 니체의 원리와 같은 종류라고 주장하고 사르트르는 그렇지 않은데 반해 니체는 합리적 토대의 문제에 작별을 고하기 때문에 니체의 입장이 '방어하기에 덜 어렵다(less untenable)'고 덧붙인다[141]).

『존재와 무』에서 윤리학에 대한 사르트르의 진술은 주의 깊게 읽어야 할 필요가 있다. 근본적 주관주의를 구성하기 위해 취한 제안은 앞에서 언급했듯이(§36), **어떤** 의미로든 사르트르의 **존재론적** 자유 이론

---

141 '실존주의와 인간의 자유', p.64.

에 대한 오해에 의해 교사(敎唆)된다. 대자 속의 자유의 편재성을 고려할 때, 이는 대자가 선택하는 그 어떤 기획에서도 선이 실현될 수 있음을 함의한다. 그러나 나는『존재와 무』가 관심을 집중하는 자유는 매우 깊이 묻혀 있어 그 어떤 도덕·정치 원리와도 직접적인 관계를 맺지 않는다고 주장한다. 예를 들어, 자유는 그 자체로 해방적 정치학을 함의하지도 않고 개인의 권리 이론을 함의하지도 않는다. 그와 같은 함의를 끌어내기 위해서는 철학적 반성의 다른 단계가 요구된다.

이 심화 단계가 더해진 이후『존재와 무』가 어떤 윤리학을 지지하고 어떤 윤리학을 지지하지 않는지 연구할 때, 우리는『존재와 무』에서 추정할 수 있을 뿐만 아니라 두 편의 후속저작을 활용할 수 있다.『실존주의의 휴머니즘』이라는 매우 짧은 1946년의 강의와 1947년과 1948년 사이에 쓰여지고 유고작으로 출간된『윤리학을 위한 노트』, 1948년의『진리와 실존』이 바로 그 저작들이다. 이뿐만 아니라 동일한 기간에 쓰인 보부아르의 저작,『모호성의 윤리학』(1947)도 (사르트르의 윤리학적 관점에 대한 진술은 아니지만) 그의 윤리학적 관점을 이해할 수 있는 제안을 담고 있는 자료로서 고려할 수 있는 선택이다.

§17장에서 검토한 가치에 대한 설명을 보면 사르트르를 주관주의자로 기술하는 것이 아주 중요한 의미에서 크게 빗나간 것임을 알 수 있다. 오히려 그와는 반대로 사르트르의 가치의 형이상학은 칸트화된 플라톤주의로 기술하는 것이 더 적합할 수 있다. 가치는 초월적인 의식의 대상으로 실존한다. 그리고 인간의 주체성의 관계 속에서 가치의 실존은 형이상학적으로 필연적이다(가치는 나를 존재하게 만드는 동일한 무조건적인 자유에 의해 존재하게 된다(94/138/212/186)[142]). 그뿐만

---

142 역자주-사르트르는 가치는 대자와 동질(同質)이라고 주장한다(94/138/212/186).

아니라 이 필연성은 최종적으로 초주관적인(extra-subjective) 토대,
즉 자신의 토대를 세우려는 즉자의 시도에서 비롯된다.

그러나 주관주의 혐의의 진정한 핵심은 물론 대자가 명확한 가치들
을 선택하는 데 있어 사르트르가 그 어떤 제한도 설정할 수 없다고 주
장하는 것이다. 그러나 이 또한 반박되어야만 한다.

자신을 가치나 목적으로 받아들이는 자유, 의지하고 긍정하며 자신
을 의식하고 있는 것으로서 자유의 개념은 윤리학의 핵심을 제시한다
고 『존재와 무』의 결론은 말한다(627-8/722/462-3(2)/1013-4). 『실
존주의와 휴머니즘』에서 제시되었듯이, "나는 자유는 […] 그 자신 이
외에 그 어떤 목적이나 목표도 갖지 않는다고 선언합니다. 어떤 한 사
람이 가치가 자기 자신에게 달려 있다는 것을 깨닫게 되었을 때 […]
그는 오로지 한 가지만을 원할 수밖에 없게 됩니다 […] 그가 유일하게
원할 수 있는 한 가지, 그것은 모든 가치의 바탕으로서의 자유입니
다."[143] [144] 이는 물론 꽤나 칸트적인 개념이다. 그리고 『실존주의와 휴
머니즘(Existentialism and Humanism)』 강의는 의도적이고 철저한 방
식으로 [다음과 같은] 칸트 윤리학의 중심 개념들을 고쳐한다. 도덕성
은 가변적인 내용을 가지고 있지만, 보편적인 형식을 가지고 있다. 거
짓말을 한다는 사실 자체가 "곧 그 거짓말이 부정하는 어떤 보편적인
가치를 함축하고 있다." 나는 마치 내가 하는 것[행동]을 통해 인본성
이 규제되는 것처럼 나의 행동에 대해 생각해야만 한다. "나는 타인의
자유를 원하지 않을 수 없다." 우리는 칸트의 '목적의 왕국'에 따라 집
합적으로 자유를 실현하도록 강제된다.[145]

---

143 『실존주의와 휴머니즘』, p.51.
144 역자주-『실존주의는 휴머니즘이다』, 박정태 옮김, 이학사, 2008, pp.77-8.
145 같은 곳, pp.31-2, 51-2. 『문학이란 무엇인가?』, pp.203-6도 참조하라. 이곳에

그러나 이 텍스트에서 칸트와 사르트르의 관계는 직선적이지 않다. 칸트의 다양한 정언명령 공식들을 반향하기 위해 애쓰고 있기는 하지만 사르트르는 도덕적 판단은 개별적 사례를 보편적인 도덕사례들에 포섭하는 것이라는 칸트의 주장을 거부하고 윤리적인 사고에서 구체적인 특이성(particularity)을 제거하는 것은 불가능하다고 주장한다. 이로부터 사르트르가 칸트의 윤리학 이론의 정신은 유지하기를 원하지만 글자 그대로 그의 내용을 답습하고 있지 않다는 인상을 받게 된다.

『실존주의와 휴머니즘』에 행위가 어떻게 구체적인 수준에서 결정되는지의 문제가 명확히 나타나 있지 않을지라도, 분명한 것은 사르트르가 칸트의 도덕형이상학의 윤리적 함의에 비해 『존재와 무』의 윤리학적 함의가 결코 약하지 않고 또 임의적인 주관주의와 어울리지 않는다고 생각했다는 것이다. 실천적 판단이 칸트의 보편적 원리라는 장치 없이도 이루어질 수 있다고 생각하는 것은 아마도 사르트르의 착각일 것이다. 그러나 여기서 고려해야 할 더 근본적인 문제는 칸트적인 도덕 행위성이 갖는 기본 입장(어떤 이의 행위의 원인이 객관성의 조건을 충족시켜야 한다는 입장으로 이는 모든 합리적 행위자들의 자유에 대한 초개인적이고 비인격적인 헌신을 수반한다)이 『존재와 무』를 근거로 해서 얻을 수 있는 것인지 묻는 것이다. 사르트르는 칸트의 실천이성분석을 참조하지 않는다. 그렇다면 그는 어떻게 자기 자신을 선택하는 존재로서의 나[146], '모든 사람 및 인류 전체에 대해 책임을 지는' 존재로 나를 생각할 수 있을까?

서 사르트르는 칸트의 목적의 왕국의 언어와 선의(善意) 개념을 차용하는 동시에 이들의 실현 조건과 관련해 칸트가 제시한 조건에 동의하지 않음을 밝힌다.
146 『실존주의와 휴머니즘』, p.29.

사르트르는 다시 한번 소거법을 이용해 논의를 전개한다. 그리고 크게는 칸트적인 방법으로 논의를 전개한다고 해도 좋을 것이다.

1. 적어도 자신의 구체적 기획을 자기 입증적인 것으로 여기지 않을 정도로 순수한 반성을 성취하고 근본적인 전환을 겪은 대자를 가정하고 논의를 시작하도록 하자. 이는 사르트르 윤리학의 완벽한 전제 조건이다. 실존적 정신분석학을 적용하거나 또는 일상의 비철학적인 주체들이 활용할 수 있는 (실존적 정신분석에 견줄 만한) 통찰을 통해 인간의 동인을 분석해 보면, 신이 되고자 하는 대자존재의 근본적인 기획을 드러내는 **한** 인간의 행동들은 실패한 '것과 마찬가지'이거나 '실패할 운명'에 처해 있는 것처럼 보인다. 또한 "홀로 고독에 도취하는 것이나 민중을 지도하는 것이나 결국은 마찬가지"**인 한에서** 인간의 행동들은 그러하다(627/721/462(2)/1013).

여기서 가능한 선택 중 하나는 쇼펜하우어의 체념의 이상[체념적 의지]이다. 그러나 사르트르의 대자의 형이상학은 이를 배제한다. 만일 대자존재가 기획의 존재**라면**, 오로지 죽음만이 그의 자유를 소멸시키면서 주체를 목적론의 당김으로부터 벗어나게 할 수 있다. 따라서 주체는 『존재와 무』에 부합하는 토대 위에서 행위를 위한 이유를 결정해야 하는 임무, 즉 '내가 어떻게 행동해야만 하는가?'라는 질문에 답해야 하는 임무에 직면하게 된다.

2. 이러한 형이상학은 (플라톤주의적이든, 아리스토텔레스적이든, 형이상학적 실재론이든) 모든 가치 근거의 부정을 수반한다. 더욱 흥미롭게 이 형이상학은 즉자 양식 속에서 가치를 **경험**할 것을 요구하거나 그러한 경험을 허용하는 모든 이론을 거부한다(38-9/75-7/135-6(2)/97-9를 보라). 따라서 사르트르의 비판은 선(善)의 근거를 인본

주의와 자유에 두고 있지만[147] 사르트르적이지 않은 관점에서 자유를 사고하는 이론들을 비판하는 데까지 확장된다.[148]

3. 사르트르의 '심적' 주체 개념 비판은(§24) 가치를 정동적이고 주관적인 상태들의 함수[기능]로 다루는 선택을 배제한다(626/720/460-1(2)/1011-3). 자유가 '심적인 것'으로 삼투(滲透)한다는 사르트르의 설명은 공리주의, (흄의) 감상주의적 가치 개념, 그리고 가치판단의 근거를 미학적 판단의 기저를 이루는 것과 같은 주관적 상태에 두는 (니체의 입장과 유사한) 입장의 토대를 흔든다. 의식은 욕망으로 자기 자신을 채울 수 없고 위의 입장들이 요구하는 방식으로 정념의 충만(plenitude of passion)이 될 수 없다.

4. 실천적 이성의 원리로서의 자기주의(egoism)는 여러 방향에서 그 토대가 흔들린다. 심리적 사실로서 나의 성향은 동기적인 관점에서 아무런 무게도 가지고 있지 않다. **얻고자** (행동)하는 어떤 대상을 제공함으로써 자기주의를 형이상학적으로 합리화하는 실체적 자아는 존재하지 않는다. 나의 존재와 타자의 존재 사이에 내재적으로 경험적이거나 형이상학적인 차이가 부재할 경우, 타인의 이해(利害)에 대해 나의 이해를 특권화할 수 있는 근거는 없다.[149] 『존재와 무』가 우리에게 점유하도록 강제하는 반성의 지평은 "에고이즘(egoism, 자기주의)과 알트루이즘(altruism, 이타주의)의 저편에 있다(626/720/461(2)/1012)."

---

147   같은 곳, pp.27-8, 33-4. 그리고『존재와 무』423/495/176(2)/695를 보라.
148   여기서 칸트가 암시되고 있는 것이 거의 틀림없다.『윤리학을 위한 노트』, p.49를 보라. 탈존재론적 가치 개념에 대한 자세한 비판은 pp.246-58, 469를 보라. 사르트르는 강제와 의무가 자유에 대한 타유적 신비화로 구성된다고 주장한다.
149   이와 관련된 논의로는『자아의 초월』, pp.16-21에서 사르트르는 의식 영역의 탈인격화가 라 로슈푸코와 같은 프랑스 도덕주의자들의 도덕 심리학에서 채택되는 자기중심적인 (자기애(amour-propre)로부터 유도되는) 동기화의 기반을 약화시킨다고 주장한다.

5. 동기적인 측면을 깨끗이 지워 버리고, 자아와 타자의 비대칭성을 제거하고 나면, 이제 가치의 후보로 남은 것은 자유뿐이다. 가치 평가의 필연성을 고려할 때 (나는 **어떤** 가치를 긍정해야만 하고 그 가치는 나의 특정한 자아에 상대적일 수 없다) 내 자유의 긍정뿐만 아니라 자유 **그 자체**의 긍정이 필연적으로 뒤따른다. 이는 자연스럽게 (이를테면 더 나은 것을 원하기 때문에) 그러할 뿐만 아니라 자유가 근본적으로 가치론적인 역할을 점유하는 것의 내재적 적합성 때문에 그러하다. 자유는 대자의 모든 것이자 목적 지향이다. 그리고 이 목적 지향에서 행위의 존재론적인 차원으로서의 가치 문제가 발생한다. 따라서 사르트르의 설명에서, 모든 이성에 선행하여 자유에 가치를 둘 **이유**가 없다. §§36-38에서 보았듯이, 자유는 모든 이성 앞에 오고, 자유의 현상학적인 시야를 완전히 정제한 주체라면 누구라도 자유를 직접 그리고 비추론적인 방식으로 파악할 수 있을 것이다. 사르트르가 타자의 정신에 대해 그 어떤 주장도 할 수 없듯이, 윤리적 영역에 대한 담론적 설득은 가능하지도 않고 필요하지도 않다. 『존재와 무』의 윤리학적 함의의 순전한 직접성은 윤리적인 것에 대한 별도의 논증적 설명을 덧붙이거나 방어할 필요성을 제거한다(이는 『존재와 무』가 왜 윤리학에 무관심한 것으로 잘못 해석되어 왔는지를 설명할 수 있는 논점이다).

6. 이제 사르트르가 취해야 하는 마지막 조치는 (구체적인 상황에서 내가 구체적인 타자의 자유를 긍정할 수 있는 가능성을 위해) **내가 갈등적이지 않은 방식으로** 타자와 관계할 수 있어야 한다고 요구하는 것이다. §39에서 보았듯이 비록 『존재와 무』가 갈등이 상호주관성의 최종 형태라는 주장을 하는 것처럼 보이지만, 사르트르의 입장은 내가 신이 되고자 하는 근본적인 기획을 포기하는 한에서, 내가 타자의 대상화를 시도하지 않으면서 타자와 관계할 수 있는 가능성이 존재할 수 있음

을 함의한다. 원론적으로 정화된 대자는 타자를 상호주관적으로 구성
된 타자의 유사-즉자존재로 **환원하지** 않으면서 이 유사-즉자존재를
의식한 채로 있을 수 있다.

　물론 이는 더 발전이 필요한 거친 스케치에 불과할 뿐이다.『존재와
무』이후 윤리적 문제에 관한 사르트르의 저술들과 보부아르의『모호
성의 윤리학』에서는 더욱 심화된 목표가, 즉 존재를 밝히려는 목표 또
는 존재를 드러내려는 목표(le dévoilement d'être)가 자유를 긍정하는
데 그리고 나아가 윤리학을 긍정하는 데 중심적인 근거가 된다. 사르트
르가 어떻게 '내가 타자의 자유를 원한다'는 필연성에서 '내 자유가 타
자의 자유를 **전제한다**'는 더 강한 주장으로 나아가는지, 또는 그런 전
진이 정말 가능한 것인지 또한 역시 다루어야 할 문제인데, 이는『윤리
학을 위한 노트』가 발전시키고, 보부아르의『모호성의 윤리학』이 강조
한 점들이다.[150]

§45 구원
사르트르를 일종의 (자유를 윤리학의 근거이자 타자와 관련해 내가 어
떻게 행동해야 할지를 적합하게 결정해 주는 목적으로 간주하는) 칸트
주의자로 읽는 것이 옳다고 가정하면, 한결 심화된 문제가 나타나는데,
이는 사르트르가『존재와 무』에서 준비된 규범적인 전망을 "해방과 구
제의 도덕의 가능성(une morale de la délivrance et du salut)"으로 묘
사한 데(412n/484n/162(2)/680) 기인하는 문제이다.

150　맥브라이드(William Mcbride)는『사르트르의 정치 이론(Sartre's Political The-
ory)』(Bloomington: Indiana University Press, 1991)에서『윤리학을 위한 노트』에
대한 유익한 설명을 제시한다. pp.60-84.

사르트르는 『존재와 무』의 철학이 종교적인 원리와 동일한 **지평**에 놓여 있다는 함의를 가지고 있다는 자신의 주장 그리고 『존재와 무』의 철학이 인간의 선을 실현할 가능성을 내포한다는 자신의 주장을 알리기 위해 그 어떤 반어[적 의미]도 없이 종교적 용어를 사용한다. 『존재와 무』에서 대자의 근본적인 기획의 형이상학적 절망(hopelessness)과 관련해 언급된 것들을 고려해 볼 때, 후자의 주장은 특별히 더 놀랍다. 근본적 전환이 가능하고 윤리적 제한을 발생시킨다고 하더라도 『존재와 무』는 어떤 방식으로 인간의 실존에 내재적인 가치를 복원시킬 수 있단 말인가? 어떤 의미에서 회복의 약속은 사르트르의 인간적 상황에 대한 시각의 비극적 성격을 극복하거나 또는 보충할 수 있는가? 대자의 자유 긍정은 정말로 대자의 **구원**으로 여겨지기에 충분한 것인가?

우리의 자유가 그 자체를 긍정할 때, 무엇이 이해되고, 가치론적으로 무엇이 관련되는지에 대한 두 견해를 대조해 보면 [이 질문들을 이해하는 데] 도움이 될 것이다. 보부아르의 『모호성의 윤리학』에서 강조되는 견해는 자유의 자기긍정의 순간은 **합리적 계몽**의 순간 중 하나라는 것이다. 상식적인 가치 실재론의 소박함과 그 (조정적) 형이상학적 대응물에서 실존적 윤리학으로 옮겨갈 때 우리는 한 가지 **실수**로부터 해방된다고 보부아르는 제안한다. 즉 우리는 가치가 무엇인지에 대한 올바른 이해를 성취하고, 신이 정한 경우에만 가치가 객관적일 수 있다거나 가치가 즉자존재의 틀 안에 쓰여 있다는 잘못된 그림에 휘말리지 않게 된다.[151] 이러한 관점에 따르면, 『존재와 무』는 우리에게 친숙한 칸트적인 계몽 비판을 제시하고 근본적인 상실 없이 명증한 자기 인지와 성숙함의 새로운 정신 속에서 우리 존재를 포용하는 것을 가능하게 한

---

151 예를 들어, 보부아르의 '허무주의적 태도'에 대한 비판은 『모호성의 윤리학』, p.57과 '그릇된 객관성' p.157를 보라.

다. 사르트르의 렌즈를 통해 파악될 때 인간의 실존이 지니는 비극적인 성질은 단지 겉모습일 뿐이다. 따라서 인간의 실존이 '구원'을 필요로 하거나 '구원'에 예민하다고 할 때 그 의미는 매우 얇다. 이와 같은 설명에서 이해되어야 할 것은 우리가 이미 가치론적으로 필요한 모든 것을 가지고 있다는 것이다. 그 이유는 인간주체의 실존이 (이해가 가능한) 가치를 가질 **수 있다고** 말할 수 있는 유일한 상황은 인간주체가 자신의 자유로 인해 자신을 가치 있는 것으로 표상하고, 바로 그 토대를 바탕으로 자신을 결정할 때 가능해지기 때문이다. 타유화될 수 없는 우리의 자율성은 그 자체로 구원을 위해 존재하고 또 **존재할 수 있는** 모든 것이라는 점을 우리는 깨달아야 한다. 이러한 설명은 이제 우리가 해 온 이길 수 없는 규칙을 지닌 게임의 원인이 되었던 개념적 혼란을 해결하고, 새로운 게임, 원리상으로 우리가 이길 수 있는 게임을 자유롭게 시작할 수 있게 해 줄 것처럼 보인다.

사르트르의 관점이라고 강력히 주장해도 될 만한 이와 같은 대안은 구원과 해방에 대한 논의로 이해될 수 있지만, 덜 직설적이다. 분명 사르트르적인 맥락에서 보부아르가 제시하는 관점을 독해하는 것이 가능하다. 그러나 그녀의 관점은 사르트르가 주장하는 인간의 실존을 정의하는 목적론의 무용성을 비껴 지나간다. 사르트르 자신의 설명에 의하면, 구원은 인간 실존의 비극적 성격, 인간 실존의 가치론적 결여의 실재성을 가정하지만 이를 **상쇄하지 않는다**. 우리의 자유에 대한 긍정을 통해 실현되는 가치는 항상 우리의 근원적이고 형이상학적인 상실에 **대한 보상**인데, 이는 형이상학적인 협박 아래 우리가 포용하는 것 중 가치론적인 측면에서 두 번째로 좋은 것이다. 그렇지만 이는 **어떤** 긍정적인 가치를 지니고 있다. 우리가 대자존재를 발생시키는 무용적 목적론(abortive teleology)을 억제하고, 존재 안에 하나의 인지 가능한 다

른 목적(telos)을 도입한다는 사실, 다시 말해, 존재 안에 우리의 자유
를 도입한다는 사실은 **일종**의 구원에 이르는 것이다.

　이 두 관점은 우리의 자유를 경험하는 두 가지 다른 방법을 함의한
다. 보부아르의 이론은 자유를 긍정하는 것이 곧 **성취**임을 함의한다.
사르트르의 관점은 형이상학적 실패에 대한 우리의 의식은 절대로 삭
제될 수 없다는 것이다.[152] 이러한 이유 때문에 우리가 긍정하는 자유는
우리 자신에게 **운명**[강제, condamné à être libre] **지어진** 것이라고 생
각해야만 하는 것이다.[153]

　다시 한번 어떻게 이 두 견해가 §13에서 구분된 두 철학적 입장과
관련되는지 주목해야 한다. 『존재와 무』의 입장이 코페르니쿠스적이라
면, 사르트르의 입장에 대한 보부아르의 설명은 옳다. 이와는 달리 사
르트르의 비관적 관점은 우리가 단순히 인간주체의 관점이라고 할 수
없는 견해를 취해야 한다고 가정한다. 긍정적인 가치로서든 또는 부정
적인 가치로서든 주체성 자체에 대해 주체성이 취하는 관점을 추상하
며 인간주체성의 실존을 고려하는 것이 이치에 맞지 않다면, 인간의
실존이 부조리하다는 생각은 아무런 의미도 없다. 따라서 비극적 관점
은 '우리가 신이 될 수 있었더라면 아마 그것이 더 나았을 것'이라는
생각에 의미가 결부되어야 할 것을 요구한다. 그리고 사르트르는 바로
이러한 생각을 방어할 준비를 하고 있는 것으로 보인다. 사르트르는 선
(善)과 관계하는 형이상적으로 옳고 완전한 방법은 곧 선이 **되는 것**, 즉

152　예를 들어 『문학이란 무엇인가?』 pp.23-5, 주4, '키르케고르와 독자적 세계' 등
을 참조하라. 훗날 설명하는 바에 따르면, "자유는 승리가 아니다." ('사고의 여정',
p.35)
153　'실존주의와 인간의 자유' (pp.56-7)에서 마르셀은 만일 자유가 상실이나 박탈
일지라도 우리는 자유롭도록 운명[강제]지어졌다며 사르트르의 견해에 반대한다. 그
러나 이는 정확하게 사르트르의 입장이다.

가치를 **체현**하는 것이며, 이는 오로지 신만이 할 수 있는 일이라고 생각하는 듯하다. 우리는 가치를 **정립**하는 열등한 방법을 통해서만 선과 관계할 수 있다(만일 신이 존재한다면, 그의 자유는 아마 선일 것이다. 따라서 우리가 그러하듯이 신은 그의 자유를 **긍정**할 필요가 없다).

초-코페르니쿠스적이고, 탈관점주의적인 가치 개념을 포용하고자 하는 사르트르의 의향은 자유를 긍정하는 근거로 '존재의 드러내 보임'을 언급할 때 잘 드러난다. 사르트르의 입장에 대한 보부아르의 독해는 한결 직설적이고 낙관적이며 인본주의적이다. 사르트르의 비극적 관점은 전도된 신학적 잔여물을 포함하고 있다.

연구를 위한 물음들

1. 사르트르가 자유 개념을 다루는 방식은 어떤 점에서 구별되는가? 다른 이론들에 비해 사르트르의 자유 이론은 어떤 점에서 더 뛰어난가?
2. 사르트르는 내가 '나 자신에 대한 근원적인 선택'을 한다는 주장과 '나는 세계에 대해 책임이 있다'라는 주장을 적절하게 방어하고 있는가?
3. 사르트르의 인간의 동기에 대한 설명의 강점과 약점은 무엇인가?
4. 만일 있다면,『존재와 무』의 형이상학은 어떤 윤리적 전망을 함축하고 있는가?

(E) 전체(whole)로서 존재

§46 '탈총체화된 총체'로서 존재의 통일 (결론, I절)

§7에서 보았듯이 서문의 말미에서 사르트르는 즉자와 대자의 통일이

라는 문제를 제기한다. 그리고 우리는 §11에서 [자신이] 통합된 존재
론을 제기한다는 사르트르의 주장에 의문을 가져 보기도 하였다. 후자
의 논점은 메를로퐁티에 의해 자세히 논의되는데, 그는 『존재와 무』에
서 무와 존재가 "항상 절대적으로 상호적인 것(one another) 이외의
것"이기 때문에 서로 '실제로 통합'될 수 없다는 점을 고려할 때, 사르
트르가 전체로서 존재에 대한 개념을 제시했다고 주장하는 것은 정당
하지 않다고 주장한다.[154]

　결론에서 사르트르는 "모든 존재자에게 속하는 전반적인 범주로서"
존재가 하나의 간격에 의해 "서로 소통이 불가능한 두 개의 영역"으로
분할되는 것은 아닌지, 그리고 "그 두 개의 영역 각각에서 존재라고 하
는 관념이 저마다 독자적인 별개의 의미로 받아들여지는" 것은 아닌지
의 문제로 복귀한다(617/711/449(2)/999). 사르트르는 책에서 이루어
진 조사를 통해 우리가 어떻게 이 두 영역이 서로 연관되는지의 문제에
대한 답을 찾을 수 있다고 선언한다. "대자와 즉자는, 대자 그 자신 외
의 다른 것이 아닌 하나의 종합적인 연결에 의해 결합한다(617/711/
449(2)/999)." 이 관계는 "존재 한복판에 자기의 기원을 가진 하나의
하찮은 무화(無化)", "즉자에 의해 **존재되고**", '즉자 위에 전면적인 변
동이 일으키는 데 충분한' 무화라는 성격을 지닌다. "이 변동은 세계이
다(617-8/711-12/449-50/999-1000)."

　이는 존재가 하나의 전체를 형성하는 것의 의미를 제시한다. (i) 대
자존재가 즉자의 **무화**로서 즉자와 관계하는 한, (ii) 그리고 즉자가 이
무화의 **기원**을 내포하는 한, 대자존재와 즉자존재는 서로 소통하며 실
제로 통합된다. 따라서 발(Whal)과 메를로퐁티의 반대 의견이 제기하

---

154 『보이는 것과 보이지 않는 것』, pp.68-9, pp.74ff.를 보라.

는 바를 충족시키는 데 필요한 것처럼, 전체로서 존재의 통일성은 **양쪽**
모두에게서 파악된다.

이러한 설명은 즉시 "대자가 존재로부터 출발하여(à partir de l'être)
나타나는 까닭은 무엇인가"라는 형태로 표현될 수 있는 형이상학적 문
제를 야기한다는 점을 사르트르는 인정한다(619/713/452(2)/1002).
존재(being) 안에서, 대자가 나타날[있을] 수 있는 무화의 **토대**는 무엇
인가?

이 문제에 대한 사르트르의 논의(619-25/713-24/451-60(2)/1002-
11)는 이 문제에 답하려는 시도에 대한 비판과 함께 왜 이 문제에 답할
필요가 없는지에 대한 설명으로 구성된다. 위의 인용이 함의하고 있듯
이, 사르트르 논증의 핵심은 그가 정식화하는 존재론과 형이상학의 구
분이다. 그리고 형이상학적인 질문들은 공허하지는 않을지라도 적어도
철학적으로는 부차적이라는 것이 사르트르의 주장이다.

형이상학은 존재론과 어떻게 구분되는가? "사실 우리는 구체적이고
독자적인 전체[totality]로서, 바로 **이** 세계를 탄생시킨 개별적인 과정
들에 대한 연구를 형이상학이라고 부른다. 그런 의미에서 형이상학과
존재론의 관계는 역사학과 사회학의 관계와 비슷하다"고 사르트르는
쓰고 있다(619/713/452(2)/1002). 잠시 뒤 그가 설명하는 바에 따르
면, 엄밀하게 시간적인 의미에서는 아닐지라도, 존재론은 '한 존재의
구조'와 관련하고, 형이상학은 '사건'과 관련한다(620/714/452(2)/
1002-3). "시간성은 대자에 의해 존재에 찾아오는 것이기 때문에" 역
사적인 생성(becoming)은 형이상학에서 문제가 되지 않는다(621/
715/454(2)/1005. 존재론과 형이상학에 대해 다르게 접근한 297/
358-9/487/500-1의 논의도 참조하라).

그렇게 명료하지는 않지만 공식적인 사르트르의 존재론과 형이상학

의 구분보다는 왜 대자의 솟구침이 있는지 보이기 위해서는 어떤 경계선이 그어져야 한다고 설명하는 사르트르의 시도가 더 중요하다. 사르트르는 이 질문에 대한 답이 될 만한 후보는 오직 하나뿐이라고 주장하는데, 우리는 이를 이미 §16과 §17에서 다룬 바 있다. 다시 말하자면, 즉자는 자신에게서 우연성을 제거하기 위해, 따라서 '자기 자신을 정립하기 위해', 즉, 신이 되거나 자신의 원인이 되기 위해 대자를 발생시킨다. 더욱이 사르트르는 "존재가 자기원인이 되기를 원할 수 있는 것은 **오직** 자기를 대자가 되게 함으로써이다"라고 주장한다. "**설령** 즉자가 자기에게 근거를 부여해야 한다고 해도, 즉자는 자기를 의식이 되게 함으로써, 자기에게 근거를 부여하려고 시도할 수 있을 것이다 (620/714/453(2)/1004)."

즉자가 자신에게서 우연성을 제거하고자 하는 동기는 대자 출현의 필요충분조건을 제시한다. 그러나 이러한 설명의 함의는 사르트르의 근본 원리(tenet)에 크게 어긋난다. 첫째, 대자와 즉자의 '종합적인 결합'이 "대자 그 자신 외의 다른 것이 아니라면(617/711/449(2)/999)", 대자는 존재의 두 영역 사이에 형성되는 "관계의 한쪽 항목인 동시에 이 관계 자체이다(624/719/459(2)/1010)." 이렇게 말하는 것은 표면적으로는 대자는 곧 즉자에 대한 **자기관계**라고 말하는 것과 같은 것이다. 즉 대자는 즉자가 자기 자신과 관계하는 방식과 동일한 것이다. 그러나 사르트르의 설명에서 즉자 안에 지배적으로 존재하는 정체성이 너무 절대적이어서 그 어떤 반영성의 흔적도 허용되지 않기 때문에, 이 같은 설명은 불가능하다(§6).

둘째, 어떤 경우에서든 즉자의 대자 생성은 **의도적인 기획**으로 여겨져 왔다. 그리고 어떤 기획을 즉자에게 귀속시키는 것은 당연히 사르트르의 대자 개념과 모순된다[따라서 사르트르는 다음과 같이 쓴다].

여기서 존재론은 하나의 깊은 모순에 부딪히게 된다. 그 이유는 근거의 가
능성이 세계에 찾아오는 것은 대자를 통해서이기 때문이다. 스스로에게
근거를 부여하는 기도가 되기 위해서 즉자는 근원적으로 자기에 대한 현
전이어야 하기 때문이다. 다시 말해 즉자는 이미 의식이 아니면 안 될 것
이다(620-1/715/454(2)/1004).

이로 인해 사르트르는 대자의 도래(到來)가 설명될 수 있는 유일한
조건(이자 또한 진정으로 통합된 전체로서 구성되는 존재를 이해할 수
있는 유일한 토대)을 설명하고 난 후, 선행 조건의 인정을 거부한다.
존재론은 "다음과 같이 언명하는 데 그칠 것이다. **모든 것은 마치**, 즉자
가 스스로 자기에게 근거를 부여하려고 하는 기도에 있어서, 자기에게
대자의 변모를 주는 것**처럼 경과한다**"고 사르트르는 말한다(621/715/
453(2)/1004).
그러나 이 진술에서 '마치 ~인 것처럼'의 힘은 무엇일까? 사르트르
의 설명에서는 이 질문에 대한 오직 한 가지 대답만이 가능하기 때문에
그리고 그 대답은 그가 존재론적 탐구의 확고하고 수정 불가능한 결과
로 견지하는 것의 '심오한 모순'일 것이기 때문에, 즉 그 대답은 즉자
의 비의식일 것이기 때문에, 사르트르가 대자의 기원에 대한 형이상학
적 탐구는 불가능하다고 선언할 것이라고 예상하는 이들이 있을 것이
다. 실제로 그가 한 것은 무용하다고 할 수 없지만 형이상학의 제한된
가치를 암시하면서 형이상학적 탐구의 보다 더 심화된 과제가 실제로
존재한다는 점을 인정한 것이다.

대자가 솟구치는 과정을 절대적인 사건으로 생각하는 것을 허용하는 온갖 **가설**을 형성하는 것은 형이상학에 속하는 일이다 […] 두말할 필요도 없이 그런 가설은 어디까지나 가설로 머무르고 말 것이다. 그 이유는 그에 대한 어떤 확인이나 부인도 기대할 수 없기 때문이다. 그런 가설의 **유효성**을 이루는 것은 단순히 그 가설이 우리에게 존재론으로 **주어진** 온갖 것들을 통일할 수 있을 것이라는 가능성일 뿐이다 […] 그러나 형이상학은 이 역사 이전의 과정이 지닌 본성과 의미를 결정하려고 시도하지 않을 수 없다. […] 특히 운동이 자기에게 근거를 부여하기 위한 즉자의 최초의 '시도'인지 아닌지 […] 결정하는 일은 결국 형이상학에게 돌아간다(621/715/454(2)/1004-5).

I절의 나머지 부분은 존재의 통일에 대해 재고찰한다. 사르트르는 존재의 통일과 관련된 우리의 상황이 다음과 같다고 말한다. 존재 일반 개념에 의미를 부여하기 위해서는 **존재의 총체성** 개념이 있어야 하고, 그 총체성 개념은 부분들이 서로 독립적으로 존재할 수 없는 전체에 관한 개념, 즉 부분들이 모두 내적으로 연결되어 있는 전체에 관한 개념이어야 한다. 따라서 존재를 총체로 생각하는 것은 존재를 '**자기원인적 존재자**'([自己原因者], Ens causa sui)로서 생각하는 것과 같은 것이다 (622/717/456(2)/1007). 그리고 이러한 개념은 사르트르에게는 받아들일 수 없는 것인데, 그 이유는 사르트르에게 자기원인이란 모순적일 ([**불가능할**], 622/717/457(2)/1007) 뿐만 아니라 존재가 대자존재와 즉자존재를 포함한 총체로 간주된다면 즉자가 존재론적으로 대자에 의존하게 되기 때문이다. "즉자는 자기의 현실존재를, 즉자에 대해 의식하게 하는 무화로부터 받는다(622/716/456(2)/1007)." 이 존재의 총체성은 "대자에 의해 근거가 부여되는 즉자이[자], 이 즉자에 근거를

부여하는 대자와 똑같[은 즉자](623/717/456(2)/1007)"를 지닌 "이상적인 존재"인데, 이는 의식이 즉자에 묶여 있는 반면, 즉자는 결코 대자에 의지하지 않는다는 사르트르의 주장에 모순된다.

따라서 존재의 총체성은 '탈총체화된 총체성'으로 이해되어야 한다고 사르트르는 주장한다. 그리고 그는 그러한 생각을 설명하기 위한 다양한 공식과 유비들을 제시한다. '탈총체화된 총체성'은 총체성의 파괴로 인해 발생하는 형태인데, 여기서 총체성의 파괴는 완전하지 않으며, 그 파괴는 요소들의 **실존**에는 영향을 끼치지 않고, 오로지 요소들의 **상호 관계**에만 영향을 끼친다. 따라서 내용의 파괴라기보다는 형식의 부분적인 파괴가 발생한다고 할 수 있다. 사르트르는 이를 "끊임없는 통합해소의 상태에 있[는]" "목을 잃은 관념"이나 "통합해소적 총체(ensemble)" 등으로 부른다(623/718/457(2)/1008).

그러나 사르트르의 설명에 따르면, (모순을 없애기 위해서) 적어도 탈총체화된 총체성이 발전해 나온 근원적인 총체성을 **생각할** 수 있을 경우에만 탈총체화된 총체성을 생각할 수 있기 때문에, 위와 같은 작업을 통해서는 자기원인 개념에 내재하는 모순을 피할 수가 없다. 주장을 정식화하는 과정에서 사르트르는 전과 같이 '마치 ~처럼(comme si)' 공식을 사용하면서 존재가 모순적인 개념에 의해서만 사고 가능하다는 역설적인 주장에서 한 발 물러선다.

따라서 모든 것은 마치 세계, 인간, 세계-속-인간이 잃어버린 신을 실현하고 있는 것처럼 이루어진다. 그러므로 마치 즉자와 대자가 이상적인 종합에 대해 **통합해소**(統合解消)의 상태에서 나타나는 것처럼 모든 것이 나타난다(623/717/457(2)/1007-8).

사르트르는 존재론/형이상학의 구분을 다시 환기시키며 논의를 마무리한다. 그는 총체성의 문제가 "존재론의 분야에 속하는 것이 아니"라는 점을 우리에게 상기시키고 존재를 "뚜렷한 이원성으로서 고찰하느냐 또는 통합해소적인 한 존재로서 고찰하느냐는 아무래도 상관없는 일"이라고 제안한다(624/719/459(2)/1010).

그러나 사르트르는 탈총체화된 총체성을 우리가 채택할 수 있는 유일한 개념으로 남겨 두는 이원론적 개념은 옹호될 수 없다고 주장한 바 있다. 그러나 이 개념 또한 모순적이다. [이를 해결하기 위해서는] 어떤 조치가 있어야 할 것이다. §48에서 사르트르의 선택이 무엇인지 살펴볼 것이다.

§47 신(神)

대자의 기원, 전체로서 존재의 기원, 방금 기술한 형이상학자의 임무 등과 같이 서로 맞물린 문제들은 자연스럽게 신학의 방향으로 나아간다. 따라서 이 지점에서 『존재와 무』에서의 신에 대한 논의를 찬찬히 살펴보고 사르트르의 무신론에 대해 명료하게 정리하는 것이 적절할 것이다.

『존재와 무』는 신의 관념이 어떻게 형성되었는지 설명하는데, 그 설명의 함의는 종교적 신념이 관념화된 형태의 인간성 그 자체를 지칭하는 개념을 실체화한다는 것이다(90/133/205-6/179-80, 566/655-6/377-8(2)/918-9를 보라, 상호적이고 상관적인 한계 개념으로서 인간과 신에 대해서는 §17, 423/495/176(2)/695를 보라).

그러나 이러한 포이어바흐적 전략 또는 헤겔 좌파적 전략이 신의 존재에 반한 직접적이고 이론적인 논증으로 이어지는 것은 아니다. 그러나 『존재와 무』의 다른 곳에서 신의 존재에 반한 두 개의 논지를 제시하고 있는 것으로 보인다. **자기원인**의 불가능성 또는 필연적으로 실존하는 존재의 불가능성과 관련된 첫 번째 논의(80-1/123/193/165-6)는 전통적인 유신론자들이 과격하다고 거부할 만한 가정들에 의지하고 있다. 한결 더 흥미롭고 독창적인 두 번째 논증은 신 개념이 '즉자-대자' 개념임을 보이고(90/133/205-6/179-80을 보라), 기초존재론의 관점에서 볼 때, 이 개념이 불가능하기 때문에 "신의 관념은 모순되어 있다"고 주장한다(615/708/446(2)/993).

　이러한 논증의 힘이 무엇이든지 간에, 이러한 종류의 논의가 근본적인 차원에서 사르트르의 무신론을 지탱해 주는 것은 아니라는 점을 이해하는 것이 중요하다. 사르트르의 무신론은 형이상학과 관련된 논증을 통해 도달하는 것이 아니다. 그의 무신론은 신의 존재는 직접 직관된다는 야코비의 주장과 동일한 **체계**(order)에 의지하고 있지만, 완전히 정반대의 **내용**을 가지고 있다. 훗날의 대담에서 사르트르는 『존재와 무』의 무신론은 신의 **관념**을 몰아내고 그것을 신의 부재 개념으로 대체하는 '관념론적 무신론'이 아니라, '유물론적 무신론'이라고 말했다. "어느 곳에서든 신의 부재를 읽을 수 있었다. 사물들은 홀로 있었다. 무엇보다도 인간은 홀로 서 있었다. 홀로 있다는 것은 절대적인 것과 같았다"는 점을 깨닫게 되었다고 사르트르는 말했다.[155] 이러한 발견은 『구토』의 나무뿌리 구절을 상기시킨다. "부조리, 그것은 머릿속 관념도 아니었고, 목소리가 되어 나오는 숨결도 아니었으며, 바로 내 발 아래 죽어 있던 그 기다란 뱀이었다 [⋯] 실제로 내가 뒤이어 파악할 수 있었던 모든 것은 이 근원적인 부조리에 귀착하고 있다 [⋯] 그러나 지금

155　'사르트르와의 대화' (1974), p.435. 사르트르는 '대자-즉자'의 불가능성에 관한 주장을 통해 이 같은 직관을 '입증'하려는 시도(p.437)로 『존재와 무』를 묘사한다.

여기서는 그 부조리의 절대적 성격을 규정하고 싶다."[156]

따라서 사르트르에게는 긍정적인 내용을 담고 있는 두 개의 기본적이고 계시적인 체험이 있다. 인간의 절대성의 체험과 즉자존재의 '부조리한' 성격에 대한 체험이 바로 그것이다. 이 둘 중 어느 하나도 직접적으로 그리고 명시적으로 신의 부재에 대한 직관이 아니다. 그렇지만 각 체험은 인간과 이 세계의 창조자로서 신의 존재와 양립할 수 없다. 인간이 만일 (i) 초월될 수 없는 어떤 것이자 (ii) 예지할 수 있는 방식으로 초월적 선과 관계를 이룰 수 없는 것으로 드러난다면,[157] 그리고 즉자존재가 (i) 자신의 야수 같은 무기획성과 (ii) 인간에 대한 무조건적인 무관심을 표현한다면, 설령 실체적 자기원인 또는 즉자-대자가 존재할 수 있다 하더라도, 그것은 우리 또는 우리의 세계와 있을 법할 만한 관계를 맺지 못한다.

따라서 세계에서 신의 부재는 카페에 부재하는 피에르와 같은 것이 아니다. 만일 이것이 사르트르의 주장이라면, (사르트르 자신의 원리를 적용해) 내 의식에 현전하는 신의 부재에 대한 나의 의식은 신을 인식하는 양식 중 하나라고 주장할 수 있기 때문에, 이는 매우 주요한 논점이다. 다시 말해, 『존재와 무』를 바탕으로 부정신학을 발전시킬 수 있을 것이다.[158] 그러나 사르트르는 신이 나타날 수 있는 그 어떤 신의 모습을 닮은 틈도 세계 속에 남겨 두지 않는다. 사르트르가 『존재와 무』의 여러 곳에서 신을 언급하는 것은 인간을 신에 연관시키는 것은 자유, 상호주관성, 인간 현실의 구조를 파괴하게 될 것이라는 점을 보

---

156   『구토』 p.139. [『구토/말』, 이휘영 옮김, 동서문화사, 2011, p.187.]
157   『전쟁일기』, p.108. 도덕성의 존재는 신을 입증하는 것과는 전혀 상관없이 [오히려] 그와 거리를 둔다.
158   하웰스(Christina Howells), '사르트르와 부정신학(Sartre and negative theology)', 『현대언어비평(Modern Language Review)』 76, 1981, pp.549-55 참조.

이기 위해서이다. 다시 말해 세계 속에서 인간의 상황은 실증적으로 일
신론이나 이신론의 신의 존재를 **반박**한다(라이프니츠의 타자의 문제에
대한 유신론적 해법은 232/278-9/402/400-1를 보라).[159]

§48 사르트르의 형이상학을 넘어서?

§13에서 행한 관점주의와 비관점주의 또는 절대적 관점의 구분의 중요
성은『존재와 무』의 여러 부분에서 드러난다. 어떤 논의들은 이 두 입
장 중 어느 한쪽의 입장을 요구하고, 또 어떤 논의들에서는 이 두 입장
이 명료하게 일치한다. 어떤 경우에는 이 두 입장이 긴장 관계 속에 있
는 것처럼 보이기도 한다. 어떤 입장이 궁극적으로 사르트르의 입장이
라고 할 수 있는지의 문제(또는 나의 제안처럼 사르트르가 두 입장을
모두 점유할 수 있는지의 문제)가 하나의 전체로서 존재라는 맥락에서
특히 두드러지게 된다. 이 문제는『존재와 무』가 형이상학적인 종결을
이룩한다는 사르트르의 주장을 받아들일 것인가를 논할 때도 결정적
이다.

　§46에서 보았듯이, 존재의 통일성 또는 총체성의 문제와 대자의 기
원 문제는 사르트르에게 첨예한 난점을 제기한다. 이 문제는 해결되어
야 하고, 우리 모두가 그 문제를 파악할 수 있음에도 불구하고, 이 문제
에 대한 유일한 해결책은 모순을 초래한다. 따라서 사르트르는 형이상
학으로부터 존재론을 분리시키는 임기응변 수단을 찾게 되고 형이상학
의 필연성과 적합성에 대해 얼버무리게 된다. 이제 사르트르의 곤경의
원인이 무엇인지, 사르트르가 그 곤경에서 벗어나게 해 줄 방법은 없는
지 생각해 볼 필요가 있다.

159　사르트르가 설명하는 바에 따르면 신의 존재는 **부정된다**. '유물론과 혁명(Mate-
rialism and Revolution)' p.187을 보라.

§46에서 보았듯이, 사르트르가 일관적이고 모호하지 않은 결론을 낼 수 있는 한 가지 방법이 있는 것처럼 보이는데, 그 생각의 단초를 결론에서 찾을 수 있다. 다시 말해, 인간적 관점의 내용과 의도라는 관점에서 대답될 수 없는 모든 질문들이 기각될 수 있고 기각되어야 한다는 입장이 채택될 수도 있었다. 따라서 즉자에 의한 대자의 발생의 토대에 대한 탐구와 추측은 단지 진정한 내용이 없는 공허한 개념적 형식의 놀이에 불과할 뿐이었다고 간주할 수 있다. 그렇다면 사르트르의 형이상학적 추론이 밝히고 있는 '심오한 모순'은 그 의미를 모두 부정당하게 될 것이다.

이러한 코페르니쿠스적인 해결책이 3부에서 사르트르가 논하는 '왜 타자가 존재하는가'라는 형이상학적 질문에서 발견할 수 있는 것과 똑같다는 점이 인상적이다(297-302/358-64/486-93/500-8). 여기서 사르트르는 "모든 형이상학은 "그것은 존재한다(cela est, that is)"는 것으로 완결된"다고 확신한다. 다시 말해 그는 "[모든 형이상학이] 이런 우연성에 대한 하나의 직접적 직관(une intuition directe)에 의해 완결될 것이라고 확신한다"고 주장한다(297/359/487/500-1). 그 후 사르트르는 의식의 다수성의 토대에 대한 '형이상학적' 탐구가 '모순적인' 결론에 이르게 된다는 점을 보이고(301/362/491/505-6), 최종적으로 이러한 모순에 이르게 되는 대자들의 총체성에 대한 형이상학적 질문이 **왜** 무의미한지 설명한다(302/363/492-3/506-8). 다시 말하자면, 이 탐구는 "전체[총체]에 대해 하나의 **관점을 취할 수 있는** 가능성, 즉 전체를 밖에서 고찰할 수 있는 가능성을 우리가 갖고 있다"고 가정한다. 그러나 사실 그것은 **불가능하다.** 그 이유는 나는 "이런 전체[총체]를 근거로 내가 이런 전체에 구속되어 있는 한에서" 나 자신으로 존재하기 때문이다(301-2/363/492/507). (신에게는 그런 총체성이 존재하지 않기 때문에, 신이 이러한 총체성을 이해했다고 주장할 수도 없다.)

그런데 사르트르는 왜 결론에서 동일한 주장을 하지 않았던 것일까? 대타존재의 맥락에서는 아닐지라도 전체로서 존재라는 맥락에서 보면, 코페르니쿠스주의가 사르트르의 최종 입장이 될 수 없는 깊고 명확하고 일관된 이유가 있다. 그리고 코페르니쿠스주의의 채택이 사르트르의 입장을 전반적으로 약화시킬 것이라는 강렬한 전략적 이유도 있다.

사르트르 자신이 인간의 관점이 **그 자체로** 전체로서 존재라는 일관적 개념을 요구한다는 점을 드러내보였다는 점을 이해한다면, 즉 인간의 관점이 **자신에게서 벗어나** 절대적 관점으로 연결된다는 점을 이해한다면, 첫 번째 논점을 충분히 이해할 수 있을 것이다. 사르트르는 무, 자기성, 사실성과 대자의 부재를 설명하기 위해서 즉자 속 대자의 기원이라는 인류 발생론적 이야기를 참조해야 할 필요가 있다고 생각했다. 따라서 인간의 관점은 인간의 총체성에 대한 추측으로부터 단절될 수 있는 것으로 여겨질 수 없다. 전략적인 이유에 대한 논의는 존재론적 틀 안에서 포괄적인 인간실재에 대한 이론을 발전시키며 스피노자에 반해 인간 자유의 실재성을 정립하려고 했던 사르트르의 논의가 있었던 2장까지 거슬러 올라간다. 사르트르의 존재론이 코페르니쿠스적이라면, 그리고 그로 인해 그의 존재론이 존재의 통일성과 총체성에 대한 문제들을 배제하는 것으로 이해된다면, 그의 입장은 한 가지 중요한 측면에서 매우 취약해질 것이다. 앞에서 보았듯이, 사르트르 논의의 코페르니쿠스적 관점은 우리를 대자의 존재론적 우위를 긍정하도록 이끈다. 그리고 우리가 자유가 어떻게 존재론적으로 주요한 것으로부터 나타나게 되는지 이해하려고 시도할 때, '심오한 모순'이 나타난다. 이는 이른바 '인간실재'의 전체 체계가 단순히 거대한 **환상**에 불과할 뿐이라는 스피노자주의적이자 동시에 제거론적인 생각을 불러일으키기에 충분하다. 즉 이는 사르트르의 무 이론의 모든 것, 자유, 대자의 존재양식 등이 모두 공허하고, 즉자 이외에는 아무것도 없다는 생각을 불러일으키게 된다.

만일 이러한 입장이 옳다면, 사르트르에게 유일하게 전진할 수 있는 방법은 비관점주의적이고 절대주의적인 관점의 요구 사항을 수용하고, 그 조건을 맞추기 위해 시도하는 것뿐이다. 사르트르는 대자의 기원을 채워 넣고 대자의 기원을 이해 가능한 것으로 만들어야 한다. 이러한 논의가 어디로 이어질 것인지의 문제는 또 다른 문제이다. 그러나 이러한 논의가『존재와 무』가 집요하게 반대하고 있는 '존재론적으로 낙관적인' 입장이나 조정적이거나 헤겔적인 형이상학적 입장을 포용하는 것은 고사하고 사르트르로 하여금 필연적으로 그의 철학적 목표에 궁극적으로 중요한 존재론적 틀을 포기하도록 강제할 것이라고 생각하는 것은 이 선택의 의미를 너무 좁게 받아들이는 것이라고 할 수 있다.[160]

연구를 위한 물음들

1.『존재와 무』의 함의가 단순히 불가지론적이라기보다는 무신론적이라는 사르트르의 주장은 정당한가?
2.『존재와 무』의 존재론은 완결한가?

『존재와 무』의 독해를 마치고 나면, 사르트르의 '자아에 대한 의식과 자아에 대한 인식(1948)' 을 읽는 것이 좋을 것이다. 이는 프랑스 철학 협회(La Société française de philosophie)에서 행한 연설을 옮긴 것으로『존재와 무』의 주요 테제에 대한 요약적 설명을 제시하고 있다.

160　나는 이 문제를 '사르트르, 셸링, 존재-신학(Sartre, Schellling, and onto-theology)' 에서 논하였다.『종교연구(*Religious Studies*)』, 42, 2006, pp.247-71.

4장
수용과 영향

인간의 삶에 대한 그 어떤 환상도 없는 사르트르의 관점이 전후 사회의 황폐함과 일치하고, 그의 자유 이론이 (과거의 행동과 비행동에 대한 책임의 문제에 맞서는 것뿐만 아니라) 재건설과 미래를 결정하기 위해 책임을 다시 받아들이는 데 몰두하는 시대의 분위기와 일치한다는 점을 고려할 때, 『존재와 무』의 철학이 세기말 베르그송의 『창조적 진화』 이래로 그 어느 작품도 누리지 못했던 수준으로 매우 강렬하게 사람들의 이목을 끌어들였다는 점은 그리 놀랄 만한 일이 아니다. 실제로 철학의 역사에서도 매우 적은 작품들만이 이에 필적할 수 있을 뿐이다.

그러나 『존재와 무』의 중요성에 대한 인식이 즉시 나타난 것은 아니었다. 이 작품은 1943–44년까지는 거의 관심을 끌지 못했다. 이는 해방 이후 명성을 얻게 되면서 그 중요성을 인정받기 시작했다.[1] 따라서 전후 사르트르의 명성이 치솟도록 만드는 데 『존재와 무』가 특히 크게 공헌했다고 말하기는 어렵다. 이는 (매우 학술적이고 지적으로 도전적이기는 했지만) 급속히 성장하고 내적으로 통합된 일련의 작품들 중 한 부분이었을 뿐이다. 1940년대 저술한 사르트르의 문학작품으로는 『닫힌 방(Huis clos)』(이 작품은 첫 공연에서 커다란 성공을 거두었다), 소설 『자유의 길(Les Chemins de la liberté)』 3부작이 있다. 그가 보

---

1   자니코(Janicaud), 『프랑스의 하이데거』 1권, p.79.

부아르, 아롱, 메를로퐁티와 함께 창간하고 편집자로 일하기도 한 좌
파 학술지 『현대(Les Temps modernes)』는 많은 독자층을 가지고 있었
다. 1944년 사르트르는 전업 작가로서 생계를 유지할 수 있다고 생각
해서 교직을 그만두었다. 전후에 사르트르의 경력은 크게 성장했다. 많
은 문학 기획들 이외에도 미국과 유럽으로의 강의 여행, 정치적 논평,
미술비평, 영화 대본 작업 요청, 국영 라디오 방송에서의 방송 등 다양
한 일을 했고, 잠간이기는 했지만 새로운 정치운동 혁명민주연합(Ras-
semblement Démocratique Révolutionnaire)의 지도부 역할을 맡았
다.[2]

그의 이름이 알려짐에 따라, 그리고 그의 사상의 예리하고 비평적인
성격을 고려할 때 당연하게, 여러 진영에서 그에 대한 적대적 반응이
나타났다.[3] 공산주의 주간지 『행동』은 마르크스의 사상과 1920년대 및
30년대의 공산주의의 정치 실천과 거리를 두고[4] 그 이후에도 1952년까
지 계속 거리를 두었다는 이유를 들어 사르트르를 비난했다.[5] 사르트르

---

2   실존주의가 1940년대 얼마나 특이하고 유망한 것이었는지에 대한 논의는 장 발
(Wahl), '실존주의의 근원(The roots of existentialism)'을 보라. 당시의 예술과 사르
트르의 예술 분야에 대한 개입을 통해 문화운동으로써 사르트르의 실존주의가 성취한
것을 파악할 수 있다. 『전후의 파리: 예술과 실존주의 1945-55』 Frances Morris 편집
(London: Tate Gallery, 1993).
3   레비, 『사르트르』, pp.17-38. 레비는 사르트르의 인기와 오명에 대해 생생하게 기
술하고 있다. 보부아르, 『환경의 힘(The Forces of Circumstance)』, pp.38ff.
4   포스터(Poster), 『전후 프랑스의 실존주의적 마르크스주의(Existential Marxism in
Postwar France)』, pp.109-12.
5   『문학이란 무엇인가』에 실린 '1947년, 작가의 상황'에 대한 성찰(pp.186ff.)에서
사르트르는 '스탈린의 공산주의 정치'를 정직한 문학적 작업의 실천과 양립할 수 없
는 것으로 묘사한다(p.189). 그리고 그는 당시의 마르크스주의이론을 '어리석은 결정
론'이자 '초보적인 과학주의'라고 묘사한다(p.194). (프랑스)철학의 임무는 나치즘,
드골주의, 가톨릭주의, 프랑스 공산주의의 '신비화'를 무효화시키는 것이다(p.211,
pp.188-9도 보라). 여기서 역사유물론이 주체성을 말살하고 인간을 대상으로 만드는

에 대한 비판이 저명한 국영언론에서도 등장했으며, 로마 가톨릭 교회는 그의 책을 자신들의 도서 목록에 올리면서 그의 저작의 중요성을 인정했다.[6] 사르트르는 1945년 10월 파리에서 강의를 하는데, 이 강의는 1946년『실존주의와 휴머니즘』(말 그대로 해석하면 원제목은『실존주의는 인본주의다』로 해석된다)이라는 책으로 출간된다. 이 책은 그간 저작을 둘러싼 논쟁들과 허무주의, 비도덕주의, 정치적 무관심이라는 비판자들의 비난에 정면으로 대응하던 과정에서 그 의미가 희석되었던 실존주의의 내용을 명확히 정리하려 한다.[7]

　『존재와 무』의 철학에 대한 관심이 단지 전후시대에만 국한된 것은 아니었다. 20세기의 후반기에『존재와 무』가 끼친 지적, 문화적 영향력은 (단순히『존재와 무』의 내용 때문에 그런 것이 아니라, 사르트르의 강의, 짧은 철학적 저작 및 문학 저작 등을 통해 연장된 것이기는 하지만) 동일한 시기의 그 어떤 저작의 영향력과도 견줄 수 있을 만큼 컸다.『존재와 무』가 나치 점령기의 프랑스[인]의 의식과 고난을 모델로 쓰여진 한에서 이는 (1945-46년 미국 방문 시 여행했던 인종 분리적인 남부의 경우와 같이) 지배 아래 있는 다른 집단들의 상황을 해석하기 위한 형판(template)으로서 역할을 수행할 수도 있을 것이다. 1946년 사르트르는 반유대주의 비판서인『반유대와 유대인』을 출간했다. 오늘의 독자들에게는 이 저작의 한계가 명확히 보이겠지만, 이 저작은 억압받고 인정받지 못하는 정체성들의 구성에 주관적으로 관계하는 요소들

것으로 비판된다.

6　『존재와 무』바로 직후의 저작들에 대한 전기적 정보는 Leak『사르트르(Sartre)』, pp.59ff., Cohen-Solal,『사르트르(Sartre)』3부, Hayman,『저항의 저작(Writing against)』, 15-18장을 보라.

7　'유물론과 혁명(Materialism and revolution)' (1948)도 사르트르가 (특히 마르크스주의 비평가들에 반해서) 실존주의를 방어하는 글에 속한다.

에 대한 독창적인 분석을 제시하면서 꽤 중요한 성과를 성취한다.[8] 사
르트르의 자유의 철학이 사회-정치 영역에 끼친 영향 중 가장 중요하
고, 잘 알려지고 지속적인 것이 페미니즘에 끼친 영향이다. 보부아르의
『제2의 성』은 『존재와 무』에서 영향받은 요소를 근거로 해서, 여자는
태어나는 것이 아니라 여자로 만들어지는 것[9]이라는 원리를 규정한다.
이후 널리 알려지게 되는 이 원리는 여자가 주체로서 남자의 대상적 타
자로서 비상호적으로 정립되는 구성 과정을 거쳐 여자로 만들어지는
과정을 설명한다.

1. 존재와 무에 대한 **철학적 비판**. 사르트르가 후설이나 하이데거에게
서 받아들인 요소보다 그 이후의 역사적 흐름들을 둘러본다면, 특히 아
래 제시된 철학자들이 『존재와 무』의 사르트르의 철학과 비판적 대화
를 할 수 있는 이론가로서 눈에 띈다.

  (a) **마르셀: 기독교적 실존주의**. 전쟁 기간 이전에 하이데거와는 별
개로 형상적이고 실존주의적인 철학이 가톨릭 신자인 프랑스 철학자
마르셀에 의해 발전되었다. '실존과 인간자유' (1946)는 기독교적 입장
에서 제기하는 『존재와 무』에 대한 초기의 비판이자 관점주의적 비판
이다. (그의 비판은 이 책 §36과 §44에서 언급된 바 있다.) 위 논문에
서 마르셀은 『존재와 무』가 존재의 기초적 성격과 존재의 새로운 측면
에 대한 경험, 즉 『구토』에서 묘사된 존재의 성격에 기초하고 있다는

8 레비, 『사르트르』, pp.301-6 참조.
9 『제2의 성』, p.295, 거팅, 『20세기 프랑스 철학』, pp.165-80 참조. 보부아르가 이
저작에서 아무런 비판이나 수정 없이 단지 사르트르의 사상을 적용하고 있다는 생각
에 이의를 제기할 수 있다. 크룩스(Sonia Kruks), '시몬 드 보부아르와 자유의 한계
(Simone de Beauvoir and the limits of freedom)', 『사회적 텍스트(Social Text)』 17,
1987, pp.111-22.

점을 인정한다. 그러나 마르셀은 이러한 경험의 진성(眞性)이 인정되어야 하지만 사르트르는 첫째, 그가 그것에 부여한 무게에 짓눌리고 그 의미를 가다듬는 과정에서 길을 잃게 되고, 둘째, 기초적인 경험의 다른 범위를 배제한다고 주장한다. 그중에서도 특히 그는 사르트르가 마르셀 자신이 제시한 기독교적 실존주의를 향한 요소를 독단적으로 배제한다고 주장한다. 『존재와 무』는 은밀한 유물론적 토대 위에 관념론이 조리 없이 중첩된 것으로 진단된다. 마르셀은 사르트르를 공공연히 비난한다. 사르트르는 당시의 젊은이들에게 정신적인 위협을 가하는 가치론적 허무주의라는 혐의로 비판된다.[10]

나는 §47에서 사르트르의 논의를 야코비의 주장을 논박하는 것으로 보는 것도 가능할 것이라고 제안한 바 있다. 그렇다면 마르셀이 야코비를 위해 사르트르에 답하고 있다고 보는 것도 가능할 것이다. 실존적 현상학에 신학을 위한 영역을 다시 마련하려는 시도가 프랑스 현상학의 영역, 즉 장 뤽 마리온(Jean Luc Marion)의 저작 속에서 되풀이된다. 이와 같은 맥락 속에서 나타나는 것으로 여겨도 좋을 중요한 이슈가 하나 있는데, 그것은 『존재와 무』가 일상적이고, 상식적인 우리의 세계 개념 및 인간성의 가치 개념에 대해 제기한 도전에 답하기 위해서 얼마나 많은 것들이 정립되어야 하는가라는 문제이다. 마르셀은 사르트르를 비판할 때 그 어떤 신학적 가정에도 호소하지 않지만 사르트르에 맞서기 위해 (영성과 은총과 같은) 어떤 특권적인 드러냄의 경험이 필요하다고 가정한다. 마르셀은 아무런 도움도 받지 않은 '상식'적 관점은 사르트르가 던진 질문에 답을 제시할 수 없다고 생각한다. 마르셀과 사르트르는 절충안은 없다는 데 동의한다.[11]

---

10 '실존주의와 인간의 자유' pp.33, 47, 49, 52, 53, 61을 참조하라.
11 특히 사르트르에 대한 분석적인, 영미권의 비판과 대조적이다.

(b) **메를로퐁티: 일원론**(monism). 『존재와 무』의 다양한 주제를 검토할 때 반복적으로 등장하는 주제가 하나 있는데, 그것은 존재의 두 종류인 즉자와 대자를 결합하는 『존재와 무』의 완전존재론에 속하는 현상들을 구성하는 것이 무엇인가에 관한 문제이다. 사르트르는 최종 분석에서 즉자와 대자를 배타적이고, 남김이 없으며, 서로 섞이지 않는 것으로 간주한다. 본질적으로 존재의 두 형태와 관련되어 있는 것처럼 보이는 체현(embodiment) 및 정동(affectivity)과 같은 현상들은 **명백한** 도전을 제기한다. 그리고 우리는 사르트르가 기초존재론의 첨예한 이원론을 유지할 수 있는 관점에서 이러한 현상들을 설명하려고 한다는 점을 보았다.

사르트르의 설명의 성공 여부에 대한 평가는 제쳐 두고, 이렇게 반복되는 [대자와 즉자의] 유형을 감안해 제안할 수 있는 선택이 그의 이원론적 분석을 전도시키는 것이라는 점을 논할 필요가 있다. 다시 말해, 별개의 이질적인 존재로 출발해, 왜 이 두 요소가 어떤 맥락에서는 융합되는 것처럼 보이는지 설명하는 대신에, 단일하고 근원적인 존재양식이 있고, 그것이 미분화 과정을 거쳐 궁극적으로 두 개의 극을 생산하는 것으로 설명하는 것이 가능하다. 만일 그렇다면 사르트르는 이 두 극을 근본적인 존재론적 대립으로 착각한 것이 된다.

『존재와 무』가 출간된 지 겨우 2년 뒤에 출간된 메를로퐁티의 『지각의 현상학』은 바로 이 같은 논지를 따르며 사르트르에 대한 비판적 답변을 제시하고 있는 것으로 읽을 수도 있다. 사르트르가 명확히 규정되어야 할 존재론적인 모호성의 **출현**을 볼 때, 메를로퐁티는 다양한 추상과 개념적 재구성 작업을 이용해, 형이상학적 이원론의 관점에서 사고되어야 할 근원적으로 주어진 **통일성**을 본다. 따라서 메를로퐁티 저작의 핵심을 말하자면, 메를로퐁티는 지각을 분석적 반성이 관통할 수

없는, 원초적이고 분해 불가능한 주체(대자)와 객체(즉자)의 통일
(unity) 지점으로 간주한다. 신체에도 유사한 설명이 더해질 수 있다.
메를로퐁티에 의하면, 신체를 지향성(intentionality)의 원초적 담지자
로서 적합하게 사고한다면, 신체는 용해 불가능한 통일성 속에서 철학
적 반성이 그릇되게 분리하고 두 개의 구분되는 실체인 정신(대자)과
물질(즉자)을 구체화(reify)한 육체성(corporeality)과 정신성의 특징
들을 결합한다.

　메를로퐁티의 접근법이 일관적인지, 그리고 그의 접근법이 사르트
르의 이원론에 비해 장점을 가지는지 판단하기 위해서는 많은 논의가
필요할 것이다. 메를로퐁티의 설명의 세부 사항에 대한 논의는 생략하
고 그의 핵심 논점을 논할 때, 그의 일원론적 전략에서 찾을 수 있는 주
요한 논점은 그가 사르트르가 확고하게 주장하듯이 자유의 실재성을
확립할 수 있다고 약속하지 않는다는 것이다. 형이상학적 개념들을 추
상의 작용으로 이해하는 접근 방법을 따른다면, 우리는 그 개념들을 현
실과 거리를 두고 서 있는 것으로 다루어야만 한다. 즉 우리는 그 개념
들을 반실재론적인 방식으로 이해해야 한다. 이러한 비판이 적합한 것
인지 파악하기 위해서 사르트르의 이름을 단지 한 번 말하고 있을 뿐이
지만 분명히 사르트르의 극단주의에 반대하고, 불가분하게 세계 속에
사로잡혀 있지만 자유로운 반사르트르적인 인간 행위자 개념을 방어하
는『지각의 현상학』의 마지막 장을 검토할 필요가 있다. 메를로퐁티의
논의는 자유를 실제적 실현이 불가능한 제한적 사례로 축소하거나, 적
어도 자유가 어떻게 파괴되지 않고 자유와는 다른 것이지만 그만큼 기
초적인 다른 것들과 결합할 수 있는지에 대한 설명을 제시하지 않는다
는 점을 지적하며 사르트르의 입장에서 메를로퐁티의 입장에 답할 수
있을 것이다. 어떤 경우이든 간에 메를로퐁티가 자유의 실재성을 의심

스럽게 내버려 두었다고 말할 수 있다.[12]

메를로퐁티의 야심 찬 기획에 대해 어떠한 평가가 내려지든 간에
『지각의 현상학』에 제시된 사르트르 비판이 독립적으로 다루어질 수
있고, 또 그렇게 다루어져 왔기 때문에 여전히 그의 사르트르 비판을
살펴볼 필요가 있다. 10년 후 '사르트르와 초볼셰비즘(ultra-bolshe-
vism)'이라는 제목을 지닌『변증법의 모험』(1955)의 한 장에서 메를로
퐁티는 사르트르에 반한 주장을 다시 제기하는데, 제목이 암시하듯이,
이 글에서 메를로퐁티의 주목표는 사르트르가 소비에트연합에 대해
취하는 태도이다. 그러나 메를로퐁티는 사르트르의 정치적 오도(誤導)
와 무책임의 근원을『존재와 무』에서 시사된 주체철학에서 찾는다. 사
르트르는『존재와 무』의 철학이 사르트르 정치학의 기저를 이루고 그
것을 '코기토의 광기'라고 부를 수 있다고 주장한다.[13]

메를로퐁티의『존재와 무』비판 중 가장 크게 확장된 비판은 1959-
61년에 작성되고 메를로퐁티 사후에 출판된『보이는 것과 보이지 않는
것』에 실렸던 '탐문과 변증법'에 담겨 있다. 이 글에서 기초존재론의
가혹한 이원론이 자유를 입증하고 상호주관성 등을 설명하려는『존재
와 무』의 철학적 의도에 오히려 치명적이라는 비판을 지지하는 섬세하
고 정교한 논지가 전개된다. 메를로퐁티에 의해 유도된 교훈은 그가
'분석적 반성'이라고 부른 것에 대한 비판점주의적이고 메타철학적인
관점이 포기되어야만 한다는 것이다. 이는 전통적인 형이상학의 궤도
속에 머무르는 것이 사르트르의 근본적인 실수였음을 함의한다.[14]

---

12   레비의『사르트르』는 이러한 의문을 잘 표현하고 있다. pp.199-200.
13   메를로퐁티의 사르트르 비판은 이미 언급하였다. 2장 주66, 3장 주28, 64 참조.
14   스튜어트(Stewart)가 편집한『사르트르와 메를로퐁티의 논쟁(The Debate between
Sartre and Merleau-Ponty)』은 사르트르를 옹호하는 보부아르의 반비판(보부아르는
메를로퐁티가 사르트르의 입장을 근본적으로 오해하고 있다고 비판한다)과 유용한 비

§48에서 나는 사르트르의 존재론적 이원론이 통일성의 근원적인 지점을 참조해야 할 이유가 있다고 제안한 바 있다. 그러나 이는 메를로퐁티가 주장하는 대로 그의 '모호성의 철학'을 받아들이는 것과는 다른 문제이다. 사르트르의 이원론을 그 한계까지 끌고 갈 때, 그것이 궁극적으로 형이상학적인 일원론을 낳는다고 결론 내리는 것은 이원론적인 경로에 반대하는 것이 아니라, 오히려 메를로퐁티의 일원론적 현상학의 거부와 함께 양립할 수 있다.

(c) 레비나스: 타자. 이미 보았듯이, 『존재와 무』에서 가장 눈에 띄는 주장 중 하나는 인간 관계의 실존적 성질과 관련된다. 이러한 이유로 레비나스는 현상학적 전통의 2번째 발전기를 대표하는데, 이는 특히 『존재와 무』와 의미 있는 관계를 형성하고 있다(후설에 대한 초기 레비나스의 저작은 사르트르에게 중요했다). 레비나스는 1940년대에 쓴 에세이에서 사르트르의 철학에 면밀히 주목하고[15] 그의 상상 이론과 유대인의 정체성에 대한 견해에 대해 논한다. 그리고 그는 그의 주요 철학저서인 『총체성과 무한』(1961)에서 『존재와 무』를 부분적으로 전복시키며 독창적인 철학적 입장을 제시한다. 이는 메를로퐁티의 『지각의 현상학』만큼 급진적이었지만, 윤리적 문제에 우위를 둔 저작이다.

평적 논평들을 포함해, 메를로퐁티와 사르트르의 논쟁과 관련된 기본적인 텍스트들을 담고 있다. 이 문제에 대한 개괄적인 정리는 마가렛 휘트포드(Margaret Whitford), '메를로퐁티의 사르트르 철학 비판(Merleau-Ponty's critique of Sartre's philosophy: an interpretative account)', 『프랑스 연구(French Studies)』, 33, 1979, pp.305-18. 더 증보되어 Stewart ed. 『메를로퐁티의 사르트르 철학 비판』(Lexington, Kentucky: French Forum, 1982)으로 재출간. 모니카 랑게르(Monika Langer), '사르트르와 메를로퐁티: 재평가(Sartre and Merleau-Ponty: reappraisal)', Schilpp, ed., 『장 폴 사르트르의 철학』(Stewart ed.로 재출간) 참조.
15　『뜻밖의 역사(Unforeseen History)』, 3부.

이러한 전도가 어디로 향하는지 이해하기 위해서는 『존재와 무』의 존재론의 구조를 먼저 살펴보아야 할 것이다. 사르트르는 기초존재론에 대해 논의하면서 먼저 자아와 세계의 관계를 설정하고, 그 후 타자와의 관계를 도입한다. 그러나 §29에서 보았듯이, 사르트르는 자아-타자의 관계를 초경험적이고 초세계적인 개념으로 이해한다. 따라서 사르트르를 전도한다는 것은 이러한 설명 순서와 존재론적 순서가 수정되거나 전도된다는 것을 의미한다. 다시 말해, 타자와의 관계가 기초존재론에 속하도록 적절히 조절되어야 하고 의식과 즉자의 관계에 대해 우위를 가지는 것으로 이해되어야 한다. 후자의 경우에서, 만일 타자와의 관계가 의식-즉자 관계에 대해 우위를 가진다면, 의식이 이미 대상화의 작업을 수행하고 있는 선행 맥락 속으로 타자가 기입되어야 할 필요가 없다. 이러한 조건에서라면 타자에 대한 원초적 의식은 사르트르가 이론화하는 갈등적 성격을 가질 필요가 없다. 물론 (타자에 대한 원초적인 의식은 무한한 책임의 의식이고, '윤리학은 존재론에 앞선다'고 주장하는) 레비나스의 입장을 완전히 이해하기 위해서는 보다 많은 설명이 필요하다. 그러나 위의 설명은 레비나스를 이해하는 데 입구 역할을 해 줄 것이다. 그리고 인간의 책임의 무게와 그 보편적 범위에 대한 레비나스의 생각을 공유하는 사르트르도 아마 레비나스의 이런 주장에 대해 완고하게 저항하지는 않을 것이라고 추측해 볼 수 있다. 비록 사르트르가 『존재와 무』에서 타자의 시선에 대한 경험을 윤리적인 관점에서 기술하고 있지는 않지만, 타자-주체에 대한 나의 의식을 압도적이라고 묘사하는 사르트르의 입장과 타자를 나에 대한 무규정적이고, 무한한 요구로 규정하는 레비나스의 입장 사이에는 중요한 현상학적 친족 관계가 있다. 사르트르와 레비나스는 모두 타자의 의식이 매우 깊은 수준에서 자아와 타자의 비대칭성과 이질성에 대한 인지

와 관련한다고 생각한다.[16]

　(d) **사르트르에 대한 하이데거의 답변**: 따라서 우리가 메를로퐁티와 레비나스는 사르트르 철학의 존재론적이고 윤리적인 난관에서 벗어날 수 있는 방법을 제시하고 있다고 말할 수 있을 것이다. 현상학적 전통 내에서 논할 가치가 있는『존재와 무』에 대한 세 번째 반응은 하이데거의 철학인데, 그는 메를로퐁티와 레비나스와는 달리 근원적인 수준에서 사르트르 철학에 확고하게 반대한다.

　(프랑스 철학자 장 보프레(Jean Beaufret)가 프랑스 실존주의에 대한 하이데거에게 던진 질문에 대한 답으로 1946년에 쓰이고 1947년 확장되어 출간된 편지인) 하이데거의『휴머니즘에 대한 편지』는 부분적으로는 사르트르의『실존주의와 휴머니즘』[17]에 대한 응답이기도 하다. 하이데거의 사르트르 거부는 크게 두 가지 논점을 중심으로 구성된다. 첫째, 하이데거는 사르트르가 (전통적으로 주어진) '인간존재(human being)'의 개념에서 시작하고 또 그 개념만을 수정하려 하고, 그로 인해 그의 반성이 이루어지는 기초적이고, 부적합한 용어들에 대해 의문을 제기하는 데 실패한다고 주장한다.[18] 둘째, 하이데거는 사르트르가

16　레비나스,『타자의 휴머니즘』, pp.39-40, 49-55 참조. 사르트르와 레비나스의 관계에 대해서는 Robert Bernasconi and David Wood ed.,『레비나스의 도발: 타자에 대해 다시 생각하기(The Provocation of Levinas: Rethinking the Other)』(London: Routledge, 1988)에 수록된 크리스티나 하웰스(Christina Howells), '사르트르와 레비나스(Sartre and Levinas)' 및 조플링(David Jopling), '레비나스, 사르트르 그리고 타자의 이해(Levinas, Sartre, and understanding of the other)',『영국 현상학 논평(Journal of the British Society for Phenomenology)』, 24, 1993, pp.214-31 참조.
17　『휴머니즘에 대한 편지』의 역사적 배경과 관련이 있다. 1945년에『존재와 무』를 전달받은 하이데거는 사르트르에게 그의 탈나치 과정을 위해 개입해 달라고 요청한다. 사르트르는 그 요구에 답하지 않았다.『휴머니즘에 대한 편지』에 대해서는 클레인버그(Kleinberg),『실존주의의 세대』(Generation Existential), pp.184-99.
18　『휴머니즘에 대한 편지』, pp.245ff.

다른 모든 인본주의와 공유하는 가치 개념, 즉 인간을 통해 그리고 인간과 함께 가치가 세계에 나타난다는 가치 개념에 반대한다. 그는 "긍정적[실증적]으로 가치를 평가할 때조차 가치화는 주관화(subjectivising)이기" 때문에 이러한 전략은 실패할 운명에 처해 있다고 주장한다. 사르트르는 사실과 가치, 이론적인 것과 실천적인 것을 나누기 전에, 논의에 필수적인 원초적인 지점에까지 거슬러 올라가지 않기 때문에 실패한다.[19]

두 가지 측면 모두에서 하이데거는 사르트르가 서양의 '형이상학' (하이데거가 사용하는 비판적 의미에서의 형이상학)의 전통 속에 머물러 있다고 (정확하게) 해석한다.[20] 이는 사르트르가 본질과 같은 개념을 사용한다는 점에서도 잘 드러난다. 이러한 전통의 논박은 하이데거 자신의 존재와 존재자의 구분에 의지하고 있다. 어떤 면에서 하이데거는 단순히 사르트르에게 찬사를 되돌려 보낸다. 사르트르가 『존재와 무』 2부 서론에서 존재의 의미를 탐구하려는 기획을 피상적이라는 이유를 들어 거부하는데, 하이데거는 이를 반비판하며 이 기획에 대해 사르트르가 차지하고 있는 관점보다 더 우월하고 철학적 입장을 위한 토대가 될 수 있다고 주장한다.

『휴머니즘에 대한 편지』에서 나타나는 더욱 흥미롭고 심화된 논점은 (하이데거의 이론적 발전에 얼마나 큰 연속성을 둘 수 있는지에 따라) 하이데거가 『존재와 시간』 이후 그의 입장을 바꾸었다고 보거나 또는 그 입장을 더욱 명료하게 했다고 볼 수도 있다는 점이다. 사르트르의 실수는 현존재 개념이 존재를 사고하는 진정한 작업을 위한 예비 작업 또는 '사전' 작업을 수행할 뿐이라는 점을 파악하지 못했다는 데 있다

---

19 『휴머니즘에 대한 편지』, p.265. pp.263ff. 참조.
20 『휴머니즘에 대한 편지』, pp.245, 250 참조.

는 것을 하이데거는 암시한다. 사르트르의 대자 개념은 하이데거의 현
존재 개념과 동일한 지반을 차지하고 있는 것으로 보이지만 실제로는
매우 다른 개념으로 [대자 개념에 비해] 하위 개념이라고 할 수 있다.
그 이유는 현존재가 사르트르의 대자 개념이 그러하듯 **인간 존재자**
(human beings)를 지칭하는 개념이 **아니라**, 존재가 인간 존재자들에
게 부여하고, 인간 존재자가 '지탱하는' **존재론적 기능**을 지칭하는 개
념이기 때문이다. 사르트르와 하이데거 사이에서 찾아볼 수 있는 차이
점은 대자 개념이 더 이상 설명할 수 없는 절대적이고 궁극적인 개념인
반면 (『존재와 시간』에서는 아닐지라도 적어도 『휴머니즘에 대한 편
지』에 나타난) 현존재 개념은 '존재의 진리'에 대한 더욱 깊고 기초적인
생각에서 그 의미를 얻는다는 것이다. 이러한 이유 때문에 하이데거는
『존재와 무』의 원리와 『존재의 시간』의 원리는 어떤 공통점도 갖지 않는
다고 주장할 수 있었다. 그리고 그는 사르트르의 실존주의의 자기중
심적이고 자기주장이 강한 인간주체를 '존재의 폭군'으로 묘사한다.[21]

(e) **루카치와 마르쿠제, 마르크스주의.** 따라서 하이데거의 『존재와
무』 비판은 어떤 의미에서도 내재적인 것이 아니었다. 이는 (옳든 그르
든) 정확하게 사르트르가 거부한 가정 위에 서 있다. 1940년대 마르크
스주의의 전통 내에서 발전된 『존재와 무』에 대한 비판적 시각들 중 프
랑스 공산당의 초기 사르트르 비판과 나란히 나타났던 철학적 저술들
이 이와 동일한 외재성[외재적 비판]을 규정하고 있는데, 이러한 경향
의 가장 대표적인 저작으로 루카치(György Lukács)의 『실존주의인가
마르크스주의인가?』와 마르쿠제(Herbert Marcuse)의 「실존주의: 장
폴 사르트르의 『존재와 무』에 대한 논평」을 꼽을 수 있다.[22]

---

21   『휴머니즘에 대한 편지』, pp.250-2 참조.
22   포스터의 『전후 프랑스의 실존주의적 마르크스주의』는 실존주의와 마르크스주의

『존재와 무』에 대한 마르크스주의적인 평가들에 공통적으로 나타나
는 큰 가닥은, 쉽게 예상할 수 있듯이, 『존재와 무』의 관념론에 대한 불
평이다. 사르트르의 관념론은 인간실재[인간존재]를 자연적 존재로 통
합하고 물질로부터 의식을 유도하는 것을 거부하고, 개인적인 것을 고
립시키고, 정치적 실존을 '추상적인' 개인의 인권으로 축소시키고, 사
회현상 및 인간 역사의 현실성을 정당하게 다루지 못하고, 집합적인
(계급) 행동을 위한 필요조건을 확립하지 못한다. 루카치는 이에 더해
'비합리주의'라는 혐의를 더한다. 이는 사르트르가 규범성의 근원으로
서 객관적인 역사적 발전을 부정한 데서 초래된다. 루카치의 평가만큼
이나 영향력을 끼친 마르쿠제의 『존재와 무』에 대한 네오마르크스주의
적인 평가가 동일한 해에 등장한다(적어도 카뮈와는 달리 실존주의의
진리가 문학이 아닌 철학으로 표현되어야 한다고 주장한다는 점에서)
마르쿠제는 사르트르가 비합리주의자는 아니라고 인정하면서 인간의
실재적이고 구체적인 비자유의 사회-역사적 조건을 추상한 자유 이론
의 구성이 『존재와 무』를 사르트르 자신이 공격하고자 했던 스토아주
의적 자유 개념이나 기독교적 자유 개념과 동일한 종류의 이데올로기
적 신비화로 환원하게 될 것이라는 점을 그가 간과했다고 비판했다.[23]
그러나 마르쿠제는 사르트르의 기획이 그 자신의 관점 안에서 "존재론
적으로 옳고", "성공적"이라는 점은 받아들인다. 마르쿠제에 의하면,
앞선 사회 이론으로부터 추론되지 않는 개념들을 채용하고, 역사를 추

를 논하고 있는 저작들(앙리 무랭, 앙리 르페브르, 장 카나파, 루카치)을 훌륭히 논의
하고 있다.
23   마르쿠제, '실존주의(Existentialism)', pp.329-30 참조. 마르쿠제의 비판은 분
명히 정당화될 수 없다. 스토아주의적이고 기독교적인 원리는 인간이 객관적인 상황
에 독립적으로 자신의 목적을 성취할 것이라고, 즉 그의 자유를 **수행**할 수 있다고 말
한다. 사르트르는 이와 유사한 주장을 하지 않는다.

상한 현실을 사고하려고 시도하는 철학의 (필연적으로 '관념론적인')
전체 과정은 인지적으로 공허하고, 이데올로기적으로 부정적이라는 추
론을 끌어낼 수 있다.[24]

2. 존재와 무 그리고 후기 사르트르. 사르트르 자신을 『존재와 무』에
대한 비평가로 간주할 필요가 있다. 말년에 행해진 대담에서 사르트르
는 마르크스주의의 논적들이 제기한 근본적인 비판을 일부 수용하면서
『존재와 무』에서 취한 입장의 오류를 인정했다. 1975년의 대담에서 사
르트르는『존재와 무』의 '우리'를 다룬 사회적인 장들이 특히 좋지 않
았으며, 망각의 가능성 및 동물의 의식 문제가 다루어지지 않았다고 말
했다. 그리고 그는『존재와 무』가 유기적 삶과 자연의 존재, 의식과 두
뇌의 관계 등도 다루고 있지 않다고 지적했다.[25] 후기 사르트르의 눈으
로 방법론의 문제를 돌아볼 때,『존재와 무』는 변증법적이라고 말할 수
없으며 미완의 작품으로 간주되어야 한다.[26] 이는 단지 '합리주의적 의
식철학'이자, '합리성의 기념물'일 뿐이라고 사르트르는 말한다.[27]

더욱 중요한 것은『존재와 무』의 자유 원리에 대한 사르트르의 후기

---

24   '실존주의(Existentialism)', pp.322, 334를 보라. 철학은 인간의 실존을 "이해하
는 개념적 도구를 갖지 않는다(334)." 마르쿠제의 역사주의적 비판에 대해 반박하며
사르트르는 어디에서 그것이 유래하고 어떻게 (자유라는 이름 아래 구체적인 사회적
형태를 자유롭지 못한다고 비난하는) 자유라는 개념의 토대를 마련하는지 묻는다. 나
중에 이 에세이에 덧붙여진 후기에서 마르쿠제는 사르트르에게 철학의 정치학으로의
전화가 나타난다고 주장하고, 그를 권장한다. 그러나『비판(Critique)』은 이러한 해석
에 결정적으로 반하는 증거들을 내포한다.
25   '장 폴 사르트르와의 대담' (1975), pp.9, 18, 23, 28-9, 39-40.
26   '장 폴 사르트르와의 대화' (1974), pp.173, 410, '장 폴 사르트르와의 대담'
(1975), p.9, 18.
27   '사고의 여정' (1969), pp.41-2. 1972년 대담(『사르트르가 말하는 사르트르(Sar-
tre by Himself)』(p.76)에서 사르트르는『존재와 무』에서 그는 "존재가 항상 역사적으
로 자리하고 있다는 사실을 고려하지 않고 인간존재에 대한 일반성들을 제시하고자
했다"고 말한다.

논평이다. "일종의 실체적인 '나' 또는 항상 주어져 있는 중심 범주"는 "이미 죽은 지 오래되었[고]" "주체 또는 주체성은 **자신에 앞선 토대로부터** 자기 자신을 구성한다"고 선언한다.[28] 그는 1969년에 다음과 같이 말한다.

> [1940년대 독일 점령기에] 나는 그 어떤 상황에서도 항상 선택은 가능하다고 생각하게 되었다. 그러나 이는 틀렸다. 이는 너무 그릇된 것이라 훗날 나는 『악마와 신(Le Diable et le bon Dieu)』이라는 작품 속에 […] 절대로 선택하지 않는 하인리히라는 인물을 만들어 나 자신을 반박하고 싶었다. 그는 **전적으로** 그의 상황에 의해 **규정**된다. 그러나 나는 이 모든 것을 훨씬 뒤에야 깨닫게 되었다 […] 나는 인간은 언제나 **그로 구성되는 것에서** 항상 무엇인가를 만들 수 있다고 생각한다. 이것이 바로 지금 내가 자유에 부여하고자 하는 한계이다. **전적으로 규정된 사회적 존재를** […] 그를 규정하는 것이 그에게 부여하는 것을 그대로 따르지 않는 존재로 만드는 작은 움직임 […] [주네가 완전히 엄밀히 도둑으로 결정되었을 때, 그를 시인으로 만드는 것, 역자 첨가] 내화(內化)가 행동 속에서 자신을 재외화(再外化, re-exteriorise)시키는 작은 여백 […] 개인은 그의 사회적 결정을 내화한다. 그는 생산 관계를 내화하고, 어린 시절의 가족을 내화하고, 역사적 과거, 동시대의 제도 등을 내화한다. 그리고 그는 이러한 것들을, 필연적으로 우리를 그것들[생산관계, 어린 시절의 가족, 역사적 과거, 동시대의 제도]로 되돌리는 행동과 선택 속에 재외화한다.[29]

---

28 '장 폴 사르트르, 답하다 (Jean Paul Satre répond)', p.93. 저자 강조.
29 '사고의 여정', pp.34-5. 저자 강조. 여기서 사르트르는 『존재와 무』를 쓸 당시에 자신이 '영웅주의의 신화'에 빠져 있었다고 말한다. 그는 그로부터 벗어나야 했고, 결국 벗어났다고 말한다. 또한 인간은 항상 반역자가 되거나 또는 되지 않도록 자유롭게 선택할 수 있다고 한 앞선 자신의 진술에 아연실색했다고 말한다. 이전의 자신의 자유

사르트르는 이처럼 새롭게 제한된 자유와 함께 결정적인 구조를 수용한다. "구조가 행동을 낳는다는 데는 의심의 여지가 없다."　"라캉은 무의식을 언어에 의해 분리되는 담론으로서 명확히 정리했다 […] 언어적 형태(forms, ensembles)는 발화 행위를 통해 실천적 타상태(practico-inert)의 형태로 구조화된다."　"이러한 형태들은 내 것이 아니면서 **나를 결정**하는 지향을 표현하고 구성한다."[30]

이러한 진술들을 어떻게 이해해야 할까? 우리는 사르트르의 회고적 자기평가에 동의할 것인지 또는 그의 후기 진술들을 철학적 진술의 변화가 발생했음을 알리는 표시로 읽어야 할지 주저하게 된다.

무엇보다도 먼저 후기 사르트르의 자기비판은 (그 주장이 너무 단순하고 과장되어, 복잡화나 수정을 필요로 한다는)『존재와 무』의 추정적 한계를 인정하는 것으로 이루어진다. 하지만『존재와 무』의 원리를 대체할 새로운 근본적인 원리가 뒤따르지 않고, 인간 자유의 문제가 다른 해법을 낳을 수도 있다는 식의 제안도 나타나지 않는다.

결과적으로,『존재와 무』의 성취에 대한 사르트르 자신의 평가절하는 마르크스주의적 역사 발전 개념과 사르트르 이론의 자유 체계의 양립 불가능성을 보이는 단순한 지표로 읽을 수 있다. 다시 말해,『변증법적 이성비판』에서 사르트르가 목표로 한 역사유물론의 탈신비화는『존재와 무』의 지반 위에서는 불가능하다. 이로부터 ('정치를 통해 재규정'된 후,[31] 새롭게 규정된 철학적 우선성의 무게를 고려할 때 그는

이론에 대한 솔직한 비판이 1972년 대담에 포함되어 있다.『사르트르가 말하는 사르트르』, pp.58-9.

30　'인간학(L'anthropologie)' (1966), 86, 97. 저자 강조. 후기 사르트르가 어떻게 구조를 이해하는지에 대해서는 '인간학' 이외에도『변증법적 이성비판』vol.1, bk2, 3장 3절, 특히 pp.479-80, 487-91를 보라.

31　'사고의 여정' (1969), p.64.

아마도 다르게 생각하겠지만) 문제는 『존재와 무』에 있는 것이 아니라 마르크스주의 이론에 있다고, 보다 일반적으로 말하자면, 문제는 인간을 사회 이론의 대상으로 간주하는 시도에 있다고 생각해 볼 수 있다. 어느 정도 모호성을 보완하면서 『변증법적 이성비판』에서 다른 사회 이론에서는 찾을 수 없는 철학적 깊이를 부여하는 것은 사회적 실체 또는 인간의 역사가 실재성을 갖는다는 것이 무엇인가, 그런 존재가 가능한가와 같은 초월적 질문들이 제시하는 곤란의 깊이에 대한 사르트르의 감각이다. 『변증법적 이성비판』이 그러한 곤란을 예리하게 분석할 수 있는 이유는 사회적 존재론을 다룰 때, 『존재와 무』의 통찰을 버리지 않기 때문이다.[32]

만일 이러한 견해가 옳다면, 끌어낼 수 있는 결론은 『존재와 무』가 그것이 설정한 철학적 과제를 다루는 데 실패했다는 것이 아니라, 사르트르가 해결하지 못한 사회-역사적인 현실성과 관련한 [다른] 철학적 문제가 있다는 것이다.[33]

사르트르가 훗날 자유에 대해 말한 것들이 『존재와 무』에서의 그의 입장과 모순된다고 확실히 말할 수 없다는 것도 똑같이 중요한 논점이

32   『변증법적 이성비판』의 설명 주제는 사회적 조건을 '소외(alienating)'로(즉 객관적으로 힘(power)으로 경험되는 사회적인 것으로) 이해하는 마르크스주의 기획보다 『변증법적 이성비판』의 기획을 더 폭넓게 만든다. 토마스 R. 플린(Thomas R. Flynn), 『사르트르와 마르크스주의적 실존주의(Sartre and Marxist Existentialism: The Test Case of Collective Responsibility)』 (Chicago: University of Chicago Press, 1984) 6장과 대담 '사고의 여정' (1969)(pp.51-6)에 실린 사르트르의 명료하고 간결한 진술을 참조하라.
33   휴머니스트적인 관점에서 이 문제를 해결한 철학자가 누구인지 물을 필요가 있다. 『사르트르』 3부 3장(pp.381ff.)에서 레비는 『존재와 무』를 추동했던 것과는 구별되는 제2의 철학적 직관과 동력이 사르트르의 철학적 인격 속에 있다고 제안한다. 이 두 번째 경향은 사회성과 유대의 경험에 우위를 부여하고, 사르트르의 후기 저작에서 우위를 점한다.

다. 위의 인용이 알려 주듯이, 1960년대에 사르트르는 '자신에 앞선 토대'를 갖는 것으로서의 주체, '만들어지고' '결정되고', '규정된' 존재로서의 주체에 대해 말하기 시작한다. 사르트르는 이 용어들에 어떤 의미를 부여하기를 원하는가? 보다 구체적으로 말하자면, 왜 '존재의 선행적 구조'와 주체가 마주하는 [주체의] 결정 구조는 『존재와 무』에 제시된 자유와 사실성의 관점(§33)에서 이해될 수 없는가?

1974년 보부아르와의 대화에서 자유의 문제를 다시 다룰 때, 사르트르는 『존재와 무』의 자유 이론이 그가 원래 의도했던 바를 표현하는 데 실패했다고 묘사했다. 그리고 그는 편의를 위해 '솜씨 없는' '교과서식' 자유 이론을 사용했다고 말한다. 그 이론에 따르면, "사람들은 항상 무엇을 할지 선택하고, 타자와 관련해 자유롭다." "따라서 나는 사람들은 항상 자유롭다고 믿었다 […] [그러나] 이 점에 대한 나의 입장은 변화했다. 나는 사람들이 자유로울 수 없는 상황이 있다고 생각한다." 사르트르가 말하고자 하는 바는 우리의 행위가 외부의 어떤 것에 의해 자극될지라도, 책임은 "여전히 자신에게 있다"는 것이다.[34]

그러나 자기-책임이 **여전히 남아 있기** 때문에 사르트르가 진정 자신의 입장을 철회하고 **있는** 것인지, 왜 『존재와 무』의 자유 이론이 단순하다고 말하는 것인지 명확하지 않다. 더욱이 사르트르는 외부의 어떤 것에 대해 반응하는 순간에도 "우리의 깊은 곳에서 오는, 그리고 우리의 근본적 자유와 관련된 무엇인가가 있다"고 덧붙인다. 『존재와 무』의 자유가 아니라면, 이 근본적 자유는 무엇인가? 이 지점에서 사르트르는 『존재와 무』의 존재론적 자유를 외부 사건의 상태에 대해 무력할 수 있다는 데 대한 부정과 혼동하고 있는 것처럼 보인다. 다른 진술들은

---

34 '장 폴 사르트르와의 대화' (1974), pp.352-61.

사르트르의 입장이 『존재와 무』에 비해 크게 달라지지 않았다는 점을
암시한다. 자유로움을 느끼지 못하는 사람들은 단지 '혼란스러울' 뿐
이라고 사르트르는 말한다. 그들에게는 자유가 부재하는 것이 아니라
자유에 대한 인식이 없을 뿐이다.[35] 보부아르가 사르트르가 쓴 주네의
전기에서 주네의 외부 상황과 외부에서 유인된 경험들이 매우 밀도 있
게 그려져 마치 이들이 결정적인 역할을 하는 것으로 보인다고 지적하
자, 사르트르는 이러한 상황들을 전화시키는 주네의 행위는 '자유의
작업'[36]이라고 다시 확언한다. 이는 『존재와 무』가 강력히 주장했던 자
유이며 논리적으로 외부 상황보다 늦게 나타날 수 없는 자유이다.

그의 후기 입장이 불투명하기 때문에 『존재와 무』에서 자신의 자유
이론에 오류가 있었다고 사르트르가 주장할 때 정중하게 그에 반대할
수 있을 것이다. 『존재와 무』에서 자세히 기술된 강력한 반론에 맞서지
않고 어떻게 자유가 자유를 규정하는 조건에 의해 제한된다고 생각할
수 있는지의 문제를 설명할 수 있을 때까지, 『존재와 무』의 자유 원리
를 철회하는 후기 사르트르의 철학적 권위는 제한적일 수밖에 없다.

　3. 존재와 무에 대한 구조주의 및 후기구조주의의 논박. 『존재와 무』
가 실존적 현상학 프로그램에 제시한 새로운 추동력과 이 저작이 불러
일으킨 논쟁의 유용성(특히 메를로퐁티와 레비나스와의 논쟁)에도 불
구하고, 사르트르가 프랑스 철학계에서 차지한 지배적 입지는 그리 오

35　'사르트르와의 대화' (1974), pp.358, 360, 361. "자유는 존재하지 않지만 점차로
자신을 생성하는 것을 표상한다고 나는 말한다"는 사르트르의 주장이 특히 혼란스럽
다(p.361). 『존재와 무』의 관점에서 말하자면 이와는 달리, 자유는 대자의 존재양식
속에 이미 존재하고, 인간의 행위 속에서 실현되는 한에서, 세속적인 형태 속에서 서
서히 자신을 생성한다. 1980년의 대담 『지금 희망하라(Hope Now)』(p.72)에 제시된
사르트르의 자유에 대한 논의를 참조하라.
36　'장 폴 사르트르와의 대화' (1974), p.354.

래 가지 않았다. 프랑스 철학은 상대적으로 짧은 기간 동안 주체나 의식에 기반을 둔 모든 철학에 확실하게 등을 돌린다.[37]

실존적 현상학에 대한 구조주의적 저항은 어느 정도 메를로퐁티에 의해 준비된 것이었다. 사르트르의 대자가 메를로퐁티가 사고하는 것과 같이 세계 속에 확고하게 자리 잡은 주체로 대체되면, 의식의 방법론적 특권은 대체로 포기된다. 『야성적 사고』(1962)에서 클로드 레비스트로스는 현상학이 자연언어에 의해 예시되고 마르크스와 프로이트가 식별한 객관적 구조들에 대해 맹목적이고, 또 그러한 구조들을 파악할 능력도 없다는 이유를 들어 사르트르를 공격한다. 레비스트로스에 의하면, 『변증법적 이성비판』에서 사회적인 것과 역사적인 것을 파악하려고 했던 후기 사르트르 시도의 한계는 사르트르가 여전히 『존재와 무』 속에 있고, '코기토의 포로'로 남아 있다는 것이다. "내성법(introspection)의 자명한 진리에 열중하며 논의를 시작하는 이는 결코 그 진리에서 벗어날 수 없다." "개인의 정체성이라는 덫에 걸려" 사르트르는 "인간에 대한 지식으로 향하는 문을 닫는다."[38]

또다시 미셸 푸코는 『말과 사물』(1966)의 분석적·역사적 연구에서 현상학이 모든 형태의 초월적 사고에 공통적인 기초적 모순(주체가 세계에 포함되는 동시에 세계로부터 배제되는 모순)[39] 속에 사로잡혀 있

---

37 구조주의와 후기구조주의의 출현에 대한 문헌은 매우 많다. 명료하게 자세한 설명은 Gutting, 『20세기의 프랑스 철학』 3부를 참조하라. 포스터의 『전후 프랑스의 실존주의적 마르크스주의』 8장은 사르트르의 마르크스주의와의 관계 속에서 구조주의와 후기구조주의의 발전을 추적한다.
38 『야성적 사고』, p.249. 이 책의 9장 대부분은 후기 사르트르의 역사 개념과 변증법적 이성 개념에 반대하고 있다.
39 『말과 사물』, 9장을 보라. 특히 (현상학의 실패와 관련하여) pp.324-6를 보라. (비의식적인 것의 우위에 대해서는) pp.361ff.를 보라. '진리와 권력(Truth and Power)' (1977), pp.116-7도 참조하라. "주체 자체", 사르트르의 『비판(Critique)』의 역사

다고 주장한다. 그리고 자기 자신으로의 의식의 현전이라는 후설의 가
치론적 가설에 대한 자크 데리다의 공격은 일거에 『존재와 무』의 지반
을 허문다.[40]

이러한 전환에서 매우 중요한 요소가 하이데거의 『휴머니즘에 대한
편지』와 1950년대 하이데거의 사상을 널리 알리는 데 기여한 보프레의
작업이다. 대부분의 프랑스 철학자들이 하이데거주의를 지지했다기보
다는 호기심으로 그 사상을 탐구하기는 했지만, [하이데거의 사상의
소개로 인해] 사르트르적인 인간중심적인 실존주의가 하이데거의 철학
을 포섭하는 데 실패했고, 사르트르의 인본주의가 결정적인 발언을 하
지 못했고 더 급진적인, 비주체중심적 대안들에 반해 견고한 주장을 유
지하지도 못했다는 이중의 교훈을 얻게 되었다.[41]

화된 "주체를 제거하기 위해, 구성적 주체[라는] 개념을 버려야 한다." 양자 간의 의견
충돌과 상호 비판은 토마스 R. 플린(Thomas R. Flynn), 『사르트르, 푸코 그리고 역사
적 이성(Sartre, Foucault and Historical Reason, 1: Towards an Existential Theory of
History)』(Chicago: University of Chicago Press, 1997) 10장 참조.
40 데리다의 1968년 강의인 '인간의 종말'은 사르트르의 '인간주의적 왜곡'과 '하
이데거의 인류학적 오독' 및 '헤겔 및 후설에 대한 오독'을 비판한다(39). 사르트르는
심지어 "『존재의 시간』의 첫 문장들도 이해하지 못했다."(38) 그러나 낭시(Nancy)의
『자유의 경험(The Experience of Freedom)』이 데리다적인 방식으로 사르트르주의적
인 주제인 자유를 다루고 있는 것에서도 잘 드러나듯이, 철학적 핵심의 해체적 변화가
사르트르가 천착해 온 문제의 포기를 수반하는 것은 아니다. 해체[주의]가 철학적 담
론의 기본 원칙을 변화시킨 정도는 낭시의 사르트르의 논의에서 잘 드러난다(pp.96-
105). 낭시의 논의에서 사르트르적인 자유는 모든 인과성 개념 및 행위의 가능성 개념
으로부터 분리되고, (개념적) 표상에 대한 실증적인 저항으로 묘사된다. §36에서 논
했던 이유를 생각해 보면, 낭시가 왜 이러한 경로를 취했는지 이해할 수 있을 것이
다. 그러나 사르트르의 관점에서 보면 이러한 입장은 자유의 실재성의 부정에 이르
게 된다.
41 클라인버그(Kleinberg), 『실존주의의 세대』 5장과 록모어(Rockmore), 『하이데
거와 프랑스 철학(Heidegger and French Philosophy)』, 5-7장 참조. 1966년 대담, '장
폴 사르트르, 답하다.'에서 사르트르는 구조주의의 발전(레비-스트로스, 푸코, 라캉,
알튀세르)에 대해 비판적인 논평을 제기한다. '인간학'도 참조하라.

4. **존재와 무와 동시대의 철학.** 이제 동시대의 철학과 관련해 사르트르 철학의 중요성을 논하는 문제가 남아 있다.

사르트르 출생(1905년) 100주년이 되면서 관련 행사가 열리고, 지적 역사의 주요인물로서 사르트르의 중요성과 그의 사회 기여가 재평가받았다. 그러나 영어권의 분석적 철학이나 유럽 대륙의 학파의 동시대 철학에 끼친 사르트르의 영향력은 그리 크지 않다. 그리고 사르트르의 철학적 명망이 전후 초기에 누렸던 영향력을 가까운 미래에 다시 회복할 것이라고 생각하기도 어렵다. 그러한 이유가 사르트르 사상의 특성이나 한계 때문은 아니다. 그것은 『존재와 무』에서 사르트르가 추구한 철학적 기획의 성격과 관련이 있다. 첫째, 2장에서 주장했던 것처럼, 사르트르의 철학은 자연주의의 단호한 거부를 전제로 한다. 둘째, 사르트르는 방법론적으로 그리고 원칙적으로 철학적 사고의 주요 원리로써 주체성을 고수한다. 셋째, 사르트르는 현대 유럽 철학의 인식론적 전통에 거리를 둔다. 더욱이 『존재와 무』는 19세기 철학의 역사적 전환이나 20세기 철학의 논리-언어학적인 전환에 동의하지도 않고, 그러한 흐름에 관여하지도 않는다. 넷째, 내가 보였듯이, 『존재와 무』에서 사르트르의 목적은 매우 강한 의미에서 수정주의적인 형이상학 체계를 구성하는 것이었다. 그리고 그러한 철학의 실현 가능성은 19세기 중반 헤겔 철학의 종언 이후 점점 더 부정되어 왔다. 레비나스가 설명하듯이, 사르트르가 '형이상학이 완전히 끝나지 않았다고 생각했다' 는 점에서 사르트르의 철학은 철학적으로 예외적이다.[42]

상호 연결되어 있는 이러한 특징들을 고려해 볼 때, 사르트르의 철학이 자연과학과 인간과학이 철학 지식의 발전에 기여한 바를 탐구하기

---

42 『예기치 못한 역사』, p.97.

위한 철학 프로그램이나 서구 철학 기획의 종언을 고하는 니체와 하이데거의 시도, 탈형이상학적인 형태로 칸트의 철학을 부활시키거나 재구성하려는 시도 밖에 머무른다는 점은 매우 명확해진다.

하버마스가 사르트르에게 바친 다음의 헌사는 사르트르가 동시대의 지배적 궤적에서 얼마나 멀리 떨어져 있는지를 간접적으로 증언한다.

사르트르의 철학은 해체주의적 경향에 맞추어 조정될 수 없다. 이 담론으로 사르트르는 쉽게 흡수될 수 없는 적수를 표상한다. 그의 저작은 아직 넘어서지 못한 사상뿐만 아니라 오늘날 만연한 역사주의적이고 맥락주의적인 접근 방법을 넘어서는 사상들을 내포한다. 특히 이는 자유의 실존주의적 이해에 적용된다. 자유의 실존주의적 이해는 (피히테에서 키르케고르로 이어지는 궤적을 따라) 현대적인 자기 이해의 부정할 수 없는 한 요소를 급진적이고 의미심장한 방식으로 표현한다. 나는 사르트르가 모범적인 방식으로 탈형이상학적인 사고의 조건 뒤에 숨으려는 유혹에 저항했다는 사실을 존중한다.[43]

동시대의 탈형이상학적 사상가들에게, 사르트르의 업적은 기껏해야 현대적인 자기 이해의 **한** 요소에 매우 명료하고 강력한 표현, 즉 개인의 자율성이라는 개념을 부여한 것이다. 그러나 이는 사르트르 자신의 보편주의적인 목표에도 충분한 것이 아니었고, 형이상학에 의존하지 않으면서 현대사상의 모순을 해결하려고 하는 사상가들에게 사르트르를

---

43 '장 폴 사르트르의 유산과 하버마스(Jürgen Habermas on the Legacy of Jean-Paul Sartre)', 『정치 이론(Political Theory)』, vol.20, no.3, August 1992, 496–501, pp.498–9 ['사르트르와의 조우(Rencontre de Sartre)', 『현대(Les Tempts Modernes)』, 46, June, 1991, 154–60].

중요한 철학적 원천으로 만들기에 충분한 것도 아니었다. 이들은 탈형이상학적 관점에서 볼 때, 후기 모더니티의 자기 이해에 필수적인 또다른 부분인 전통적인 형이상학의 극복을 희생시키면서 사르트르가 너무 큰 대가를 치렀다고 여긴다.

동시대의 흐름에 맞게 사르트르의 핵심적 개념들을 근본적으로 다른종류의 철학 기획의 맥락 속에 삽입하는 것이 가능할 것일까? 그리고[원래의] 적합한 의미를 훼손시키지 않으면서 그렇게 하는 것이 가능할까? 후기구조주의에 동조하는 사르트르의 독해자들은 사르트르의주체성과 후기구조주의의 주체성의 간격이 보이는 것처럼, 또는 사르트르의 초기구조주의 및 후기구조주의 논적들이 가정하는 것처럼, 그렇게 큰 것이 아니라고 주장한다. 그리고 그들은 『존재와 무』의 아포리아들이 후기구조주의 철학으로의 도약을 촉발할 뿐만 아니라 사르트르자신의 이론적 궤적이 후기구조주의를 향하고 있다고 주장한다.[44]

『존재와 무』를 포스트모던의 울타리 안에 놓기 위해 이들이 때때로이용하는 단서 중 하나가 사르트르의 대자의 비자아동일성 원리인데, 그들은 이를 라캉의 이론과 해체주의적 비판에서 유래하는 비통합적이

44　사르트르를 후기구조주의의 원형으로 보는 견해는 하웰스(C. Howells), '결론: 사르트르와 주체의 해체(Conclusion : Sartre and the deconstruction of the subject)', (Howells ed. 『케임브리지 사르트르 연구(The Cambridge Companion to Sartre)』, 닉폭스(Nik F. Fox), 『새로운 사르트르(The New Sartre: Explorations in Post-modernism)』(London: Continuum, 2003)의 머리말과 서론, 피터 뷔르거(Peter Bürger), 『사르트르, 마치 ~처럼의 철학(Sartre, Eine Philosophie des Als-ob)』(Frankfurt: Suhrkamp, 2007), 2장 등에서 찾을 수 있다. 피터 뷔르거는 사르트르가이론적 발전 과정에서 훗날 포스트모던 저자들이 정식화하는 질문들에 대한 답을 제시하게 된다고 주장한다(p.26). 카우즈(P. Caws)는 '사르트르적인 구조주의(Sartre-an Structuralism)'에서 사르트르가 (후기구조주의와는 수렴하지 않지만) 구조주의와수렴한다는 신중한 주장을 한다(Howells ed. 『케임브리지 사르트르 연구』(The Cam-bridge Companion to Sartre)).

고 균열된 다중의 자아를 예상하는 것으로 읽는다. 그러나 내가 이 책에서 주장해 온 것이 옳다면, 이는 오독(誤讀)이다. 이 두 입장이 자신의 주장을 표현하기 위해 채택한 단어가 동일할지라도, 사르트르의 비자아동일성으로서의 주체 묘사는 자아의 탈중심성이라는 탈근대(post-modern)적 테제와는 다른 형이상학적 의미를 지니고 있다. 이는 사르트르가 개념적인 **종결**을 실행하기 위해 (대자가 무엇**인지**에 대한 완전하고 최종적인 **실증적** 구체화를 제시하기 위해) 이 테제를 채택한다는 사실 그리고 이러한 철학적 업적은 정확히 포스트모던 이론들이 세련된 형태로 부정하는 것이라는 사실을 통해 드러내 보일 수 있다. 이와는 달리 사르트르적인 대자와 해체된 주체 사이에 진정 아무런 차이도 없다면, 포스트모던 주체 이론들은 (또는 주체의 죽음에 관한 이론들은) 진정으로 자신의 입장을 탈형이상학적이라고 말할 수 있는가라는 질문이 대두되고, '형이상학을 넘어서는 것'[45]이 무엇을 의미하는지 새롭게 설명해야 하는 짐이 포스트모던 사상의 어깨에 놓이게 된다. 비록 내가 앞에서 그 논의의 증명적 가치에 의문을 던지기는 했지만,[46] 사르트르를 포스트모던의 방향으로 이동시키는 더 그럴듯한 논의들은 『존재와 무』를 무시하고 대신 사르트르의 후기 저작에 등장하는 인간주체와 훗날 사르트르가 제시한 『존재와 무』에 대한 비판적 진술에 주목한다.

사르트르의 생각을 동시대의 분석적인 철학이나 영어권의 주류 철학

---

45 아포리아에 마주치게 된 포스트모더니즘이 사르트르에게 돌아가야 한다고 주장될 때, 상황은 더욱 복잡해진다. Bürger, 『사르트르(Sartre)』, pp.15-18.
46 나는 마치 개념적으로 실제 존재하는 것처럼 '포스트모던 주체'에 대해 말했다. 푸코, 라캉, 데리다, 들뢰즈 등이 제시하는 주체의 부정이 동일한 종류의 것이라고 말하기는 어렵다. 그러나 나는 단순히 사르트르를 포스트모던의 전통 속에서 이해하려고 하는 이들의 논점과 용어를 따르고 있다.

에 통합하려고 하는 시도에도 동일한 평가를 내릴 수 있다.[47] 사르트르의 사고와 정신 및 행동을 분석하는 동시대의 분석철학의 수렴을 강조하는 것, 또는 더욱 야심 차게 비사르트르적인 관용구로 사르트르 사상의 재구성을 제시하는 것은 흥미롭기는 하지만, 역사적 사르트르에 대해 어떻게 생각해야 하는지에 대한 문제가 여전히 남는다. 『존재와 무』의 존재론적 중장비 없이도 지탱될 수 있도록 사르트르 주장을 분석적으로 재구성하거나 또는 재구축할 수 있다면, 이는 사르트르의 기획이 사실 잘못 구상된 것을 함의한다. 따라서 사르트르를 분석적으로 논의할 때 나타나는 특징적 경향[반응]은 [주로] 비판적이다. 그러한 논의들은 사르트르가 과장된 존재론적 정식화를 통해 자신의 통찰을 잘못 진술하거나 또는 모호하게 만들었다는 점을 드러내는 것처럼 보인다.

이는 세계에 대한 우리의 일상적 개념에 대해 어떤 태도를 취해야 하는가에 대한 핵심적인 의견 충돌을 반영한다. 사르트르가 상식적인 세계가 실존적이고 이론적인 관점 모두에서 부적합하다고 생각하고 따라서 그에 대한 철학적인 재평가가 필요하다고 생각한 반면, 특유의 분석적인 가정은 우리가 상식적으로 생각하는 바처럼 세계는 자립적이라는 것이다. 따라서 사르트르가 제안한 수정 사항의 정언적 필연성(categorical necessity)을 입증해야 하는 책임은 온전히 그의 몫이다.

사르트르의 철학이 받아들이기 어려울 정도로 은유에 의존하고 있다는 분석적인 철학자들이 흔히 표명하는 불평에 대한 짧은 답변을 제시하자면, 그것은 (만일 그것이 형이상학이 상식의 개념적 도식과 단절

47　모리스(Phyllis Morris)의 초기 저작 『사르트르의 인격 개성』(*Sartre's Concept of a Person: An Analytic Approach*), 맥컬록(McCulloch)의 『사르트르의 활용(*Using Sartre*)』에서 지각 개념의 논의, 사르트르의 자기인식에 대한 모란(Moran)의 성찰(『권위와 소외』(*Authority and Estrangement*) 등의 논의는 참고할 만한 가치가 있다.

364 사르트르의 『존재와 무』 입문

해야 한다는 사르트르의 견해에 반대하는 또 다른 방법이 아니라면)
철학적 맥락 속에서 어떤 것을 은유의 개념적 사용으로 간주할지 안 할
지의 여부는 개념화하는 대상의 특성에 달려 있다는 것이다. 사르트르
의 사상을 어떤 손실도 없이 평이한 용어로 해석하려는 도전은 열려 있
다. 그러나 그것이 이루어질 때까지, 주체성의 현상이 철학적인 개념들
로 고정되어야 한다면, 그의 용어법적 혁신은 필수불가결하며, 경험적
인 기술(記述)이 경험적인 대상과의 관계에서 은유적이지 않은 것처럼
그의 형이상학이 그것의 독자적이고 비할 데 없는 비경험적 대상과의
관계에서 은유적이지 않다고 답할 자격이 사르트르에게 있다. 사르트
르라면 아마 『존재와 무』의 형이상학은 주체성을 말 그대로 받아들이
는 것으로부터 유래한 것이라고 말할 수도 있을 것이다.

　사르트르의 철학적 입장을 다시 살아 있는 선택으로 되살리는 데 필
요한 맥락은 18세기의 마지막 10년, 그리고 19세기 초반에 있었던 칸
트의 계승자들 사이의 논쟁, 즉 독일의 관념론자들과 낭만주의자들 사
로잡았던 논쟁으로의 복귀와 관련될 것일지도 모른다. 이 논쟁에서 칸
트의 관념론의 문제를 해결할 수 있는 반자연주의적인 ‘자유의 체계’
의 정식화라는 관점에서 철학의 임무가 사고되었다. 또한 야코비의 허
무주의 혐의를 논박하고 인간의 자율성에 대한 칸트의 생각과 관련해
그 완벽한 형이상학적 의미를 파악하는 것이 철학의 과제로 이해되었
다. 오늘 사르트르가 철학의 역사에 속하지만 철학의 현재에는 속하지
않는다 할지라도, 적어도 많은 철학자들이 이미 그러하다는 점에 안도
할 수 있을 것이다.

옮긴이의 말

이 책은 『존재와 무』를 이해하기 쉽게 해설하는 책으로 원저의 목차에서 크게 벗어나지 않는 선에서 간결하고 명료하게 『존재와 무』의 핵심 개념과 체계를 설명한다. 따라서 이 책은 사르트르를 처음 접하는 독자들에게 유용할 것이다. 개론서로서 이 책이 갖춘 또 다른 미덕은 사르트르가 『존재와 무』를 집필하기 시작할 무렵의 유럽의 철학적·사회적 배경을 살피고, 현대 철학의 맥락에서 어떻게 수용되는지를 설명하며, 다양한 관점과 방법으로 읽을 수 있는 방법을 제시하나 결코 자신의 해석을 과하게 강요하지 않는다는 점이다. 각 장의 끝에는 '연구를 위한 물음'을 제시하고 있어 이 또한 유용하다.

　『존재와 무』를 해설하는 책에 대한 또 다른 소개나 해설을 역자 후기에 적는 것은 그 자체로 큰 의미가 없을 듯하여, 번역하면서 유의했던 점을 간단히 적으려 한다. 이 책은 기존에 출간된 『존재와 무』 여러 번역물, 해설서와 이해도를 같이 하기 위해 가능한 한 기존 저작물의 번역어를 활용했다. 원저의 국내 번역물의 번역과 페이지 인용은 삼성문화사의 『존재와 무』를 사용했고, 동서문화사 판의 페이지 정보도 함께 기입했다. 그리고 기존의 용어 번역이 서로 달라 배치되는 경우, 역자주를 통해 밝히려 노력했다. 예컨대, mauvaise foi(bad faith)를 삼성출판사의 번역본에서는 '불성실'로, 동서문화사의 번역본은 '자기기만'으로 번역했다. 국내 사르트르 권위자인 변광배나 조광제는 '자기기만'

이라는 단어를 사용한다. 그런데 이 책의 저자인 세바스찬 가드너가 우리말로 '자기기만'으로 해석되는 'self-deception'과 mauvaise foi의 영어 번역어인 'bad faith'를 함께 사용해서 문제가 조금 복잡해졌다. 그래서 이 같은 경우엔 사정을 설명하고, 번역어에 대한 설명을 덧붙였다.

바디우는 그의 글('The Adventure of French Philosophy', *New Left Review*, 35, Sep-Oct, 2005, p.67.)에서 『존재와 무』를 프랑스 현대철학의 출발점으로 제시한 바 있다. 이는 아마도 『존재와 무』가 프랑스 철학 및 철학 일반에 끼친 영향이 그만큼 컸다는 것을 의미할 것이다. 어떤 면에서는 바디우 자신의 저서인 『존재와 사건』도 사르트르에게서 큰 영향을 받았다고 할 수 있을 것이다. 사르트르 이후 출현한 구조주의가 사르트르를 비판하고 그와 단절하면서 이루어졌다는 점은 그의 저작이 지닌 철학적 의미를 더욱 부각한다. 따라서 사르트르의 『존재와 무』는 존재와 (현대) 철학을 이해하고자 할 때 여전히 건너뛸 수 없는 주요 저작이라고 할 수 있다. 이 책이 주체에 중심적인 역할을 부여하며 이 세계를 '무'와 '본원적 선택'의 영역으로 이해/구성하려 했던 사르트르의 철학을 이해하고, 나아가 (현대)철학을 이해하는 데 조금이나마 도움을 줄 수 있기를 바란다.

이 책을 만드는 데 노고를 아끼지 않은 서광사 대표께 크게 감사드리며, 꼼꼼하게 이 책의 편집 및 교열을 맡아준 허우주와 빈틈 없이 제반 업무를 진행해준 이경원에게도 감사를 드린다. 또한 인쇄소에서 이 책을 만들어주신 분들과 마지막 단계에서 교열을 맡아준 위진철에게도 감사의 인사를 전한다. 무엇보다 이 책을 읽고 공부하실 독자들께 감사드린다. 책은 독자들을 통해 완성된다는 말이 있듯이 독자들께서 이 책의 빈 곳을 멋지게 채워주시기를 공손히 부탁드린다.

참고문헌 및 추가 독서 목록 제언

사르트르의 저작

사르트르의 원저작 출판일 순으로 정리하였고, 유고작의 경우는 작성일을 기준
으로 분류하였다.

1931   'The legend of truth', in *The Writings of Jean-Paul Sartre, Vol-
        ume 2: Selected Prose*, ed. Michel Contat and Michel Rybalka,
        trans. Richard McCleary (Evanston, Illinois: Northwestern Uni-
        versity Press, 1974) ['Légende de la vérité', in *Les Écrits de Sar-
        tre. Chronologie, bibliographie commentée*, ed. Michel Contat and
        Michel Rybalka (Paris: Gallimard, 1970)].

1931   'Motion picture art', in *The Writings of Jean-Paul Sartre, Vol-
        ume 2: Selected Prose*, ed. Michel Contat and Michel Rybalka,
        trans. Richard McCleary (Evanston, Illinois: Northwestern Uni-
        versity Press, 1974) ['L' Art cinématographique', in *Les Écrits de
        Sartre. Chronologie, bibliographie commentée*, ed. Michel Contat
        and Michel Rybalka (Paris: Gallimard, 1970)].

1936   *Imagination: A Psychological Critique*, trans. Forrest Williams
        (Ann Arbour: University of Michigan Press, 1962) [*L' Imagi-
        nation* (Paris: Félix Alcan, 1936)].

1936-37   *The Transcendence of the Ego: A Sketch for a Phenomenological Description*, trans. Andrew Brown, intro. Sarah Richmond (London: Routledge, 2004); also *The Transcendence of the Ego: An Existentialist Theory of Consciousness*, trans. and ed. Forrest Williams and Robert Kirkpatrick (New York: Noonday, 1957) ['La Transcendance de l' ego. Esquisse d' une description phénoménologique', *Recherches philosophiques* 6, 1936-37, 85-123].

1938   *Nausea*, trans. Robert Baldick (Harmondsworth: Penguin, 1965) [*La Nausée* (Paris: Gallimard, 1938)].

1939   'Faces', in *The Writings of Jean-Paul Sartre, Volume 2: Selected Prose*, ed. Michel Contat and Michel Rybalka, trans. Richard McCleary (Evanston, Illinois: Northwestern University Press, 1974) ['Visages', in *Les Écrits de Sartre. Chronologie, bibliographie commentée*, ed. Michel Contat and Michel Rybalka (Paris: Gallimard, 1970)].

1939   'Intentionality: a fundamental idea of Husserl' s phenomenology', trans. Joseph P. Fell, *Journal of the British Society for Phenomenology* 1, no. 2, 1970, 4-5; reprinted in Dermot Moran and Timothy Mooney eds., *The Phenomenology Reader* (London: Routledge, 2002), pp. 382-4 ['Une idée fondamentale de la phénoménologie de Husserl: l' intentionnalité', in *Situations I* (Paris: Gallimard, 1947)].

1939   *Sketch for a Theory of the Emotions*, trans. Philip Mairet (London: Methuen, 1971) [*Esquisse d' une théorie des émotions* (Paris: Hermann, 1939)].

1939–40   *War Diaries: Notebooks from a Phoney War November 1939– March 1940*, trans. Quintin Hoare (London: Verso, 1984) [*Les Carnets de la drôle de guerre: novembre 1939–mars 1940* (Paris: Gallimard 1983); 2nd and expanded edn, *Carnets de la drôle de guerre: septembre 1939–mars 1940* (Paris: Gallimard, 1995)].

1940   *The Imaginary*, trans. Jonathan Webber (London: Routledge, 2004); or, *The Psychology of Imagination*, trans. Bernard Frechtman (London: Methuen, 1972) [*L'Imaginaire. Psychologie phénoménologique de l'imagination* (Paris: Gallimard, 1940)].

1943   *Being and Nothingness: An Essay on Phenomenological Ontology* (first published, London: Methuen & Co, 1958; currently in print, London: Routledge, 1995) [*L'Être et le néant. Essai d'ontologie phénoménologique* (Paris: Gallimard, 1943)].

1944   *No Exit: A Play in One Act*, trans. Paul Bowles (New York: Samuel French, 1958) (also titled, in a different translation, *In Camera*) [*Huis clos, pièce en un acte* (paris: Gallimard, 1945)].

1945   'Cartesian freedom', in *Literary and Philosophical Essays*, trans. Annette Michelson (London: Hutchinson, 1968) ['La Liberté cartésienne', in *Situations I* (Paris: Gallimard, 1947)].

1946   *Existentialism and Humanism*, trans. Philip Mairet. (London: Methuen, 1973) [*L'Existentialisme est un humanisme* (Paris: Éditions Nagel, 1946)].

1946   'Materialism and revolution', in *Literary and Philosophical Essays*, trans. Annette Michelson (London: Hutchinson, 1968) ['Matérialisme et révolution', in *Situations III* (Paris: Gallimard,

1949)].

1946   *Baudelaire*, trans. Martin Turnell (London: Horizon, 1949) [*Baudelaire* (Paris: Point du Jour, 1946)].

1946   *Anti-Semite and Jew*, trans. George J. Becker (New York: Schocken Books, 1948) [*Réflexions sur la question juive* (Paris: Morihien, 1946)].

1947-48 *Notebooks for an Ethics*, trans. David Pellauer (Chicago: University of Chicago Press, 1992) [*Cahiers pour une morale* (Paris: Gallimard, 1983)].

1948   'Consciousness of self and knowledge of self', trans. Mary Ellen and Nathaniel Lawrence, in Nathaniel Lawrence and Daniel O'Connor eds., *Readings in Existential Phenomenology* (Englewood Cliffs, New Jersey: Prentice-Hall, 1967) ['Conscience de soi et connaissance de soi', *Bulletin de la Société française de la philosophie* 42, no. 3, April-June 1948, 49-91].

1948   *Truth and Existence*, trans. Adrian van den Hoven (Chicago: University of Chicago Press, 1992) [*Vérité et existence*, ed. Arlette Elkaïm-Sartre (Paris: Gallimard, 1989)].

1948   *What is Literature?*, trans. Bernard Frechtman (London: Methuen, 1967) ['Qu'est-ce que la littérature?', in *Situations II* (Paris: Gallimard, 1948)].

1952   *Saint Genet: Actor and Martyr*, trans. Bernard Frechtman (New York: Braziller, 1963) [*Saint Genet, comédien et martyr* (Paris: Gallimard, 1952)].

1958-60 *The Freud Scenario*, trans. Quintin Hoare, ed. J.-B. Pontalis

(London: Verso, 1985) [*Le Scénario Freud* (Paris: Gallimard, 1984)].

1958-62   *Critique of Dialectical Reason, Volume 2: The Intelligibility of History*, ed. Arlette Elkaïm-Sartre, trans. Quintin Hoare (London: Verso, 1991) [*Critique de la raison dialectique. 2: L'Intelligibilité de l'histoire*, ed. Arlette Elkaïm-Sartre (Paris: Gallimard, 1985)].

1960   *Critique of Dialectical Reason, Volume 1: Theory of Practical Ensembles*, trans. Alan Sheridan-Smith, ed. Jonathan Rée (London: Verso, 1982) [*Critique de la raison dialectique. 1: Théorie des ensembles pratiques, précédé de Questions de méthode* (Paris: Gallimard, 1960)].

1966   'Kierkegaard: the singular universal', in *Between Existentialism and Marxism*, trans. John Matthews (London: Verso, 1983) ['L'Universel singulier', in *Situations IX* (Paris: Gallimard, 1972), pp. 152-90].

1966   'L'anthropologie', in *Situations IX* (Paris: Gallimard, 1972).

1969   'The man with the tape-recorder', in *Between Existentialism and Marxism*, trans. John Matthews (London: Verso, 1983); and in *Modern Times: Selected Non-Fiction*, ed. Geoffrey Wall, trans. Robin Buss (Penguin: Harmondsworth, 2000) ['L'Homme au magnétophone', in *Situations IX* (Paris: Gallimard, 1972)].

1971-72   *The Family Idiot: Gustave Flaubert, 1821-1857*, 5 vols., trans. Carol Cosman (Chicago and London: University of Chicago Press, 1981-93) [*L'Idiot de la famille: Gustave Flaubert de 1821 à 1857*, 3 vols. (Paris: Gallimard, 1971-72)].

Michel Contat와 Michel Rybalka (in *The Writings of Jean-Paul Sartre* (Evanston, Illinois: Northwestern University Press, 1973) [*Les Écrits de Sartre. Chronologie, bibliographie commentée*, ed. Michel Contat and Michel Rybalka (Paris: Gallimard, 1970)])는 1969년까지 발간된 사르트르 저작의 참고문헌과 그에 대한 주석을 제공하고 있다. 그리고 다음의 저작에서 새롭게 보완된 참고문헌 목록을 찾을 수 있다.

Contat and Rybalka in *Magazine littéraire*, nos. 103-4, 1975, 9-49; by Michel Sciard, in *Obliques*, nos. 18-19, May 1979, 331-47. Contat and Rybalka in *Sartre: Bibliography 1980-1992* (Bowling Green, Ohio: Philosophy Documentation Center, Bowling Green State University, 1993) [*Sartre. Bibliographie 1980-1992* (Paris: CNRS Éditions, 1993)].

사르트르 저작선집

사르트르의 철학 저작을 주제별로 정리하고 있는 선집으로 *Jean-Paul Sartre: Basic Writings* (ed. Stephen Priest (London: Routledge, 2001))을 꼽을 수 있다. 이 선집은 『존재와 무』를 중심으로 주제를 정리한다. 이보다 오래된 동일한 종류의 선집으로는 *The Philosophy of Jean-Paul Sartre* (ed. Robert Denoon Cumming (London: Methuen, 1965)), *Jean-Paul Sartre: The Philosophy of Existentialism* (ed. Wade Baskin (New York: Philosophical Library, 1965)) 등이 있다.

사르트르의 단편 저술들은 *Situations*, 10 vols. (Paris: Gallimard, 1947-72)에서 찾아볼 수 있다.

Situations I. Critiques littéraires (Paris: Gallimard, 1947).

Situations II. (Paris: Gallimard, 1949).

Situations III. (Paris: Gallimard, 1949).

Situations IV. Portraits (Paris: Gallimard, 1964).

Situations V. Colonialisme et néo-colonialisme (Paris: Gallimard, 1964).

Situations VI. Problèmes du marxisme, 1 (Paris: Gallimard, 1964).

Situations VII. Problèmes du marxisme, 2 (Paris: Gallimard, 1965).

Situations VIII. Autour de 68 (Paris: Gallimard, 1972).

Situations IX. Mélanges (Paris: Gallimard, 1972).

Situations X. Politique et autobiographie (Paris: Gallimard, 1976).

사르트르 단편 저술의 영역본은 다음 책들에서 찾아볼 수 있다.

— *Between Existentialism and Marxism*, trans. John Matthews (London: Verso, 1983) [from *Situations VIII*과 *Situations IX*에서 옮김].

— *Essays in Aesthetics*, ed. Wade Baskin (New York: Washington Square Press, 1966) [*Situations III*과 *IV*에서 옮김].

— *Literary and Philosophical Essays*, trans. Annette Michelson (London: Hutchinson, 1955) [*Situations I*과 *Situations III*에서 옮김].

— *Modern Times: Selected Non-Fiction*, ed. Geoffrey Wall, trans. Robin Buss (Penguin: Harmondsworth, 2000) [*Situations II*에서 *VI*까지와 *IX*에서 옮김, 사르트르 저서와 신문 기사 발췌문 포함].

— *Sartre in the Seventies: Interviews and Essays*, trans. Paul Auster and Lydia Davis (London: Andre Deutsch, 1978) [*Situations X*].

— *Selected Prose (The Writings of Jean-Paul Sartre, Volume 2)*, ed. Michel Contat and Michel Rybalka, trans. Richard McCleary (Evanston, Illinois: Northwestern University Press, 1974) [*Les Écrits de Sartre. Chronologie, bibliographie commentée*, ed. Michel Contat and Michel Rybalka (Paris: Gallimard, 1970)].

— *Situations*, trans. Benita Eisler (New York: Brazilier, 1965) [*Situations IV*].

사르트르와의 대담
(대담일을 기준으로 정리)

1959   'The purposes of writing', interview with Madeleine Chapsal, in *Between Existentialism and Marxism*, trans. John Matthews (London: Verso, 1983) ['Les Écrivains en personne', in *Situations IX* (Paris: Gallimard, 1972)].

1966   'Jean–Paul Sartre répond', interview with Bernard Pingaud, *L'Arc* (special issue: *Sartre aujourd'hui*), no. 30, 1966, 87–97.

1969   'The itinerary of a thought', *New Left Review* 58, 1969, 43–66, reprinted in *Between Existentialism and Marxism*, trans. John Matthews (London: Verso, 1983) ['Sartre par Sartre', in *Situations IX* (Paris: Gallimard, 1972)].

1971   'On The Idiot of the Family', interview with Michel Contat and Michel Rybalka, in Sartre, *Life/Situations: Essays Written and Spoken*, ed. Paul Auster and Lydia Davies (New York: Pantheon, 1977) [*Le Monde* 14 May 1971].

1972   *Sartre By Himself*, Alexandre Astruc와 Michel Contat가 감독한 다큐멘터리 영화에 포함된 대담, trans. Richard Seaver (New

York: Urizen, 1978) [*Sartre. Un film réalisé par Alexandre Astruc et Michel Contat* (Paris: Gallimard, 1977)].

1974   'Conversations with Jean–Paul Sartre: August–September 1974', in Simone de Beauvoir, *Adieux: A Farewell to Sartre*, trans. Patrick O'Brian (Harmondsworth: Penguin, 1981) ['Entretiens avec Jean–Paul Sartre. Août–septembre 1974', in *La Cérémonie des adieux* (Paris: Gallimard, 1981)].

1975   'Self–portrait at seventy', interview with Michel Contat, in Sartre, *Life/Situations: Essays Written and Spoken*, ed. Paul Auster and Lydia Davies (New York: Pantheon, 1977) ['Autoportrait a soixante–dix ans', in *Situations X*].

1975   'An interview with Jean–Paul Sartre', with Michel Rybalka, Oreste Pucciani and Susan Gruenheck, in Paul Arthur Schilpp ed., *The Philosophy of Jean–Paul Sartre* (La Salle, Illinois: Open Court, 1981).

1976   'An interview with Jean–Paul Sartre', with Leo Fretz, in Hugh J. Silverman and Frederick A. Elliston, eds., *Jean–Paul Sartre: Contemporary Approaches to His Philosophy* (Brighton: Harvester, 1980).

1980   *Hope Now*, interviews with Benny Lévy, trans. Adrian van der Hoven (Chicago: University of Chicago Press, 1996) [*L'Espoir maintenant. Les entretiens de 1980* (Lagasse: Verdier, 1991)].

사르트르가 보부아르에게 보낸 편지

1926-39   *Witness to My Life: The Letters of Jean-Paul Sartre to Simone de Beauvoir 1926-1939*, ed. Simone de Beauvoir, trans. Lee Fahnenstock and Norman MacAfee (London: Hamish Hamilton, 1992) [*Lettres au Castor et à quelques autres 1. 1926-1939*, ed. Simone de Beauvoir (Paris: Gallimard, 1983)].

1940-63   *Quiet Moments in a War: The Letters of Jean-Paul Sartre to Simone de Beauvoir 1940-1963*, ed. Simone de Beauvoir, trans. Lee Fahnenstock and Norman MacAfee (London: Hamish Hamilton, 1994) [*Lettres au Castor et à quelques autres 2. 1940-1963*, ed. Simone de Beauvoir (Paris: Gallimard, 1983)).

인용된 다른 철학자들의 저작

Beauvoir, Simone de, *The Ethics of Ambiguity* (1947), trans. Bernard Frechtman (New York: Citadel Press, 1996) [*Pour une morale de l' ambiguïté* (Paris Gallimard, 1947)].

_____, *The Second Sex* (1949), trans. and ed. H. M. Parshley (London: Vintage, 1997) [*Le Deuxième Sexe*, 2 vols. (Paris: Gallimard, 1949)].

_____, *Force of Circumstance* (1963), trans. Richard Howard (London: Andre Deutsch/Weidenfeld and Nicholson, 1965) [*La Force des choses* (Paris: Gallimard, 1963)].

Derrida, Jacques, 'The ends of man' (1968), trans. Edouard Morot-Sir et al., *Philosophy and Phenomenological Research* 30, 1969, 31-57; reprinted in *Margins of Philosophy*, trans. Alan Bass (Chicago: University of Chicago Press, 1982) [*Marges de la philosophie* (Paris: Minuit, 1972)].

Foucault, Michel, *The Order of Things: An Archaeology of the Human Sciences* (1966) (London: Tavistock Publications, 1970) [*Les Mots et les choses. Une archéologie des sciences humaines* (Paris: Gallimard, 1966)].

_____, 'Truth and power' (1977), in *Power/Knowledge: Selected Interviews and Other Writings 1972–1977*, ed. Colin Gordon (New York: Pantheon, 1980) ['Vérité et pouvoir', *L'Arc 70*, 1977, 16–26].

Hegel, Georg Wilhelm Friedrich, *Phenomenology of Spirit* (1807), trans. A. V. Miller (Oxford: Oxford University Press, 1977) [*Phänomenologie des Geistes* (Bamberg and Würzburg: Geobhardt, 1807)].

Heidegger, Martin, *Being and Time* (1927), trans. John Macquarrie and Edward Robinson (Oxford: Basil Blackwell, 1978) [*Sein und Zeit* (Halle: Niemayer, 1927)).

_____, *What is Metaphysics?* (1929), in *Pathmarks*, ed. William McNeill (Cambridge: Cambridge University Press, 1998) [*Was ist Metaphysik?* (Bonn: Friedrich Cohen, 1929)].

_____, *Letter on 'Humanism'* (1947), trans. Frank A. Capuzzi, in *Pathmarks*, ed. William McNeill (Cambridge: Cambridge University Press, 1998) [*Brief über den 'Humanismus'* (Bern: A. Francke Verlag, 1947)].

Husserl, Edmund, *Cartesian Meditations: An Introduction to Phenomenology* (1931), trans. Dorion Cairns (The Hague: Martinus Nijhoff, 1960) [*Méditations cartésiennes. Introduction à la phénoménologie*, trans. Gabrielle Peiffer and Emmanuel Levinas (Paris: Armand Collin, 1931)].

Jacobi, Johann Friedrich, *The Main Philosophical Writings and the Novel All-will*, trans. and ed. George di Giovanni (Montreal & Kingston: Mc-Gill-Queen's University Press, 1994).

Kierkegaard, Søren, *Concluding Unscientific Postscript to Philosophical Fragments: A Mimetic-Pathetic-Dialectic Compilation, An Existential Plea, by Johannes Climacus (1846)*, trans. David F. Swenson and Walter Lowrie (Princeton: Princeton University Press, 1968) [*Afsluttende uvidenskabelig Efterskrift til de philosophiske Smuler. Mimisk-pathetisk-dialektisk Sammenskrift, existentielt Indlæg, af Johannes Climacus* (Copenhagen: C. A. Reitzel, 1846)].

Kojève, Alexandre, *An Introduction to the Reading of Hegel: Lectures on the Phenomenology of Spirit assembled by Raymond Queneau (1947)*, ed. Alan Bloom, trans. James H. Nichols, Jr. (New York: Basic Books, 1969) [*Introduction à la lecture de Hegel. Leçons sur la phénoménologie de l'esprit professées de 1933 à 1939 à l'École des Hautes-Études réunies et publiées par Raymond Queneau* (Paris: Gallimard, 1947)].

Levinas, Emmanuel, *Unforeseen History* (essays 1929-92), trans. Nidra Poller (Urbana: University of Illinois Press, 2004) [*Les Imprévus de l'histoire* (Saint-Clément-la-Rivière: Fata Morgana, 1994)].

_____, *The Theory of Intuition in Husserl's Phenomenology* (1930), trans. André Orianne (Evanston, Illinois: Northwestern University Press, 1973) [*Théorie de l'intuition dans la phénoménologie de Husserl* (Paris: Vrin, 1930)].

_____, *Totality and Infinity: Essay on Exteriority* (1961), trans. Alphonso

Lingis (Pittsburgh: Duquesne University Press/The Hague: Martinus Nijhoff, 1969) [*Totalité et infini: essai sur l'extériorité* (The Hague: Martinus Nijhoff, 1961)].

_____, *Humanism of the Other* (essays 1964–70), trans. Nidra Poller (Urbana: University of Illinois Press, 2006) [*Humanisme de l'autre homme* (Saint–Clément–la–Rivière: Fata Morgana, 1972)].

Lévi–Strauss, Claude, *The Savage Mind* (1962), trans. John Weightman and Doreen Weightman (London: Weidenfeld & Nicolson, 1966) [*La Pensée sauvage* (Paris: Plon, 1962)].

Lukács, György, *Existentialisme ou marxisme?* (1948), trans. (from the Hungarian) E. Kelemen (Paris: Éditions Nagel, 1961).

Marcel, Gabriel, 'Existence and human freedom' (1946), in *The Philosophy of Existence*, trans. Manya Harari (London: Harvill, 1948) ['L'Existence et la liberté humaine chez Jean–Paul Sartre', in *Les grands appels de l'homme contemporain* (Paris: Éditions du Temps Présent, 1946).

Marcuse, Herbert, 'Existentialism: remarks on Jean–Paul Sartre's *L'Être et le néant*' (1948), *Philosophy and Phenomenological Research* 8, 1948, 309–36; reprinted with Postscript as 'Sartre's existentialism', in *From Luther to Popper*, trans. Joris de Bres (London: Verso, 1983), and as 'Existentialismus: Bemerkungen zu Jean–Paul Sartres *L'Être et le néant*', in *Kultur und Gesellschaft 2* (Frankfurt: Suhrkamp, 1968).

Merleau–Ponty, Maurice, *Phenomenology of Perception* (1945), trans. Colin Smith (Routledge, 1962) [*Phénoménologie de la perception* (Paris: Gallimard, 1945)].

_____, *Adventures of the Dialectic* (1955), trans. Joseph Bien (Evanston: Northwestern University Press, 1973) [*Les Aventures de la dialectique* (Paris: Gallimard, 1955)].

_____, *The Visible and the Invisible* (1959-61), trans. Alfonso Lingis (Evanston: Northwestern University Press, 1964) [*Le Visible et l'invisible*, ed. Claude Lefort (Paris: Gallimard, 1964)].

Nancy, Jean-Luc, *The Experience of Freedom* (1988), trans. Bridget McDonald (Stanford, California: Stanford University Press, 1993) [*L'Expérience de la liberté* (Paris: Galilée, 1988)].

Wahl, Jean, *Vers le concret. Études d'histoire de la philosophie contemporaine* (Paris: Vrin, 1932).

_____, 'The roots of existentialism' (1949), in *Jean-Paul Sartre: The Philosophy of Existentialism*, ed. Wade Baskin (New York: Philosophical Library, 1965), pp. 3-28, trans. Forrest Williams and Stanley Maron; reprinted from *A Short History of Existentialism* (New York: Philosophical Library, 1949) [*Esquisse pour une histoire de 'l'existentialisme'. Suivie de Kafka et Kierkegaard* (Paris: L'Arche, 1949)].

사르트르 전기

Cohen-Solal, Annie, *Sartre: A Life*, trans. Anna Cancogni (London: Minerva, 1987) [*Sartre* (Paris: Gallimard, 1985)].

Hayman, Ronald, *Writing Against: A Biography of Sartre* (London: Weidenfeld and Nicolson, 1986); also as *Sartre: A Life* (New York: Simon and Schuster, 1987) and *Sartre: A Biography* (New York: Carroll &

Graf Publishers, 1992).

Leak, Andrew, *Jean-Paul Sartre* (London: Reaktion, 2006).

Lévy, Bernard-Henri, *Sartre: The Philosopher of the Twentieth Century*, trans. Andrew Brown (Oxford: Polity, 2003) [*Le Siècle de Sartre. Enquête philosophique* (Paris: Grasset & Fasquelle, 2000)].

20세기 프랑스 철학 연구와 『존재와 무』의 지적 배경

Baugh, Bruce, *French Hegel: From Surrealism to Postmodernism* (London: Routledge, 2003).

Descombes, Vincent, *Modern French Philosophy*, trans. L. Scott-Fox and J. M. Harding (Cambridge: Cambridge University Press, 1980) [*Le Même et l'autre* (Paris: Minuit, 1979)].

Gutting, Gary, *French Philosophy in the Twentieth Century* (Cambridge: Cambridge University Press, 2001).

Janicaud, Dominique, *Heidegger en France*, 2 vols., *I Récit* (Paris: Albin Michel, 2001).

Kelly, Michael, *Hegel in France* (Birmingham: University of Birmingham, 1992).

Kleinberg, Ethan, *Generation Existential: Heidegger's Philosophy in France, 1927-1961* (Ithaca: Cornell University Press, 2005).

Lévy, Bernard-Henri, *Adventures on the Freedom Road: The French Intellectuals in the 20th Century*, trans. Richard Veasey (London: Harvill, 1995) [*Les Aventures de la liberté. Une histoire subjective des intellectuels* (Paris: Grasset, 1991)].

Poster, Mark, *Existential Marxism in Postwar France: From Sartre to Althusser* (Princeton: Princeton University Press, 1975).

Rockmore, Tom, *Heidegger and French Philosophy: Humanism, Anti-Humanism, and Being* (London: Routledge, 1995).

사르트르의 철학 연구 - 『존재와 무』에 대한 논의를 포함하고 있는 저서 및 논문 모음집

Caws, Peter, *Sartre* (London: Routledge & Kegan Paul, 1979).

Danto, Arthur, *Sartre* (London: Fontana/Collins, 1975).

Howells, Christina, *Sartre: The Necessity of Freedom* (Cambridge: Cambridge University Press, 1988).

Howells, Christina, ed., *The Cambridge Companion to Sartre* (Cambridge: Cambridge University Press, 1992).

Jeanson, Francis, *Sartre and the Problem of Morality*, trans. Robert V. Stone (Bloomington: Indiana University Press, 1980) [*Le Problème moral et la pensée de Sartre. Lettre-préface de Jean-Paul Sartre. Suivi de Un quidam nommé Sartre* (1965) (Paris: Éditions du Seuil, 1966)].

Manser, Anthony, *Sartre: A Philosophic Study* (New York: Oxford University Press, 1967).

McCulloch, Gregory, *Using Sartre: An Analytical Introduction to Early Sartrean Themes* (London: Routledge, 1994).

Morris, Katherine J., *Sartre* (Oxford: Blackwell, 2008).

Morris, Phyllis Sutton, *Sartre's Concept of the Person: An Analytic Approach* (Amherst, Mass.: University of Massachusetts Press, 1975).

Murdoch, Iris, *Sartre, Romantic Rationalist* (Glasgow: Fontana/Collins, 1967).

Reisman, David, *Sartre's Phenomenology* (London: Continuum, 2007).

Renaut, Alain, *Sartre, le Dernier Philosophe* (Paris: Grasset, 1993).

Schilpp, Paul Arthur ed., *The Philosophy of Jean-Paul Sartre* (LaSalle, Illinois: Open Court, 1981).

Schumacher, Bernard N. ed., *Das Sein und das Nichts* (Berlin: Akademie Verlag, 2003).

Silverman, Hugh J. and Frederick A. Elliston eds., *Jean-Paul Sartre: Contemporary Approaches to His Philosophy* (Brighton: Harvester, 1980).

Stern, Alfred, *Sartre: His Philosophy and Existential Psychoanalysis* (London: Vision, 1968).

Stewart, Jon, ed., *The Debate between Sartre and Merleau-Ponty* (Evanston, Illinois: Northwestern University Press, 1998).

Warnock, Mary, *The Philosophy of Sartre* (London: Hutchinson, 1965).

Wider, Kathleen, *The Bodily Nature of Consciousness: Sartre and Contemporary Philosophy of Mind* (Ithaca: Cornell University Press, 1997).

『존재와 무』 연구

Catalano, Joseph S., *A Commentary on Jean-Paul Sartre's Being and Nothingness* (Chicago, Illinois: University of Chicago Press, 1974).

Hartmann, Klaus, *Sartre's Ontology: A Study of Being and Nothingness in the Light of Hegel's Logic* (Evanston, Illinois: Northwestern University Press, 1966).

Kremer Marietti, Angèle, *Jean-Paul Sartre et le désir d'être. Une lecture de L'Être et le néant* (Paris: L'Harmattan, 2005).

Natanson, Maurice, *A Critique of Jean-Paul Sartre's Ontology* (New York: Haskell, 1972).

Seel, Gerhard, *La Dialectique de Sartre*, trans. E. Müller, Ph. Muller and M. Reinhardt (Lausanne: L'Age de l'Homme, 1995). A translation, expanded and revised, of *Sartres Dialektik. Zur Methode und Begründung seiner Philosophie unter besonderer Berücksichtigung der Subjekts-, Zeit- und Werttheorie* (Bonn: Bouvier, 1971).

주제별 참고문헌

위 '사르트르의 철학 연구' 범주에서 제시된 몇몇 문헌들을 이곳에 포함시켰다. 관련 장과 절의 상세 정보는 『존재와 무』 연구에 제시된 목록에서 찾을 수 있다.

존재론과 형이상학

Aquila, Richard, 'Two problems of being and nonbeing in Sartre's *Being and Nothingness*', Philosophy and Phenomenological Research 38, 1977, 167-86.

Barnes, Hazel, 'Sartre as materialist', in Schilpp ed., *The Philosophy of Jean-Paul Sartre*.

_____, 'Sartre's ontology: the revealing and making of being', in Howells ed., *The Cambridge Companion to Sartre*.

Descombes, Vincent, *Modern French Philosophy*, trans. L. Scott-Fox and J. M. Harding (Cambridge: Cambridge University Press, 1980), pp.

48–54.

Frank, Manfred, 'Schelling and Sartre on being and nothingness', trans. Judith Norman, in Judith Norman and Alistair Welchman eds., *The New Schelling* (London: Continuum, 2004).

Gardner, Sebastian, 'Sartre, Schelling, and onto–theology', *Religious Studies* 42, 2006, 247–71.

McCulloch, Gregory, *Using Sartre*, chs. 6–7.

Pettit, Philip, 'Sartre and Parmenides', *Philosophical Studies* 17, 1968, 161–84.

van de Pitte, M. M., 'Sartre as a transcendental realist', *Journal of the British Society for Phenomenology* 1, 1970, 22–6.

Richmond, Sarah, 'Sartre and Bergson: a disagreement about nothingness', *International Journal of Philosophical Studies* 15, 2007, 77–95.

의식과 자아

Henrich, Dieter, 'Self–consciousness: a critical introduction to a theory', *Man and World* 4, 1971, 3–28.

Kenevan, Phyllis Berdt, 'Self–consciousness and the ego in the philosophy of Sartre', in Schilpp ed., *The Philosophy of Jean–Paul Sartre*.

Longuenesse, Béatrice, 'Self–consciousness and self–reference: Sartre and Wittgenstein', *European Journal of Philosophy* 16, 2008, 1–21.

Moran, Richard, *Authority and Estrangement: An Essay on Self–Knowledge* (Princeton, New Jersey: Princeton University Press, 2001), ch. 3 and sect. 4.7.

Morris, Phyllis Sutton, *Sartre's Concept of the Person*, ch. 2.

Reisman, David, *Sartre's Phenomenology*, chs. 1-3.

프로이트 비판

Brown, Lee, and Alan Hausman, 'Mechanism, intentionality and the unconscious: a comparison of Sartre and Freud', in Schilpp ed., *The Philosophy of Jean-Paul Sartre*.

Gardner, Sebastian, *Irrationality and the Philosophy of Psychoanalysis* (Cambridge: Cambridge University Press, 1993), ch. 2.

Howells, Christina, 'Sartre and Freud', *French Studies* 33, 1979, 157-76.

Neu, Jerome, 'Divided minds: Sartre's "bad faith" critique of Freud', *Review of Metaphysics* 42, 1988-89, 79-101.

Soll, Ivan, 'Sartre's rejection of the Freudian unconscious', in Schilpp ed., *The Philosophy of Jean-Paul Sartre*.

타자와의 관계

Aquila, Richard, 'Sartre's other and the field of consciousness: a Husserlian reading', *European Journal of Philosophy* 6, 1998, 253-76.

Gardner, Sebastian, 'Sartre, intersubjectivity, and German idealism', *Journal of the History of Philosophy* 43, 2005, 325-51.

Honneth, Axel, 'Erkennen und Anerkennen: zu Sartres Theorie der Intersubjectivität', in *Unsichtbarkeit: Stationen einer Theorie der Intersubjektivität* (Frankfurt am Main: Suhrkamp, 2003).

Morris, Phyllis Sutton, *Sartre's Concept of the Person*, ch. 6.

Natanson, Maurice, 'The problem of others in *Being and Nothingness*', in Schilpp ed., *The Philosophy of Jean-Paul Sartre*.

Reginster, Bernard, 'Le regard et l'aliénation dans L'Être et le néant', *Revue Philosophique de Louvain*, 105, 2007, 398–427.

Reisman, David, *Sartre's Phenomenology*, ch. 4.

Sacks, Mark, 'Sartre, Strawson and others', *Inquiry* 48, 2005, 275–99.

Schroeder, William Ralph, *Sartre and His Predecessors: the Self and the Other* (London: Routledge & Kegan Paul, 1984), esp. ch. 4.

Theunissen, Michael, *The Other: Studies in the Social Ontology of Husserl, Heidegger, Sartre, and Buber*, trans. Christopher Macann (Cambridge, Mass.: MIT Press, 1986), ch. 6.

Williams, Robert R., *Hegel's Ethics of Recognition* (Berkeley: University of California Press, 2000), pp. 371–80.

신체

Dillon, Martin C., 'Sartre on the phenomenal body and Merleau-Ponty's critique', in Stewart ed., *The Debate between Sartre and Merleau-Ponty*.

Monasterio, Xavier O., 'The body in *Being and Nothingness*', in Silverman and Elliston eds., *Jean-Paul Sartre*.

Morris, Katherine J., *Sartre*, ch. 5.

Morris, Phyllis Sutton, *Sartre's Concept of the Person*, ch. 2.

자유와 동기

Baldwin, Thomas, 'The original choice in Sartre and Kant', *Proceedings of the Aristotelian Society* 80, 1979–80, 31–44.

Blair, R. G., 'Imagination and freedom in Spinoza and Sartre', *Journal of the British Society for Phenomenology* 1, 1970, 13–16.

Compton, John J., 'Sartre, Merleau-Ponty, and human freedom', in Stewart ed., *The Debate between Sartre and Merleau-Ponty*.

Fell, Joseph P., 'Sartre's theory of motivation: some clarifications', *Journal of the British Society for Phenomenology* 1, 1970, 27–34.

Flynn, Thomas R., *Sartre and Marxist Existentialism* (Chicago: University of Chicago Press, 1984), ch. 1.

Jopling, David, 'Sartre's moral psychology', in Howells ed., *The Cambridge Companion to Sartre*.

Morris, Katherine J., *Sartre*, ch. 8.

Morris, Phyllis Sutton, *Sartre's Concept of the Person*, ch. 5.

Olson, Robert G., 'The three theories of motivation in the philosophy of Jean–Paul Sartre', *Ethics* 66, 1956, 176–87.

Stewart, Jon, 'Merleau-Ponty's criticisms of Sartre's theory of freedom', in Stewart ed., *The Debate between Sartre and Merleau-Ponty*.

Warnock, Mary, 'Freedom in the early philosophy of J.-P. Sartre', in Ted Honderich ed., *Essays on Freedom of Action* (London: Routledge & Kegan Paul, 1973).

자기기만

Perna, Maria Antonetta, 'Bad faith and self-deception: reconstructing the Sartrean perspective', *Journal of the British Society for Phenomenology* 34, 2003, 22–44.

McCulloch, Gregory, *Using Sartre*, ch. 4.

Morris, Katherine J., *Sartre*, ch. 4.

Morris, Phyllis S., 'Self-deception: Sartre's resolution of the paradox', in

Silverman and Elliston eds., *Jean-Paul Sartre*.

Stone, Robert V., 'Sartre on bad faith and authenticity', in Schilpp ed., *The Philosophy of Jean-Paul Sartre*.

성격

Morris, Phyllis Sutton, *Sartre's Concept of the Person*, ch. 4.

Webber, Jonathan, 'Sartre's Theory of Character', *European Journal of Philosophy* 14, 2006, 94-116.

윤리학

Anderson, Thomas C., *Sartre's Two Ethics: From Authenticity to Integral Humanity* (LaSalle, Illinois: Open Court, 1993), chs. 1-5.

Baiasu, Sorin, 'The anxiety of influence: Sartre's search for an ethics and Kant's moral theory', *Sartre Studies International* 9, 2003, 21-53.

Baldwin, Thomas, 'Sartre, existentialism and humanism', in Godfrey Vesey ed., *Philosophers Ancient and Modern* (Cambridge: Cambridge University Press, 1987).

Bell, Linda A., *Sartre's Ethics of Authenticity* (Tuscaloosa: University of Alabama Press, 1989).

Foulk, Gary J., 'Plantinga's criticisms of Sartre's ethics', *Ethics* 82, 1972, 330-3.

Jeanson, Francis, *Sartre and the Problem of Morality*, pt. 3, ch. 3.

Kerner, George C., *Three Philosophical Moralists: Mill, Kant, and Sartre* (Oxford: Oxford University Press, 1990), pt. III.

Plantinga, Alvin, 'An existentialist's ethics', *Review of Metaphysics* 12,

1958, 235-56.

Renaut, Alain, *Sartre, le Dernier Philosophe*, Part 3.

Robbins, C. W., 'Sartre and the moral life', *Philosophy* 52, 1977, 409-24.

Simont, Juliette, 'Sartrean ethics', in Howells ed., *The Cambridge Companion to Sartre*.

Taylor, Charles, 'Responsibility for self', in Amélie Rorty ed., *The Identities of Persons* (Berkeley: University of California Press, 1976).

찾아보기

A. 인명 색인

B. 내용 색인